21世纪旅游管理规划教材

总主编/张广海

旅游资源概论
Tourism Resources Overview

主编/石蕾

中国海洋大学 出版社

·青岛·

图书在版编目(CIP)数据

旅游资源概论/石峰主编.—青岛:中国海洋大学出版社,2010.8
(21世纪旅游管理规划教材/张广海总主编)
ISBN 978-7-81125-426-6

Ⅰ.①旅… Ⅱ.①石… Ⅲ.①旅游资源—中国—高等学校—教材 Ⅳ.①F592

中国版本图书馆 CIP 数据核字(2010)第 154568 号

出版发行	中国海洋大学出版社	
社　　址	青岛市香港东路 23 号	邮政编码　266071
网　　址	http://www.ouc-press.com	
电子信箱	chengjunshao@163.com	
订购电话	0532—82032573(传真)	
责任编辑	邵成军	电　　话　0532—85902533
印　　制	日照报业印刷有限公司	
版　　次	2010 年 8 月第 1 版	
印　　次	2010 年 8 月第 1 次印刷	
成品尺寸	185mm×236mm	
印　　张	24.75	
字　　数	456 千字	
定　　价	35.00 元	

21世纪旅游管理规划教材

编委会

主　　任	狄保荣
副 主 任	肖德昌　田克勤　李夕聪
委　　员	（按英文字母先后排序）

曹艳英　陈增红　程俊峰　崔学琴　代合治
郭　峻　霍淑芳　吉良新　吉小青　蒋凤英
刘雪巍　李　青　孟　华　彭耀华　裴敏莉
齐洪利　石　峰　王有邦　魏　敏　邢继德
许汝贞　张　青　张广海　张建忠　张祖国
赵全科　赵　颜　朱孔山

秘　　书　郑雪姣　陈琳琳

旅游资源概论

主　　编　石　峰
副 主 编　邢晓玉　张成旺　王京传　王传武　毕中旭
　　　　　徐　艺
编　　者　宋会兴　郭　峻　孔令艳　武传振　冯茂娥
　　　　　刘玉孔　陈彩红　朱　岩　王欣慈　王珍杰
　　　　　秦志玉　胡秀丽　张　洁　高英哲　刘　庆
　　　　　宋　伟　王法昌　刘肖梅　张建忠　王　夏
　　　　　张丽丽　李学芝　李　娟

联合编写院校名单

(按英文字母先后排序)

东北财经大学	四川大学
德州学院	四川农业大学风景园林学院
德州职业技术学院	西南林业大学
桂林理工大学南宁分校	山西运城学院
高等职业技术学院	山东大学
黑龙江旅游职业技术学院	山东师范大学
湖南文理学院	山东旅游职业学院
华侨大学	山东理工职业学院
济南大学	山东青年政治学院
济宁学院	山东商业职业技术学院
莱芜职业技术学院	山东省商贸学校
聊城大学	山东外贸职业学院
聊城职业技术学院	泰山学院
聊城高级财经职业学校	泰山医学院
辽东学院	潍坊学院
临沂师范学院	潍坊教育学院
青岛大学	威海职业学院
青岛大学旅游职业学院	云南大学
青岛酒店管理学院	烟台旅游学校
青岛职业技术学院	枣庄学院
青岛滨海学院	枣庄职业学院
青岛求实学院	中国海洋大学
青岛恒星学院	中华女子学院山东分院
曲阜师范大学	淄博职业学院
日照职业技术学院	

出版说明

近年来,随着旅游教育的迅速发展,我国旅游教材的建设也逐渐走向繁荣。从旅游教材的系列与品种来看,已由旅游管理专业一个系列几十个品种,发展并细化到现今旅游管理、饭店管理、旅行社管理、会展管理及景区管理等若干系列上百个品种;从出版旅游教材的出版社数量来看,已由过去两三家发展到近百家。但由于学科建设时间短、师资多元化以及教材编写质量等问题,很多旅游院校使用的教材不可避免地存在着数据陈旧、内容纷杂、缺乏针对性、没有地方特色等问题。

作为旅游业大省与强省,山东省的旅游教育正在蓬勃发展,汇集了一大批优秀的旅游院校和教师。在山东省旅游行业协会教育分会的指导下,我们以山东为中心,联合全国一批致力于旅游教育的院校,成立了"21世纪旅游管理规划教材编委会"。编委会以交流教学改革成果及经验、研讨旅游教育教学改革方向为宗旨,以"立足山东,面向全国"为目标,以中国海洋大学出版社为平台,以教材为载体,进行分享与传播,期望进一步向全国推广,为我国的旅游教育尽一份力量。

编委会根据既定的方针,邀请具有丰富教学经验的一线教师、具有相关行业工作背景的双师型教师以及企业一线工作者联合编写了"21世纪旅游管理规划教材"。教材遵循"从实际出发、学以致用"的基本原则，凸显旅游行业相关知识的应用性和前瞻性，以实用性为基础，以市场需求为导向，以任务为驱动，以学生为主体，以案例教学为特色，突出实践教学环节，并通过大量的案例分析和实践技能操作训练窗口等内容，确保培养内容与就业市场的需求达到无缝对接。本套教材涵盖旅游管理专业的主干课程，首批出版《旅游概论》、《旅游资源概论》、《旅游文化》、《旅游市场营销》、《旅游心理学》、《旅游政策与法规》、《中国旅游地理》、《民俗旅游》、《旅游公共关系》、《菜点酒水知识》等教材。本套教材被中国海洋大学出版社列为"十二五"期间重点发展的教材，将会在实践中逐步完善整个教材体系，同时将参评山东省"十二五"省级规划教材。

　　在编委会运作及教材编写出版期间，得到了国家旅游局政策法规司、山东省旅游局等旅游主管部门的悉心指导，得到了山东省旅游行业协会教育分会及各会员单位的鼎力相助，得到了一大批优秀院校和教师的全力支持，在此致以最衷心的感谢！同时，恳请广大读者对教材提出宝贵意见和建议，以便修订时加以完善。

21世纪旅游管理规划教材编委会

中国海洋大学出版社

2010年6月

Foreword 前言

旅游资源是旅游活动的对象和客体,是激发人们旅游动机、吸引旅游者的直接因素,是旅游业赖以生存和发展的基本条件之一。一个国家或地区旅游资源的丰富程度、分布状况以及对旅游资源的开发利用和保护水平,直接影响到该国或该地区旅游业发展的水平。改革开放以来,我国旅游业得到了飞速发展,人们对于旅游资源的认识水平不断提高,对于旅游资源的理论和实践的研究已经成为旅游学科最基本的研究内容之一。近年来,国内陆续出版了多部"旅游资源"类教材,一定程度上满足了旅游资源教学的需要,但随着旅游资源研究以及旅游教学改革的深入进行,许多教材在使用过程中也表现出一定的不足,如缺乏地方特色、缺乏专业特色、不适合新型的教学模式等。

为进一步推进旅游教学改革,提高旅游教育培养质量,由中国海洋大学出版社组织编写了这套"21世纪高职高专旅游管理规划教材",《旅游资源概论》即为其中之一。

《旅游资源概论》作为高职高专旅游管理专业教材,一方面,能紧密结合旅游专业人才培养的目标,在内容选材、教学方法设计、技能训练与能力拓展等方面突出了高等旅游职业教育的特点;另一方面在多位专家学者教学研究基础上,积累了比较丰富的教学经验,并吸纳了我国旅游资源研究的最新成果,构建了比较完整的理论体系。本教材从旅游资源的基础理论着手,深入分析了旅游资源的概念、特点与分类;在此基础上,从自然、人文两大角度对旅游资源的类型、旅游资源与旅游活动和旅游业的关系进行了分析;最后,就旅游资源的调查与评价、开发与规划、旅游资源保护与可持续发展问题进行了探讨。

  为进一步提高学生的实践应用能力,在教材编写过程中,大力充实了案例教学的内容,尤其注重本土化案例教学内容的设计。在各章中,均安排有"引例"、"案例驿站"、"专题笔谈"、"延伸阅读"等形式多样的学习模块,提高了学生学习兴趣,增强了知识面,加强了对知识点的理解与掌握。

  全书总体设计、理论体系由石峰负责并完成。另外,众多专家学者为《旅游资源概论》的编写倾注了大量心血,在此表示敬意。本书在编写过程中借鉴和参考了大量国内外相关领域的研究成果,未能一一列出,敬请谅解,并致以诚挚的谢意。

  由于能力有限,加之时间仓促,本书定有诸多错漏之处,敬请各位专家和读者批评指正。

石　峰

2010年6月于曲阜师范大学

目 次

第一章 绪论 …………………………………………………………………… 1
  第一节 旅游资源概述 …………………………………………………… 2
    一、旅游资源的概念 …………………………………………………… 2
    二、旅游资源的内涵 …………………………………………………… 5
  第二节 旅游资源的特点 ………………………………………………… 9
    一、旅游资源的基本特点 ……………………………………………… 9
    二、自然旅游资源与人文旅游资源的特点 ………………………… 12
  第三节 旅游资源与旅游业发展 ……………………………………… 15
    一、旅游资源是旅游业发展的基础 ………………………………… 15
    二、旅游资源质量高低影响旅游业发展的水平 …………………… 16
    三、旅游资源影响旅游业的产业结构 ……………………………… 17

第二章 旅游资源的分类 …………………………………………………… 20
  第一节 概述 …………………………………………………………… 21
    一、旅游资源分类的概念 …………………………………………… 21
    二、旅游资源分类的依据 …………………………………………… 21
    三、旅游资源分类的目的和意义 …………………………………… 22
  第二节 旅游资源分类方案 …………………………………………… 23
    一、根据旅游资源属性的分类 ……………………………………… 26
    二、其他旅游资源分类 ……………………………………………… 28

第三章 地文景观类旅游资源 ……………………………………………… 34
  第一节 概述 …………………………………………………………… 35
    一、地文景观旅游资源 ……………………………………………… 35

二、地文景观旅游资源的形成与地质作用 ………………………………… 35
第二节　地质景观旅游资源 …………………………………………………… 37
　　一、岩石 …………………………………………………………………… 37
　　二、古生物化石 …………………………………………………………… 38
　　三、地层 …………………………………………………………………… 40
　　四、构造遗迹 ……………………………………………………………… 40
　　五、地震灾变遗迹 ………………………………………………………… 41
第三节　地貌景观旅游资源 …………………………………………………… 41
　　一、常态地貌景观 ………………………………………………………… 42
　　二、成因地貌景观 ………………………………………………………… 42
第四节　地文景观与旅游 ……………………………………………………… 53
　　一、地文景观是旅游资源形成的环境背景，在各种旅游资源中起到了骨架支撑
　　　　作用 …………………………………………………………………… 53
　　二、地文景观具有丰富的旅游价值 ……………………………………… 54
　　三、地文景观对旅游开发的影响 ………………………………………… 54

第四章　水域风光类旅游资源 …………………………………………………… 57
第一节　概述 …………………………………………………………………… 58
　　一、水体的功能 …………………………………………………………… 58
　　二、水体的构景要素 ……………………………………………………… 59
第二节　水域风光类旅游资源的基本类型 …………………………………… 60
　　一、河段 …………………………………………………………………… 61
　　二、天然湖泊与池沼 ……………………………………………………… 63
　　三、泉水旅游资源 ………………………………………………………… 65
　　四、河口与海面 …………………………………………………………… 66
　　五、瀑布 …………………………………………………………………… 68
　　六、冰雪地 ………………………………………………………………… 69
第三节　水域风光与旅游 ……………………………………………………… 70

第五章　生物景观类旅游资源 …………………………………………………… 72
第一节　概述 …………………………………………………………………… 73
　　一、生物景观的旅游意义 ………………………………………………… 73
　　二、生物旅游资源的概念和主要特征 …………………………………… 74

三、生物旅游资源的分类 ················· 76
　第二节　植物景观类旅游资源 ················· 76
　　一、植物景观构景因素 ················· 76
　　二、植物类旅游资源分类 ················· 78
　　三、植物景观类旅游资源的表现形式 ················· 80
　第三节　动物景观类旅游资源 ················· 83
　　一、动物景观构景因素 ················· 83
　　二、动物类旅游资源分类 ················· 86
　　三、动物类旅游资源表现形式 ················· 87
　第四节　生物景观与旅游 ················· 89
　　一、生物景观类旅游资源的开发 ················· 89
　　二、生物景观观赏注意的事项 ················· 90

第六章　天象与气候、气象类旅游资源 ················· 93
　第一节　概述 ················· 94
　　一、天象、气候与气象的概念及区别 ················· 94
　　二、天象与气候、气象旅游资源的特点 ················· 95
　第二节　天象类旅游资源 ················· 97
　　一、日出日落与霞景 ················· 97
　　二、月色 ················· 98
　　三、极昼和极夜 ················· 99
　　四、陨石 ················· 99
　　五、日食、月食、彗星观测 ················· 100
　第三节　气候与气象类旅游资源 ················· 100
　　一、云雾 ················· 100
　　二、雾凇 ················· 100
　　三、冰、雪 ················· 101
　　四、烟雨 ················· 101
　　五、蜃景 ················· 102
　　六、佛光 ················· 102
　　七、康乐型气候 ················· 102
　第四节　天象、气候、气象与旅游 ················· 104

一、有利影响 ……………………………………………………… 104
　　二、不利影响 ……………………………………………………… 105

第七章　综合自然景观 ……………………………………………… 108
第一节　概述 ……………………………………………………… 109
　　一、综合自然景观的概念与特征 ………………………………… 109
　　二、综合自然景观的分类及意义 ………………………………… 110
　　三、综合自然景观的旅游功能及赏析 …………………………… 111
第二节　自然保护区 ……………………………………………… 112
　　一、自然保护区概述 ……………………………………………… 112
　　二、自然保护区的设立与管理 …………………………………… 114
　　三、自然保护区的分类 …………………………………………… 114
　　四、自然保护区的旅游开发利用 ………………………………… 116
第三节　森林公园 ………………………………………………… 119
　　一、森林公园概述 ………………………………………………… 119
　　二、森林公园的设立与管理 ……………………………………… 121
　　三、森林公园的分类 ……………………………………………… 121
　　四、森林公园的旅游开发利用 …………………………………… 123
第四节　地质公园 ………………………………………………… 125
　　一、地质公园概述 ………………………………………………… 125
　　二、地质公园的设立与管理 ……………………………………… 127
　　三、地质公园的分类 ……………………………………………… 128
　　四、地质公园的旅游开发利用 …………………………………… 128

第八章　历史古迹类旅游资源 ……………………………………… 134
第一节　历史古迹与旅游 ………………………………………… 135
　　一、历史古迹的特点 ……………………………………………… 135
　　二、历史古迹与旅游 ……………………………………………… 136
第二节　人类文化遗址 …………………………………………… 138
　　一、早期聚落遗址 ………………………………………………… 138
　　二、城市遗址 ……………………………………………………… 139
　　三、生产遗址 ……………………………………………………… 140
　　四、祭祀遗址 ……………………………………………………… 141

五、军事遗址 ··· 141
　　　六、交通遗址 ··· 142
　第三节　古代建筑 ··· 143
　　　一、中国古代建筑的特点 ··· 143
　　　二、政治性建筑 ·· 144
　　　三、礼仪性建筑 ·· 145
　　　四、生产与生活建筑 ··· 146
　　　五、观赏性建筑 ·· 147
　　　六、社会文化建筑 ·· 148
　第四节　古代陵墓 ··· 149
　　　一、帝王陵 ·· 149
　　　二、圣贤林 ·· 151
　　　三、墓、坟、冢 ·· 152
　第五节　名人遗迹 ··· 153
　　　一、名人故居 ··· 153
　　　二、名人活动遗迹 ·· 154
　　　三、名人墓葬与宗祠 ··· 154
　第六节　近现代史迹 ·· 155
　　　一、重大事件遗迹 ·· 155
　　　二、革命史迹 ··· 156
　　　三、工商业史迹 ·· 156
　　　四、其他史迹 ··· 156

第九章　古典园林类旅游资源 ··· 159
　第一节　概述 ··· 161
　　　一、东方古典园林 ·· 161
　　　二、西方古典园林 ·· 164
　第二节　园林的类型 ·· 167
　　　一、按照园林基址的选择和开发方式分类 ························ 167
　　　二、按园林的功能分类 ··· 167
　　　三、按园林的区域分类 ··· 169

第三节　园林构景艺术 …… 171
一、园林的主要构景手法 …… 171
二、园林的主要景观建筑 …… 172

第十章　宗教文化类旅游资源 …… 176
第一节　宗教文化与旅游 …… 177
第二节　佛教文化旅游资源 …… 178
一、佛教寺院 …… 178
二、佛塔 …… 181
三、石窟和摩崖造像 …… 181
四、佛教活动 …… 182

第三节　道教文化旅游资源 …… 183
一、道教宫观 …… 184
二、道教刻石与造像 …… 184
三、道教活动 …… 185

第四节　伊斯兰教文化旅游资源 …… 186
一、清真寺 …… 186
三、伊斯兰教活动 …… 187

第五节　基督教文化旅游资源 …… 188
一、修道院 …… 188
二、教堂 …… 189
三、基督教学校、医院等 …… 190

第十一章　社会风情类旅游资源 …… 192
第一节　概述 …… 193
一、社会风情类旅游资源的含义和类型 …… 193
二、社会风情的特点 …… 193
三、社会风情的旅游功能 …… 194

第二节　特色民居 …… 195
一、特色民居 …… 195
二、我国主要传统民居代表 …… 196

第三节　饮食与服饰 …… 199
一、风味饮食 …… 199

二、服饰 ··· 202

　第四节　民间艺术 ······································· 205
　　一、民间艺术 ··· 205
　　二、我国民间艺术的代表 ······························· 207
　　三、我国民间艺术的保护 ······························· 209

　第五节　文学艺术 ······································· 210
　　一、文学艺术 ··· 210
　　二、文学艺术旅游资源 ································· 211

　第六节　节会庆典 ······································· 213
　　一、节会庆典 ··· 213
　　二、我国著名的节会庆典 ······························· 214

第十二章　购物类旅游资源 ································· 219
　第一节　概述 ··· 220
　　一、购物类旅游资源的概念 ····························· 220
　　二、购物类旅游资源在旅游业中的地位与作用 ············· 221
　　三、购物类旅游资源的功能 ····························· 222

　第二节　旅游商品 ······································· 223
　　一、旅游商品的概念 ··································· 223
　　二、旅游商品的特征 ··································· 224
　　三、旅游商品的分类 ··································· 224
　　四、旅游商品的开发原则 ······························· 233

　第三节　旅游购物场所 ··································· 235
　　一、景区（点）依托型旅游购物场所 ····················· 235
　　二、特色购物街 ······································· 235
　　三、大型购物中心 ····································· 236
　　四、免税店 ··· 237
　　五、生产依托型旅游购物场所 ··························· 237
　　六、其他旅游购物场所 ································· 238

第十三章　现代人文类旅游资源 ····························· 240
　第一节　现代建筑与工程 ································· 241
　　一、现代建筑 ··· 241

二、现代水利工程 …………………………………………… 242

　　三、现代交通设施 …………………………………………… 243

第二节　产业类旅游资源 ………………………………………… 244

　　一、工业旅游资源 …………………………………………… 244

　　二、农业旅游资源 …………………………………………… 246

第三节　主题园区与城市旅游 …………………………………… 248

　　一、主题园区 ………………………………………………… 248

　　二、城市旅游资源 …………………………………………… 250

第十四章　世界遗产与历史文化名城 …………………………… 255

第一节　世界遗产 ………………………………………………… 256

　　一、世界遗产的由来 ………………………………………… 256

　　二、世界遗产的标准和分类 ………………………………… 257

　　三、中外世界遗产 …………………………………………… 263

第二节　历史文化名城 …………………………………………… 268

　　一、我国的历史文化名城 …………………………………… 268

　　二、历史文化名城的开发与保护 …………………………… 273

　　三、外国古都名城选粹 ……………………………………… 274

第十五章　旅游资源调查与评价 ………………………………… 280

第一节　旅游资源调查 …………………………………………… 281

　　一、旅游资源调查的原则 …………………………………… 281

　　二、旅游资源调查的类型 …………………………………… 282

　　三、旅游资源调查的内容 …………………………………… 282

　　四、旅游资源调查的程序 …………………………………… 284

　　五、旅游资源调查的方法 …………………………………… 286

第二节　旅游资源评价 …………………………………………… 288

　　一、旅游资源评价的基本原则 ……………………………… 289

　　二、旅游资源评价的内容 …………………………………… 290

　　三、旅游资源评价的方法 …………………………………… 293

第三节　我国旅游资源分区 ……………………………………… 298

　　一、我国旅游资源分区方案 ………………………………… 298

　　二、我国旅游资源分区的评价 ……………………………… 299

第十六章 旅游资源开发与规划 ... 302

第一节 旅游资源开发的基本理论 ... 303
一、旅游资源开发的含义 ... 303
二、旅游资源开发的内涵 ... 305
三、旅游资源开发的原理 ... 307

第二节 旅游资源开发的模式与内容 ... 311
一、旅游资源开发的目标 ... 311
二、旅游资源开发的模式类型 ... 312

第三节 旅游资源开发与规划 ... 314
一、确定开发项目 ... 315
二、可行性研究 ... 315
三、旅游总体规划 ... 317
四、具体项目规划设计 ... 321
五、项目实施与监控 ... 322

第十七章 旅游资源保护与旅游可持续发展 ... 324

第一节 旅游资源保护 ... 325
一、旅游资源保护的意义 ... 325
二、旅游资源保护的原则 ... 325
三、旅游资源衰败及破坏的原因 ... 327

第二节 旅游资源保护的对策与措施 ... 329

第三节 旅游资源保护与旅游可持续发展 ... 332
一、可持续发展思想的历史渊源 ... 332
二、旅游可持续发展 ... 333

主要参考文献 ... 341

附录一 旅游资源分类、调查与评价 ... 346

附录二 旅游规划通则 ... 358

附录三 中国国家级风景名胜区 ... 367

附录四 国家5A级旅游景区(点) ... 376

第一章

绪 论

学习目标

知识要点：了解旅游资源与旅游业发展的关系；理解旅游资源的内涵；掌握旅游资源的概念及特点。

技能训练：以某一旅游地为例，列举该地主要的自然旅游资源和人文旅游资源，并分析它们各自的特点。

能力拓展：应用所学理论，通过小组形式展开讨论，总结某地旅游资源的总体特征，分析该地旅游资源开发的现状、前景及应注意的问题。

引 例

多姿多彩的山东旅游资源

山东是中国的旅游资源大省，自然风光秀丽，文物古迹众多。"孔子故里"曲阜，拥有世界罕见、享有"东方文化高峰"称誉的古建筑群，曲阜"三孔"被联合国教科文组织列为"世界文化遗产"。"五岳独尊"泰山，以其雄伟壮丽的自然风光和独特丰富的文化内涵，被誉为"中华之魂"，联合国教科文组织将其列为"世界自然文化遗产"。中华民族的"母亲河"黄河，流经山东610千米，汇入渤海，黄河入海口原始独特的自然风光，令人叹为观止。

山东省有"中国优秀旅游城市"35个。省会济南素有"泉城"之称，趵突泉、千佛山、大

明湖、灵岩寺为泉城增光添彩;海滨城市青岛是中国沿海重要的商业城市之一,也是著名的青岛啤酒产地,市区欧式建筑群和新建的国家级旅游度假区别具魅力。"人间仙境"蓬莱,既有登州古市风情,又有自然奇观海市蜃楼出没。此外,"国际葡萄酒城"烟台、"世界风筝都"潍坊、"齐国故都"淄博等城市,各具风采;古典名著《水浒传》故事发生地水泊梁山、《聊斋志异》作者居住地蒲家庄,至今古迹犹存。

山东每年还举办驰名中外的大型旅游节庆活动。著名的有:4月20日潍坊国际风筝会、8月第二个周末举办的青岛啤酒节、9月上旬泰山国际登山节、9月26日国际孔子文化节等。

山东省旅游业近年来取得了飞速发展,2009年,山东省实现旅游总收入2450亿元,旅游总收入在全国上升到第四位。

案例引发的问题:山东省的旅游资源有什么特色?旅游资源在旅游业中扮演什么样的角色?

资料来源:山东旅游政务网　　http://www.sdta.gov.cn
　　　　　山东旅游资讯网　　http://www.sdta.cn/index.html
　　　　　百度百科　　http://baike.baidu.com

第一节　旅游资源概述

旅游活动是由旅游者(主体)、旅游资源(客体)和旅游业(介体)三大要素构成的综合体。旅游资源是旅游活动的对象,也是旅游活动得以开展的前提和基础,是激发人们旅游动机、吸引旅游者的直接因素,是旅游业赖以生存和发展的基本条件之一。一个国家或地区旅游资源的特色、丰富程度、分布状况以及开发利用和保护水平,直接影响着该国或该地区旅游业发展的水平、规模及前景。

一、旅游资源的概念

资源的本义是指生产资料和生活资料的天然来源,指的是一切可被人类开发和利用的物质、能量和信息的总称。它广泛地存在于自然界和人类社会中,是一种自然存在物或能够给人类带来财富的财富,如土地资源、煤炭资源、森林资源、水资源、石油资源等。在微观经济学研究中,资源常常与资本、劳动力、技术、管理者才能等一起,并列作为生产要素,进而出现如人力资源、信息资源等说法。

什么是旅游资源？国内外围绕这个问题进行了很多探讨。在欧美等西方国家,常把旅游资源称为旅游吸引物(tourist attraction),指旅游地吸引旅游者的所有因素的总和,不仅包括传统意义上的旅游资源,还包括适宜的旅游接待设施、优良的服务和快速舒适的旅游交通条件等因素。例如,英国学者霍洛韦(J.C.Holloway,1986)认为:旅游吸引物必须是那些给旅游者以积极的效益或特征的东西,它们可以是海滨或湖滨、山岳风景、狩猎公园、有趣的历史纪念物或文化活动,以及令人愉悦舒适的会议环境。

在我国,从 20 世纪 70 年代末开始,随着旅游业的快速发展,"旅游资源"作为旅游业中一个普遍性的概念已经得到人们的认同。经济学、地理学和社会学等学者相继转入旅游科学的研究,他们分别从不同角度对旅游资源的概念进行了有益的探讨,以下列举部分观点并进行分析。

凡是能为人们提供旅游观赏、知识乐趣、度假休闲、娱乐休息、探险猎奇、考察研究以及人民友好往来和消磨闲暇时间的客体和劳务,都可以称为旅游资源。(郭来喜,《人文地理概论》,1985)

旅游资源就是吸引人们前来游览、娱乐的各种事物的原材料,这些原材料可以是物质的,也可以是非物质的。它们本身不是游览的目的物和吸引物,必须经过开发才能成为有吸引力的事物。(黄辉实,《旅游经济学》,1985)

旅游资源是指对旅游者具有吸引力的自然存在和历史文化遗产,以及直接用于旅游目的的人工创造物。(保继刚,《旅游地理学》,1993)

凡能够吸引旅游者产生旅游动机,并可能被利用来开展旅游活动的各种自然、人文客体或其他因素,都可称为旅游资源。(甘志茂、马耀峰,《旅游资源与开发》,2000)

旅游资源是指客观地存在于一定的地域空间并因其所具有的审美和愉悦价值而使旅游者为之向往的自然存在、历史文化遗产或社会现象。(谢彦君,《基础旅游学》,2001)

所谓旅游资源,除自然资源和人文资源外,对于旅游者来说,就是旅游目的地及有关旅游的一切服务和设施;对于旅游地来说,就是客观存在的客源市场。(杨振之,《旅游资源开发与规划》,2002)

凡是能够造就对旅游者具有吸引力环境的自然因素、社会因素或其他任何因素,都可构成旅游资源。(李天元,《旅游学概论》,2003)

以上大多数概念强调了作为旅游资源的一个本质属性特征——吸引性,这个属性可以说是旅游资源最为本质的属性,在学术界也得到了公认;并且,以上表述普遍强调了旅游资源在内容上的广泛性和形式上的多样性。然而,我们还应该看到在一些细节上依然存在着分歧,只有以科学严谨的态度对待这些分歧,才能对旅游资源的概念进行科学而较全面的界定。

争议一:"开发"应否是判定旅游资源的标准?

一种观点认为旅游资源"必须经过开发"才能成为有吸引力的事物,即只有已经为旅游业所利用,才可以称为旅游资源,而未经开发的只能算作潜在的旅游资源,甚至不能称作严格意义上的旅游资源。另外一种观点则认为,资源是指未经开发的自然的物质条件,即只有原始的地理环境才是资源,而已经开发的就不能列入旅游资源范畴,甚至认为开发后的资源不再属于旅游资源而应该属于旅游产品。

我们认为,旅游资源是一个发展的概念,旅游资源的开发利用水平与社会发展水平密切相关,那些对人们具有吸引力但目前由于技术水平的限制而尚未被利用的资源,应该属于具有潜在价值的旅游资源,而这部分旅游资源也应该是能被旅游业所利用的。

争议二:"劳务"、"设施"是否是旅游资源?

将"劳务"、"设施"等因素视为旅游资源,是近年来旅游资源研究的一个倾向,这与西方学者强调的旅游吸引物的含义还是比较接近的。这种研究倾向是对我国以往旅游资源研究中不重视人力、市场等因素的一种纠正,从这一点上讲,具有一定的实践指导意义。但在我国其他学者的研究中则认为"劳务"、"设施"等应该作为旅游业资源来判断,而并非完全等同于我们所说的作为旅游对象物的旅游资源。很明显,旅游资源与旅游业资源在范围和侧重点上是不一样的。

应该指出的是,能对人们产生吸引力是旅游资源的本质特征,并且从目前情况看,这种吸引往往是直接的吸引,从普遍意义上讲,"劳务"、"设施"则不一定是真正吸引旅游者的对象物。

争议三:"客源市场"是否是旅游资源?

1996年,杨振之提出旅游资源系统的概念。他认为,将旅游资源片面地单向视为旅游目的地的观点,存在着缺陷,因为旅游资源除了双向吸引力外,还有中介吸引的问题。旅游资源应该既包括旅游地(客体),也包括旅游服务设施(介体)和客源市场(主体),它们之间相互作用构成一个完整的旅游资源体系。

把系统的思想引入旅游资源基本概念的研究中,是旅游资源学研究的一个新思路。这种思路强调从旅游者、旅游地、旅游业三个方面去系统地分析旅游资源,对于避免旅游资源开发的盲目性和片面性有积极的作用。但将旅游客源市场作为旅游地的旅游资源,从一般意义上则很难讲通。

争议四:旅游资源能否产生三大效益?

绝大多数学者在给旅游资源下定义时都承认旅游资源的效益功能,即旅游资源能够为旅游业所利用并产生经济、社会和生态环境效益。但是,也有部分学者认为,旅游资源开发暴露出越来越严重的社会、生态方面的负效应,进而淡化了三大效益。

应该明确的一点是,当前旅游开发中存在的负面影响主要是管理不善造成的。就旅游资源本身来讲,通过合理地开发利用,必然促进经济水平的提高,推动社会文化的进步。同时,良好的生态环境必然会增加旅游资源的吸引力,旅游资源开发最终也必然推动对生态环境和人文环境的保护。

综上所述,作为旅游资源的概念要素组成,应该包括以下方面。首先,应突出强调其基本属性,即首先应对旅游者具有吸引力,能激发人们的旅游动机,而旅游资源吸引力的高低也是评价旅游资源价值的重要指标。其次,旅游资源应该与旅游业相联系,从资源本身讲,应该具有可利用性并能产生相应的经济、社会、文化、生态价值,也就是通常所说的经济效益、社会效益和生态环境效益。度量旅游资源的效能,应是经济、社会、环境(生态)效能兼顾。再次,旅游资源在内容和形式上具有广泛性和多样性,既有物质的,也有非物质的;既包括现实性的,也包括潜在性的。随着社会的发展,更多新的旅游资源正逐渐被人们所认识和掌握。

旅游资源是旅游业产生和发展的基础,准确把握旅游资源的概念,对于旅游资源的具体分类、旅游资源的评价、旅游资源的开发规划、旅游资源的保护具有深刻的科学意义。随着2003年国家标准《旅游资源分类、调查与评价》(GB/T18972—2003)的颁布,关于旅游资源的概念也逐渐趋于统一。根据国家标准,旅游资源可被定义为:自然界和人类社会凡能对旅游者产生吸引力,可以为旅游业开发利用,并可产生经济效益、社会效益和环境效益的各种事物和因素。

二、旅游资源的内涵

旅游资源涵盖的范围很广,其内涵应是旅游资源各种特性的总和与综合反映。与一般的资源相比较,旅游资源具有较为丰富的内涵和独特的属性。为了更好地理解旅游资源的概念,对上述概念作如下解释:

(一)旅游资源必须具有旅游吸引力

自然界禀赋的、历史遗存的和人工创造的客观实体多种多样,制度的、艺术的和思想的等非物质形态的文化因素更是名目繁多,但这些并非都是旅游资源,只有那些能给人们提供审美和愉悦,对人们具有有一定的吸引力,有可能被旅游业所开发利用的内容才是旅游资源。不具备这种吸引力的任何形式的资源都不是旅游资源。例如,自然资源中只有那些具有自然美的形态、绚丽的色彩和声响动态的美感,具有休养、避暑和避寒等功能,能提供娱乐消遣、探险、游泳、登山、滑雪、泛舟和垂钓等活动的场所和条件,能使人们感受到大自然的壮美与神奇,能开阔视野、增长知识的资源,才能成为旅游资源。文化资源中只有那些著名的遗址遗迹,珍贵的历史文物,纯朴、浓郁的民俗和精湛的艺术表演等才能成为旅游资源。

对于劳务人员或其他因素是否属于旅游资源,则要进行具体分析。例如,那些在旅游活动中仅仅起着媒介作用的旅游从业人员和旅游劳务(如一般的导游员、服务员、司机和经营管理人员的劳务活动),并不是吸引游客前来旅游的对象,因而不属于旅游资源的范畴。但在某些特殊情况下这些要素又属于旅游资源。例如艺术家、书法家和高级厨师等在旅游景区内的劳动服务(创作或制作),不仅其作品或产品为旅游者所欣赏或享受,而且这一劳务过程也可成为吸引游客前来旅游的因素之一。

当然,在所有可供旅游业利用的因素中,旅游资源的吸引力特性也要符合社会和生态原则,要剔除那些不符合社会伦理规范和生态环境保护原则的部分,保持旅游资源概念的健康。例如,色情、赌博和偷猎等违反了社会公德标准,影响了生态平衡,不应列入旅游资源范围,不具有利用的可能性,在一些国家或地区只是一种招徕游客的商业手段。

(二)旅游资源包括原生的和人造的内容

大多数作为旅游资源的自然存在、历史文化遗产,是自然的无意造化或人类因其他目的而创造的产物,是先于旅游而客观存在的自然因素和人文因素,它们是原生的旅游资源。随着社会的进步、经济的发展和人类生活水平的提高,人们不再满足于原生的旅游资源和旅游产品。为了满足不断增长的旅游需求,人们依靠资金、智力和现代技术,或模仿,或创造,或二者兼而有之,修造了许多人造的内容,甚至把世

深圳世界之窗

界上已经存在的知名度很高的旅游资源进行移植,以弥补当地旅游资源的不足,充实旅游的内容。1989年11月,深圳"锦绣中华"建成开业,随后"中华民俗文化村"、"世界之窗"等人造景观相继落成并获取了成功。深圳旅游业的发展就是走了这样一条特色化的发展道路。随着现代信息技术的发展,虚拟技术已经能够使人与虚拟三维环境进行视觉、触觉、嗅觉和听觉等感觉的实时交流,所谓的虚拟旅游资源也应运而生。虚拟旅游资源可以是人类现有资源的数字化形式,如集3D动画、精彩视频、地理音乐、景区美图等多媒体手段展示于一体的山东旅游体验网,将山东省境内的重点旅游资源展

现出来，通过该网站平台可以体验趵突泉四季最美的瞬间、感悟泰山"一览众山小"的磅礴气势，也可以在孔府"闲逛"感悟儒家文化，享受身临其境的感觉。因此，这些为了满足人们不断增长的旅游需求而人造的内容，也应该属于旅游资源的范畴。

（三）旅游资源包括物质的和非物质的内容

物质的、有形的旅游客观实体（如自然界赋存的名山、秀水、溶洞、瀑布、湖泊、森林和珍稀动植物等，以及人工创造的、历史遗存的园林、古遗址、古建筑、珍贵文物等）看得见、摸得着，易为人们所认可，这是旅游资源中重要的一部分。而那些非物质的、无形的事物和现象（如历史名人、风土人情、故事传奇、文化艺术等）却不易被人们理解与认可。实际上，这些非物质要素，是在物质的基础上产生并依附于物质而存在的，它们是旅游资源的另一重要形式。无形的旅游资源一旦与有形的旅游资源紧密结合，会更具有吸引力。旅游活动除满足旅游者在旅游过程中的物质需要外，更重要的是满足旅游者的精神需求。因此，物质的和非物质的旅游资源都是旅游开发中重要的资源形式。随着旅游业的发展和旅游者欣赏水平的提高，非物质的资源在旅游开发中处于越来越重要的地位，成为旅游资源深层次开发的核心之一。充分发掘无形的文化旅游资源，可增加旅游新产品以拓宽旅游活动的内容，并能为有形的物质旅游产品创造出新的附加值。

（四）旅游资源包括已被开发利用的和未被开发利用的内容

旅游资源在通常情况下是因其他目的而生成或存在的，只是由于人们主观认识和客观条件的缘故，在一定历史时期才成为旅游资源。作为一种资源形态，旅游资源主要处于一种潜在的待开发的状态，同时也包括已开发但尚未耗竭其旅游价值的那一部分资源。那些经过开发利用的旅游资源及人工创造物，由于它们既可被看作是加工后的产品，同时又可作为继续开发的对象，不断地加工提高、继续开发而重复使用，仍可以称为旅游资源。对于未被开发利用的那些能对人们产生吸引力的因素，经过开发可以为旅游业所用，也属于旅游资源。然而，那些虽曾有过旅游价值或虽曾被开发利用过但已丧失其价值并被旅游者所抛弃的旅游资源，便不再是旅游资源了。

（五）旅游资源是一个动态发展的概念

随着社会经济的发展、科学技术的进步、人们空闲时间的增加和眼界的开阔，人们的旅游需求不断多样化、个性化，与之相应，旅游资源的范畴也在不断的扩大。原本不是旅游资源的事物和因素，现在已经成为旅游资源并得到一定的开发，如科技、文化和高校等专题旅游的开展。现在，人们已很难发现有哪一类事物和现象是绝对不能被旅游业利用而成为旅游资源的。

近年来，产业旅游的出现，使得一些工厂的生产环境成为发展工业旅游的资源，一些果园、茶园和蔬菜种植地成为开展农业旅游的资源;生态旅游的出现,使得具有原始景观特征的一些自然保护区成为旅游资源;保健意识的增强,使一些中药材博物馆、药膳房成为旅游资源;热播影视剧使得拍摄地的一些事物成为旅游资源,如《闯关东》拍摄地中的山东章丘市朱家峪村;国内、国际经济联系的日益频繁,使得一些交通便利、信息灵通、经济发达的城市设施如展览馆、会议中心、酒店成为发展会展旅游的资源。例如,西安的卫星测控中心、美国的宇航中心、澳大利亚的造币厂和朝鲜半岛的"三八线"等已向游客开放,成为旅游点。特别是集优美的环境、现代高科技、深厚的文化内涵于一体的大型综合性旅游景点与游乐场所、人造乐园和微缩集锦式公园等深受人们的青睐。北京时间2009年10月11日,加拿大富豪盖伊·拉里伯特乘坐联盟号宇宙飞船安全返回地球,结束了为期12天的太空之旅。据透露,这次太空之旅的旅费高达3 500万美元,盖伊成为第7个完成太空之旅的游客。今后旅游资源的范畴还将继续扩大,现在看来某些不是旅游资源的事物和因素,以后很可能成为新的旅游资源。

◆ **案例驿站 1.1**

太空旅游与太空游客

从广义上来说,常被提及的太空旅游至少有4种途径:飞机的抛物线飞行、接近太空的高空飞行、亚轨道飞行和轨道飞行。

抛物线飞行并非真正意义上的太空旅游,它只能让游客体验约半分钟的太空失重感觉,宇航员在训练时为了体验失重通常也是采用这种方法。游客如果乘坐俄罗斯宇航员训练用的"伊尔-76"等飞机作抛物线飞行,费用约为5 000美元。

接近太空的高空飞行也非货真价实的太空旅游,但它能让游客体验身处极高空才有的感觉。当游客飞到距地面18千米的高空时,便可看到脚下地球的地形曲线和头顶黑暗的天空,体会到一种无边无际的空旷感。目前计划用来实施这种旅游的飞机有俄罗斯的"米格-25"和"米格-31"高性能战斗机。这些飞机能飞到24千米以上的高度,乘坐它们旅游的每张票价约为1万美元。

亚轨道飞行能产生几分钟的失重,美国私营载人飞船"宇宙飞船一号"和俄罗斯计划研制的"C-XXI"旅游飞船就是从事这种飞行的典型,它们在火箭发动机熄火和再入大气层期间能产生几分钟的失重。这种飞行的价格约为每人每次10万美元。

轨道飞行是真正意义上的太空旅游。实现轨道旅游的工具目前主要是国际空间站,可供游客到达空间站的"客车"主要是俄罗斯"联盟"飞船和美国航天飞机。美"哥伦比亚"号航天飞机失事后,太空旅游机构大多将目光转向了"联盟"系列飞船。

未来还有什么新项目能丰富"太空游"呢?设想一下悬浮在距地400千米高空的度假酒店吧。有报道说,俄航天部门有一项由官方和企业共同设计微型"太空旅馆"的计划。也有美国工程师提出,可用轻型充气材料建一个长期绕地飞行的舱体,其"房费"将比空间站之旅略微便宜些。

案例来源:新华网 http://news.xinhuanet.com

第二节 旅游资源的特点

旅游资源是吸引旅游者的最重要的因素,是旅游开发的基础和前提。只有正确认识旅游资源的特点,才能更好地对旅游资源进行开发利用。由于受到地理环境和社会发展等因素的影响,旅游资源既具有一般资源的共同特点,还具有区别于其他资源的基本特点。

一、旅游资源的基本特点

(一)广泛多样性

旅游资源的存在极为广泛多样:既有自然的,也有人文的;既有景观性的,也有文化性的;既有古代遗存的,也有现代兴建的;既有实物的,也有体验性的。旅游资源的范畴不断扩大,内容日益丰富。地上有名山秀水、流泉瀑布、历史古迹、民俗风情等众多的自然景观和人文景观;地下有溶洞、暗河、温泉;天空有瞬息万变的天象、气象景观;海洋有美丽的礁岛怪石、迷人的浅海沙滩、奇特的海洋生物和海底世界;城市有体现现代建筑、科技水平的城镇风貌;乡村有美丽的田园风光、浓郁的乡村风情。可以说,地球上各区域乃至太空都不存在没有旅游资源的问题,而只存在旅游资源的时空分布问题。

(二)区域性

从分布来看,旅游资源在空间上有明显的区域性特征。各种旅游资源既是地理环境的组成部分,同时它们的形成和存在又受到地理环境的制约。不同的旅游资源,都具有其存在的特殊条件和相应的地理环境。受地理纬度、大地构造、大气环流及海陆关系等因素的综合作用，各种自然旅游资源之间必然产生地区差异，如热带风光、高山冰雪、林海雪原、广阔的草原、奇峰异洞的岩溶山水和阳光沙滩海岸等。同时，人类活动也受到地理环境的影响乃至限制，生活方式、文化艺术、民族习俗以及历史发展、心理状态等都与地理环境有着不同程度的关系，因此人文旅游资源也同样具有地域性，如东亚国家的佛教寺庙、欧美国家的基督教堂、西亚与中亚伊斯兰教的清真寺、黄土高原的窑洞、内蒙牧区的帐篷与毡房和云南西双版纳地区傣家竹楼等。因此，旅游资源不管是以单体还是复合体的形式存在，都依托于一定的地域空间，分布在与之相适应的地理环境中，带有强烈的地方特色和地域特征，如我国北方园林、南方园林与岭南园林的景观差异，正是旅游资源个性特征的体现。区域差异是旅游资源的重要特征，决定了旅游流的存在。目的地的自然景观或人文风情的地方特色越独特，对刺激人们产生旅游动机的吸引力越大。

（三）综合性

任何一种旅游资源都不是孤立存在的，而是与其他旅游资源相互依存、相互作用的，是由不同要素组成的综合体，如泰山景观是由高耸挺拔的山体、草木、摩崖石刻、寺庙和云雾等组成的。存在于特定地域上的各种旅游资源，正是以一个有机整体来发挥其旅游吸引力、实现其旅游价值的，如曲阜明故城（三孔）旅游区是由地貌、植被和水文条件等生态要素，万仞宫墙、大成殿和碑亭等物态要素，绘画和雕刻等文态要素，当地民俗等情态要素组成的。一般情况下，景观要素单一的情况在景区里比较少见，孤立的景观要素也很难形成具有吸引力的旅游资源。在实践中，常把不同类型的旅游资源结合在一起开发，以形成互补优势。旅游区的自然旅游资源和人文旅游资源配合得好，自然景观与人文景观兼容互补性强，核心资源与附属资源彼此呼应、比例协调、联系紧密，对游客的吸引力就大，如桂林山水、杭州西湖风景区和烟台蓬莱阁景区等。

（四）吸引性

旅游资源同一般资源的重要区别就在于它具有吸引特性。无论是名山大川、流泉飞瀑、奇石异洞、风花雪月，还是文物古迹、民俗风情等，无不具有吸引人们的因素，因此才成为特定的旅游资源。旅游资源的美学特征越突出、观赏性越强，对人们的吸引力就越大。像秦陵兵马俑、长江三峡、万里长城、埃及金字塔、印度泰姬陵、美国自由女神像、英国白金汉宫、泰国的大皇宫和

印度泰姬陵

玉佛寺等，都因观赏性极强而成为世界著名的旅游资源。旅游资源是多种多样的，不同的旅游资源的吸引功能和效用是不同的；即使是同种旅游资源，也往往具有多种效用且对不同的游客有不同的吸引功能。旅游资源的吸引力大小还涉及人们的主观心理感受，人们的民族或文化差异也会使同样的旅游资源具有不同的旅游价值。任何一项旅游资源都有吸引力定向的特点，只能对某些市场产生吸引力，而不可能对全部旅游市场都具有同样大的吸引力。例如，即使黄山和故宫这样世界级的旅游景区，也会有人觉得没什么兴趣，对他们来说也就没有旅游价值。

（五）不可移动性

旅游资源是在特定的自然条件和历史文化氛围下形成的，分布在与之相应的地理环境和区域环境中，带有强烈的地方色彩和区域特征。自然旅游资源是大自然的杰作，往往由于规模巨大或与地理环境联系紧密，使之难以发生空间移位，如壶口瀑布和广西北海银滩等资源产生于特定的地理环境，无法用人工力量来搬迁或异地再现。人文旅游资源是在特定的地域环境和历史条件下的人类社会产物，其价值主要体现在包含有丰富的人类社会、历史信息。由于这类资源与其生成的环境紧密联系，人为地割裂与其环境的

壶口瀑布

联系，势必会影响到旅游资源所承载信息的原生性、真实性和完整性，使资源的价值降低。许多仿造的旅游景观如微缩景观等，尽管应用了高超的技术甚至做到以假乱真，但仍不可能与真情实景的魅力相提并论。个别旅游资源如塔、碑和青铜器等可以搬迁，但这并没有在根本上改变旅游资源基本的不可转移性。迪士尼等主题乐园在其他地方再建，则属于当地旅游产品的拓宽或旅游资源的新建，与旅游资源的不可转移性并不矛盾。

（六）价值的不确定性

旅游资源的价值可分为现实价值和潜在价值、有形价值和无形价值，包括各种形式的观赏、娱乐、休憩、康复和科考价值，销售各种旅游产品的收入，借助于著名旅游地和专门的旅游活动为非旅游业提供商务活动而促进地方产业的发展等。根据马克思的劳动价值论，旅游资源的价值很难界定。根据西方经济学有关效用价值论原理，旅游资源价值是旅游者主观旅游偏好的反映。由于不同的旅游者，其旅游偏好可能不一样且旅游偏好随着时代的变迁而发生变化，因此同一旅游资源的价值会因人、因时而有所不同。同

时,旅游资源价值具有历史性,也就是说,旅游资源的价值并不是从来就有的,而是在社会发展到一定阶段、旅游活动发展到一定规模后才表现出来。在不同的时间,受政治局势、国家政策、经济水平、文化水平、资源发现的时间、区位条件、环境状况、开发能力、经营模式和宣传促销条件等因素的影响,人们的旅游需求往往会有很大的波动,从而导致旅游资源价值具有不确定性。

(七)易损性与不可再生性

虽然旅游资源一般不存在耗竭的问题,但必须指出,旅游资源如果利用和保护不当,很容易遭到破坏。无论是自然景观还是历史遗存,一经破坏便很难恢复。有形的旅游资源如此,无形的旅游资源也是如此。过度使用的有形旅游资源可能被毁坏,维护不当的无形旅游资源一旦遭到破坏也是在短期内难以修复的。而旅游资源一旦遭到破坏,又表现出不可再生的一面。许多历史文物、人文古迹是在特定的历史条件下形成的,具有唯一性,一旦破坏便不复存在;即使进行人工修复,与原汁原味的旅游资源相比其价值会有天壤之别,难再现昔日风采。例如,2001年3月被阿富汗塔利班炸毁的巴米扬大佛便失去了作为旅游资源的价值。因此,在开发旅游资源的同时,保护工作必须同步进行。通过各种保护措施,一方面减少其自然的损耗和人为的破坏;另一方面保护好生态环境,为自然景观、人文景观的存在和发展创造良好的条件。

二、自然旅游资源与人文旅游资源的特点

自然旅游资源与人文旅游资源是旅游资源的两大范畴,除了具备上述旅游资源的基本特点外,各自还具有自身的特点。

(一)自然旅游资源

自然旅游资源是指大自然赋存且能使人们产生美感或兴趣的旅游资源,由地貌、水体、生物、气候、气象与天象等自然要素构成,具有以下主要特点:

1.天然性

自然旅游资源是天然赋存的,是自然界形成的。它们的形成、发展、分布和特点,主要受自然因素的影响和自然规律的制约。黄山的奇松与怪石、庐山的云雾、泰山的日出、桂林的山水、云南的玉龙雪山、黄果树的瀑布等均是如此。自然旅游资源的天然性能够给人们一种朴实、神奇、自由自在的美感。人们要领略这些旅游资源,必

黄山奇松

须前往它们的所在地。由于自然旅游资源具有天然属性,决定了对它们的开发利用要特别注意尊重自然规律;否则,一旦遭受到破坏,损失将无法弥补。

2. 季节性与时限性

许多自然旅游资源深受季节的影响,呈现随时间变化的特点,有的表现为周期变化特征,有的表现为随机变化特征。这主要是由自然地理条件,特别是气候的季节变化决定的,同时也受人为因素的影响。不同的季节、不同的气候条件下,自然景观有所不同,甚至有些景观只会出现在某一特定的时间内,如漂流活动多在夏季、赏雪滑冰多在冬季、钱塘观潮的最佳时间是每年的农历 8 月 15 日至 18 日、北京香山的红叶在深秋才愈显其魅力、观赏菏泽的牡丹花在 4 月中旬最好。另外,同样的景观在不同的季节表现出不同的特征。例如,同一座世界地质公园云台山,春、夏、秋、冬四时之景各不相同:春季山花烂漫,夏季满目苍翠,秋季红叶似火,冬季苍茫雄劲,可以春赏花、夏观瀑、秋看红叶、冬领略冰清玉洁的世界。有些现象如泰山日出只出现在晴朗的早晨,蓬莱海市蜃楼常出现在某一瞬间。由于自然景观的季节变化和周期变化或时限性的影响,再加上人们社会活动的节律性(国家法定节假日休息,如我国的春节、端午节等)影响了人们外出旅游的时间,使得旅游有明显的淡旺季之分。掌握了这个规律,有利于不同的旅游区(点)实时调整旅游活动内容,制定不同季节的旅游价格,有效解决淡季和旺季可能出现的问题,从而促进旅游业的健康发展。

(二)人文旅游资源的特点

人文旅游资源是指人类创造的,反映各时代、各民族政治、经济、文化和社会风俗民情状况,具有旅游功能的事物和因素,由建筑体、寺观、古城、雕塑、绘画、文艺、歌舞、节庆、民俗、体育等要素构成,主要具有以下特点:

1. 人为性

人文旅游资源不是天然固有的,而是人类在其发展过程中创造的。它是人类社会发展过程中生产劳动、生活方式、科技和文化艺术的结晶,是宝贵的财富,在今后还可以不断地更新和创造。人文旅游资源的形成虽然与人为活动息息相关,但许多人文景观是在自然环境基础上建立的,人们以自然环境为背景,充分发挥人为的创造性,把自然美与人工景观美结合在一起融为一体,更增加了人文景观的魅力,北京的颐和园、济南的趵突泉公园等皆是如此。因此,新建人文景观要充分利用自然景观,实现与自然环境的协调与统一。

2. 文化性

文化是人类在社会历史发展过程中所创造的物质财富和精神财富的总和。广义的文化包括物态文化、制度文化、行为文化和心态文化。人文旅游资源具有丰富的文化属性，不同的人文旅游资源具有其特定的文化内涵，如建筑文化、饮食文化、节庆文化等。它可以是以一定的物质实体为载体，如古建筑、古迹和园林等；也可以是一些无形的精神文化内容，如诗词书画、传说典故、历史事件、节日庆典和生活习俗等。不同的民族由于生活环境的差异，在历史的演变中形成了自己特有的民族文化，人文旅游资源因此有鲜明的民族文化特色，如民族村寨、民族服饰、民族歌舞和民族节日风俗等。一般而言，人文旅游资源有形的物质载体与无形的精神文化内容是相辅相成、互相融合的。例如，在曲阜孔庙游览，游客既可欣赏到富有东方特色、规模宏大、气势雄伟的古代建筑群，同时又可深刻感受到儒家文化的博大精深；登滕王阁，会忆起王勃名传千古的《滕王阁序》；游蓬莱阁，会想起家喻户晓的八仙故事，等等。

3. 时代性

人类所创造的人文旅游资源，其形成与社会历史密切相关，必然深深地打上时代的烙印。不同的历史阶段，不同的国家，不同的区域，不同的民族，由于生产水平、科学技术、审美观点与道德规范不同，其人文景观的建造水平、特色、风格与性质等也就千差万别。历史上遗留下的各种陶瓷器、石刻绘画和古建筑等从不同角度展示了特定历史条件下的科学文化、生产力发

天坛祈年殿

展水平和社会生活风情。例如，大汶口文化遗址反映的是距今 6 300 年至 4 500 年前新石器时代后期父系氏族社会生产生活情况；北京故宫反映了明清封建社会的建筑特色和皇帝、后妃的生活状况；西递与宏村则反映了明清皖南乡村居民生活的村落风貌，等等。

4. 可创新性

由于旅游资源内涵的广泛性以及旅游动机和兴趣的多样化，可以顺应旅游市场需求的变化，不断更新和再生旅游资源的吸引力因素，亦即不断进行旅游产品的创新，从而将自己产品周期的有限生命转化为无限的周期循环。旅游资源创新包括现有旅游资源的创新、人造旅游资源的创新和潜在旅游资源的创新三种形式。现有人文旅游资源的创新，也就是不断更新旅游产品的过程，即在新一轮或更深层次的旅游开发中创造出适应市场需要的新产品。通过创新和竞争两股力量的交互作用，使人文旅游资源在旅游市场中永葆青春活力和魅力。创新活动推出的旅游产品，可以是物质型的、精神型的，也可以

是这两者兼而有之的。在旅游资源比较匮乏的地区,可以凭借经济实力、科技等人为地创造一些人文旅游资源,北京欢乐谷、香港宋城、潍坊风筝会、青岛啤酒节等都是人造旅游资源创新的成功例证。随着旅游业的发展,不少潜在旅游资源被发现、开发。潜在旅游资源转变为现实旅游资源,这本身就是一个创新的过程。

第三节 旅游资源与旅游业发展

一、旅游资源是旅游业发展的基础

所谓旅游业,是指以旅游者为对象,以旅游资源为凭借,为旅游活动创造条件并提供其所需产品和服务的综合性产业。良好的旅游资源禀赋条件是旅游业发展的重要基础,某地区旅游业发展的水平与该区旅游资源的丰富程度、质量、组合状况及其对它们的开发程度与开发水平密切相关。旅游资源作为旅游活动的对象与客体,是吸引人们产生旅游动机的主要原因。旅游资源系统主要包括旅游资源类型及旅游资源价值两个子系统,旅游业系统主要包括旅游者系统、旅游企业系统、旅游管理系统三个子系统。旅游资源系统通过旅游资源的类型和旅游价值影响着区域旅游业的发展水平、旅游产品的特色、区域旅游的形象等。区域旅游业的发展通过旅游设施的建设、旅游交通的改善、旅游景区的改造等过程影响着旅游资源的价值,甚至创造新的旅游资源。通常情况下,没有旅游资源这个客体,就很难有旅游活动,旅游业的发展也就无从谈起。

目前,我国大多数地区旅游业的发展是建立在旅游资源基础之上的,如云南、陕西、四川等旅游资源丰富的地区旅游业也较发达。然而,随着社会经济和科技等的发展,影响旅游业发展的因素越来越多,我国旅游业的发展已经初步超越了仅依赖旅游资源的原始阶段,呈现出某些区域旅游资源不甚丰富但旅游业却相当发达的格局,如深圳、上海等地。尽管如此,旅游资源依然是我国旅游业发展的主要依托,它们作为旅游业发展的基础是不会改变的。

◆ 专题笔谈1.1

旅游资源与旅游业发展关系研究

我国旅游业的发展格局呈现出旅游资源部门和非旅游资源部门并重的局面,这或许意味着我国旅游业已经开始超越仅依赖旅游资源的阶段并初显转型的迹象,即旅游业发展的多元化方向和"脱物化"倾向。

就前者而言，我国旅游业的发展经历了由单一到多元的不断提升的演变历程。从旅游者的消费需求来说，20世纪80年代，旅游者主要是对自然景观和古迹景观的观赏性游览，旅游资源构成了我国旅游业发展的重要支撑性要素。20世纪90年代，随着居民收入水平和旅游经验的增加，我国旅游消费者除了传统的山水风光、文物古迹和民族风情等旅游产品外，开始关注于更多类型的景观，比如水域风光、地文景观、沙漠景观、草原景观等，对生态旅游也表现出极大的需求，同时许多新兴的专项旅游产品如主题公园、农业观光、工业旅游等也引起了人们极大的兴趣。进入21世纪后，我国旅游消费不再是统一低层次的消费，呈现出初级的市场细分状态，其中高层旅游消费者从纯粹的观光型旅游转化成度假型休闲，中层旅游者则需要更广泛的旅游产品，而低层旅游消费者绝大部分是观光旅游。总体上来说，我国旅游消费者的消费需求对旅游资源的依赖性在逐步减弱，我国旅游产品的开发和组合日益凸显其精细化和特色化，工业旅游、农业旅游、生态旅游、休闲旅游、商务旅游、探险旅游、休学旅游以及扶贫旅游等不同主题的旅游产品越做越精，满足了不同旅游主体的个性化旅游需求。

就旅游业发展的"脱物化"而言，随着我国旅游者消费活动的明显变化，我国旅游业在多维度发展的基础上，不再大比重地受到具体旅游资源的限制，而是转移到注重依附在旅游资源上的文化价值和精神内容。

另外，我国旅游业发展的初始条件削弱了旅游业的发展动力，这和我国旅游业发展过程的阶段性特点以及客源结构的变化有着重要的联系。我国旅游业发展过程中形成了资源刚性，即随着收入水平和旅游经验的增加，旅游消费者的需求逐渐趋于多元化，但是，旅游产品等供给却由于在发展过程中形成的对旅游资源的依赖及相关利益制度设计却不能及时实现旅游业转型以满足旅游消费者的需求，进而限制了旅游业的发展。

资料来源：杨勇.旅游资源与旅游业发展关系研究[J].经济与管理研究，2008(7)：22—27.

二、旅游资源质量高低影响旅游业发展的水平

旅游资源质量主要是指旅游资源所具有的旅游价值的高低，包括旅游资源的美学特征、稀有程度、休闲康乐价值、文化价值、历史价值和科学研究价值等。影响旅游业快速发展的因素很多，但在其他条件相似的情况下，旅游资源质量的高低具有十分重要的意义，影响区域旅游业的发展水平。一般来说，旅游资源质量越高，对人们的吸引力越大，越能刺激旅游需求的形成和增长，客源市场就越广阔，游客也就越多，旅游业就可能得到

较快的发展,如三亚、桂林、丽江、西安、北京、泰安、青岛等地成为吸引国内外游客的热点地区。

三、旅游资源影响旅游业的产业结构

某区域的旅游产业结构深受该区旅游资源条件的影响,旅游资源通过行业结构和产品结构来影响区域旅游产业结构的形成。由于各区域旅游资源不同,再加上旅游市场需求会随时间出现变化,与此相应的旅游开发方向的不同,导致各地旅游行业结构和产品组成也有所不同。例如,在被誉为购物天堂的香港,购物消费在其旅游消费结构中所占的份额超过50%,因此商贸成为香港主要的旅游业。而在三亚的旅游消费结构中,住宿和餐饮占的比重较高,这是由其海滨旅游资源所产生的观光与休闲度假旅游性质所决定的。因此,在实际的旅游开发中,不同的地区在协调好旅游各行业发展的前提下,要根据其旅游资源禀赋状况突出自己发展的重点,确定相应的龙头行业,带动区域旅游业的发展。

◆ **本章小结**

1. 本章结语

旅游资源是旅游活动的前提和核心,是旅游业发展的基础。本章主要阐述了旅游资源的概念、内涵与特点,旅游资源与旅游业的相互关系等。良好的旅游资源禀赋条件是区域旅游业发展的重要基础。正确地认识它们,对合理地开发利用与保护旅游资源、组织旅游活动具有十分重要的意义。

2. 本章知识结构图

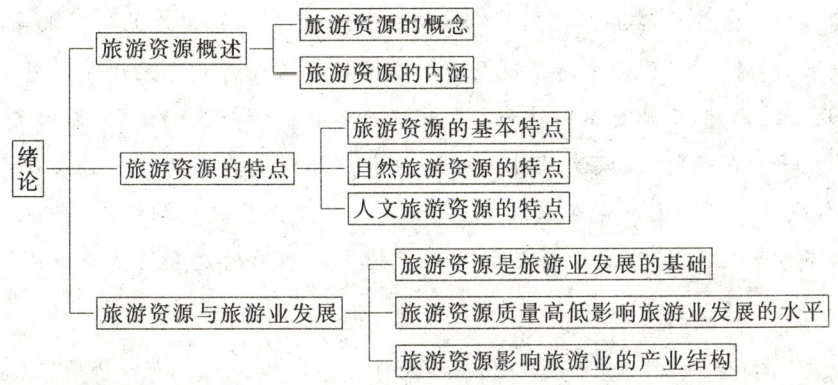

3. **本章核心概念**

旅游资源　自然旅游资源　人文旅游资源

◆◆◆ 延伸阅读

北京奥运旅游资源

随着奥运旅游资源在推动经济增长中的作用日趋显现,对奥运旅游资源的分类和价值构成的研究越来越受到人们的关注。北京奥运旅游资源是指所有因奥运会而产生并在奥运会之后保留下来供后续开发利用的旅游资源。北京奥运旅游资源是北京奥运会的副产品,但却意义深远,将成为北京奥运经济后续效益的重要来源。

2008 北京奥运场馆

北京奥运旅游资源是由环境资源、形象资源、游客资源和环境容量资源共同构成的。因此,也可以说北京奥运旅游资源集有形资源和无形资源为一体,并体现了有形资源与无形资源间的互动关系。北京乃至亚洲,原本就是美丽的风景旅游胜地,随着北京奥运会带来的基础设施建设的进一步完善,其环境资源也进一步优化。

北京奥运旅游资源是一种特殊的资源形态,属于"公共商品"或"环境商品"。从其价值构成内涵看,它的总价值应包括使用价值和非使用价值。其直接使用价值构成资源的经济价值,即奥运旅游资源的市场价值。根据悉尼奥运旅游资源评估实例,这类价值占资源总价值的份额很小,而非经济价值(包括间接使用价值、选择价值、存在价值和遗产价值)是奥运旅游资源的主体。

北京奥运旅游是注意力经济、品牌经济,更是借力经济。北京奥运旅游是北京旅游业的创新与发展,同时,对我国的旅游业也具有非常明显的推动作用。无论是风景游、风情游、娱乐游还是文化游,都是自然环境和人文环境对各种人群产生的吸引,因此奥运旅游产品的核心竞争力是吸引力,风景、风情、娱乐、文化只不过是吸引力的一种表现形式。有鉴于此,这种吸引力不单纯产生在旅游目上,而且还可以产生在培训经济、会议经济、会展经济等诸多方面,因此北京奥运会旅游资源后续产品利用的延展性是很强的,也是很丰富的。

资料来源:颜秉峰,任保国.北京奥运旅游资源后续利用研究[J].武汉体育学院学报,2008,42(7):55-58.

◆ 本章推荐阅读

[1] 罗越富.旅游资源概念新视角[J].产业与科技论坛,2009,8(4):59-60.

[2] 李丽,肖磊.古村落旅游资源特征及价值研究[J].山东省青年管理干部学院学报,2009(6):114-116.

[3] 杨培玉.鸟巢旅游资源的特点及其开发模式分析[J].中国西部科技,2009,8(36):11-12.

[5] 喻小航.论旅游资源的内涵与特性[J].西南师范大学学报,2004,30(3):105-109.

[6] 万绪才,丁敏,宋平.旅游资源价值及其货币化评估[J].经济体制改革,2003(6):155-158.

◆ 讨论与思考

1. 什么是旅游资源？简述旅游资源的内涵。
2. 旅游资源具有哪些基本特点？
3. 自然旅游资源和人文旅游资源各有哪些特点？
4. 举例说明旅游资源与旅游业的关系。

第二章

旅游资源的分类

学习目标

知识要点：了解几种常见的旅游资源分类方案；理解旅游资源分类的依据；掌握旅游资源分类的概念、目的及其意义。

技能训练：以某一地区为例，运用旅游资源的国家标准分类方案做一份该地区的旅游资源分类表。

能力拓展：应用所学理论，通过小组形式展开讨论，提出你所认为的科学的旅游资源分类方案并进行简要说明。

引 例

世界休闲之都——杭州的旅游资源

杭州是我国东南部风景名胜荟萃之地，拥有得天独厚的风景旅游资源、自然赋予的独特环境和几千年人类文化积淀。杭州旅游资源的总体特点是：数量多，类型丰，品质优，分布广，呈大分散、小集中格局，各类都有特色，各区（县、市）都有亮点。根据杭州旅游资源普查结果，其旅游资源分属8个主类、33个亚类、140个基本类型。主类拥有率为100%；亚类仅比全国少一个，拥有率为97%；基本类型比全国总数少41个，拥有率为77%。根据《旅游资源分类、调查与评价》的国家标准，杭州181个旅游资源类型中，属于自然旅游资源的81个，属于人文旅游资源的100个，两者之比为0.81。杭州自然旅游资源涉及的基本类型为50个，人文旅游资源涉及的基本类型为90个，两者之间的比例约为0.56。由此可以认为，杭州是一个

杭州西湖

自然旅游资源和人文旅游资源兼容并蓄的城市,而其人文旅游资源的类型尤为丰富。

杭州现已拥有2个国家级风景名胜区(西湖风景区、两江一湖风景名胜区),2个国家级自然保护区(天目山自然保护区、清凉峰自然保护区),全国首个国家级湿地——西溪国家湿地公园,5个国家森林公园(千岛湖、大奇山、午潮山、富春江、清山湖),25个全国重点文物保护单位(岳飞墓、六和塔、胡庆余堂、良渚文化遗址、南宋皇城遗址、凤凰寺、西泠印社、功臣塔、钱王陵园、马寅初故居等),9个国家级博物馆(中国丝绸博物馆、中国茶叶博物馆、中国印学博物馆、中国财税博物馆、中国江南水乡文化博物馆、中国扇博物馆、中国伞博物馆、中国刀剪剑博物馆、中国湿地博物馆)。以西湖为中心,以"三江四湖一山一河一溪三址"为主线,以之江国家旅游度假区为重点的大杭州旅游格局已基本形成。

案例引发的问题: 根据资料中杭州旅游资源的分类情况,还可以从哪些角度对旅游资源进行分类?

资料来源:新商报　　http://www.newbusiness.cn
　　　　　杭州统计信息网　http://www.hzstats.gov.cn

第一节　概　述

一、旅游资源分类的概念

在旅游学、旅游地理学的研究中,特别是在区域旅游资源的调查与开发方案的编制过程中,都涉及旅游资源的分类问题。旅游资源分类,是根据旅游资源的相似性和差异性进行归并或划分出具有一定从属关系的不同等级类别的过程。同一类别(类型)的旅游资源在属性上有相似之处,不同类别(类型)之间则有一定差异。例如,根据成因可以把旅游资源划分为自然旅游资源和人文旅游资源两大类别。自然旅游资源是自然界赋存、天然形成的旅游资源,而人文旅游资源则是人为作用形成的,两者的成因明显不同。这两大类别根据各自内部的差异性可进一步划分出次级类型,从而形成具有一定从属关系的不同等级的类别系统。

二、旅游资源分类的依据

对旅游资源进行分类必须要有一定的具体依据或标准,即必须依据旅游资源本身的某些具体属性或关系进行分类。由于旅游资源的属性、特点及事物之间的关系是多方面的,因而分类的标准也是多方面的,人们可以根据不同的目的选择不同的分类标准。常见的标准主要有以下几种。

(一)成因

成因是指旅游资源形成的基本原因和过程。例如,自然旅游资源是自然界赋存、天然形成的,是大自然的产物;人文旅游资源是人为形成的,由人类活动所产生;地貌旅游资源按成因可以分为风力作用的旅游地貌、流水作用的旅游地貌、溶蚀作用的旅游地貌等;水域风光旅游资源中的瀑布按成因可以分为构造瀑布、堰塞瀑布、喀斯特瀑布,等等。

(二)属性

属性是指旅游资源的性质、特点、具体存在形式、状态、形态的异同等。例如,自然旅游资源中的地文景观旅游资源、水域风光旅游资源、生物景观旅游资源、天象与气候旅游资源等,它们的性质、状态不同,因而可以区分为不同的类别。

(三)功能

旅游资源的功能是指能够满足开展旅游活动需求的作用和效能。根据旅游资源功能的不同,可以把旅游资源划分为不同的类别,如观光游览型、参与体验型、知识型、购物型等旅游资源。

(四)时间

时间是指根据旅游资源形成的时间。根据形成时间的不同,可将旅游资源区分为不同的类别,如可以把建筑类旅游资源区分为古代建筑旅游资源和现代建筑旅游资源。

(五)其他

根据分类的目的和要求的不同,还可以有其他不同的分类依据,如管理级别、旅游动机、开发利用现状等。

三、旅游资源分类的目的和意义

为了深入认识与研究旅游资源,更好地开发利用旅游资源,最大限度地满足旅游者的需求和取得良好的效益,必须在认识各类旅游资源形成机制普遍规律的基础上,寻找各类旅游资源之间的差异和特点,对旅游资源进行合理的科学分类。因此,旅游资源分类的目的,就在于通过各种分类系统的建立、补充,加深对区域旅游资源属性或旅游资源整体的认识,掌握其特点、规律,为进一步开发、利用、保护及研究旅游资源服务。

对旅游资源进行科学的分类,具有重要的意义:

首先,对旅游资源分类的过程,实际上是人们加深对旅游资源属性认识的过程,具有一定的理论意义。我们可以通过分析大量旅游资源属性的相似性和差异性,分出不同级别的从属关系及其联系；通过挖掘各种客观存在的事物所隐含的旅游价值，不断补充新的材料，提出新的分类系统；通过不同地区、不同要求的旅游资源分类，从不同角度加深对旅游资源属性的认识，甚至发现、总结出某些新的规律性认识，促进有关理论水平的提高。

其次，旅游资源分类是研究、认识旅游资源以及开发利用旅游资源的重要基础，具有重要的实践意义。旅游资源众多繁杂、各具特点，其成因和演化规律各不相同，通过比较、认识、归纳及划分，形成不同的分类系统，不仅便于旅游资源的归档、查找、管理和对比，也是认识、评价旅游资源及开发、利用和保护旅游资源的客观需要。旅游资源分类使旅游资源条理化、系统化，各种分类系统的建立可为旅游资源同类对比、科学评价、优先开发，以形成独具特色的旅游产品体系提供决策依据。

第二节 旅游资源分类方案

旅游资源分类是旅游资源评价的基础，在区域旅游资源的调查与开发方案的编制过程中意义重大。关于旅游资源的分类，不少专家学者进行了有益的尝试，基于分类的目的、要求以及依据不同，也形成了多种分类方案。至今，世界各国对旅游资源还没有统一的分类标准和分类方法。

目前，在世界上比较有影响的是西班牙旅游资源普查与分类系统。它按属性将旅游资源分为3个一级类型（自然景观、建筑人文景观和传统习俗）、7个二级类型（自然风貌、风俗、文学历史等）和44个三级类型（山色、石景、草原、瀑布、湖泊、温泉、洞穴、教堂、古堡、居民、民间艺术等）。该分类方法具有两个特点：第一，符合通常的旅游资源属性分类；第二，具有明显的西班牙地方特色，分类重视突出西班牙民族文化的人文景观与活动，如教堂、古堡、狩猎、捕鱼、酿酒、烹调、民间节庆等。

1992年，我国国家旅游局在《中国旅游资源普查规范》中，提出了以旅游资源普查为目的的应用性分类方案。根据旅游资源的性质和状态、旅游资源特征指标的一致性、类型之间的差异性等原则，将旅游资源分为6大类、74种基本类型。1997年，修订版的《中国旅游资源普查规范》将旅游资源分为3个景系（自然景系、人文景系、服务景系）、10个景类（地文景观、水文景观、气候生物、其他自然景观、历史遗产、现代人文吸引物、抽象人文吸引物、其他人文景观、旅游服务、其他服务）以及95个景型。2003年，国家颁布了中华人民共和国国家标准GB/T18972—2003《旅游资源分类、调查与评价》，依据旅游资源的性状即现存状况、形态、特性、特征划分，分类对象包括稳定的、客观存在的实体旅游资源和不稳定的、客观存在的事物和现象,包括8个主类、31个亚类、155个基本类型(见下表)。

表 2.1　《旅游资源分类、调查与评价》(GB/T 18972－2003)分类表

主类	亚类	基本类型
A 地文景观	AA 综合自然旅游地	AAA 山丘型旅游地　AAB 谷地型旅游地　AAC 沙砾石地型旅游地　AAD 滩地型旅游地　AAE 奇异自然现象　AAF 自然标志地　AAG 垂直自然地带
	AB 沉积与构造	ABA 断层景观　ABB 褶曲景观　ABC 节理景观　ABD 地层剖面　ABE 钙华与泉华　ABF 矿点矿脉与矿石积聚地　ABG 生物化石点
	AC 地质地貌过程形迹	ACA 凸峰　ACB 独峰　ACC 峰丛　ACD 石(土)林　ACE 奇特与象形山石　ACF 岩壁与岩缝　ACG 峡谷段落　ACH 沟壑地　ACI 丹霞　ACJ 雅丹　ACK 堆石洞　ACL 岩石洞与岩穴　ACM 沙丘地　ACN 岸滩
	AD 自然变动遗迹	ADA 重力堆积体　ADB 泥石流堆积　ADC 地震遗迹　ADD 陷落地　ADE 火山与熔岩　ADF 冰川堆积体　ADG 冰川侵蚀遗迹
	AE 岛礁	AEA 岛区　AEB 岩礁
B 水域风光	BA 河段	BAA 观光游憩河段　BAB 暗河河段　BAC 古河道段落
	BB 天然湖泊与池沼	BBA 观光游憩湖区　BBB 沼泽与湿地　BBC 潭池
	BC 瀑布	BCA 悬瀑　BCB 跌水
	BD 泉	BDA 冷泉　BDB 地热与温泉
	BE 河口与海面	BEA 观光游憩海域　BEB 涌潮现象　BEC 击浪现象
	BF 冰雪地	BFA 冰川观光地　BFB 常年积雪地
C 生物景观	CA 树木	CAA 林地　CAB 丛树　CAC 独树
	CB 草原与草地	CBA 草地　CBB 疏林草地
	CC 花卉地	CCA 草场花卉地　CCB 林间花卉地
	CD 野生动物栖息地	CDA 水生动物栖息地　CDB 陆地动物栖息地　CDC 鸟类栖息地　CDE 蝶类栖息地
D 天象与气候景观	DA 光现象	DAA 日月星辰观察地　DAB 光环现象观察地　DAC 海市蜃楼现象多发地
	DB 天气与气候现象	DBA 云雾多发区　DBB 避暑气候地　DBC 避寒气候地　DBD 极端与特殊气候显示地　DBE 物候景观

续表

主类	亚类	基本类型
E 遗址遗迹	EA 史前人类活动场所	EAA 人类活动遗址　EAB 文化层　EAC 文物散落地　EAD 原始聚落
	EB 社会经济文化活动遗址遗迹	EBA 历史事件发生地　EBB 军事遗址与古战场　EBC 废弃寺庙　EBD 废弃生产地　EBE 交通遗迹　EBF 废城与聚落遗迹　EBG 长城遗迹　EBH 烽燧
F 建筑与设施	FA 综合人文旅游地	FAA 教学科研实验场所　FAB 康体游乐休闲度假地　FAC 宗教与祭祀活动场所　FAD 园林游憩区域　FAE 文化活动场所　FAF 建设工程与生产地　FAG 社会与商贸活动场所　FAH 动物与植物展示地　FAI 军事观光地　FAJ 边境口岸　FAK 景物观赏点
	FB 单体活动场馆	FBA 聚会接待厅堂(室)　FBB 祭拜场馆　FBC 展示演示场馆　FBD 体育健身馆场　FBE 歌舞游乐场馆
	FC 景观建筑与附属型建筑	FCA 佛塔　FCB 塔形建筑物　FCC 楼阁　FCD 石窟　FCE 长城段落　FCF 城(堡)　FCG 摩崖字画　FCH 碑碣(林)　FCI 广场　FCJ 人工洞穴　FCK 建筑小品
	FD 居住地与社区	FDA 传统与乡土建筑　FDB 特色街巷　FDC 特色社区　FDD 名人故居与历史纪念建筑　FDE 书院　FDF 会馆　FDG 特色店铺　FDH 特色市场
	FE 归葬地	FEA 陵区陵园　FEB 墓(群)　FEC 悬棺
	FF 交通建筑	FFA 桥　FFB 车站　FFC 港口渡口与码头　FFD 航空港　FFE 栈道
	FG 水工建筑	FGA 水库观光游憩区段　FGB 水井　FGC 运河与渠道段落　FGD 堤坝段落　FGE 灌区　FGF 提水设施
G 旅游商品	GA 地方旅游商品	GAA 菜品饮食　GAB 农林畜产品与制品　GAC 水产品与制品　GAD 中草药材及制品　GAE 传统手工产品与工艺品　GAF 日用工业品　GAG 其他物品
H 人文活动	HA 人事记录	HAA 人物　HAB 事件
	HB 艺术	HBA 文艺团体　HBB 文学艺术作品
	HC 民间习俗	HCA 地方风俗与民间礼仪　HCB 民间节庆　HCC 民间演艺　HCD 民间健身活动与赛事　HCE 宗教活动　HCF 庙会与民间集会　HCG 饮食习俗　HCH 特色服饰
	HD 现代节庆	HDA 旅游节　HDB 文化节　HDC 商贸农事节　HDD 体育节

续表

主类	亚类	基本类型
数量统计		
8主类	31亚类	155基本类型

[注]如果发现本分类没有包括的基本类型时,使用者可自行增加。增加的基本类型可归入相应亚类,置于最后,最多可增加2个。编号方式为:增加第1个基本类型时,该亚类2位汉语拼音字母+Z;增加第2个基本类型时,该亚类2位汉语拼音字母+Y。

资料来源:http://www.tjtour.cn

一、根据旅游资源属性的分类

依据旅游资源本身的基本属性,一般可将旅游资源分为自然旅游资源和人文旅游资源两大类,这种分类方法称为"两分法"。两分法是目前最常见、应用最广泛的一种分类方案。自然旅游资源是天然赋予的、能使人们产生美感的自然环境或物象的地域组合,如地貌、水文、气候、生物等,及其相互组合而成的自然环境;人文旅游资源是古今人类社会活动、文化、艺术和科技创造的载体和轨迹,如文物古迹、文化艺术活动、科技与建筑成就等。根据本书对旅游资源概念的认识,结合2003年国家标准分类体系,我们采用两分法,将旅游资源分为自然旅游资源和人文旅游资源两大类,并根据成因、属性对这两大类细分如下。

(一)自然旅游资源的分类

1. 地文景观类旅游资源

地文景观指地球内力、外力综合作用于地球岩石圈而形成的并在地表面或浅地表存留下来的各种自然资源类型。凡能对旅游者产生吸引力,可以为旅游业开发利用的地文景观现象即为地文景观类旅游资源。它是旅游资源中最为常见、分布最为广泛的旅游资源;其鉴赏价值主要表现在美学价值、科普教育价值、探险健身价值、文化价值等方面。

2. 水域风光类旅游资源

水域风光是指各种形态的水体在地质地貌、气候、生物以及人类活动等因素的配合下形成的不同类型的水体景观,是水体及水体所依存的特定地文环境所构成的自然旅游资源类型,以形、声、色、味、影、态等为吸引因素。凡能吸引旅游者进行观光游览、度假健身、参与体验等活动的各种水体资源,都可视为水域风光类旅游资源。

3. 生物景观类旅游资源

生物包括动物、植物和微生物三大类。作为风景旅游资源的生物则主要是指植被——覆盖山体的森林、树木、花草及栖息于其间的动物和微生物(大型真菌类)。生物群体构成的总体景观、引人注目的个别珍稀品种和奇异形态的生物个体,充分体现了该类旅游资源是自然旅游资源中最具特色的类型。

4. 天象与气候气象类旅游资源

天象与气候气象是指那些可以造景(风景气候与风景气象可以直接形成不同的自然景观和旅游环境)、育景(通过影响风景地貌、风景水体和风景动植物以及各种人文景观而间接作用于旅游资源)并具有观赏功能的大气物理现象和过程。

5. 综合自然景观

综合自然景观是指具有一定规模、显著的整体自然景观特征及特殊的保护利用价值,在管理目标、开发方式、利用方向等方面具有相对一致性的自然景观综合体。综合自然景观具有自然特色的突出性、资源形成上的不可再生性(如地质)和可更新性(如森林)、资源类型的综合性、表现形式的多样性等特点,对游客的吸引性较强。

(二)人文旅游资源的分类

1. 历史古迹类旅游资源

人类社会发展历史过程中留存下来的活动遗址、遗迹、遗物及遗风等,是形成于历史发展阶段之中的人类活动的产物,是历史真实的客观表现,昭示着特定的历史特征,凝聚着人类的智慧;其表现内容和遗存形式都十分丰富,是极为重要的旅游资源。

2. 古典园林类旅游资源

在一定的地域范围内,利用并改造天然山水地貌,或者人为地开辟、塑造山水地貌,结合植物的栽植和建筑的布置,形成优美的景观,构成一个供人们观赏、游憩、居住的环境,这就是古典园林旅游资源,它具有很高的观赏价值和旅游吸引力。

3. 宗教文化类旅游资源

宗教产生后逐渐向人类生活的各个方面拓展,包括哲学、科学、艺术、社会伦理道德以及社会政治制度等,从而导致宗教文化的产生。不同社会形态和不同历史时期的宗教在内容、性质和形式上各不相同,从而形成了各具特色的宗教文化。

4. 社会风情类旅游资源

社会风情是指一个地区的民族在特定的自然、社会环境下,在生产、生活和社会活动中表现出其风俗习惯。各个民族因生活环境、发展历史、社会经济、宗教信仰、文化传统的不同,形成了丰富多彩的社会风情旅游资源。

5. 购物类旅游资源

购物类旅游资源是指自然界和人类社会中凡能对旅游者购物产生吸引力,可以为旅游购物开发利用,并可产生经济效益、社会效益和环境效益的各种事物和因素。购物类旅游资源丰富多彩、种类繁多,是旅游目的地吸引力的重要组成部分,具有文化性、纪念性等特征。

6. 现代人文类旅游资源

随着旅游市场的成熟和旅游者消费需求的多样化,出现了现代产业旅游资源、现代建筑与工程、主题园区与城市旅游等现代人文类旅游资源。该类旅游资源的开发利用现已得到人们的普遍关注,颇受旅游者的青睐,成为旅游热点。

7. 世界遗产与历史文化名城

世界遗产是被联合国教科文组织和世界遗产委员会确认的人类罕见的、目前无法替代的财富,是全人类公认的具有突出意义和普遍价值的文物古迹及自然景观。历史文化名城是指那些保存文物特别丰富并且具有重大历史价值或者革命纪念意义的城市。世界遗产和历史文化名城是展示民族文化和地域文化的橱窗,可以充分满足游客领略自然、陶冶情操的需求。

二、其他旅游资源分类

(一)根据旅游资源管理级别的分类

1. 国家级旅游资源

这类资源具有重要的观赏、历史和科学价值,在国内外享有很高的知名度。在我国主要包括由国务院审定公布的国家重点风景名胜区、国家历史文化名城、国家重点文物保护单位、国家级自然保护区和国家森林公园、被联合国教科文组织批准列入《世界遗产名录》和联合国"人与生物圈保护网络"的名胜古迹和自然保护区。

2. 省级旅游资源

这类资源具有较高的观赏、历史和科学价值,具有地方特色,在省内外有较大影响。主要包括省级风景名胜区、省级历史文化名城、省级文物保护单位以及省级自然保护区、省级森林公园、省级历史文化名镇。

3. 市(县)级旅游资源

这类资源具有一定的观赏、历史和科学价值,主要接待本地游客。主要包括市(县)级风景名胜区和市(县)级文物保护单位。

(二)根据旅游资源功能的分类

1. 观光游览型旅游资源

观光旅游型旅游资源以各种优美的自然风光、著名的古建筑、城镇风貌、园林建筑为主,供旅游者观光游览和赏鉴,使旅游者从中获得各种美感享受、陶冶性情。

2. 参与体验型旅游资源

参与体验型旅游资源包括节庆活动、冲浪、漂流、狩猎、赛马、滑雪、攀岩、探险等，旅游者能够亲自参与，得到切身体会，乐在其中。

3. 保健休疗型旅游资源

保健休养型旅游资源包括各种康复保健、度假疗养设施如度假村、疗养院、温泉浴、森林浴、沙浴、健身房等，旅游者从中可以得到体质的恢复与提高或对某些慢性疾病的治疗等。

4. 购物型旅游资源

购物型旅游资源包括各种土特产、工艺品、艺术品、文物商品及仿制品等主要供旅游者购买的旅游商品。

5. 文化型旅游资源

文化型旅游资源包括富有文化科学内涵的各类博物展览、科学技术活动、文化教育设施等，旅游者从中可以获得一定的科学文化知识，开阔眼界，增长阅历。

6. 感情型旅游资源

感情型旅游资源主要包括名人故居、名人古墓、各类纪念地等，可供开展祭祖、探亲、访友、怀古等旅游活动，以表达旅游者的思古、怀念、敬仰、仇恨等感情。

(三)根据旅游动机对旅游资源的分类

1. 心理方面的，如宗教圣地、重大历史事件、探亲等。
2. 精神方面的，如科学知识、消遣娱乐、艺术欣赏等。
3. 健身方面的，如体育运动设施、疗养院等。
4. 经济方面的，如土特产、购物品等。
5. 政治方面的，如国家政体状况、各种法律、革命纪念地等。

(四)根据旅游资源开发利用现状的分类

1. 未开发的旅游资源

未开发的旅游资源指目前尚无力开发的潜在旅游资源，可以是自然景观、历史遗存，或是独特的吸引物，具有较高的旅游资源价值。

2. 已开发或即将开发的旅游资源

已开发或即将开发的旅游资源指客观存在的自然或历史文化赋存的现实旅游资源。其中，有些开发利用的历史悠久，旅游设施较为完备；有些开发利用时间较长，但缺乏时代内容，需要加以调整、充实、丰富；有些已列入规划，即将开发。

3. 现代人工创造的旅游资源

现代人工创造的旅游资源指原来并不存在而由人工创造出来的新的旅游资源，或是对原有的旅游资源进行充实改造、丰富其内容而形成的旅游资源,人造主题公园就属此类。

◆ 本章小结

1. 本章结语

本章主要阐述了旅游资源分类的概念、依据、目的和意义,并简要介绍了国内外的旅游资源分类方案:西班牙旅游资源分类方案,1992年《中国旅游资源普查规范》中的分类方案,1997年的修正方案,2003年国家标准分类方案,按照旅游资源属性分类的方案以及其他几种常见的分类方案。

2. 本章知识结构图

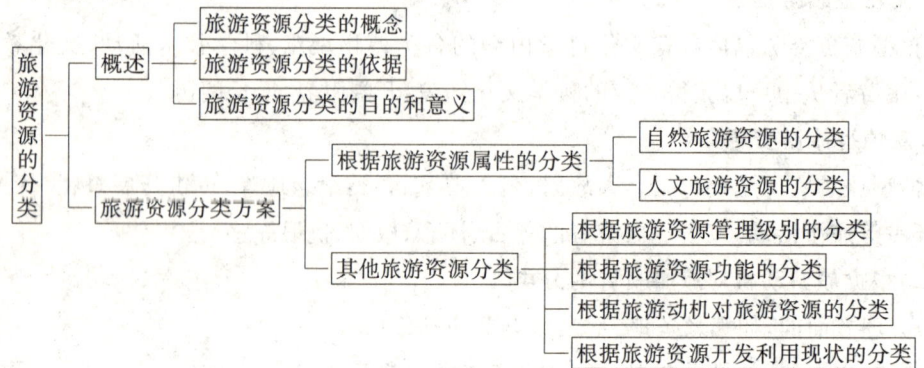

3. 本章核心概念

旅游资源分类　　旅游资源功能　　两分法

◆ 延伸阅读

乳山市旅游资源的分类

位于山东威海的乳山市依山傍海,环境优美,旅游资源丰富。乳山市因境内"大乳山"而得名,总面积1 668平方千米,经过多年的持续发展,区域经济实力不断增强。2009年12月28日,乳山市顺利通过中国优秀旅游城市复核验收。

乳山历史文化源远悠久,名人众多,物产资源丰富充足,生态环境优美宜人。海岸线长达

乳山风光

185千米,年产海产品20多万吨,是以生产贝类、名贵鱼种著称的沿海城市;乳山丘陵地多,盛产水果,年产水果及干杂果20万吨,是胶东水果大市;乳山产金出银,素有"金岭银滩"之美誉,年产黄金18万两,居全国县级第5位。乳山拥有被誉为"天下第一滩"的国家AAAA级银滩旅游度假区、岠嵎山国家森林公园、大乳山、汤上温泉、道教圣地圣水宫等众多景观,境内山、海、湾、滩、岛、泉等特色资源十分丰富,开工建设了大乳山休闲旅游度假区、岠嵎山风景区、福如东海文化园、东方如意国际城、黄金文化公园、潮汐湖景区和堕崮山景区等旅游大项目,旅游业正在成为乳山新兴支柱产业。乳山以其优美的自然人文环境而荣膺"国家环境保护模范城市""中国优秀旅游城市"和"国家园林城市",成为最适合人类居住的城市之一。下表采用国家标准分类体系对乳山市旅游资源的类型进行划分。从分类结果可见,乳山市旅游资源类型构成丰富,自然与人文旅游资源兼备。

表2.2　　　　　　　　　　乳山市旅游资源分类表

主类	亚类	基本类型	旅游资源单体
A 地文景观	AA 综合自然旅游地	AAA 山丘型旅游地	岠嵎山
			垛山林场
			堕崮山
		AAD 滩地型旅游地	月亮湾
			仙人湾
			珍珠湾
			白沙湾
			乳山口湾
	AB 沉积与构造	ABF 矿点矿脉与矿石积聚地	乳山市金矿
	AC 地质地貌过程形迹	ACE 奇特与象形山石	"仙人桥"
			"千古猿人"
			三观台
	AE 岛礁	AEA 岛区	宫家岛
			腰岛
			南黄岛
			险岛
			东小青岛
			竹岛

续表

主类	亚类	基本类型	旅游资源单体
B 水域风光	BA 河段	BAA 观光游憩河段	乳山河
			黄垒河
			老清河
			白沙滩河
	BB 天然湖泊与池沼	BBA 观光游憩湖区	潮汐湖
	BD 泉	BDB 地热与温泉	小汤温泉
C 生物景观	CA 树木	CAA 林地	万亩松林带
		CAC 独树	万户千年银杏树
			西北庄古藤
E 遗址遗迹	EB 社会经济文化活动遗址遗迹	EBC 废弃寺庙	圣水岩遗址
			岠嵎院遗址
F 建筑与设施	FA 综合人文旅游地	FAB 康体游乐休闲度假地	银滩旅游度假区
			大乳山
			东方如意国际城
		FAC 宗教与祭祀活动场所	黄山寺
		FAD 园林游憩区域	河滨公园
			晨读公园
			金牛山公园
		FAF 建设工程与生产地	白沙口潮汐电站
		FAH 动物与植物展示地	冯家万亩板栗园
			乳山知识渔业示范园
	FC 景观建筑与附属型建筑	FCB 塔形建筑物	电视塔
		FCI 广场	假日广场
			日升广场
			海韵广场
			人民广场
			政府广场
	FD 居住地与社区	FDC 特色社区	大陶家民俗渔村
	FE 归葬地	FEA 陵区陵园	马石山烈士陵园
	FF 交通建筑	FFC 港口渡口与码头	乳山口港
	FG 水工建筑	FGA 水库观光游憩区段	龙角山水库
			台依水库
			院里水库
			花家疃水库
			马石山水库

续表

主类	亚类	基本类型	旅游资源单体
G 旅游商品	GA 地方旅游商品	GAB 农林畜产品与制品	苹果等多种水果
			板栗等多种干杂果
			银丰果汁饮料
			花生烤果
		GAC 水产品与制品	海鲜
			淡水鱼
		GAE 传统手工产品与工艺品	贝雕工艺品
			黄金制品
			扣眼绣花
			勾针织品
			工艺地毯
			石雕工艺品
			玩具
H 人文活动	HC 民间习俗	HCC 民间演艺	周末广场晚会
		HCF 庙会与民间集会	堕崮山民间庙会
			东小青岛民间庙会

资料来源: http://rsta.gov.cn/index.asp

◆ 本章推荐阅读

[1] 黄远水. 简议我国旅游资源分类与评价方案 [J]. 旅游学刊, 2006, 21(2): 9.

[2] 王建军. 旅游资源分类与评价问题的新思考 [J]. 旅游学刊, 2005, 20(6): 7－8.

[3] 郭来喜, 吴必虎, 刘锋, 范业正. 中国旅游资源分类系统与类型评价 [J]. 地理学报, 2000, 55(3): 294－300.

[4] 何效祖. 《旅游资源分类》问题的初步诊断分析 [J]. 旅游学刊, 2005, (6): 9－10.

[5] 刘益. 从旅游规划角度论《旅游资源分类、调查与评价》的实践意义 [J]. 旅游学刊, 2006, 21(1): 8－9.

◆ 讨论与思考

1. 什么叫旅游资源分类？旅游资源分类的主要依据有哪些？
2. 为什么要对旅游资源进行分类？有何意义？
3. 比较两分法分类方案、功能分类方案及国家标准分类方案中的分类的不同之处。
4. 试对自己所在省、区或市的旅游资源进行分类。
5. 提出你所认为的科学的旅游资源分类方案并简要说明理由。

第 三 章

地文景观类旅游资源

学习目标

知识要点：了解地文景观的成因；理解地文景观与旅游的密切关系；掌握地文景观的概念、各种地质地貌景观的类型及其概念；熟悉各种地质地貌景观的典型代表。

技能训练：能区分不同种类的地文景观，描述不同地文景观的成因及特征。

能力拓展：到某地质公园或以地文景观为主要特征的旅游景区参观游览时，能够清楚地知道它所属的地质地貌类型，能够区分景区内的各种景观亚类。

引 例

武陵源——世界自然遗产地

武陵源风景名胜区

武陵源景色奇丽壮观，位于中国中部湖南省境内，连绵 26 000 多公顷，景区内最独特的景观是 3 000 余座尖细的砂岩柱和砂岩峰，大部分有 200 余米高。在峰峦之间，沟壑、峡谷纵横，溪流、池塘和瀑布随处可见，景区内还有 40 多个石洞和两座天然形成的巨大石桥。除了迷人的自然景观，该地区还因庇护着大量濒临灭绝的动植物物种而引人注目。

武陵源风景名胜区是 20 世纪 80 年代初新发现的山水名胜。这里的风景没有经过任何的人工雕琢，到处是石柱石峰、断崖绝壁、古树名木、云气烟雾、流泉飞瀑、珍禽异兽。置身其间，犹如到了一个神奇的世界和趣味天成的艺术山水长廊。武陵源独特的石英砂岩峰林属国内外罕见，突兀的岩壁峰石连绵万顷、层峦叠嶂。武陵源水绕山转，据称仅张家界就有"秀水八百"，众多的瀑、泉、溪、潭、湖各呈其妙。武陵源的溶洞数量多、规模大，极富特色，有名可数的就有黄龙洞、观音洞、响水洞、龟栖洞、飞云洞、金螺洞……其中最为著名的是索溪峪的"黄龙洞"，全长7.5千米，洞内分为四层，洞内有1座水库、2条河流、3挂瀑布、4处潭水、13个厅堂、96条廊。"冰凌钟声""翠竹夹道""龙宫起舞"都是黄龙洞的精华所在，是武陵源最为著名的游览胜地之一。

案例引发的问题：查阅相关资料进行判断：武陵源景区内拥有哪几种地文景观类型？

资料来源：人民网 http://www.people.com.cn/

第一节 概 述

一、地文景观旅游资源

地文景观是指地球内、外营力综合作用于地球的岩石圈而形成的各种现象与事物的总称。地文景观是旅游地学研究的主要内容之一，但是对地文景观旅游资源的定义却还存在着不同的意见。《中国旅游地质资源图说明书》将地质旅游资源定义为"具有旅游价值的地质遗迹和与地质体直接有关的人类活动遗迹"。它既包含旅游资源中山水名胜、自然风光等自然遗迹，也包含在晚、近地质历史时期人类形成过程中的人类文化遗址，人类与地质体相互作用和人类开发利用地质环境、地质资源的遗迹，以及地质灾害遗迹等。该定义所指的地质旅游资源实际上就是我们所讲的地文景观旅游资源，即能对旅游者产生吸引力、可以为旅游业开发利用的地文景观物象。

二、地文景观旅游资源的形成与地质作用

地文景观的形成与地质作用有着不可分割的密切关系。根据地质作用能量来源和作用部位，可以将地质作用分为内动力地质作用和外动力地质作用两大类，并可进一步分类，划分次一级的地质作用。

（一）内营力地质作用

内营力地质作用是由于地球的内热、地球自转与重力等能量所激发的，主要发生在地球内部的地质作用。因其作用方式不同分为四种：构造运动、岩浆作用、变质作用和地震。

1. 构造运动

构造运动即地壳的机械运动,按运动方向分为水平运动与垂直运动。地球表面不是一马平川而是崎岖不平的,这种形态的形成是地壳机械运动的结果。例如从晚第三纪以来,喜马拉雅山从古地中海中升起,上升幅度达七八千米;而同一时间,江汉平原地区却表现为缓慢下降,沉积了近1 000米厚的沉积层。地壳运动非常缓慢,人类仅凭感觉是觉察不到的,要靠精密的仪器才能检测出来。通过人造地球卫星拍摄的照片,我们可以清楚地看到红海和亚丁湾两侧的海岸极其相似,甚至可以吻合起来。据测量,红海正以每年1.5厘米的速度加宽。东非大裂谷从万年前形成至今,宽度已平均扩展了65千米。如果我们把东非大裂谷加宽的速度定为每年1厘米,再过5 000万年以后,裂谷的宽度就是565千米。到那时,裂谷以东的大片土地,就和非洲大陆分离了。

2. 变质作用

岩石基本上为固体状态,会由于温度、压力和化学活动性流体的作用而发生成分、结构及构造变化,即变质作用。由于变质作用形成的岩石叫做变质岩。在变质岩的形成过程中,温度、压力和具有化学活动性的流体属外在原因,原岩的成分和性质则是变质的内在因素。红宝石和蓝宝石,就是在高温和富铝缺硅条件下形成的变质矿物。

岩浆作用和地震将分别在"火山岩地貌和地震灾害遗迹"等章节中介绍,在此不再详细阐述。

(二)外营力地质作用

外营力地质作用是由大气、水和生物在太阳辐射、重力以及日月引力等能源的作用下所进行的各种作用,它们都发生在地球的表层。外营力地质作用分为以下五种:

1. 风化作用

风化作用是指地表岩石在外力作用下发生机械崩解或化学分解,变为松散碎块、碎屑直至土壤并形成松散堆积物的全过程。风化作用十分普遍,地表的岩石无时无刻不在经受着这种作用。即使像花岗岩、大理岩这样坚硬的岩石,在风化作用下仍然不免遭到破坏。但不同种类的岩石,风化速率各不相同。岩石性质不同常是造成风化程度差异的主要原因。矿物成分复杂的岩石,因各矿物的抗风化力强弱不一,比矿物成分单一的岩石易风化;深色的矿物因吸热多且快,也相对易风化;而矿物颗粒细小且呈等粒状结构的岩石,比粗粒状的和斑状的岩石抗风化的能力强。除岩石性质外,岩石所处环境的温度条件和水分状况也是影响风化程度的基本控制因子。

2. 剥蚀、搬运作用

岩石在地面流水、地下水、海水、湖水、冰川、风等外力作用下遭受的破坏作用，称为剥蚀作用。破坏的生成物被带走，称为搬运作用。剥蚀作用与搬运作用是紧密相连的且由同种营力造成，因此没有显著的分界。有剥蚀就有搬运，搬运又能使剥蚀更趋活跃。地面流水的剥蚀作用又称侵蚀作用，河流的侵蚀作用是最广泛、最强烈的一种。具有一定动能的河水流动能对河床底及河岸两侧的岩石进行冲击，河水携带的岩石碎屑则对河床底及河岸两侧进行撞击、摩擦，它们共同造成对岩石的机械破坏；河水含有多种化学成分，它可以溶解河床底部及河岸两侧的岩石，造成对岩石的化学破坏。

3. 沉积、成岩作用

在各种外力的作用下，被搬运的物质到达适当场所后，因条件变化（如流速、风速降低，冰川融化等）而发生沉淀、堆积的过程，称为沉积作用。一般来说，大的石块往往堆积在河流上游或就地堆积，小的砂粒就远离"家乡"，沉积到河流下游。因此，在没有支流或较大支流汇入的河流中，自上游到下游，会出现沉积物按大小、轻重不同呈带状分布的现象；在同一地点，沉积物从下到上也会出现不同大小和轻重颗粒的分选现象。这些沉积物在漫长的岁月中，受到外力作用的变化又会转变成坚硬的岩石。

内营力地质作用和外营力地质作用共同形成了地球的地貌形态。内营力地质作用主要形成地表的基本起伏（巨型地貌、大型地貌），向着增强地势的趋势发展；外营力地质作用趋向于削平地表的基本起伏，向着减弱地势的趋向发展。这种内、外营力的相互作用贯穿在从地球形成以来的一切地貌演化过程中，各种地文景观旅游资源也在这个过程中慢慢地演变形成。

第二节 地质景观旅游资源

能体现某一地域风景总体特征的基本格局，由地质体（包括构造、岩性、地层、矿床等）形成的景观统称为地质景观。

一、岩石

根据岩石的成因可以将岩石分为三种基本类型：岩浆岩（火成岩）、变质岩、沉积岩。岩浆岩是岩浆由地下深处向地表活动的过程中，在不同的位置凝固形成的岩石，其化学成分极为复杂。沉积岩是在地表或接近地表的范围内,由各类岩石经风化、剥蚀、搬运、沉积和成岩等作用以及由某些火山作用而形成的岩石。变质岩则是由变质作用形成的岩石。每一基本类型还包含很多亚类岩石。据统计,地壳中的岩石不下数千种。但在旅游资源中涉及最多、最易构景的,只有花岗岩、玄武岩、砂岩、石灰岩、页岩、大理岩等少数几种。

(一) 花岗岩景观

花岗岩是岩浆侵入地壳逐渐冷凝而成的,是一种酸性的深成火成岩,往往形成高大山体的核心。中国花岗岩景观分布广泛,集中分布在云贵高原和燕山山脉以东的第二、三级地形阶梯上,以海拔2 500米以下的中低山和丘陵为主。其中,黄山、华山、泰山最为著名,形成黄山天下奇、华山天下险、泰山天下雄的自然风景名胜地;其他名山如衡山、九华山、崂山、千山、天台山、盘山等,也全部或大部分为花岗岩组成;此外,厦门鼓浪屿万石山、浙江普陀山、海南岛天涯海角等景区,均属于花岗岩名丘。

花岗岩岩性坚硬,但节理特别发育。垂直节理发育的地方,在风化过程中往往因崩塌作用而形成石柱林立、孤峰擎天、悬崖绝壁等景观。著名的有黄山莲花峰、炼丹峰和天都峰三峰鼎立,华山的东、西、南、北、中五峰相岭,天柱山的天柱峰,九华山的观音峰等。球状风化是花岗岩最普遍、最典型的景观,也是花岗岩构景中最有代表性的景物,如黄山的"仙桃石""莲山峰",厦门的"万石山"等。

(二) 砂岩峰林景观

砂岩属于沉积岩,通常呈淡褐色或红色,主要含硅、钙、黏土和氧化铁。地质历史上的海滨海滩,经过漫长过程的沉积之后被积压胶结而成为砂岩,又因地壳上升运动而成为陆地;如果上升的幅度很大,便被抬升成丘陵山地。经漫长过程的雨水、河水冲刷破坏,完整的砂岩山地会被切割成许多山峰,成为砂岩峰林;而被风化侵蚀掉的那部分砂岩变成泥沙,被流水带回大海,形成纵横交织的峡谷,于是形成了砂岩、峰林、峡谷地貌。

砂岩峰林的特点是奇峰林立、造型生动、峡谷纵横、植被茂密,以我国湘西武陵源的张家界最为典型。

二、古生物化石

古生物化石是指人类史前地质历史时期形成并赋存于地层中的生物遗体和活动遗迹,包括植物、无脊椎动物、脊椎动物等化石及其遗迹化石。古生物化石是重要的地质遗迹,是宝贵的、不可再生的自然遗产。

古生物化石具有综合价值。它为研究动植物的生活习性、繁殖方式及当时的生态环境,提供着十分珍贵的实物证据;对研究地质时期古地理、古气候、地球的演变、生物的进化等,具有不可估量的价值;为探索地球上生物的大批死亡、灭绝事件,提供着罕见的实体及实地;有些特殊、特形化石本身或经加工后,具有极高的美学欣赏价值和收藏价值。因此,古生物是一种重要的地质旅游资源和旅游商品资源。

我国是古生物化石较发育的国家之一,化石产地几乎遍布全国各地。近年来发现的河南南阳、湖北郧阳、内蒙古二连恐龙蛋及骨骼化石,辽西的鸟化石,云南澄江动物群化石,山东山旺古生物化石,皆受到国内外科学界的广泛青睐。

◆ **案例驿站 3.1**

山旺古生物化石

山东临朐山旺古生物化石被列为世界遗产之最,发掘于临朐县城东20千米的山旺村。其间,保存着1 800万年前各种动植物化石。这些化石种类繁多、精美完好、印痕清晰、栩栩如生,被誉为"化石宝库""万卷书",是一座古生物化石天然博物馆。现已发现有10多个门类,400余种化石。植物化石有苔藓、蕨类、裸子植物和被子植物化石;动物化石有昆虫、鱼、两栖、爬行、鸟和哺乳动物等类化石。山旺化石如圆基香椿、胡桃、昆虫、玄武蛙、螳螂、蝶蝽、龟、鸟、野猪、三角原古鹿、纤细近五角犀、东方祖熊等化石标本已成为重要的旅游商品,为旅游者广为收藏。

党和政府十分重视古生物化石的保护,同时对古生物化石采取了不少保护措施,特别是授权国土资源部对全国古生物化石实施保护和监督管理(国办发[1998]47号),这使得古生物化石的保护在一定程度上得到了加强。但是,由于种种原因,使得古生物化石难以得到有效的保护。目前古生物化石保护存在的问题表现在如下几个方面:

(1)许多珍贵的古生物化石流失难以得到有效的控制,有的甚至遭到严重破坏,损失巨大。

(2)由于市场经济的全面发展,为了追求自己的利益,有的单位和个人走私、倒卖古生物化石特别是重要化石日趋严重。

(3)古生物化石的管理机构不健全,管理不到位。

(4)由于缺少古生物化石专项保护经费,使古生物化石的保护管理难以有效地落实。

(5)一方面,古生物化石保护的法规不完善,另一方面对已有的法规宣传力度不够。

(6)随着古生物化石的个人收藏逐渐兴起,广大公众对古生物化石知识和其科学价值了解不够,因此,保护古生物化石的意识亟待提高。

(7)我国古生物化石保护工作对外交流不够,与国际上的通行作法有一定的差距。

案例来源:百度百科 http://baike.baidu.com

三、地层

地层是地壳发展过程中形成的各种成层岩石的总称。某一地质时代所形成的一套层状岩石,称为那一时代的地层。地层与岩层的区别在于地层具有时代的含义。按照地层的岩性、古生物等特征及形成的先后顺序,可对地层进行分层。通过地层的划分与对比,可建立起广大地区地层的年代顺序系统。地层中的化石或岩性能说明当地地层的缺失和整合状况,从而推测出当时的环境变化。我国比较典型的地层有天津蓟县中、上元古界标准剖面和云南梅树村界限剖面。

四、构造遗迹

地壳在内动力地质作用下,会产生构造运动,运动方向可能是水平的,也可能是垂直的。构造运动能导致地壳相邻块体,或相互分离裂开,或相会汇聚、挤压、弯曲,或水平剪切、错开,或产生差异性的上升或下降,从而产生褶皱和断裂。褶皱和断裂被称为构造遗迹,不仅具有科学研究价值,而且具有很高的科普价值和观赏价值,吸引着国内外地质工作者和旅游者前往考察、观光。

我国典型的构造遗迹有许多,如:台湾东北海岸的清水大断崖是世界上最高的断层海岸;大连白云山公园有多重环形山脊和沟谷,多重环形断裂,类似一朵永远盛开的莲花,被李四光先生命名为"白云山庄莲花状旋卷构造";南京栖霞山的南象山曾是李四光命名的南象运动所在地,在采坑中两个不同时代、不同构造特征的沉积地层清晰可见,非常直观。

五、地震灾变遗迹

地震指大地的震动。它发源于地下某一点,该点称为震源。地面上离震源最近的一点称为震中,是接受振动最早的部位。强烈的地震不仅能引起大地震动,而且能导致地面沉陷和隆起、地表错位、地面张裂,引起河水堵塞成湖或决堤成灾。在海底或滨海地区发生的强烈地震,还能引起巨大的海水波浪,称为地震海波和海啸。

◆ **案例驿站 3.2**

"5.12"汶川地震

汶川地震发生在 2008 年 5 月 12 日 14 时 28 分 04 秒,里氏震级 8.0 级,是中华人民共和国自成立以来影响最大的一次地震,直接严重受灾地区达 10 万平方千米。这次地震危害极大,共遇难 69 227 人,受伤 374 643 人,失踪 17 923 人,直接经济损失达 8 452 亿元。大地震过后,全国其他省份纷纷开展援建工作,灾区人民的生活慢慢地走上了正轨。为了纪念这次大地震,普及地震知识,在四川大邑县安仁镇建成汶川地震博物馆,该馆已于 2009 年 5 月 11 日开放。博物馆外陈列着曾经战斗在抗震救灾最前沿的挖掘机、抗震指挥车、救生艇等物品。走进博物馆,大量的现场照片和从地震废墟中运回的实物还原了地震后的场景,这些地震实物包括被地震摧毁的建筑物构件、汽车、火车铁轨、家用电器,还有军队、武警、消防官兵的各类救援物品,如陆航团的降落伞、部队的冲锋舟、战士救灾日记、救援官兵签名旗帜以及医院使用过的帐篷、国外友好城市发来的慰问电函等物品。其中的一些珍贵物品,让人们身临其境:邱光华机组的直升机残骸,见证了英雄的壮举;映秀镇中学的课桌、书包、作业本,还留着地震时的灰尘;"可乐男孩"薛枭用过的可乐罐,签名后留在这里;一对新人在龙门山银厂沟拍摄婚纱照被埋后,新娘留下的婚纱……

案例来源:新浪网 http://www.sina.com.cn

第三节 地貌景观旅游资源

地貌,也叫"地形",是地表(包括陆地和海底表面)各种形态和形态组合的总称。地貌由内营力(地壳运动、岩浆活动等)和外营力(流水、冰川、风、波浪、海流、浊流等)相互作用而成。

一、常态地貌景观

按常规形态划分,地貌可以分为高原、平原、盆地、山地和丘陵五种形态,又称常态地貌。

在这五种形态地貌中,高原地势高,开发较晚,具有极大的开发潜力;平原和盆地一般地势低平,自然景观比较单调,但人文荟萃、开发完善,是主要的旅游目的地;山地往往是旅游资源最集中和最典型的地方,因而也是最有旅游价值的自然旅游景观。

山地通常可以分为极高山(海拔5 000米以上)、高山(海拔3 500~5 000米)、中山(海拔1 000~3 500米)和低山(海拔500~1 000米)。世界上绝大多数的极高山和高山都分布在我国的青藏高原及其周围地区,是登山探险和科学考察的旅游胜地。我国的中山和低山一般分布在人口稠密地区,相对海拔高度较高,自然风光奇特迷人,开发比较成熟,是观光游览和科学考察的旅游胜地。在"中国重点风景名胜区"的名单中,以山地风光为主的占到一半以上,且绝大部分属于中山和低山。

二、成因地貌景观

按形成原因来划分,地貌可以分为岩溶地貌、丹霞地貌、火山岩地貌、海岸地貌、风沙地貌等。

(一)岩溶地貌

岩溶地貌又称喀斯特(Karst)地貌,是具有溶蚀力的水对可溶性岩石进行溶蚀等作用而形成的地表和地下形态的总称。喀斯特原是原南斯拉夫西北部石灰岩高原的地名,那里发育着各种奇特的石灰岩地形。19世纪末,原南斯拉夫学者司成治(J. Cvijic)研究了卡斯特高原的各种石灰岩地形,并把这种地貌叫"喀斯特"。从此,"喀斯特"一词便成为世界各国通用的专门术语。在我国,从前也称作"喀斯特",1966年在桂林市召开的全国岩溶学术会议上,建议将"喀斯特"改为"岩溶"。

岩溶地貌在我国的分布非常广泛,全国碳酸盐类岩石分布面积(出露地表的)约125万平方千米。西南几省(区)石灰岩分布面积达55万平方千米,约占全国分布面积的一半。这里的岩溶发育得非常好,广西桂林山水和云南路南石林皆闻名于世。

1. 岩溶地貌的成因

岩溶是指地下水和地表水对可溶性岩石的破坏和改造作用及其形成的水文现象和地貌现象。岩溶地貌主要在碳酸盐岩石地区发育,在其他的可溶性岩石分布区也有发育。岩溶地貌主要受到气候因素、生物因素和地质因素的影响。

(1)气候因素。

气候因素对岩溶作用的影响主要表现在降水量、温度和气压方面。降水量多的地区,水的溶蚀力强。据估算,我国南方湿润多雨岩溶区的溶蚀量是北方半干旱地区的10倍。温度对岩溶作用的影响比较复杂,温度高会使水中二氧化碳含量低,从而使溶蚀作用减弱;但是温度高,水的电离度大,水的溶蚀能力增强。气压与水中二氧化碳的含量成正比。

(2)生物因素。

动植物的生长和活动对岩溶作用也有很大的影响。动植物可向土壤提供大量的有机质,土壤中有机质的氧化和分解又可产生许多二氧化碳。在高温地区,通过有机质氧化作用,二氧化碳增多,溶蚀能力增强。藻类的生长能分泌溶蚀性酸,对可溶性岩也有一定的溶蚀作用。在岩洞中,蝙蝠和鸟类等的粪便也能强烈地腐蚀石灰岩。

(3)地质因素。

岩石的成分、岩石结构和地质构造对岩溶作用有很大的影响。如果岩石中的矿物成分和化学成分具有一定的可溶性,在高温高湿的情况下就会被溶蚀。此外,岩石的结晶形态也会影响溶蚀速度,岩层的产状和破裂可控制岩溶作用的方向和程度。

2. 岩溶地貌景观的形态

岩溶景观形态可以分为两大类:地表岩溶景观形态和地下岩溶景观形态。

(1)地表岩溶景观形态。

地表岩溶是显现在岩溶化地块表面的形态和现象,主要类型有石芽、石沟、石林、漏斗、落水洞、地下河、溶洞、溶蚀洼地、盲谷和峰林等。其中,最具旅游价值的岩溶形态主要有以下几类。

①溶沟与石芽。溶沟是指地表水在沿岩石表面和裂隙流动的过程中不断对岩石溶蚀和侵蚀,从而形成的石质沟槽;石芽指突出于溶沟之间的石脊,是溶沟形成过程中的残余物。云南地区的石林就是发育比较好的形态高大的石芽群。

②漏斗。地表水沿节理不断溶蚀,伴有塌陷、沉陷、渗透及溶滤作用发育而成岩溶漏斗。我国长江三峡奉节县小寨天坑,云阳县云阳天坑,以及兴文县天泉洞后洞大漏斗,都

是世界级大型岩溶漏斗。

③岩溶天窗与天生桥。岩溶天窗为地下河顶板的塌陷部分,天生桥为暗河的顶板崩塌后留下的部分顶板,两面与地面连接而中间悬空的桥形地形。典型的有云南东南文山的盘龙江上天生桥、广西英山香桥岩、世界最长的天生桥——贵州黎平县高屯天生桥等。

④岩溶湖。岩溶湖由漏斗或者落水洞淤塞聚水而成,或是指直接与地下含水层有联系的低洼地区。广西南宁西南处有一发育于二叠系茅口灰岩中的岩溶湖。

⑤峰林。形如高耸林立的石灰岩石峰,分散或成群出现在平地上,远望如林,称为峰林。在我国,桂林、阳朔、贵阳、安顺、文山等地的峰林最为典型。

⑥高山钙华。高山钙华是世界罕见的地质景观,以我国四川黄龙寺和云南白水台最为著名。黄龙寺五彩池成百上千,层层叠叠,千姿百态,五彩缤纷,具有很高的旅游观赏价值。四川九寨沟钙化堆积也有许多五彩池。

(2)地下岩溶景观形态。

地下岩溶形态主要是岩溶地下水在可溶性岩体内溶蚀、冲蚀和堆积形成的各种岩溶形态和现象,主要有溶洞、地下河和暗湖等。

溶洞。又称洞穴,由喀斯特水沿可溶岩层层面节理或裂隙进行溶蚀扩大而成。在洞穴中,常堆积有各种不同成因的堆积物,包括碎屑堆积、化学堆积、河流冲击物等。常见的具有观赏价值的洞穴堆积物有石灰华、钟乳石、石笋、石柱、石幔、边石、石珊瑚、石珍珠等。

地下河。发育于地下水面附近,近于水平的洞穴地下系统,常年有水向邻近的地表河排泄的河流,称地下河。地表河流入地下,又从地下流出地表,称为暗河或伏流。人可进入的地下河称为地下廊道,也称水洞,如本溪水洞等,具有较高的旅游价值。暗湖,是由岩溶作用形成的具有较大空间并能积聚地下水的湖泊,起着储存和调节地下水的作用,如云南六郎洞。

◆ **案例驿站 3.3**

典型的岩溶地貌景观——广西桂林山水

桂林风景区是世界上规模最大、风景最美的岩溶山水游览区,千百年来它不知陶醉了多少文人墨客。桂林山水向以"山青、水秀、洞奇"三绝闻名中外。

桂林山水　　　　　　　　　桂林芦笛岩

七星岩在市东普陀山西侧山腰,原是地下河,现为以洞景制胜的风景游览点。洞内分上、中、下三层。上层高出中层8～12米;下层是现代地下河,常年有水;中层距下层10～12米。供人游览的中层,犹如一条地下天然画廊,游程长达800米,最宽处宽43米,最高处高27米。洞内钟乳石遍布,洞景神奇瑰丽,琳琅满目,状物拟人,无不惟妙惟肖。主要景点有石索悬锦鲤、大象卷鼻、狮子戏球、仙人晒网、海水浴金山、南天门、银河鹊桥、女娲殿等。景物奇幻多姿,绚丽夺目。

芦笛岩在桂林市西北7 000米处的光明山上,因洞口长有芦荻草,其可制牧笛而命名。芦笛岩是一个地下溶洞,深240米,长约500米,最宽处约90米。洞内钟乳石、石笋、石柱、石幔、石花玲珑多姿,景象万千,由此所组成的雄伟"宫殿"、高峻"山峰"、擎天"玉柱"、无边"林海"无比雄奇瑰丽、耀眼夺目。因此,芦笛岩享有"天然艺术宫"之美称,与七星岩并列为"桂林两大奇洞"。芦笛岩洞内主要景点有狮岭朝霞、石乳罗帐、青松翠柏、盘龙宝塔、云台览胜、帘外云山、原始森林、琉璃宫灯、远望山城、幽景留听等。

案例来源:百度百科　http://baike.baidu.com

(二)丹霞地貌

丹霞地貌由红色陆相碎屑岩发育而成,以具有"色若渥丹、灿若明霞"的赤壁丹崖以及微妙奇特的景观造型和组合而著称于旅游地貌行列。

1. 丹霞地貌的成因

(1)特殊的物质基础。

红色砂岩是形成丹霞地貌的物质基础,又是最重要的形态特征。以发育于中生代至新生代早第三纪的红色、紫红色砂砾岩为主,夹有泥岩、火山碎屑岩等物质。

(2)适当的构造条件。

构造运动特别是新构造运动是形成丹霞地貌的构造条件。受区域断裂作用和间歇式的振荡抬升,形成网格状垂直节理。流水沿节理下切并不断扩大,而形成陡壁、巷谷、石寨、石柱等地貌形态。

(3)适宜的气候条件。

气候对丹霞地貌的形成有重要影响。在热带、亚热带地区,由于雨水多,加速流水对岩层裂隙及节理的切割和溶蚀作用,从而形成奇峻秀美的丹霞景观。半湿润、半干旱地区,多以台地和方山类型为主,而谷地多呈峡谷状。干旱的西北地区,在暴雨作用下也可形成多种丹霞景观类型,由于风力可在岩壁上形成蜂窝状洞穴,有时在顶层有黄土覆盖,被称为类丹霞地貌类型。

2. 丹霞地貌景观类型

通过对丹霞地貌各种地貌形态的总结,本书对丹霞地貌景观的分类见下表。

表 3.1　　　　　　　　　　　　丹霞地貌景观类型

类型		指标	特征
丹霞岩体景观	丹霞崖壁	坡度>60°,高度>10米的陡崖坡	多为直立陡壁,可因岩性差异呈多层状组合;壁上多顺层凹凸和竖向流水蚀槽
	丹霞石墙	长度大于2倍宽度,高度大于宽度	山块顺断裂构造线延伸,呈薄墙状,低缓者可称石梁
	丹霞石柱	孤立石柱,高度大于直径	方形或圆形孤立石柱,低矮者可称石礅
	丹霞石球	浑圆状风化、蚀余球状石	有坚硬的厚层、巨厚层砂岩或砂砾岩风化或侵蚀而残余的球状石
	异石	形状奇特	形态各异的单体岩或群体岩群
	岩洞 顺层凹槽	顺软岩层发育的长形崖槽,宽:高≥10:1,深度小于外口最小高度	岩性垂向差异使岩壁上出露的软岩层快速风化成凹槽,顺层可连续或不连续
	岩洞 丹霞洞穴	深度大于外口最小尺度(高或宽)的凹穴	顺层延伸较长(宽)如额状洞,扁平洞;纵深方向多顺层延伸
	岩洞 丹霞穿洞	蚀穿山块的通透洞穴	通透洞穴即穿洞(穿岩、石窗);洞顶厚度小于跨度者为石拱;拱跨在河谷者称天生桥
	岩洞 竖向洞穴	高度大于厚度,垂直方向延伸的洞穴	顺垂直裂隙发育的垂向洞,或崖壁表面水流侵蚀的竖向洞穴

续表

类型			指标	特征
奇峰幽谷景观	山峰	丹霞方山	近平顶,四面陡坡,长度比小于2∶1	岩层近水平,山顶平缓,四壁陡立,呈城堡状、宫殿式丹霞地貌
		丹霞尖峰	由陡崖坡构成的锥状山峰	四面陡坡,局部有陡坡,但山顶面不发育,呈锥状山峰
		丹霞低山	局部陡崖,多为30°~60°的陡坡山峰	可能有1~2个面呈局部陡坡崖,大部以陡坡或陡缓坡相间构成山峰或山梁
		丹霞丘陵	局部有陡崖,山顶浑圆化的低缓丘陵	无连续陡崖坡,总体上呈圆化丘陵状
	幽谷	线谷	谷深>10米,谷宽1~1.5米的深谷	俗称"一线天",两侧谷壁(崖壁)垂直或同斜,紧而逼,谷底起伏,高低不平
		巷谷	谷深>10米,谷宽2~15米的深谷	两侧谷壁呈"V"型或"U"型,垂直或同斜,谷底较平坦
		峡谷	谷深大于谷宽,谷底宽度>15米的山谷	谷坡陡峻,两侧谷壁呈"V"型,谷底平坦
水体景观	溪流		水流缓慢,水量小	沿着河谷缓缓流淌,清澈见底
	瀑布		主要由河谷落差引起,水流一倾而泻	从落差较高处陡然落下,气势磅礴,近可观瀑布佛光,远可眺彩虹银帘;如从侧面入洞赏瀑,则不知瀑从何来,奔向何方,使人深感意境深幽,其乐无穷
	湖泊		水面宽广	山光水色,相映成趣
森林景观				丹霞地貌中,地貌景观的"红"与森林景观的"绿"相互点缀,突出丹霞的艺术美
自然地层遗迹			地层遗留下来的自然遗迹	遗留的痕迹形态各异,就像以地层为纸在其上描绘的艺术品,如恐龙足化石、龟纹石、波浪石、雨迹石、蜂窝石等
人文景观	石窟岩画、大佛摩崖、古堡寨、古战场、古关隘、岩居、道观、庙宇、悬棺等		特殊的地貌——特殊的文化载体:人文景点或者在丹霞地貌中体现的人文精神	丹霞地貌的环境特色使其成为宗教圣地;险要的地形为军事要塞、古山寨的修筑提供了方便;丹霞赤壁上众多洞穴为居住、悬棺墓、文物存放提供了天然场所

丹霞地貌在中国的分布非常广泛，主要分布在东南沿海以及云、贵、川、桂北、湘南、陇、冀北等地。目前已发现丹霞地貌 350 多处，其中以丹霞地貌景观为主。列入国家地质公园目录的有：

表 3.2　　　　　　　　以丹霞地貌景观为主的地质公园

属地	省级地质公园名称	属地	省级地质公园名称
河北	河北武安国家地质公园	福建	福建永安国家地质公园
宁夏	宁夏西吉火石寨国家地质公园	江西	江西龙虎山地质公园
甘肃	甘肃平凉崆峒山国家地质公园	河南	河南焦作云台山
青海	青海尖扎坎布拉国家地质公园	湖南	湖南郴州飞天山国家地质公园
云南	云南玉龙黎明—老君山国家地质公园	湖南	湖南莨山国家地质公园
四川	四川江油国家地质公园	广东	广东丹霞山国家地质公园
安徽	安徽齐云山国家地质公园	广西	广西资源国家地质公园
福建	福建泰宁国家地质公园	福建	武夷山国家地质公园

资料来源：中国地质公园网（http://www.geopark.cn）

◆ **案例驿站 3.4**

典型的丹霞地貌景观——广东丹霞山

丹霞山位于南岭山脉南侧的一个山间盆地中，整体为红层峰林式结构，以赤壁丹崖为特色，看去似赤城层层，云霞片片，古人取"色如渥丹，灿若明霞"之意，称之为丹霞山。丹霞山海拔 408 米，不算高，但它的山崖远看似染红霞，近看则色彩斑斓；许多悬崖峭壁像刀削斧，直指蓝天；无数奇岩美洞隐藏于山中，景色相当奇丽。因而，有人曾说过这样过誉的话："桂林山水甲天下，不及广东一丹霞。"

广东丹霞山

丹霞山在地层、构造、地貌表现、发育过程、营力作用以及自然环境、生态演化等方面的研究在全国丹霞地貌区最为详细和深入，已经成为全国乃至世界丹霞地貌的研究基地以及科普教育和教学实习基地。

案例来源：百度百科 http://baike.baidu.com
世界地质公园网 http://www.globalgeopark.org

(三)火山岩地貌

火山岩地貌是指地下岩浆喷出地表并快速冷凝所形成的各种地貌的总称,如:火山口、熔岩洞、地下森林以及温泉等自然景观。我国的火山地质景观主要分布在东北北部山区、内蒙古高原、华北山地、长江下游、浙闽沿海、雷州半岛、海南岛、台湾、澎湖列岛及滇西等地。我国现有火山 1 060 座,仅东北地区就有火山 45 处,800 多座,其中绝大多数为死火山和休眠火山。

火山岩地貌群集中区有东北地区及内蒙古东部火山、台湾及东南沿海地区火山、云南腾冲地区火山、大同火山群、新疆和田县火山群等。主要的代表景观有五大连池火山群、镜泊湖、腾冲及台湾大屯火山等。

◆ **案例驿站 3.5**

典型的火山岩地貌景观——黑龙江五大连池

五大连池火山群位于黑龙江省北部五大连池市境内,属小兴安岭西侧中段余脉。因 1719—1721 年(清康熙五十八年至六十年)火山喷发堵塞白河而形成 5 个相连的堰塞湖和周围 14 座火山锥,故称五大连池火山群。为加强名胜风景区的保护和管理,1983 年 10 月设立了五大连池市。

黑龙江五大连池风景区

五大连池火山群的喷发时代,从早更新世到晚更新世均有活动。14 座拔地而起的独立火山锥,分布在 700 平方千米的熔岩台地上,海拔 355.8～602.6 米不等。多数有火山口,火山口深度从几十米到百余米不等;少数具有复合的多个火山口和多个溢出口,部分火山口形成火山湖。最近一次火山喷发于 1719—1721 年,距今仅 270 年,形成了老黑山和火烧山,地质地貌保存完好,熔岩流动景象清晰、地貌复杂多样、形态各异,面积达 64 平方千米,奇丽壮观。地质专家称其是"中国少有,世界罕见",它被誉为"天然火山博物馆"。12 座老期火山已被植物覆盖。其中,最高的南格拉球山海拔 602.6 米,山顶有高出地面 70 多米的火山口天池;龙门山有天然龙门石寨、火山口森林;东焦得布山有熔岩冰洞、火山口风洞;药泉山附近有南饮泉、北饮泉、翻花泉和南洗泉,是全国著名的冷水碳酸矿泉。矿泉水中含有氧、硅、铁、钙、钠、钾、镁等多种元素,饮、洗能治疗胃肠病、皮肤病、肾炎等多种疾病。黑龙江省各地和省外一些单位在药泉山东麓建立的疗养院(所)已有 50 多所,加上有独特的火山地质地貌,药泉山现已成为旅游观光和治病、疗养的著名火山风景区。

案例来源:百度百科　http://baike.baidu.com

(四)海岸地貌

1. 海岸地貌的成因

海岸地貌是指海岸地带受波浪、海流、潮流等外力因素综合作用而形成的地貌。海岸在外力作用下同时发生了侵蚀和堆积过程,从而形成了复杂多样的海岸侵蚀地貌与海岸堆积地貌。

海蚀地貌主要是在波浪作用下产生的。海蚀地貌的基本形态大都是暴风浪的产物,普通波浪则起着经常地修饰地貌的作用。因此,可以分别把它们对海岸的侵蚀比作鲸吞和蚕食。波浪对海岸的侵蚀,首先是波浪水体给予海岸的直接打击,即冲蚀作用。对于松软岩石海岸或者岩石虽较坚硬但节理密度较大的海岸,冲蚀作用的侵蚀力非常显著。当波浪水体夹带岩块或者砾石时,其侵蚀力更大,称作磨蚀作用。

波浪破坏海岸形成的岩块、泥沙和入海河流带来的泥沙,在波浪、潮流和海流推动下移动,由于地形、波浪力和气候影响堆积下来,就会形成独特的海积地貌。

2. 海岸地貌的景观类型

(1)海蚀地貌景观类型。

①海蚀崖。波浪打击海岸主要集中在海平面附近,使海岸形成凹槽,凹槽以上的岩石被悬空,波浪继续作用使悬空岩石崩坠,促使海岸步步后退形成海蚀崖。

②海蚀台。在海蚀崖不断后退的同时,在海蚀崖前出现一个逐渐展宽的、微向海倾斜的平台——海蚀台(亦称浪蚀台和磨蚀台)。海蚀台在波浪带动的岩块和沙砾的不断磨蚀下,逐渐被削平。

③海蚀穴(洞)。在海蚀崖坡脚处形成的凹槽称海蚀穴,深度较大者称海蚀洞。在由较松软岩石构成的海岸地区,海蚀崖因波浪打击,后退极快,海蚀穴不能大规模发育。海蚀穴常沿岩石节理及抗蚀较弱的部位发育。海蚀洞可深达数十米,甚至 200 米(如在印度尼西亚的巽他群岛)。当岩石裂隙被水挤进并压缩洞中的空气使其扩张时,海蚀洞顶可被击穿形成海蚀窗。舟山群岛普陀山的潮音洞、梵音洞就是典型的海蚀穴。

④海蚀拱桥。当波浪从两侧打击突出的岬角时,可在其两侧形成海蚀洞;海蚀洞不断扩大最后可贯通一起,形成海蚀拱桥。

⑤海蚀柱。海蚀拱桥继续发展,可使拱桥顶板崩坍,在海蚀台上形成海蚀柱。海蚀柱也可由海蚀崖后退过程中,在海蚀台上较坚硬的蚀余岩体组成。

我国海南省的天涯海角旅游区是海蚀地貌的典型代表。

(2)海积地貌景观类型。

按照物质组成,可以将海积地貌划分为砂砾质海岸地貌、淤泥质海岸地貌和生物海岸地貌等类型。砂砾质海岸最适合开发海滨浴场,如河北北戴河海滨是典型的砂砾质海岸,同时又是著名的旅游胜地;生物海岸可以分为红树林海岸和珊瑚海岸,其中珊瑚海岸往往成为价值很高的潜水旅游胜地,如我国的东沙群岛、西沙群岛和南沙群岛是典型的珊瑚海岸风光。

◆ **案例驿站 3.6**

海南的天涯海角旅游区

天涯海角风景区位于三亚市西 26 千米,马岭山下,是国家重点风景名胜区和首批国家 AAAA 级景区。游客至此,似乎到了天地之尽头。美丽的天涯海角旅游区依山傍海,椰林摇曳,怪石嶙峋,风景如画,以椰风海韵的热带风光、白沙巨磊的自然奇观、悠久独特的历史文化和多彩浓郁的民族风情而驰名海内外。这里碧水蓝天一色,烟波浩瀚,帆影点点,椰林婆娑,奇石林立,刻有"天涯""海角""南天一柱""海南南天"的巨石雄峙海滨,使整个景区如诗如画、美不胜收。据记载,"天涯"题刻是清代雍正年间崖州知府程哲所书。

天涯海角风景区

案例来源:百度百科 http://baike.baidu.com

(五)风沙地貌

中国干旱地区广大,西北地区、东北地区、华北北部共有约 128 万平方千米的国土为干旱区,发育了大量的风沙地貌。

1. 风沙地貌成因

风沙地貌是干旱地区由于强劲风力的侵蚀、搬运和堆积作用形成的地貌的总称,分为风蚀地貌和风积地貌。干旱区气候极端干旱,蒸发量大,降水量小(250 毫米以下),地面植被极其稀疏。干旱区的松散沉积地面及裸露的基岩地面都受到风力强烈作用,形成荒漠等景象。风力携带着侵蚀下来的物质继续前行,当遇到障碍或者风速减小时,所携带的松散物质就会堆积下来，形成相应的堆积地貌。

2. 风沙地貌景观类型

(1) 石窝（风蚀壁龛）。

石窝是指在陡峭的岩壁上，经风蚀形成的大小不等、形状各异的小洞穴和凹坑。大的石窝深达10~25厘米，口径达20厘米。石窝有的分散，有的群集，使岩壁呈蜂窝状外貌。其成因是阳光强烈照射导致岩石内部的矿物受热体积膨胀，再加上矿物颗粒间的热力差别，经风吹蚀使岩石表面形成很多浅小凹坑；然后风沙沿凹坑钻磨，使凹坑不断加深扩大，甚至成为较大的洞穴。这种现象在花岗岩和砂岩壁上发育最好，吐鲁番西部的风蚀穴十分典型。

(2) 风蚀蘑菇和风蚀柱。

孤立突起的岩石，或水平节理和裂隙发育的岩石，特别是下部岩性软于上部岩性的岩石，受到长期的风蚀，易形成顶部大、基部小的形似蘑菇的岩石，称风蚀蘑菇。和田以北麻札塔格（山）的风蚀蘑菇最为典型。垂直裂隙发育的岩石经过长期的风蚀易形成柱状，故称风蚀柱，如塔里木盆地东南部库姆塔格风蚀柱。

(3) 风蚀垄槽（雅丹）。

在极干旱地区，干涸的湖底常因干缩裂开，风沿着这些裂隙吹蚀，裂隙越来越大，于是原来平坦的地面发育成许多不规则的鳍形垄脊和宽浅沟槽，这种支离破碎的地面称为雅丹。雅丹地貌以新疆罗布泊、乌尔禾与将军崖最为典型。

(4) 风蚀城堡。

在较软弱的水平岩层地区，经风力长期吹蚀，塑造成一些残丘和顶平壁陡，远远望去，好似废毁的千年城堡，我们称之为风城或风蚀城堡。风蚀城堡多见于岩性软硬不一（如砂岩与泥岩互层）的地层，新疆东部十三间房一带和三堡、哈密一线以南的第三纪地层形成了许多风城。

(5) 鸣沙。

鸣沙，就是会发出声响的沙子。鸣沙是世界上普遍存在的一种自然现象。美国的长岛、马萨诸塞湾、威尔斯河两岸，英国的诺森伯兰海岸，丹麦的波恩贺尔姆岛，波兰的科尔堡，还有蒙古戈壁滩，智利阿塔卡玛沙漠，沙特阿拉伯的一些沙滩和沙漠，都会发出奇特的声响。虽然科学家们对"鸣沙"现象的形成原因进行了多年的研究并给出了一些推测性的解释，但真正的确切原因还是一个未解之谜。宁夏的沙坡头、甘肃的鸣沙山、内蒙古的响沙湾、新疆哈密的柳条河鸣沙山是我国的四大鸣沙山。

◆ 案例驿站 3.7

典型的风沙地貌景观——新疆乌尔禾

魔鬼城

新疆准噶尔盆地的乌尔禾镇北有一座岩石组成的"城"。"城"中遍地黄沙,夹杂着各种奇形怪状的岩石,有的像破旧的城墙,有的像古老的庙宇,有的像擎天的塔楼,有的像巨大的蘑菇,有的像飞禽走兽。狂风是这儿的常客,一旦来到,便风沙弥漫、天昏地暗。狂风在犬牙交错的岩石空隙中肆意穿越,发出震撼人心的怪叫声,似千车疾驰、万马嘶鸣,又似狗吠狼嚎,令身临其境的人毛骨悚然。这里的人们谈"城"色变,称该处为魔鬼城。

魔鬼城的"建筑物"主要是风塑造的。早在中生代早期,魔鬼城地处准噶尔淡水湖畔,到处鸟语花香。以后地壳上升,湖水从西面峡谷流失。经过漫长的地壳演化,准噶尔形成盆地,西面的峡谷口正好形成风口。每年4—8月,西风从峡谷涌出,进入准噶尔盆地,最大风力可达10~12级。魔鬼城正处在风口附近。强劲的风力扬起地面的沙子,疾速向岩石上击去,像一把把锋利的锉刀将岩层中松软的部分剔除,终于雕塑成现在的魔鬼城。

乌尔禾雅丹地貌在2005年被《中国国家地理》评为中国最美的三大雅丹地貌之首。

案例来源:百度百科 http://baike.baidu.com

第四节 地文景观与旅游

一、地文景观是旅游资源形成的环境背景,在各种旅游资源中起到了骨架支撑作用

绝大多数自然旅游资源的形成有赖于地文景观。如生物旅游资源,植物要依附于地质地貌生长,动物要在地质地貌及其特殊的环境中捕食生存。没有构造节理强烈发育的花岗岩及其地貌,就没有黄山的怪石和温泉。没有地质构造运动的断块隆起,就无法形成雄伟、奇险的泰山、华山、庐山等山地景观。没地壳变动的构造断陷,也就不可能产生

青海湖、鄱阳湖、贝加尔湖等断陷湖泊旅游区。没有西高东低的三级阶梯状的地质地貌条件,就没有长江、黄河这些大河的产生。我国的长江三峡、黄河、桂林山水、天涯海角、五大连池等著名旅游区的形成,都与当地的地质地貌条件有十分密切的关系。

人文旅游资源的产生发展及其地域分布规律也受到地质地貌条件的影响和制约。因为一切人文旅游资源都植根于地表,莫不与其地理位置、交通条件、赋存地域特征有关。人文旅游资源的形成核心是人,生存的地质地貌条件不同,人们的建筑、服饰、饮食、风俗习惯等都会不同。就是因为这种地域性的差异,才会形成各具特色的人文旅游资源。例如,人们在选择建筑地址时,总是对地质、地貌、气候、生态、景观等各建筑环境因素进行综合判断,认为背山面水是良址。

二、地文景观具有丰富的旅游价值

地文景观的旅游价值,主要表现在美学价值、科普教育价值、探险健身价值、文化价值等。

地文景观以其雄、奇、险、幽、旷等形态美和多样的色彩美而展示其特有的美感,成为旅游中重要的审美对象,具有丰富而独特的美学价值。

地文景观旅游资源是地球内、外动力地质作用的综合产物,是大自然的杰作。它们的形成、发展都有一定的规律性,并蕴含着一定的科学原理。人们在观赏过程中既得到美的感受,又能认识一些科学事物,学到新的科学知识,受到教育的启迪。

"无限风光在险峰",人世间许多奇伟瑰丽的美景常在险高之地,若想领略这些以险为美的景观,就必须历尽艰险。因此,很多山地尤其是比较险峻的高山成了人们登山健身、攀岩探险、挑战极限的场所。

地文景观不仅是单纯的自然景观,而且还具有深厚的历史文化内涵,这为自然旅游资源的深度开发提供了条件。我国古代文人墨客多有寄情自然,借助书画来抒发自己情怀、志向的传统。因此,凡名山大川,多留有古人诗词题赋。

三、地文景观对旅游开发的影响

地文景观在很大程度上决定着能否进行旅游开发,如何开发等一系列的问题。不同的地貌条件为旅游提供了不同形式的地域空间,因而开展的旅游活动也不同。

平原,地形低平坦荡,交通便利,社会经济发达,人文历史悠久,一般比较适合开展以人文旅游资源为主体的历史旅游、文化旅游,适合建造园林景观、田园景观和现代娱乐场所等。

山地,由于地势高,垂直变化大,地表崎岖不平,景观和环境结构复杂,具有多种旅游功能。有的适宜于观光游览,有的适宜于度假疗养,有的适宜于攀登探险等等。

所以,在进行旅游开发时,应首先考虑该地的地质地貌特点,然后突出其特点,弥补其不足。

◆ 本章小结

1. **本章结语**

地文景观是指地球内、外营力综合作用于地球的岩石圈而形成的各种现象与事物的总称。地文景观旅游资源则是指能对旅游者产生吸引力、可以为旅游业开发利用的地文景观物象。我国的地文景观旅游资源种类繁多、景观独特,具有很高的科研价值和旅游价值。地文景观不仅能够为其他自然旅游资源和人文旅游资源提供相应的环境背景,形成坚强的骨架支撑,它本身也是重要的旅游资源并对旅游资源的开发产生重要的影响。

2. **本章知识结构图**

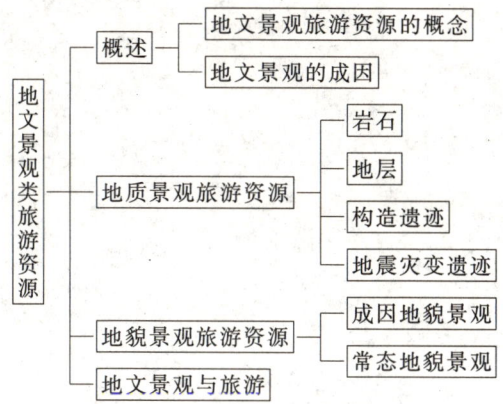

3. **本章核心概念**

地文景观　岩溶地貌　丹霞地貌　火山岩地貌　海岸地貌　风沙地貌

◆ 本章推荐阅读

[1]郝淑波,谢小平.国家地质公园地质景观特征与旅游开发探讨——以四川射洪硅化木国家地质公园为例[J].鲁东大学学报(自然科学版),2009(4):381-384.

[2]翁望飞,冀倩.黄山世界地质公园地质景观资源类型及开发与保护[J].黄山学院学报,2009(5):47-51.

[3] 刘莹,吴朝阳,于世勇,关卓.辽宁省地质景观分布和地质旅游资源分区[J].国土与自然资源研究,2009(1):86-87.

◆ 讨论与思考

1. 什么是地文景观旅游资源？地文景观的成因是什么？
2. 地文景观类旅游资源包括哪些主要的类型？
3. 常见的地质景观旅游资源有哪些？请举例说明。
4. 常见的地貌景观旅游资源有哪些？请举例说明。
5. 试述地文景观与旅游的关系。

第四章

水域风光类旅游资源

学习目标

知识要点：了解水体的旅游功能和构景要素；理解水体旅游资源与旅游的密切关系；掌握水域风光类旅游资源的基本类型及其相关概念；熟悉各类型的代表性景观。

技能训练：能够区分不同类型的水域风光，描述各水域风光的特征及成因。

能力拓展：在把握相关的知识的同时，能够将这些知识应用到实践中。如在参观游览某一类型的水域风光类旅游资源时能够分清其类型，并能了解其成因。

引 例

贵州兴义马岭河喀斯特水体旅游资源——综合性水域风光

1. 奇艳百瀑飞落幽谷璨

马岭河两岸众多地表支流坠入主谷形成的瀑布群，是云贵高原瀑布的一大奇观。丰水期有大小瀑布100余条，长年性瀑布70余条，瀑高50~200米不等，主要集中分布于马岭河中段。如此众多的瀑布从悬崖绝壁飞泻而下，仿佛银河倾地，令狭窄深峻的嶂谷中水雾升腾、烟云弥漫，塑造出一幅幽谷生辉的绝妙意境。

2. 瑰丽的高峡石瀑映水帘

马岭河两岸众多的悬瀑跌水，作为碳酸钙载体还营造出无比瑰丽的钙华石瀑风光；特别是马岭河公路大桥附近的嶂谷悬壁上，由无数鳞片状、扇状、帘状等各种形

贵州兴义马岭河

态的钙华体叠置而成的钙华瀑,面积达20万平方米,表面色彩斑斓,酷似万千孔雀开屏竞秀。钙华瀑顶部更有群瀑飘落而下,水瀑为石瀑注入灵气,石瀑为水瀑增添秀色,两者交相辉映、美不胜收。

3. 秀美的湖潭清溪绣田园

马岭河沿岸广阔的高原峰林面上,喀斯特地下水十分丰富,常以溶潭、大泉及湖塘等形式出露于地表。在兴义城郊方圆100平方千米的高原峰林面上,潭泉错落密集展布,小河清溪蛛网交织,其间锥峰、石柱挺拔俊秀,坪坝里良田村舍依伴,潺潺清流绣出田园风光,如诗如画。此外,南盘江天生桥电站大坝水库,回流伸入马岭河下游形成高峡平湖,湖中岛屿星罗棋布,数十个河岔深巷镶嵌湖畔,形成神秘而恬静的湖光山色。

4. 扣人心弦的峡谷漂流览山川

马岭河漂流有"天下第一漂"的美誉,是马岭河景区最有特色也是最具审美情趣的旅游项目。兴义城东之马岭河中段是目前已开发的漂流河段,全长12千米。马岭河峡谷雄、奇、险、秀,千峰对峙,壁立如削,从这里深入谷底,犹如堕入深渊;翘首仰望,则天成一线。从马岭渡口乘橡皮舟顺流而下,一路漂过18滩、20余湾、30余潭和60余条常流瀑布,步移景换,美不胜收;急流险滩、平缓河床及河湾深潭频繁交替,致使漂流过程颠簸跌宕,而有惊无险。

案例引发的问题:兴义马岭河景区内包括哪几种类型的水域风光?开展峡谷漂流需要具备什么样的条件?

资料来源:李兴中.兴义马岭河喀斯特景观及旅游开发探讨,贵州地质[J],1999(2):144—148

第一节 概 述

水是自然资源的重要组成部分,是保证人类生活和生产的重要物质条件。在自然界中水域是分布最广也是最活泼的因素之一,是生命形成和发展的最基本条件之一。"没有水,便没有生命。"水与山、动植物、季节、气候等共同组合成了奇妙多姿的风景名胜。人们对水在风景构成中的作用给了高度评价,称之为"风景的血脉"。

一、水体的功能

地球上的水,存在形式多样,有海洋水、河流水、湖沼和水库水、冰川水、地下水(包括土壤水)等。丰富的水资源不仅能满足人类生产生活所需,更能调节气候、构景添色供人游览、诱人娱乐。因而，水是具有极大旅游价值的自然景观旅游资源。水体的旅游功能表现在以下几方面。

1. 观赏功能

水是自然界最活跃的要素之一，以其形、影、声、色、奇的变化展示了其特有的美感，或气势磅礴，或潺潺溪流，或清澈见底，或五彩斑斓。与其他类别的旅游资源相组合，既为其他资源增加灵气，又展现自我魅力，形成极富观赏价值的审美对象，从而吸引游客。

2. 育景功能

水是大自然的雕刻师，通过侵蚀、冲蚀、切割等多种作用形式塑造了许多令人惊叹的艺术作品。一些地貌类型如河流地貌、岩溶地貌、海岸地貌、冰川地貌等，都离不开水的作用。不仅如此，水还滋养了花木万物，让美景充满生机。

3. 康乐功能

借助水可以开发丰富多彩的旅游娱乐活动，如游泳、垂钓、划船、潜水、冲浪、漂流、溯溪等活动。这些活动的参与性强，能让游客亲身体验其中的乐趣。

水体资源中的温泉、矿泉、海水、湖泊等均具有疗养的功能。例如，因含有对人体有益的矿物质，硫磺泉、碳酸泉、碘泉、氡泉、铁泉、食盐泉等矿泉对人体具有不同的医疗和保健功能。

4. 丰富的文化内涵

水体在我国悠久灿烂的历史文化中占有重要地位。我们称黄河为中华文化的摇篮。在历代文人墨客的笔下，水被赋予了千种姿态、万般风情，有"气蒸云梦泽，波撼岳阳城"的磅礴气势，也有"亭亭孤月照行舟，寂寂长江万里流"的淡定出尘，还有"仁者乐山，智者乐水"的深刻内涵。而且，中国文化中的典型文化——茶文化也离不开水，相应地产生了品茗文化。

二、水体的构景要素

水体的旅游价值很高，之所以如此，是因为它具有形、影、声、色、光、味六个方面的美学要素，是自然界中最富灵气的审美对象。

1. 形

主要是指水体的形态和形状。海洋、河流、湖泊、瀑布、泉水形态各异，给人的美感享受也有所不同。海洋、江河、流泉、飞瀑等水体以动态为主，而内陆湖和部分淡水湖则以静态为主。波澜壮阔的海洋、万马奔腾的江河、喷珠溅玉的瀑布、叮咚欢跳的泉水、一平如镜的湖水以其不同形态吸引着游客的眼球。

2. 影

清澈的水体像一面镜子,万物映入皆成影。山、石、草木、白云、蓝天、飞禽、走兽、各种建筑乃至人的活动,都会在水中形成倒影,使水上水下、岸边桥头实物与虚影相互辉映,构成美不胜收的画面;如遇微风轻拂,倒影随微波荡漾则更富情趣。

3. 声

水体流动时可以发出各种声响,通过听觉传达给人以不同的声音美,就像是一首首的乐章。泉水的淙淙声,溪流的潺潺声,河湖的奔腾声,瀑布的轰鸣声,潮水的拍岸声,高低起伏,抑扬顿挫,给人带来强烈的美感享受。

4. 色

水本是无色透明的,但在不同的地理环境中,由于水生植物的生长和水底沉积物以及所含矿物质及洁净程度的差异,使得水体呈现出不同的颜色。例如,渤海、黄河呈黄色,南海呈深蓝色;水在晴空万里的天气条件下呈湛蓝色;九寨沟的海子更是有蓝、黄、橙、绿等颜色。

5. 光

荡漾的水波在光线的作用下,能产生美妙无比的光学现象,令人心旷神怡。在夜晚,水体两侧梦幻般的霓虹、江轮上的灯光和天上的星光倒影于水面之上,共同交织成大片光的海洋,难辨哪里是灯光、哪里是星光、哪里是水光,让人如痴如醉。九寨沟的火花海,在一定的时间和位置上,可看到光斑犹如无数火花在湖面闪烁,美妙而神奇。

6. 味

味指水体的不同味道。水本是无色、无臭、无味的液体,但水中因含有不同的物质而具有不同的味道。未被污染的河、溪、湖、泉水质清冽甘甜,有的还含有丰富的有益于人体健康的微量元素,养身且养心,如青岛崂山的矿泉水、杭州的虎跑泉、济南的趵突泉、山西的晋祠泉等。

以上六个方面是水体景观的主要构景要素。此外,水体景观的奇特、变化、温度等要素能使其具有更大的魅力,吸引游客。

第二节 水域风光类旅游资源的基本类型

2003年《旅游资源分类、调查与评价》国家标准(GB/T18972—2003)将水域风光分为河段、天然湖泊与池沼、瀑布、泉、河口与海面、冰雪地六个基本类型。

一、河段

河流是指陆地表面接纳汇集、输送水流的路径和通道,即河槽(河床)及在河槽中流动的水流。较大的叫河或江,较小的叫溪。我国地域辽阔、河流众多,流域面积超过100平方千米的河流有5万余条,流域面积大于1万平方千米的河流有79条,天然河道总长约43万千米,通航里程长达10万余千米,河川平均年径流量2.66万亿立方米。每条河流根据水文特征或地貌特征的差异,可以分成不同的河段。本文所指的河段不是河流的某个自然地理分段,而是具有旅游价值的河流的某个区段。

河段根据旅游用途可分为风景河段和漂流河段。风景河段主要用于观光游憩,漂流河段主要用于漂流活动。

1. 风景河段

河流是具有多种功能的地理实体。两岸常是经济发达、历史悠久、文物古迹荟萃、景观丰富多彩之地,而且多山水相映、景观和谐,容易激发游客的兴趣。江河适合开发多种旅游项目且可进入性好、基础设施完善,旅游者生活便利。目前,已被列入国家级重点风景名胜区的江河有长江(三峡段)、漓江、富春江—新安江、鸭绿江、楠溪江、丽江、瑞丽江、雅砻河、舞阳河、建水等。

(1)风景河段的特点。

首先,风景河段的水质要好,水中含沙量少,水质清澈,水中有机质丰富,受污染程度比较轻或者完全没有受到污染。其次,两岸的景色优美,包括山峰、奇石、植被、名胜古迹、灯光、休闲设施等。再次,河段水体在形、声、影等各要素方面突出。总之,水质越好、越清澈,两岸景色越多、越奇特,自身水体的构景要素越突出,吸引力就越大。

(2)典型的风景河段。

长江三峡是中国十大风景名胜之一,中国四十佳旅游景观之首。长江三峡西起重庆奉节的白帝城,东到湖北宜昌的南津关,是瞿塘峡、巫峡和西陵峡三段峡谷的总称,是长江上最为奇秀壮丽的山水画廊,全长192千米,也就是常说的"大三峡"。这里两岸高峰夹峙,港面狭窄曲折,港中滩礁棋布,水流汹涌湍急;万山磅礴水泱泱,山环水抱争萦纡;时则岸山壁立如着斧,相间似欲两相扶;时则危崖屹立水中堵,港流阻塞路疑无。随着规模巨大的三峡工程的兴建,这里更成了世界知名的旅游热线。

漓江是世界上风光最秀丽的河流之一,长160千米。漓江两岸的山峰伟岸挺拔、形态万千,石峰上多长有茸茸的灌木和小花,远远看去,似美女身上的衣衫。江岸的堤坝上,终年碧绿的凤尾竹,似少女的裙裾随风摇曳、婀娜多姿。最可爱的是山峰倒影,几分朦胧,几分清晰。江面渔舟几点、红帆数叶,从山峰倒影的画面上流过,真有"船在青山顶上行"的意境。百里漓江的每一处景致,都是一幅典型的中国水墨画。漓江自桂林至阳朔83千米水程,是广西东北部喀斯特地形发育最典型的地段。她酷似一条青罗带,蜿蜒于万点奇峰之间,沿江风光旖旎,碧水萦回,奇峰倒影,深潭、喷泉、飞瀑参差,构成一幅绚丽多彩的画卷,人称"百里漓江、百里画廊"。

京杭大运河,是世界上里程最长、工程最大、最古老的运河之一。北起北京(涿郡),南到杭州(余杭),经北京、天津两市及河北、山东、江苏、浙江四省,贯通海河、黄河、淮河、长江、钱塘江五大水系,全长约1 794千米,开凿到现在已有2 500多年的历史。京杭大运河是我国古代劳动人民创造的一项伟大工程,是祖先留给我们的珍贵物质和精神财富,是活着的、流动的重要人类遗产,是中华民族文化身份的象征。

2. 漂流河段

近年来,漂流成为一项新兴的旅游产品。它以高参与性、强刺激性的特点吸引着越来越多的游客尤其是青年游客。

(1)漂流河段的特点。

选择漂流河段除了要求水质好、河段景观优美外,还要求水流速度快。漂流不同于平湖泛舟,它的动力主要来源于水。浪急才能有惊,才能给游客带来刺激感。但是,有惊必须无险,这就要求漂流河段有较大的安全系数。漂流运动要在保证游客安全的前提下让游客获得美感体验,因此安全系数高才有可操作性。这就要求河段水不宜过深,暗礁险滩少,水温适中。

(2)典型的漂流河段。

山东地下大峡谷位于沂水县城西南8千米龙岗山下,是一座风貌奇特的溶洞王国,沂蒙地下奇观核心景区。洞体长度6 100米,是江北第一长洞,中国特大型著名溶洞之一。洞穴沿290°~320°方向延伸,由一条西北/东南走向的巨大喀斯特裂隙发育而成,形成于0.65亿年至2.3亿年前。景观特点一是气势雄伟壮丽,峡谷深切近百米,两壁如削,宽处百余米,窄处仅可容身,成具体而微之地下三峡。洞内有1河、9泉、9宫、12瀑、12峡等景观100余处,构成了一幅气势恢宏的洞中峡谷雄奇画卷,令人叹为观止。景观特点二是

山东地下大峡谷溶洞漂流

地下暗河漫长而曲折,水量充沛,四季长流,地下河瀑布十分壮观,在我国北方溶洞内实属罕见。景观特点三是利用暗河水势开发的1 000米漂流项目,被上海大世界基尼斯纪录总部认证为"中国最长的溶洞漂流"项目。景观特点四是洞内常年温度在17℃～18℃,冬暖夏凉,四季宜人,接待游客不受季节和天气影响。2005年9月18日被评为"中国十大漂流胜地"之一。(图片来源:百度百科 http://baike.baidu.com/view/25123.htm)

二、天然湖泊与池沼

1. 湖泊旅游资源

湖泊是陆地上洼地积水形成的水域宽阔、水量交换缓慢的水体,也是陆地上最大的水体。地球上的湖泊总面积占全球大陆面积的1.8%左右。我国是一个多湖泊的国家,湖泊景观数量居世界第三位,美国、加拿大并列第一位,北欧、印度分别居第二、四位。据统计,我国有大小天然湖泊2.48万个,其中面积在1平方千米以上的有2 800多个,主要分布在东部平原、青藏高原、内蒙古和新疆地区。我国湖泊种类众多,按成因可分为构造湖、潟湖、河迹湖、火口湖、堰塞湖、溶蚀湖、冰川湖、风蚀湖和人工湖等九大类型。不同的湖泊可以给予游客不同的美感享受。

(1)构造湖。

构造湖指由于地壳内营力作用引起地壳断陷、拗陷和沉陷所形成的构造盆地储水而成的湖泊。这类湖泊湖岸平直,岸坡陡峻,湖形狭长,深度较大。俄罗斯的贝加尔湖;非洲的坦噶尼喀湖;我国云南的洱海、滇池、抚仙湖,内蒙古的呼伦湖、贝尔湖、岱海、黄旗海,青藏的青海湖、色林错,新疆的博斯腾湖,长江中下游的洞庭湖、鄱阳湖、巢湖,以及台湾的日月潭等,都是典型的构造湖。

(2)火山口湖。

火山口湖指火山喷发后,喷火口沉降、凹陷、积水而成的湖泊。火口湖外形呈近圆形或马蹄形,四周一般为高峻的山峰,湖岸陡峭,湖水深邃,湖区往往还伴随着众多的温泉。在我国,典型代表有长白山天池、兴凯湖、天山天池,广东湛江的湖光岩,云南腾冲大龙潭火口湖等,台湾宜兰平原外龟屿上的龟头和龟尾上也各有一个火口湖。

(3)火山堰塞湖。

火山堰塞湖指火山喷发的熔岩或由地震、冰川、泥石流导致山崩滑坡堵塞河床,抬高水位而形成的湖泊,如黑龙江的镜泊湖,五大连池,西藏东南的易贡措、古乡措,西安翠华山的聚漱池,四川黔江的小南海,台湾的新草岭潭等。

(4)冰川湖。

冰川湖指由于冰川的挖蚀作用和冰砾泥的堆积、堵塞作用而形成的湖泊。此类湖泊形状多样，湖岸曲折，如我国新疆阿尔泰山的哈纳斯湖，陕西太白山的大爷海、二爷海和三清池，西藏自治区的帕桑措、布托措，以及波兰的西尼亚尔德湖等都是冰川湖。

(5)岩溶湖。

岩溶湖指可溶性岩石被溶蚀成洼地，积水而成的湖泊，一般呈圆形或椭圆形，如我国贵州威宁的草海、织金县的八步湖，云南中甸的那怕海、丽江拉石坝海，广东的肇庆星湖等。

(6)风蚀湖。

风蚀湖指在干旱半干旱地区，在风力吹蚀作用下形成的丘间洼地汇水而成的湖泊，如我国内蒙古西部的嘎顺诺尔和苏古诺尔、毛乌素沙地的湖泊，浑善达格沙地中的查干诺尔等都是风蚀湖。

(7)潟湖。

潟湖又叫海迹湖，是沿海洼地由于沿岸流携带的泥沙不断淤积，海湾被沙嘴封闭所形成的湖泊。我国无锡太湖、杭州西湖、宁波的东钱湖、江苏西北部的洪泽湖、河北昌黎七里海等都是典型的潟湖。

(8)河迹湖。

河迹湖指由于河道的改动，蛇曲形河道裁弯取直后残留下来的河道所形成的湖泊。这类湖泊多呈弯月形或牛轭形，水深较浅，如我国扬州的瘦西湖、江汉平原南端的洪湖、江西的鄱阳湖、内蒙古的乌梁素海、甘肃的月牙泉等。

(9)人工湖。

人工湖又称水库，是由人工改造或修建水工建筑物而形成的蓄水区域，具有拦洪蓄水、调节径流等多种功能。我国是世界上水库最多的国家，目前已建成大小水库约8.68万座，很多已被开发成旅游景区。在我国典型的人工湖有千岛湖、松花湖、三门峡水库、刘家峡水库、太平湖、红枫湖、玄武湖、莫愁湖、大明湖等。

2. 池沼旅游资源

池沼可以分为沼泽湿地与潭池。由于在实际的旅游开发中，对潭池进行单独开发的旅游资源非常少，所以这里侧重介绍沼泽湿地旅游资源。

湿地是地球上一种重要的生态系统。它处于陆地生态系统(如森林和草地)与水生生态系统(如深水湖和海洋)之间。换言之，湿地是陆生生态系统和水生生态系统之间的过渡带(Ecotone)。湿地是人类最重要的环境资本之一，也是自然界富有生物多样性和较高生产力的生态系统。它不但具有丰富的资源，还有巨大的环境调节功能和生态效益。各类湿地在提供水资源、调节气候、涵养水源、均化洪水、促淤造陆、降解污染物、保护生物多样性和为人类提供生产、生活资源方面发挥了重要作用,被誉为"地球之肾"。

我国湿地具有类型多、绝对数量大、分布广、区域差异显著、生物多样性丰富等特点。我国湿地面积约6 594万公顷,占世界湿地的10%,位居亚洲第一位、世界第四位。在我国具有代表性的湿地景观有:甘南若尔盖——高原碧宝,巴音布鲁克——富饶之泉,三江平原湿地——残存的壮美,黄河三角洲湿地——沧海桑田进行时,扎龙保护区湿地——优雅鹤乡等。

三、泉水旅游资源

1. 泉水的定义与分类

泉水是指从地下自然涌出地表的水。地下水的含水层或含水通道被侵蚀露于地表时,在适宜的条件下地下水便会涌出来形成泉水。泉的分布和特点与气候、地形、水质等有密切关系。由于出露形态、流量、温度、化学成分的不同,泉水具有多种不同的功能。按照不同的划分标准,泉可以划分为不同的种类。例如,按照泉水温度,可分为冷泉、温泉;按照泉的成因,可分为接触泉、裂隙泉、断层泉、溶洞泉;按泉的出露地表性质分为上升泉、下降泉;按泉所在环境,可分为火山区温泉、变质区温泉、沉积岩区温泉;按涌出状态,可分为长流泉、间歇泉、喷泉、珍珠泉、爆炸泉、喷气孔、热泥泉;按泉水的化学成分,可分为碳酸泉、硫黄泉、氧化钠泉、碳酸氢钠泉、碘泉、铁泉、氮泉,等等。

下面介绍具有特殊观赏价值和使用价值的泉。

(1)冷泉。

冷泉一般指水质清醇甘洌而供饮用或作为酿酒之水的水源,如我国济南的趵突泉、镇江金山泉、无锡惠山泉、杭州虎跑泉、北京玉泉、江西庐山谷帘泉等;其中,山东济南、福建福州、四川康定等城市有"泉城"的美誉。

(2)矿泉。

矿泉是指含有一定数量的多种矿物质、微量元素、有机体和气体,或具有较高水温,能影响人体生理作用的泉。其中,温泉是指水温在34℃以上的矿泉。我国的矿泉和温泉众多,如北京小汤山温泉、南京汤山温泉、西安骊山温泉、云南安宁温泉、广东从化温泉、广西陆川温泉、辽宁鞍山汤岗子温泉、黑龙江五大连池药泉、台湾北投温泉、台湾阳明山温泉等都是我国著名的温泉和矿泉旅游区。

(3)观赏泉。

观赏泉是指景观奇特、具有观赏价值的泉,如我国云南大理蝴蝶泉,四川广元的含羞泉,云南安宁三潮圣水泉,安徽寿县的喊泉,安徽无为的笑泉,河北水县的鱼谷泉,青藏高原的间歇泉,水热爆炸泉,等等。

2. 典型的泉水旅游资源

①趵突泉。趵突泉名列济南众泉之冠,是济南三大名胜之一。趵突泉发源于济水的源头王屋山太乙池,至今不竭。趵突泉水分三股,昼夜喷涌,水盛时高达数尺。所谓"趵突",即跳跃奔突之意,反映了趵突泉三窟迸发、喷涌不息的特点。"趵突"不仅字面古雅,而且音义兼顾;不仅以"趵突"形容泉水"跳跃"之状、喷腾不息之势,同时又以"趵突"模拟泉水喷涌时"卜嘟""卜嘟"之声,可谓绝妙绝佳。北魏郦道元《水经注》载:"泺水出历城县故城西南,泉源上奋,水涌若轮,瀵涌三窟,突出雪涛数尺,声如隐雷。"清代康熙皇帝南游时,曾观赏了趵突泉,兴奋之余题了"激湍"两个大字并将其封为"天下第一泉"。

②南京汤山温泉。汤山,古名"温泉",因温泉而得名,已有1 500多年历史。汤山温泉的水呈微黄色,透明度较好,没有臭味。汤山温泉日出水量5 000吨,常年水温60℃~65℃,含30多种矿物质和微量元素,经鉴定属钙镁质且含微量锶、氡的高热泉,对皮肤病、关节炎多种慢性疾病有疗效,最适合于发展温泉、疗养、健身娱乐、温泉度假等项目。千年前,汤山温泉就曾于南朝萧梁时期封为御用温泉。1918年,孙中山先生在《建国方略》中赞誉其为"美善之地"。

南京汤山温泉

③云南大理蝴蝶泉。蝴蝶泉位于苍山云弄峰下,泉水清澈如镜。每年到蝴蝶会时,成千上万的蝴蝶从四面八方飞来,在泉边漫天飞舞。蝶大如巴掌,小如铜钱。无数蝴蝶还勾足连须、首尾相衔,一串串地从大合欢树上垂挂至水面,五彩斑斓,蔚为奇观。

四、河口与海面

1. 河口景观

(1)冲积三角洲。

河流在从源头到入海口的过程中会携带大量的泥沙,载入海口时由于水流速度减弱,泥沙在入海口处淤积,从而形成冲积三角洲。三角洲适合人类生活,一般都是经济中心,拥有丰富的人文资源,如我国的长江三角洲、黄河三角洲、珠江三角洲等。

(2)涌潮现象——钱塘江涌潮。

世界上一些喇叭形河口区,由于受地形的影响,常出现潮波来势迅猛、潮端陡立、水花飞溅、潮流上涌的潮汐现象,称涌潮或怒潮。我国的钱塘江涌潮现象世界闻名。

钱塘江涌潮的形成是由于天时地利及风势的帮助。农历八月十六日至十八日,太阳、月球、地球几乎在一直线上,所以这天海水受到的引力最大。钱塘江口状似喇叭形。钱塘江南岸赭山以东近 50 万亩围垦大地像半岛似的挡住江口,使钱塘江赭山至外十二工段酷似肚大口小的瓶子,潮水易进难退。杭州湾外口宽达 100 千米,到外十二工段仅宽几千米,江口东段河床又突然

钱塘江涌潮

上升,滩高水浅,当大量潮水从钱塘江口涌进来时,由于江面迅速缩小,使潮水来不及均匀上升,就只好后浪推前浪,层层相叠。其次,钱塘江涌潮的形成还跟钱塘江水下多沉沙有关。这些沉沙对潮流起阻挡和摩擦作用,使潮水前坡变陡,速度减缓,从而形成"后浪赶前浪、一浪叠一浪涌"的景观。沿海一带常刮东南风,风向与潮水方向大体一致,助长了潮势。钱塘江潮潮差最高时达 9 米。

2．海洋景观

海洋景观是水域风光类旅游资源的重要组成部分。我国海岸线曲折绵长,岸外岛屿众多,海岸地貌类型齐全;海岸带南北纵跨三个气候带,自然风光各异,拥有许多旅游价值高的风景区。又因我国历史悠久、海洋文化积淀丰厚,海岸带人文景观也非常丰富。

根据对游客产生吸引的侧重点不同,本文将海洋景观分为以下三个类型。

(1)海岸景观。

我国的海岸包括淤泥质海岸、砂砾质海岸和生物海岸三种类型。其中,砂砾质海岸最适合开发海滨浴场,如河北的北戴河是典型的海蚀海岸风光。游客在海岸上吹海风、晒太阳、观赏海景,即所谓"3s"旅游。生物海岸可分为红树林海岸和珊瑚海岸,其中珊瑚海岸往往成为潜水旅游胜地,如我国的东沙群岛、西沙群岛和南沙群岛是典型的珊瑚海岸风光。

(2)海面景观。

辽阔的海面,水天一色,一望无际,眺望远处的大海使人身心放松,心胸开阔。海面时而以狂涛拍案显示其惊心动魄的阳刚之美,时而以风平浪静、微波荡漾呈现其秀美柔情。海面以其宽阔的胸怀及独有的色、光、声、影向世人展示着大自然的魅力。海在为人们提供优美风光的同时,还可作为载体开展多种娱乐活动,如泛舟、冲浪、垂钓、

游泳等。

(3)海底景观。

海水中蕴藏了极为丰富的海洋生物。在近岸海湾,海水清澈透明,嬉戏的鱼群、随波荡漾的水草、奇特的海底生物构成了色彩斑斓的海底世界。随着现代科学技术的发展,海底观光探秘和建造"人工海底乐园"已成为海洋旅游活动的一个重要组成部分。我国开发的海底景观主要分布在南海,主要潜水基地有湛江和海南岛。

五、瀑布

瀑布是流水从悬崖或陡坡上倾泻而下形成的水体景观,或从河床跌水处飞泻而下的水流。瀑布景观是水域风光类旅游资源的重要组成部分,具有很高的美学价值。

依据瀑布的外观和地形的构造,瀑布有多种分类。据瀑布水流的高宽比例,可分为垂帘型瀑布、细长型瀑布;据瀑布岩壁的倾斜角度,可分为悬空型瀑布、垂直型瀑布、倾斜型瀑布;据瀑布有无跌水潭,可分有瀑潭型瀑布、无瀑潭型瀑布;据瀑布的水流与地层倾斜方向,可分为逆斜型瀑布、水平型瀑布、顺斜型瀑布、无理型瀑布;据瀑布所在地形,可分为名山瀑布、岩溶瀑布、火山瀑布、高原瀑布;据瀑布水流量的洪枯及多寡,可分为常年性瀑布、季节性瀑布、偶发性瀑布;据瀑布的成因,可分为构造型瀑布、堰塞瀑布、袭夺瀑布、差异侵蚀瀑布、喀斯特瀑布和冰川瀑布。

(1)构造型瀑布。

构造型瀑布指由于地壳运动使地层发生断裂所形成的瀑布;当多级断层以地堑或地垒的形式出现时,还可能会形成多级瀑布。我国典型的构造型瀑布有黄河壶口瀑布、庐山三叠瀑布、石门涧瀑布、台湾的蛟龙瀑布、云南石林县大叠水瀑布、香炉峰瀑布等。

(2)堰塞瀑布。

堰塞瀑布指当火山喷发,熔岩漫溢堵塞河道或山崩、泥石流等堆积物堵塞河道形成的瀑布。黑龙江镜泊湖的吊水楼瀑布、四川叠溪瀑布是我国堰塞瀑布的典型代表。

(3)袭夺瀑布。

袭夺瀑布指由于河流的袭夺形成的瀑布。河流袭夺又称河流抢水。相邻流域的河流向源侵蚀的速度不同;速度较快的,源头向分水岭伸展的速度也快,切穿分水岭,把分水岭另一侧河流的上游抢夺过来,称为河流袭夺。被袭夺的河流由于高于袭夺河的谷底而跌落下来,形成袭夺瀑布,如我国贵州黄果树瀑布、灞陵河西岸的滴水滩瀑布、蜘蛛洞瀑布和绿湄潭瀑布等。

(4)差异侵蚀瀑布。

差异侵蚀瀑布指河流在侵蚀的过程中,由于被侵蚀的岩层软硬程度不同,使得河谷下蚀作用出现差异化,软的岩层侵蚀严重,硬的岩层侵蚀较轻,软硬岩层之间形成陡坎,所产生的瀑布。在我国,典型代表是云南叠水瀑布。

(5)喀斯特瀑布。

在岩溶地貌发育的地区,水的溶蚀作用形成落水洞从而产生瀑布,或钙化物在河道中不断堆积形成坝坎而产生叠水,这些都属于喀斯特瀑布。贵州黄果树瀑布、金华洞的岩洞瀑布、云南九乡的雌雄瀑布、湖北神农架的"百丈挂彩"都是我国典型的喀斯特瀑布。

(6)冰川瀑布。

冰川瀑布亦称为悬谷瀑布,主要是由于冰川的刨蚀作用形成的,往往以古冰斗为积水潭,再经由冰斗边缘的陡坎夺路飞泻跌落而成,如我国广东南海市的西樵山瀑布群、江西庐山的王家坡瀑布。

六、冰雪地

冰雪作为水体的固态形式,也可以成为吸引游客的一种旅游资源。冰雪地景观包括冰川观光地和常年积雪地两种类型。

冰川是指极地或高山地区沿地面运动的巨大冰体,是降落的积雪在重力和巨大的压力之下形成的,具有一定的运动规律、一定的形态和规模并能长期存在。冰川旅游资源主要是由于冰川的侵蚀和堆积作用形成的对旅游者具有吸引力的地貌旅游资源。它的奇特之处主要体现在形态各异的地貌景观上,如冰斗、角峰、悬谷、羊背石等,有重要的科考和科普价值。此外,冰体融化还能形成冰桌、冰桥、冰兽、冰蘑菇等,具有较大的观赏价值。现代冰川覆盖的总面积约 1 600 万平方千米,占陆地总面积的 11%。我国著名的冰川景观有贡嘎山海螺沟冰川、甘肃的"七 "冰川。

常年积雪地是指长时间被降雪覆盖的地面。一般来说,随着地势和纬度的增高,积雪时间也随之延长。青藏高原大部分积雪时间在 50~100 天,漠河地区年平均积雪日数 175 天。长时间积雪的地区,为开展冰雪旅游提供了条件。

雪是中纬度地区的冬季和高纬度地区常出现的一种降水现象,可以形成壮观的雪景,如高山、森林等能与之配合,则能形成诱人的景观。我国大部分地区处于亚热带、暖温带、温带地区,每年冬季都有一定时段的降雪。雪花把大地装扮成银装素裹的洁白世界,造就了很多著名的雪景,如西安的"太白积雪"、北京的"西山晴雪"、嵩山的"少室晴雪"、九华山的"平冈积雪"、西湖的"断桥残雪"、太湖东洞庭山的"厘峰积雪"。

冰雪除了观赏以外,还可以开展冰雪运动、冰雪艺术、冰雪娱乐等冰雪旅游活动,如滑雪、滑冰、打冰橇、乘冰帆、冰钓、冬捕、观冰灯、赏冰雕等。我国东北的黑龙江、吉林都有着发展冰雪运动的良好条件,哈尔滨的冰灯和冰雕活动等都成为独特的冰雪景观旅游资源。

第三节　水域风光与旅游

1. 水域风光是各类景区的重要构景要素

水域风光能为旅游景区增加生气,使整个景区更有活力,自然风景区大多以有水景为佳。古人云,"山得水而活,水得山而媚","因山而峻,因水而秀"。水能为山增加灵气,水与山结合更能体现彼此的神韵。水域风光与人文景观结合,也能体现它重要的构景功能。古往今来,无论是皇家园林,还是私家园林,都十分注意采用"引水注入""引泉凿池"的方法,多以水景为中心进行布局,突出水体在构景中的地位和作用。

2. 水域风光是存在形式最广泛的一种旅游资源

水域风光的存在形式广泛,以河流、湖泊、海洋、冰川、泉水、瀑布以及气态的云雾等形式存在于大自然中。不同形式的水体构成了不同的美学特征。广阔的海洋、静柔的湖泊、奔腾不息的河流、气势恢弘的瀑布、喷珠溅玉的泉水、洁白晶莹的冰雪地、飘移不定朦朦胧胧的云雾,它们通过声、形、色等要素给人们带来了无比的愉悦,是自然界中最具灵气的旅游资源。

3. 水体旅游资源为开展丰富多彩的体验性旅游活动提供载体

随着旅游的不断发展,旅游者越来越希望能够参与到旅游活动中,得到亲身体验。水体旅游资源就为满足游客的需求提供了载体。在水面上,可以参与游泳、划船、冲浪、漂流、潜水、垂钓等一系列的活动,这些活动能使游客亲近水体,而不仅是驻足观赏,在与水亲近的过程中,达到愉悦和刺激的享受。

◆ 本章小结

1. 本章结语

本章对水体类旅游资源进行了论述。水体是自然界中最活跃的因素之一,是"风景的血脉",具有很大的旅游价值。水体的审美要素主要有形、影、声、色、味、光等六个方面的要素。通过这些要素,水体既可单独成景,又可与其他的景观组合成景。本章主要对河段、湖泊、瀑布、泉水、海洋、冰雪地等六种类型的水体旅游资源做了详细的阐述。

2. **本章知识结构图**

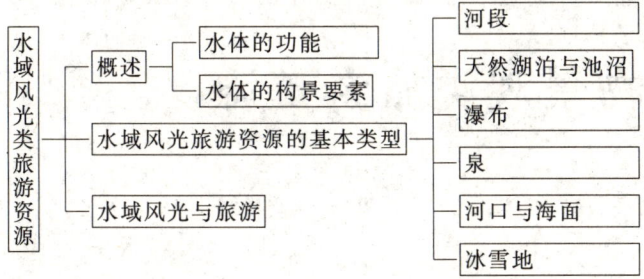

3. **本章核心概念**

河流　湖泊　海洋　瀑布　泉水　冰雪地景观

◆ 本章推荐阅读

[1] 徐飞雄,唐微.湖南水域风光及其开发[J].资源开发与市场,2007(8):758—760.

[2] 丰江红,傅中平,严哲.广西水域风光资源特征、评价及开发建议[J].南方国土资源,2006(10):28—31.

[3] 范今朝,程玉申.杭州市水域风光类旅游资源的状况、特征与开发思路——杭州市旅游资源普查部分结果分析[J].浙江大学学报:理学,2004(2):221—227.

◆ 讨论与思考

1. 水域风光类旅游资源有哪些功能?
2. 水域风光类旅游资源的主要构景要素有哪些?如何参与构景?
3. 请举例说明水域风光类旅游资源的主要类型。
4. 按照成因,湖泊可分为哪些类型?请举例说明。
5. 试述水体旅游资源与旅游的关系。

第五章

生物景观类旅游资源

学习目标

知识要点：了解生物资源是大自然的重要组成部分，也是旅游资源中不可或缺的一部分，具有重要的美学特征；理解动植物旅游资源对旅游的重要作用；掌握生物类旅游资源的内容、特点、种类。

技能训练：以某一区域为例，对当地公园或动物园的生物资源造景功能进行了解。

能力拓展：应用所学知识，调查与分析所在地区游客对动植物旅游资源的爱好程度，并据此提出本地区开发生物旅游资源的对策与建议。

引 例

大熊猫

大熊猫，被誉为"活化石"、中国"国宝"，有着独特黑白相间毛色的活泼动物，深受世界各国人民的喜爱。自然分布于长江上游向青藏高原过渡的一系列高山深谷地带，包括秦岭、岷山、邛崃山、大小相岭和大小凉山等山系。熊猫喜独居，除产仔外，无固定巢穴。

化石显示，大熊猫祖先出现在二三百万年前的洪积纪早期。其栖息地曾覆盖了中国东部和南部的大部分地区，北达北京，南至缅甸南部和越南北部。近几百年由于人口激增和占用土地，很多栖息地消失了。

作为一项大熊猫迁地保护示范工程，成都熊猫基地不仅致力于对大熊猫本身的保护，也将自然和人造景观有机结合；不但为大熊猫、小熊猫和其他濒危动物创造了一个良好的生活环境，也为游客创造了一个优美的旅游环境和

成都大熊猫繁育基地

通向大自然的窗口,成为国内外游客关注的焦点。

案例引发的问题:结合实际,讨论当地有哪些能够吸引游客关注的动植物物种。

资料来源:四川旅游信息网　http://www.97sc.com/daocheng%20sight/13_18_09_89.shtml

第一节　概　述

生物是自然界中有生命的物质。生物种类繁多,姿态万千,大小、结构差异悬殊。人类最早把生物分成截然不同的两大界——动物界和植物界,将细菌、真菌等都归入植物界。生物界中肉眼可见的美学特征具有较强的旅游吸引力,形成自然旅游资源中不可或缺的一组分——生物旅游资源。生物旅游资源吸引功能的发挥,形成了赏花旅游、观鸟旅游、狩猎旅游、垂钓旅游、科学考察旅游、森林旅游等生态旅游项目。

一、生物景观的旅游意义

生物是自然界中最活跃、最有生机的因素,是自然生态环境的主体。生物景观的旅游意义体现在构景、称景和造景三个方面。

1. 构景

构景指的是生物以其美化环境、装饰山水的功能而成为旅游景观的一个组成部分。生物景观的构景作用主要是以"背景"来体现的,是以大范围的森林、草原及栖息于其中的动植物来体现的。任何自然景观的形成都与生物要素密切相关。例如,崂山共有野生维管植物123科、1 000余种(含变种及亚种),有哺乳类动物36种、鸟类345种、两栖爬行类动物27种;而泰山有野生维管植物127科、800余种(含变种及亚种),有哺乳类动物37种、鸟类约200种、两栖爬行类动物约20种。丰富的生物资源可以供游客欣赏,感受大自然的生机与活力。利用这一特点,可以将其充分应用于园林建筑、城市美化中。

2. 成景

成景指的是自然界中由动植物本身的美学价值引发的美感,吸引游客探索大自然的奥秘而形成的旅游景观。动植物的成景作用源于其形态和生命过程的美、奇、稀等特征。从生物的形态上看,不少植物的花色之艳、花姿之俏,不少动物色彩艳丽、体形奇特、鸣声悦耳,此为"美";不同环境有不同的生物,致使热带动植物对于温带的人来说充满奇特之感,此为"奇";世界上数量稀少而又极具科学考察和观赏旅游价值的生物,被视为无价之宝而备受人们宠爱,如我国的大熊猫,此为"稀"。从生物的生命过程来看,植物随季节变化形成的春季观花、秋季赏叶,动物随季节迁徙形成的蝴蝶谷、天鹅湖等,都能成景。

3. 造景

造景指的是人们根据生物的特征,将野生生物进行空间移置,在新的空间创造出具有旅游价值的景观。众所周知,任何一种动植物都有自己的发生和演化过程,反映在有机体上则为带有其祖先遗传特性的生物学特性。因而,要想使其正常地生息和繁衍以发挥其固有优势,人们可以因地制宜就地发展或者创造其所需要的固有环境,以利繁殖。如可以通过了解植物的萌芽、开花和结果等物候学特征,动物的捕食、休息以至于发情、繁殖等生物学特性,达到异地引种的目的。此外,由于生物生长及生活的可塑性以及人们创造环境的能动性,也可以按适时适地原则和逐步适应原则,就地就近或从遥远地方引入,以满足不同地域人们的广见和观赏反差心态。事实上,我们今天见到的许多园林树种和花草均是靠人工栽培和引进的方法来发挥其旅游观赏效应的;许多人工兴建的动物园、水族馆,让动物在人工创造的环境或模拟动物生态条件的环境中生存和繁衍,以适应旅游观览活动的要求。植物园、动物园和水族馆就是生物体被人类栽培、饲养、引种、驯化的组合造景的具体表现内容。

二、生物旅游资源的概念和主要特征

随着现代旅游业的发展,一些生物成为游客观赏、娱乐的对象,一些生物成为美食、疗养、工艺制作的重要物质基础,一些生物与环境构成了奇特、绚丽的生态系统,一些生物则是科学考察的重要对象。这些生物都与人类旅游活动有着直接或间接的联系,具有旅游吸引力,形成了自然旅游资源中不可缺少的部分——生物旅游资源。

生物旅游资源是指生物资源中具有旅游利用价值、能吸引旅游者、能为旅游业所利用,并由此而产生经济和社会效益的部分。生物旅游资源具有如下主要特征。

1. 丰富性

丰富性是指生物旅游资源在空间分布上的广泛性和多样性。地球上究竟存在多少物种?现代科学所发现的大约有200万种,而美国国家自然科学基金会"生命之树"项目的研究结果却认为世界上大概存在介于500万种到1亿种不同的生物物种。这些多种多样的生物体在地球上的分布上限可达海平面以上10千米的高度,下限可达海平面以下12千米的深度。在这广阔的范围内,许多生物种类具有旅游价值,再加上各地区人工创造的各具特色的生物景观,使地球表面广泛存在着丰富的生物旅游资源。

2. 特色性

特色性指的是生物受地域分异规律控制而形成的不同地方有不同生物景观的特点。生物是环境的产物，与环境密切相关。地球表面自然环境条件在大尺度上遵循纬度地带性、干湿差异性；在中尺度上遵循垂直地带性；在小尺度上又受到地方性小气候的影响。因此，生物的类型及其分布状况表现出极大的地域性差异。例如，因水分和温度条件的差异，从赤道向极地依次出现热带雨林、亚热带常绿阔叶林、温带落叶阔叶林、寒温带针叶林、寒带冻原和极地荒原；从沿海到内陆，因水分条件的不同，植被类型在中纬度地区出现了森林—草原—荒漠沿经度方向的更替；从山麓到山顶，由于海拔的变化，出现了大致在垂直方向上与等高线平行的植被带的更替，同时在山的阳坡与阴坡也因为光照与水分的差异出现不同生物景观。这些各具特色的旅游资源能够给游客留下深刻的地域性特色。

3. 季节性

随着气候的季节性变化，生物会发生形态或者空间位置的变化，形成季节性旅游景观。植物的物候期可分为休眠期、营养期、开花期和结实期，不同植物的物候期不尽相同。例如，自然条件下牡丹在春天开花，荷花开在夏季，秋天菊花开，冬季腊梅花开；槭树、黄栌等植物的叶色在秋季变红，形成著名的"香山红叶"。很多动物则随季节有规律地南北迁移，出现了生物空间位置随季节变化等美景。

4. 再生性

生物旅游资源的再生性特征是由生物的繁殖功能、可驯化功能和空间移置性所决定的，由人与自然共同创造形成的生物旅游景观。生物区别于非生物的重要特征就在于其具有自我繁殖能力，同时，生物具有可驯化性和空间位置的可移置性。生物的这些特征使得人们可以在对生物生命活动规律充分认识的基础上可持续地利用生物资源。通过将野生动植物驯化、移置、栽培、饲养，形成动植物园和农村田野风光等人造生物景观，还能作为园林造景、美化城市的衬景。

5. 脆弱性

脆弱性是指生物及自然生态环境在抗干扰能力上较为脆弱的特征。生物及其生存的生态系统对外界的干扰具有自我修复、自我恢复的能力。然而，当干扰超出系统的临界阈值，不少生物物种会灭绝，生态系统也将因为生物组成的变化而变化，进而导致整个系统的崩溃。例如，在山区毁林开荒，不仅使得水土流失加剧，造成多种自然灾害频发，更使得许多动物失去其赖以生存的栖息地而使生存状况受到影响。正因为如此，我国在1998年之后在长江中上游地区全面停止了自然林的砍伐，并实施了退耕还林的政策，使得该地区的生态环境得以保护,系统的美学价值也得以保存。在生物旅游资源开发过程中要特别注意保护和利用并重,保持资源的可持续利用。

6. 观赏性

生物旅游资源的观赏性特征是指由生物的形态、色彩、发声、运动等特征引起人们美感的特性。这一特性也正是生物成为旅游资源的根本所在。大自然的花草树木种类繁多、千姿百态、风格迥异。如王莲的叶子可以托起一个儿童,而浮萍的叶子直径不足1厘米。同样是乔木,雪松的枝条水平伸展,使树冠呈宝塔状,尤其在冬季更为苍劲;垂柳的小枝轻盈婀娜,摇曳生姿,植于水边,低垂于碧波之上,最能衬托水面的优美。更有一些植物的根系,凸出地面,盘根错节,奇特异常,给人以力的美感。动物同样可以给人以美感,如孔雀开屏之美丽、熊猫行走之憨态、雁过蓝天之整齐、猿猴攀岩之灵巧常令人赞叹不已。

7. 冶情性

生物的某些特征中蕴藏着某种备受人们推崇的精神,能够启迪人的心灵,陶冶人的情操,这也是生物旅游资源的文化价值所在。在中国传统文化中,竹因其独特的自然生物学特征,如空心、有节、坚韧挺直、四季常青等,与中国传统的审美情趣、伦理道德意识相契合,成为虚心、有节、高雅、纯洁的象征。雍容华贵的牡丹,意寓百年好合的百合花,无不寄托了人们对美好幸福生活的向往,而看鹰击长空、鱼游水中又令不少人浮想联翩。

三、生物旅游资源的分类

根据生物旅游资源的形成,可将其分为自然生物旅游资源和人工生物旅游资源。自然生物旅游资源指的是自然形成的生物旅游景观,根据其生物学特性又可分为植物类旅游资源和动物类旅游资源;人工生物旅游资源是指根据生物的特点人与自然共同创造的生物旅游景观,可以分为植物园、动物园、水族馆和田园风光。

第二节 植物景观类旅游资源

一、植物景观构景因素

植物既有美化环境、装饰山水、分隔空间、塑造意境的群体造景功能,又有以古、稀、奇、秀、色、香等个性特点吸引游人的独特功能。因此,植物景观类旅游资源构景要素很多,主要包括植物的色、形、意和古树名木等。

(一)色

植物的色彩主要指植物的颜色,包括植物的茎、叶、花、果实。植物界的本色是绿色,绿色体现生机勃勃,代表生命之色。植物的花色五彩缤纷,是植物最美的部分,也是人们欣赏的主要对象。

1. 叶子的颜色

绝大多数植物的叶片是绿色的,但不同植物叶片的绿色在深度和色调上也有差异,并且随着季节的变化表现出规律性变化的色彩。例如,银杏和乌桕,春季刚长出的叶片为嫩绿色,到了秋季银杏叶片为金黄色,乌桕则为红色;鸡爪槭的叶子在春天先红后绿,到秋季又变成红色。

2. 花的颜色

植物花的色彩鲜艳,常为红、黄、蓝、橙、紫,配合绿叶可获得强烈的视觉效果。不同花色鲜花组成的绚丽色块、色斑、色带及图案在园林绿地中点缀会成为视觉的焦点,远看色彩热烈鲜艳,近看色彩和谐统一。

3. 果的颜色

果实的色彩以红、紫为贵,黄色次之。在秋季,浓绿或黄绿的树冠上黄色、红色或紫色的果实点缀其间,可打破园景寂寞单调之感,给人以丰富繁荣的感觉。

另外,树皮的颜色同样可以给人以美感。例如,白桦树皮洁白雅致,在雪野里枝条红色的红瑞木与绿色的棣棠相映成趣,色彩更为显著。

(二)形

指植物的体形和轮廓。植物种类繁多,高低不同,大小不一。树形或是挺拔雄健,或是婀娜多姿、姿容各异、仪态万方,具有较高的观赏价值。例如,松柏遒劲刚直,垂柳万条丝绦;文竹清姿瘦节,牡丹雍容华贵。此外,植物在生长过程中,往往与当地环境相适应,生长成异常的形态:有的树木形似龙飞凤舞,有的树干或枝状如鸟兽;有些树连理或寄生,有些树木自然长成"桥""门""屋""墙";有的与石结缘,树包塔或塔包树,或树吞石或石托树,给人以奇特美的享受。游客往往对这些奇特形态的植物有浓厚的兴趣。

(三)意

植物的意指其意境、寓意,是指植物除了色、形之外的抽象美。人们在长期的审美活动中,对某些植物形成了公认的相当明确的寓意,使其人格化。例如,在中国传统文化中,松柏象征坚贞不屈;桃李象征所教的学生;竹子象征高风亮节、谦恭潇洒,腊梅象征独傲霜雪;松、竹、梅合在一起,称为"岁寒三友",象征文雅高贵;椿树象征长寿;柳树象征依恋;桑梓象征故乡;红豆代表思慕;花大艳丽的牡丹象征"国色天香,富贵荣华";石榴象征兴旺发达;荷花"出污泥而不染",象征洁身自好;菊花象征仁人志士;迎春花代表报春使者;万年青象征青春永在;桂花象征才华超群、庭桂流芳,等等。

许多植物都被赋予雅称。除前面提及的"岁寒三友",玫瑰、蔷薇和月季被称为"园中三杰",梅、兰、竹、菊为"四君子"。中国十大传统名花也都有雅称:牡丹——花王,梅花——花魁,水仙——凌波仙子,桂花——花中月老,荷花——花中君子,菊花——花中隐士,月季——花中皇后,茶花——花中妃子,兰花——花祖,杜鹃花——花中西施。植物给人各种联想,在欣赏、讴歌大自然之美时,寓情于景,情景交融。

(四)古树名木

从构景的角度来说,古树名木的实质是植物的年龄、来源、利用方面所具有的特殊观赏价值。古树名木是大自然经过漫长的历史变迁,留给人类的宝贵遗产,具有重要的科学、文化和经济价值以及观赏价值。每一古树名木都可以成为一种景观。所谓古树,是指树龄在100年以上的树木,其中树龄在300年以上的为一级古树,其余的为二级古树。所谓名木,是指珍贵、稀有、具有历史价值或者重要纪念意义的树木。我国古树名木众多,凡古村落、古驿道、古祠堂必有古树。苍郁的古树生机盎然,充满灵气,集古、奇、灵、神于一体,给人以恬静、幽远、清凉、古朴、豁达之感。人类与树木朝夕相伴,构成了一道道靓丽的自然景观和人文景观。众多的古树名木,或傍倚峭壁,或伫立幽处,或点缀在古建筑的周围,显现着其古朴与庄严。参差错落的古树扩展了空间,浓缩了时间,折射了历史,成为特有的景观。

二、植物类旅游资源分类

植物的诸多特征使其成为自然界中最具吸引力的旅游资源之一。不少植物因具有较高的美学观赏价值而成为观赏植物;有的以其特色吸引人们成为奇特植物;有的是在生物进化过程留下的极为稀少、具有重要科学考察与观赏价值的珍稀植物;有的以其固有特征在人类社会发展过程中成为某一精神之象征,并以其流风遗韵被称为风韵植物。

(一)观赏植物

根据观赏植物中最具美学价值的器官和特征,可将其分为观花植物、观叶植物、观果植物和观枝冠植物。

1. 观花植物

花是植物体中最美、最具观赏价值的器官,也是人们观赏的主要对象。花色、花姿、花香和花韵是观赏花卉的四大美学特征。花以绚丽的色彩传送美,使人感到赏心悦目;

花姿不仅仅指花朵,还包括叶、果实、株形的外表美;花香袭人,随风飘散,能达到不见花丛却闻花香的效果;花韵是人们寓意在花卉里的蕴涵。同时具备上述四项美学特征的花卉观赏价值最高。1986年到1987年,由上海园林学会等单位发起选出了最具观赏价值的"中国十大传统名花":牡丹、月季、梅花、菊花、杜鹃、兰花、茶花、荷花、桂花和水仙。其中,杜鹃是青岛市等十余城市的市花,荷花则是济南等城市的市花。

◆ **案例驿站 5.1**

菏泽牡丹

牡丹原产中国,自古被我国人民视为"和平、幸福、富贵"的象征,被誉为"国色天香""花中帝王"。菏泽牡丹更是以其花大、色艳、型美、香浓而"甲海内",被誉为观赏牡丹之上品。

围绕菏泽牡丹这一品牌,自1992年开始,菏泽每年都举办"菏泽国际牡丹花会"。目前,"菏泽国际牡丹花会"已成为进一步传播和弘扬牡丹文化,充分展示地方特色优势

菏泽牡丹

的一项综合性节庆活动,对于促进菏泽乃至鲁南经济带的发展、打造鲁苏豫皖四省交界区域中心和局部高地具有重要意义。

然而,由于产业链的制约,以赏花为主的旅游收入是牡丹产业的主要收入。并且牡丹花期短。因此,加大牡丹中成药、牡丹饮食等深加工产品的开发,积极开发牡丹工艺品、牡丹旅游纪念品,加强牡丹鲜切花技术的研发及精品牡丹的引进是菏泽牡丹发展的方向。

2. 观叶植物

观叶主要是观叶色和叶形。绿色虽为叶之本色,但不少植物叶色随季节变化,到秋季以黄、红色居多,最易渲染绚丽的秋色,如黄栌、乌桕、槭树、漆树、银杏等。闻名世界的北京香山红叶主要树种就是元宝枫和黄栌。常见的观叶植物还有七彩千年木、龟背竹、苏铁、鹅掌柴、巴西木、肾蕨、散尾葵、棕榈等。

3. 观果植物

成熟的果实以其色彩、形态和香味吸引着游客。果实色彩多种多样,形态各异,大小

不一,味道酸甜香美,各具风味。享誉世界的十大名果有:榴莲(果中之王)、西瓜(瓜中上品)、中华猕猴桃(超级水果)、梨(百果之祖)、苹果(记忆之果)、葡萄(水晶明珠)、荔枝(果中皇后)、柑橘(美味佳果)、香蕉(长腰黄果)、菠萝蜜(微花巨果),它们集色、形、香于一身,备受人们青睐。常见的观果植物还有金橘、石榴、佛手等。

4. 观枝冠植物

树木的枝冠之美主要由树冠外形和序角(枝条与主干的分枝角度)决定。树冠形态各异,有塔形、椭圆形、垂枝形、伞形等。一些植物的枝干也具有很高的观赏价值,如紫藤枝干虬曲,树冠宝塔形的雪松则被誉为"风景树的皇后"。

(二)奇特植物

奇特植物,是指那些与人们日常生活见到的植物不同的植物,因其某些独特性吸引人们。这些植物由于自然分布、生长环境或人为刻意雕琢,在形态、功能、用途上各具特色。

(三)珍稀植物

在生物的进化过程中,曾经发生过数次大规模的物种灭绝。在地质历史时期的白垩纪,很多植物随恐龙一起灭绝,第四纪冰川的移动也造成了大批的植物灭绝,只有极少数植物幸存下来。随着环境的变迁,一些植物失去其赖以生存的生境,濒临灭绝的境地。这些珍贵稀有的物种不仅具有重要的科研价值,也具有很高的观赏价值,如世界上最大的莲——王莲,植物界的活化石——水杉、银杏,中国的鸽子树——珙桐等。

(四)风韵植物

由于生长环境的不同,植物表现出独特的风韵,被人们赋予各种各样的精神意蕴,这样的植物统称风韵植物。风韵植物具有许多丰富的内涵,或表达情感,或体现精神,或象征意义。因植物撩起的缕缕情丝,常使人们进入如诗如画的境界。许多国家和城市更是设立自己的"国花""市花",作为自己的精神象征。例如,提起紫荆花,很多人自然会想到香港特别行政区;提到樱花、郁金香,人们自然会联系到日本、荷兰。

三、植物景观类旅游资源的表现形式

作为最具吸引力的旅游资源之一,植物景观以各种形式给人以美的感受。植物景观类旅游资源的表现形式主要有以下几种。

1. 插花艺术

插花艺术,是指将剪切下来的植物的枝、叶、花、果作为素材,经过艺术构思和适当的技术处理(修剪、整枝、弯曲等),重新配置成一件精制完美、富有诗情画意、能再现大自然美和生活美的花卉艺术品。插花艺术起源于人们对花卉的热爱,通过对花卉的定格,表

达一种意境来体验生命的真实与灿烂。插花艺术具有很强的可视性和直觉性,极易引起人们的美感。对中国人而言,插花作品被视为一种天人合一的宇宙生命之融合。以"花"作为主要素材,在瓶、盘、碗、缸、筒、篮、盆等七大花器内造化天地无穷奥妙的一种盆景类的花卉艺术,其表现方式颇为雅致,令人爱不释手。

2. 植物盆景艺术

植物盆景艺术是以植物、山、石、水、土等为材料,经过艺术加工,在盆景盆中体现大自然秀丽景色的一种艺术。同时以景抒情,表现深邃的意境,达到"缩地千里""缩龙成寸"的艺术效果,可以展现大自然无限风光。依照创作的材料、表现对象,植物盆景可分为树桩盆景和花草盆景。

树桩盆景是选取姿态优美、株矮、叶形小巧、寿命长、耐修剪、抗性强、易于造型的植物,在不违背树木生长习性的前提下,通过摘叶、摘心等方法,抑制其生长,并进行造型加工而成的或盘根错节或苍劲挺拔的各种艺术造型。通常用的树种有罗汉松、榔榆、碧桃、石榴、榕树等。

花草盆景是以花草为主体的装饰盆景,既要突出名花芳草的观赏价值,又要着意盆景布局造型的优美;可以选用观花为主的木本花卉如海棠、月季、杜鹃、山茶、迎春等,也可选用兰花、菊花、水仙等草本花卉。

3. 花坛

花坛是指凡在一定几何轮廓的植床内,种植各种不同色彩的观花或观叶植物,以花卉的群体平面效果来体现精美图案纹样的花卉规则式应用形式。花坛具有较高的装饰性和观赏价值。按表现形式,可分为花丛花坛和模纹花坛。

花丛花坛,是用中央高、边缘低的花丛组成色块图案,以表现花卉的色彩美。

模纹花坛或称绣花式花坛,以花纹图案取胜,通常以矮小的具有色彩的观叶植物为主要材料,不受花期的限制,并适当搭配花朵小而密集的矮生草花,观赏期特别长。

现代又出现移动花坛,由许多盆花组成,适用于旅游区地面的铺装和室内装饰。

4. 花境

花境是模拟自然界中林地边缘地带多种野生花卉交错生长的状态,运用艺术手法设计的一种花卉应用形式。以宿根花卉为主,配以花灌木、一二年生花卉、球根花卉等,表现植物的个体美及植物组合的群体美。它追求"虽由人作,宛自天开"的艺术手法。其平面轮廓与带状花坛相似,植床两边是平行的直线或有轨迹可循的曲线,并且至少一边用常绿木本或草本矮生植物(如雀舌黄杨、绣线菊、麦冬等)镶边。花境是人们参照自然风景中野生花卉的生长状态,经过艺术提炼而设计的自然式花带,其艳丽的色彩和丰满的群体形象能给人留下深刻的印象。

5．草坪

草坪是指人工建植,采用多年生矮小草本植株密植并经修剪的人工草地。一般设置在屋前、广场、空地和建筑物周围,供观赏、游憩或作运动场地之用。按草坪的用途可分为游憩草坪、观赏草坪、运动场草坪、交通安全草坪和护坡草坪。

游憩草坪,可开放供人人内休息、散步、游戏等户外活动之用,一般选用叶细、韧性较大、较耐踩踏的草种。

观赏草坪通常不开放,不能入内游憩,选用颜色碧绿均一,绿色期较长,能耐炎热,又能抗寒的草种。

运动场草坪则根据不同体育项目的要求选用不同草种,有的要选用草叶细软的草种,有的要选用草叶坚韧的草种,还有的要选用地下茎发达的草种。

交通安全草坪主要设置在陆路交通沿线,尤其是高速公路两旁以及飞机场的停机坪上。

护坡草坪是用于防止水土流失,防止尘土飞扬的草坪,主要选用生长迅速、根系发达或具有匍匐性的草种。

6．盆栽花卉

盆栽花卉是指种植在花盆、花钵中,开花或植株形态美丽供观赏的植物。这些花卉株丛紧密圆整,开花整齐、茂盛,枝叶覆盖盆面,花期长,枝、叶、花、果有特殊观赏价值。

7．独树

单独的树木称为独树,亦称为独赏树或孤植树,一般指单株树木周围没有其他树木或与其他树木的直线距离较大,树木之间没有连成一片,为孤立状态。一般来说,独树具有的体型高大、树形优美、树种特殊、树龄很长、位置特别等特征,使其美学价值、科研价值和历史文化价值更高。古树名木通常属于此类。

独树通过个体形态、颜色给人以感官享受的同时,还与所处环境配合对人产生心理效应。不同的平面、立面和色彩的构成会给人的心理产生不同的影响,同一景观在不同观赏者眼中也可能产生截然不同的心理感受。一般来说,受地域文化的影响,来自同一地区的观赏者对同一景观的心理感受更为接近。

8．树丛

树丛亦称丛林、群丛、片林或林带,是生长在一起的小片树木组成的植物群体。树丛的特点是成片分布的树木数量少、覆盖面积小、分布较分散,一般呈不连续或块状分布,并常与水体、道路、住宅建筑、城市街道、工厂、学校、机关办公地、城市公园设施等地理实体交错分布。根据组成树丛的树种,可分为松柏林、杂木林、竹林等许多类型。树丛在旅游景区景点的构景、造景中具有举足轻重的作用。

9. 植物园

植物园是一个融科研、科普、游憩、生产及珍稀濒危植物迁地保护为一体的综合性生物景观区域。植物园旅游资源的特色在于自然优美的植物景观、独特的生态文化及丰富的科学内涵。植物园大多因其地处市区或近郊的地理优势、丰富的科学内涵和优美的园林外貌、清新的空气、有趣的娱乐项目，成为人们回归大自然、陶冶情操和休闲娱乐的场所，备受人们青睐。目前，世界各地著名的植物园都是游客向往的旅游胜地，各国各地区的小型植物园也是人们休闲的好去处。

植物园按其性质可分为综合性植物园和专业性植物园。综合性植物园通常植物种类繁多、规模较大，兼具多种功能，如在我国以科研为主结合其他功能的北京植物园、南京中山植物园，以观光游览为主结合科研、科普和生产的上海植物园、杭州植物园等。专业性植物园通常是根据一定学科、专业内容布局的植物标本园、树木园、药圃等，在我国具有代表性的有中山大学标本园、武汉大学树木园、南京药用植物园等。植物园还可以按照植物种类分为树木园、药用植物园、芳香植物园、沙生植物园等，按生态地理分为高山植物园、沙漠植物园、热带植物园等。

另外，植物还是森林公园、自然保护区等综合性自然景观的重要组成部分，有关内容将在第七章中详细阐述。

第三节 动物景观类旅游资源

动物是自然界中最活跃、最引人注目的组成成分，具有重要的旅游价值。与植物相比，动物能够运动，会发声，通人性。不少动物的体态、色彩、姿态和发声都极具美学观赏价值，世界各地历来都有观赏动物的传统。

一、动物景观构景因素

动物的造景比植物灵活、复杂。动物造景基本的特色表现在形、态、声、色、稀、意等方面。

1. 形

动物的"形"主要指动物的形体特征。动物由于生活的地域或地理位置、气候带不同以及生活习惯的差异，显示出特有的形体造型吸引旅游者，例如，拥有长长的鼻子和门牙、四肢如柱的大象；嘴长、腿长、颈长的丹顶鹤；形体乖巧玲珑的蜂鸟；身披鳞甲、全副武装的穿山甲；头像老鼠、耳像兔子、前肢很小、后肢和尾巴非常发达的大袋鼠；身体高大、颈部腿部细长的长颈鹿；大头、长尾、小眼、大嘴、小腿短胖、既丑陋又笨拙的大鲵（娃娃鱼）；头大、眼大、颈细具有铡刀状前足的螳螂；头似马、角似鹿、蹄似牛、尾似驴的"四不像"麋鹿；身体又粗又长、盘曲成一团的大蟒蛇，等等。另外一些动物为避免天敌的发现而形成拟态，如枯叶蝶混在落叶之中，极像一片枯叶，阵风吹来会像叶片那样在风中摇摆，即使眼睛再好也多半会被它骗过。这些都是动物吸引旅游者的美感因素。

2. 态

动物的"态"主要指动物的行为动作和动态。在长期的进化过程中，每种动物都形成了特有的运动方式、营养方式和繁殖习性。一些动物幼稚而滑稽的动作和表情，富有情趣，常成为吸引旅游者的一大特色。例如，猿、猴、猩猩都具有高级社群行为，无论在动物园还是在山林中，都能够与游人互动，吸引游客流连忘返；丹顶鹤昂首阔步的走姿、求偶时的翩翩舞姿，都显出一副骄矜潇洒的神气，给人以雍容华贵之美；大熊猫体态肥胖，性情温顺，用"大拇指"和其他五指握持竹子取食的样子十分逗人喜爱；雄孔雀在求偶时展开尾上覆羽，亦步亦趋地罩在雌孔雀头上，还不时翩翩起舞以博取雌孔雀的青睐，这种"孔雀开屏"的求偶方式使游客充满了对未来情感的无限遐思。

3. 声

动物发声与人类语言相似，是信息表达的一种方式。大多动物会发声，不少动物发出的悦耳之声能激发人们的听觉美。"鸟语花香"道出自然界中绝大多数鸟类的婉转鸣唱，给人以清新悦耳的听觉美感，使大自然呈现出勃勃生机。例如，夜莺鸣声悠扬婉转、娓娓动听；棕噪鹛，黄山地区俗称"八音鸟"，音调尖柔多变，音色清脆悦声，一声能发出八个音；善仿人语的鹦鹉历来受人宠爱；澳大利亚的"国鸟"——琴鸟不仅美丽动人，还能模仿其他动物的叫声，声音宛转动听。兽类中的长臂猿也是出色的"歌唱家"。在昆虫中，蝈蝈和知了更是通过摩擦发声、鼓膜振动发音成为著名的鸣虫。

4. 色

动物身体、羽毛、鳞片等呈现出物理的或化学的颜色和光彩，给人以色彩美。有的动物为纯一色彩，如北极熊，雪一般的白色绒毛给人以纯洁无瑕的感觉；黑叶猴从头到脚闪亮的黑色如乌金一般。更多的动物为彩色组合，如以黑白色为主的大熊猫、黑白条斑排列极具韵律的斑马，以棕色与褐色为主的棕熊、黄鼬、画眉、麻雀，以灰色为主的大象、狼、杜鹃、灰喜鹊，以金色为主、肩披长发的金丝猴，以红色为主的红金丝雀，以黄色为主的黄鹂、虎皮鹦鹉，色彩斑斓的金钱豹，具有华丽色彩的碧凤蝶、蛱蝶、鹦鹉、翡翠、鸳鸯、红腹锦鸡及各种观赏鱼类等。

动物具有各种各样的色彩是与各自的生态习性相适应的。在鸟类中，色彩艳丽的雄性个体往往更容易获得雌性个体的青睐，因此有更多繁育后代的机会。有的动物则是以体表的色彩获得保护。有些动物外表颜色与周围环境相类似，这种颜色叫保护色。例如，沙漠里的动物，大多数有微黄的"沙漠色"作为它们的特征；北方雪地上的动物，可怕的北极熊也好，不伤人的海燕也好，都披上了一层白色，它们在雪的背景上很难被发现。具有保护色的动物最典型的当属变色龙，它是蜥蜴的一种，能在周围环境对光线的反射中迅速地改变体色，变成树干或树叶的颜色来保护自己，借此来逃避天敌的危害。还有些具有恶臭和毒刺的动物则具有鲜艳的色彩和斑纹，显著区别于周围环境，这种颜色叫警戒色。警戒色使敌害易于识别，避免自身遭到攻击。例如，毒蛾的幼虫多数具有鲜艳的色彩和花纹，如果被鸟类吞食，其毒毛会刺伤鸟的口腔黏膜。生物界中还有些动物自身并无恶臭和毒刺，但是一样具有非常鲜艳的色彩和斑纹。与具有警戒色的动物相似，这种现象属于拟态，也是动物自我保护适应的一种形式。例如，无毒的猩红王蛇会模拟有毒的珊瑚蛇的颜色和花纹从而躲避天敌的伤害。

5. 稀

有些动物吸引旅游者在于它的珍和稀。濒临灭绝的珍贵而稀有的动物是游人必然观赏的对象。由于数量稀少，在日常生活中难以见到，游客更是要一睹芳容，如兽类中的大熊猫、金丝猴、华南虎、东北虎、野牦牛、羚牛、白鳍豚，鸟类中的丹顶鹤、褐马鸡、朱鹮、天鹅、绿孔雀，爬行类中的扬子鳄，两栖类的娃娃鱼，鱼类中的中华鲟，等等。国家通过建立自然保护区、制定《野生动物保护法》、公布野生动物保护名录、人工驯养繁殖等措施对珍稀濒危动物进行保护。

◆ **案例驿站 5.2**

中国特有动物——大鲵

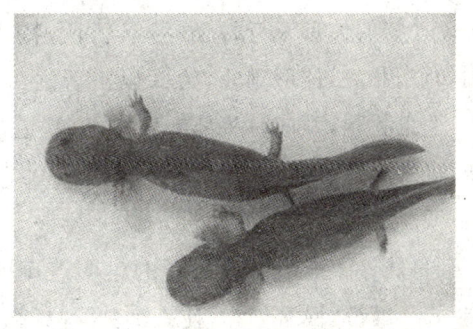

大鲵

大鲵，别名娃娃鱼、啼鱼、狗鱼，是我国特有物种，分布于华北、华中、华南和西南 17 个省区。一般生活在低山地区清澈、湍急、清凉的溪流中，白天栖息在石缝或岩洞中，夜间出来觅食。以水中的鱼、虾、蟹、蛙和水生昆虫为食。

一种说法认为，大鲵叫声似婴儿啼哭，故俗称"娃娃鱼"，但是，动物园内饲养的娃娃鱼,尚未听到它的叫声。还有一种说法是因为大鲵四条又短又胖的腿,前肢有四趾,后肢有五趾,尤其是前肢很像婴儿的手臂,故有"娃娃鱼"的称谓。

与鱼类的最大区别是,娃娃鱼可以用肺呼吸,心脏构造特殊,具有了爬行类动物的特征,在研究生物的进化过程中具有重要的研究价值。由于它肉嫩味鲜,所以长期遭到人们大量捕杀,各产地数量锐减,有的产地已濒临灭绝,需加强保护。

6. 意

动物的"意"是指许多动物有着丰富的文化内涵,是文学作品、音乐、舞蹈、绘画等方面的重要题材并具有一定的寓意。例如海龟,一方面因为其寿命长意喻健康长寿,另一方面这种动物生在海边、长在海中,最终却仍要返回海边,以此寓意留学人士最终将"回归"为国效力;鱼因与"余"同音向来被寓为"生活富裕,吉庆有余",更取"鲤鱼跳龙门"寓意"不日将飞黄腾达";鸳鸯自古以来就是爱情的象征;鹤更象征吉祥长寿,松鹤延年的传统画册为世人所喜爱。

此外,自然界中许多的谜团尚未完全解开,许多谜团都与动物有着或多或少的关联,如著名的尼斯湖水怪之谜,这强烈地刺激着人们的猎奇心理,使其产生旅游探险、科学考察的欲望。

二、动物类旅游资源分类

动物在旅游资源中占有不可或缺的重要位置,可以分为以下四种类型。

(一)观赏动物

观赏动物指体态、色彩、运动和音色等特征能够给人以美感的动物。根据观赏动物的主要美学特征,可以将其划分为观形动物、观色动物、观态动物和听声动物。

1. 观形动物

动物的体形千奇百怪,各具特色,特别是一些体形奇异的动物蕴藏着一种气质美。例如,东北虎,体形雄伟,给人以王者之气;长鼻子大象,给人以沉稳之感;雄狮,体形高大,毛色壮观,发威时头部毛发竖立,其王者风范不逊于东北虎;麋鹿,其体形更是耐人寻味,极具观赏价值。

2. 观色动物

自然界中能吸引旅游者的色彩斑斓的动物比比皆是。例如,各种色彩的蝴蝶和鸟类,五彩缤纷,极富韵律,使人陶醉;热带鱼更是以色彩美丽且富有变化而出名,体色几乎囊括了自然界中的所有色彩,如红、橙、黄、绿、蓝、靛、紫、黑、白等,五光十色,样样齐全。

3. 观态动物

动物以动作行为给人以美感。例如，猛虎下山之威武、鱼游水中之自由、孔雀开屏之美丽、猿猴攀缘之灵巧、雁过蓝天之整齐等都令人感叹不已。

4. 听声动物

听声动物指以悦耳的叫声激发人们的听觉美的动物。

（二）珍稀动物

珍稀动物是具有较高的社会价值、科考价值和观赏价值，现存数量非常稀少的动物种类。1989 年，国务院公布了《国家重点保护野生动物名录》，共 335 种，其中一级保护动物 97 种、二级保护动物 238 种。

（三）表演动物

表演动物指在人工驯养条件下，能够模仿人的动作或在人的指挥下做出技艺表演，给游人以强烈吸引力的动物。例如，大象在桶上表演平衡、狗熊溜冰和跳舞、狮子钻铁圈等；有些鸟类、爬行类动物也可以做表演，如鹤能跳舞、画眉会打斗、黄雀经训练会戴面具和放飞、鳄鱼经训练能与人一起共处，等等。

（四）劳作动物

在旅游景区，驴、马、牛、骆驼等能充当特色交通工具，给旅游者增添乐趣，这些动物被训练成为劳动帮手，成为劳作动物。

三、动物类旅游资源表现形式

与植物资源相同，动物也具有构景、成景和造景的功能。但动物景观具有更大的灵活性，有些则有很强的时间性、季节性。动物景观类旅游资源的表现形式主要有动物园、特殊动物群景观、动物工艺景观等。

（一）动物园景观

动物园具有科普教育、科学研究、动物繁殖保护和休闲娱乐四大功能。建立动物园，一方面能使弱势动物或珍贵濒危动物得到更好地保护和长足发展；另一方面也促进人与动物的交流，加强人对动物习性的了解，进行科普教育，并为动物科学研究提供素材。目前，我国已经拥有动物园 330 多家，包括综合性动物园、专门性动物园和野生动物园。

综合性动物园饲养有不同地域、不同种属的动物。园内一般按动物食性、类别及栖息环境分设若干区域，如食草动物放养区、食肉动物放养区、散养动物区、水禽动物区、珍稀动物圈养区和百鸟园等。英国伦敦动物园是欧洲最大、最闻名的动物园之一，拥有 900 多种、8 000 多只世界各国珍奇动物，被列为伦敦十个最能吸引游客的地方之一。北京动物园是我国最大动物园之一,饲养着我国珍奇动物和来自世界各地的代表性动物500多种,建有犀牛馆、河马馆、熊猫馆等专属场馆。目前,上海、杭州、福州、大连、沈阳等地均建有综合性动物园。

专门性动物园则是以专门饲养、繁育某一种或某一类动物为主的场所。例如,世界著名的新加坡裕廊飞禽公园,拥有南极企鹅、北极鹅、非洲鸵鸟、美洲巨嘴鸟、欧洲黑鹤、澳洲鸸鹋、中国知更鸟等世界各地的上万只不同种属、形体奇特的鸟禽。此外,水族馆也属于专门性动物园。我国青岛海产博物馆中的水族馆,美国西部圣迭戈城的海洋世界、檀香山的海生动物园,都养殖着各种供研究、观赏用的海生动物并将其开发成为专项旅游产品。

野生动物园可以是综合性的,也可以是专门性的。前者如我国上海野生动物园,饲养着种类众多的飞禽走兽;后者如南非和博茨瓦纳的卡拉哈里羚羊国家公园,园中有南非大羚羊、南非小羚羊、角马等。野生动物园最大的特点是动物散居于园中,游客需在车内或其他特定场所观赏禽兽。例如,肯尼亚旅游部门设立了乘大气球观赏动物的项目,游客在气球的吊篮里凭空俯瞰,一览全貌,妙趣横生。还有的野生动物园为天然动物园。例如,坦桑尼亚的塞伦格蒂国家公园是坦桑尼亚野生动物最集中的地方,园内野生兽类总数达300多万头。

◆ **案例驿站 5.3**

青岛水族馆

青岛水族馆是中国第一座水族馆,首批国家级风景名胜区,位于景色秀丽的汇泉湾畔,依山傍海,1930年在蔡元培等几十位科学先驱倡导和亲自参与下创建,1932年5月8日正式开馆,迄今已有70多年历史。

青岛水族馆继承传统,开拓创新,历经改造扩建,现有水族馆、海兽表演馆、海洋生物馆、淡水鱼馆、现代化海底世界五个展区,是我国唯一的以海洋生物为专业的综合性自然博物馆。

青岛水族馆

水族馆主体标志建筑为中国传统古堡式,平面呈四方形,每边均为红色花岗岩石墙垣、雉堞式女儿墙,上有城楼,在海滨礁石和浪花的衬托下,尤显雄伟壮观,是青岛十大优秀建筑之一。

> 步入水族馆，您仿佛置身于奇妙的海底世界：鲈鱼银闪闪、真鲷红艳艳；浓妆艳抹的蓑鲉在水中轻盈翱翔；老态龙钟的海龟步履蹒跚地爬行；威武凶猛的鲨鱼穿梭游弋；色彩斑斓的珊瑚和海葵摇曳着触手向您致意。
>
> 案例来源：http://www.qdunderwaterworld.com/base/family

(二)特殊动物群景观

特殊动物群主要是指由于特殊的地理环境的影响集中分布、大量存在的区域性动物类型。许多动物为了繁殖、捕食或寻找更为舒适的环境，有集体随季节的变化而迁徙的本能。这种大规模的集体远行，使某一物种的动物在某一具体空间内形成极为壮观的旅游胜景。国内比较著名的特殊动物群景观所在地有：大连旅顺的蛇岛，扎龙湿地丹顶鹤保护区，山东的长山列岛、黄河三角洲、崂山、南四湖、荣成海滨、日照海滨候鸟栖息地，江西鄱阳湖候鸟保护区，峨眉山的鸟类王国，保护大熊猫等珍稀濒危动物的卧龙和佛坪自然保护区，以保护高原动物为主的可可西里自然保护区，西双版纳野象谷，秦岭的羚牛保护区，云南大理蝴蝶泉，安徽扬子鳄自然保护区，湖北石首天鹅湖麋鹿自然保护区，等等。这些特殊动物群景观不仅是旅游爱好者猎奇的主要对象，其分布区也是科学考察的重要区域。

(三)动物工艺景观

动物工艺景观包括反映当地动物区系的标本、化石及工艺制品，如恐龙化石博物馆、鸟类标本馆、昆虫标本馆、动物标本馆等，使人们在认识动物的同时，也了解有关本地野生动物的组成特点、历史等。

第四节 生物景观与旅游

生物的存在使得地球表面生机勃勃。各种动植物在净化、美化环境的同时，给人类以赏心悦目的感受，形成了自然旅游资源中重要的组分——生物旅游资源。

一、生物景观类旅游资源的开发

1. 保健旅游

植物进行光合作用时，吸收二氧化碳，释放出氧气。植物丰富的地区不仅氧气和负氧离子丰富，还具有杀菌物质，有利于人们的身心健康，适合开展保健旅游。例如，在动植物丰富的森林景观内进行森林浴或森林疗养，不仅会促进人体的新陈代谢，还会改善人的精神状态。

2. 观赏旅游

动植物物种和数量繁多，可以适应不同的环境生存。地面、土内、水下、空中到处都有动植物繁衍和生息，每种生物又有各自的生态、习性、色彩、造型等特点，可满足人们多种观赏心态的需求。例如，观赏植物具有观花、观叶、观形、观果等功能；观赏动物具有观体形、观色态、观姿态、听鸣叫声等功能。不论是极富动态的动物，还是千姿百态、变化万千的植物，对游人都有很强的吸引力。

3. 娱乐休闲型旅游

狩猎、垂钓、美食等娱乐休闲型旅游活动是利用目的地的野生动植物或圈养动物资源，通过游客参与活动而以满足旅游者精神需要为目的的旅游方式。例如，在印度加撒尔玛地区，每年骑骆驼狩猎活动便为当地吸引超过 200 万名游客，狩猎旅游收入又进一步促进了当地农业和手工业的发展（Shackley，1996）；博兹瓦纳奥卡瓦格三角洲的湿地狩猎旅游收入更是占该国旅游收入的 80% 以上（Mbaiwa，2005）。

4. 科普教育型旅游

有条件的地区可规划出一定区域开展动植物标本的采集活动，或者开展珍稀动植物生境考察、市树市花考察和生态系统考察等活动；还可以开辟科普教育基地和生态保护宣传基地等，开发科普教育旅游产品，开展自然知识、爱国主义和生活知识等方面的教育。

5. 农业旅游

动植物资源是农业、渔业的生命。结合当地特有的农事劳作和渔业活动等可开办一系列的农业观光科技园，做好农业知识宣传教育的工作；结合农业生产可开展租赁旅游项目，游客租赁农田或者渔业养殖场从事农作活动，在其他时间交由农民或养殖场工作人员管理。

6. 旅游产品的开发

动植物资源还可用于旅游产品的开发，如茶叶、干鲜果品、特质木质材料加工的旅游工艺品和旅游纪念品等。

二、生物景观观赏注意的事项

1. 观赏时间的季节性

生物景观，尤其是野生动植物的观赏时间性、季节性都很强，应根据观赏对象的生物学特征及物候活动规律确定观赏季节、时间和地点。植物从抽芽、展叶、开花、结果到落叶，通常具有明显的季节性变化。例如，桃花、李花在春季开花，菊花则在秋季观赏，腊梅花期在冬季。动物则因种类的不同季节性不同。两栖类、爬行类动物为冷血动物,它们的活动依赖于环境温度,在春暖花开时活动,秋季渐冷时栖息于水中、泥土中、洞中或石隙中休眠越冬。候鸟有迁徙的习性并有固定路线,秋冬季可在越冬地区观赏,春夏季在繁殖区观赏。例如,黄嘴天鹅在我国的繁殖区是新疆巴音布鲁克天鹅湖,越冬地区在山东荣成天鹅湖。哺乳类动物除了熊、刺猬等少数有冬眠的习性外,一般可全年观赏。

2. 生物类景观的保护

野生动植物是生态系统的重要组成部分,具有重要的经济价值、旅游观赏价值、社会文化价值、科学研究价值及生态价值。然而,由于全球人口的增加,工农业生产带来的环境污染、森林破坏等原因,大量的野生动植物物种数量急剧下降,有的已濒临灭绝。为了生物景观类旅游资源的可持续利用与发展,应该注意加强对生态环境和动植物的保护,特别是对稀有生物景观类资源和生态环境的保护。要因地制宜地开发生物景观类旅游资源,处理好生物景观旅游资源和其他旅游资源的关系,做到有计划、有限度地开发。

◆ 本章小结

1. 本章结语

本章介绍了生物的旅游意义、生物旅游资源的特点、生物旅游资源的分类;详细阐释了各个具体生物旅游资源的特征;介绍了生物旅游资源的开发方式及生物旅游的注意事项。

2. 本章知识结构图

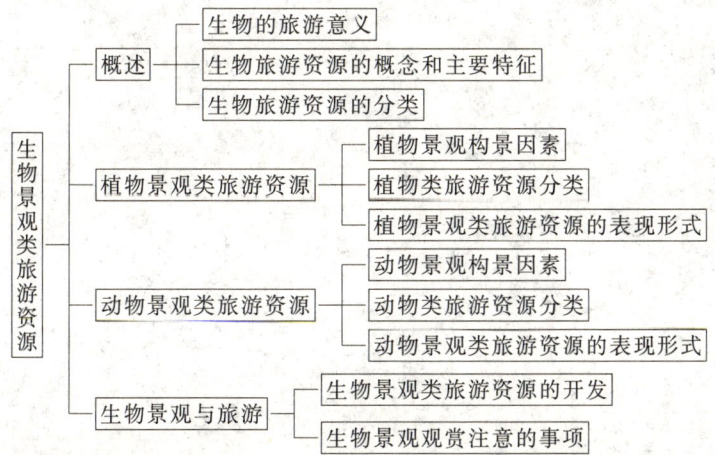

3. 本章核心概念

生物旅游资源　人工生物旅游资源

◆ 本章推荐阅读

[1] 孙伯筠. 花卉鉴赏与花文化[M]. 北京:中国农业大学出版社,2006.

[2] 金学智. 中国园林美学[M]. 北京:中国建筑工业出版社,2000.

[3] 陈俊愉. 百花盆栽图说丛书[M]. 北京:中国林业出版社,2004.

[4] 国家林业局. 中国树木奇观[M]. 北京:中国林业出版社,2003.

[5] 范志勇. 远足观鸟[M]. 北京:中国林业出版社,2006.

[6] 傅立国. 中国植物红皮书——稀有濒危植物(第一册)[M]. 北京:科学出版社,1992.

◆ 讨论与思考

1. 简述生物的旅游意义及生物旅游资源的特点。

2. 我国有哪些以观赏植物为主题内容的旅游景区和旅游节庆活动?

3. 我国有哪些具有观赏和科考旅游价值的珍稀动物?在观赏野生动物时应注意哪些问题?

4. 以小组形式展开调查,对所在地区的生物景观类旅游资源现状进行分析,提出更好地发挥现有生物资源的对策。

第六章

天象与气候、气象类旅游资源

学习目标

知识要点：理解天象、气候、气象旅游资源的含义，掌握天象与气候气象旅游资源的特点，熟悉天象与气候气象旅游资源的主要类型，了解天象、气候气象与旅游的关系。

技能训练：通过具体案例，掌握天象与气候气象旅游资源的特点。

能力拓展：调查某一旅游景区（景点）的天象与气候气象旅游资源，并分析该气象与气候气象旅游资源对景区（景点）的影响。

引 例

"烟雨漓江"——桂林气候气象旅游资源品牌

桂林市很早便进行了气象风景资源的开发利用，"烟雨漓江"便是桂林气象风景资源开发的巅峰之作，已成为漓江景区的名片之一。在各种具有国际影响力的旅游展如德国柏林展、意大利米兰展、法国巴黎展、英国伦敦世界旅游博览会、芝加哥会议与奖励旅游展上，"烟雨漓江"都是桂林市力推的重点项目。

烟雨漓江

桂林形如盆地，周围山岭环绕，温湿多雨。每逢3月春雨季节，漓江上空纷纷扬扬，洒下阵阵细雨，如丝如线，如雾如烟，明丽秀雅的景观如同披上了一层银纱，两岸的青山绿水都被淡化了、模糊了、隐去了，只剩下美丽的剪影，使游客全身心浸润在奇异美妙的境界中，得到十分新奇、深刻的审美感受。每年春雨时节，国内外游客慕名而至，漓江景区游客量迅速增长。

"烟雨漓江"给游客的震撼是巨大的,许多游客游览完桂林后,纷纷表达自己对漓江风景的赞美之情。一位游客在他的博客中这样写道:"当人们来到桂林畅游漓江,长期缠绕于心的审美理想实现了,化成了眼前的真实境界,那份愉悦,那份激动,那份狂喜,均是无法用言词表达的。如果说,晴空倒影,造就了漓江百里水墨画,那漫漫烟雨,便是画出了漓江不绝的写意图。"

案例引发的问题:"烟雨漓江"缘何给游客巨大的震撼?

资料来源:桂林日报

第一节 概 述

一、天象、气候与气象的概念及区别

(一)气象

气象是指大气中的冷热、干湿、风、云、雨、雪、霜、雾、雷电等各种物理现象和物理过程的总称。气象要素主要有气温、气压、风、湿度、云、降水、蒸发、能见度、辐射、日照等。一种或几种气象要素表现为某时某地的天气状况。

(二)气候

气候是地球上某一地区多年时段大气的一般状态,是该时段各种天气过程的综合表现。气象要素(温度、降水、风等)的各种统计量(均值、极值、概率等)是表述气候的基本依据。

(三)天象

天象泛指各种天文现象,如太阳出没、行星运动、日月变化、彗星、流星、流星雨、陨星、日食、月食、激光、新星、超新星、月掩星、太阳黑子等。

(四)天象、气候与气象区别

天象与气候、气象的区别明显,前者是一种天文现象,后者表现为大气现象。气候与气象两者既有联系,又有区别。气象表现为天气的变化。天气是指一个地区较短时间的气温、气压、湿度等气象要素综合反映出的大气现象,这些现象可能表现为晴空万里、风和日丽,也可能表现为浓云密布、风狂雨骤。天气给人们的印象是瞬息万变的,我们从广播和电视中收听收看到的24、48小时天气预报说的是天气。例如,我们可以说:"今天天气很好,风和日丽,晴空万里;昨天天气很差,风雨交加。"而气候则是大气辐射、大气环

流、海陆分布、地形特点等自然因素相互作用的结果，是一个地区多年的平均天气状况及其变化特征。世界气象组织规定，30 年记录为得出气候特征的最短年限。例如，昆明四季如春；长江流域的大部分地区，春、秋温和，盛夏炎热，冬季寒冷，我们称之为"四季分明的温带气候"。

二、天象与气候、气象旅游资源的特点

随着旅游业的不断发展，旅游在现代人生活中的作用越来越大，从而使得旅游所涵盖的内容也越来越丰富，天象与气候、气象旅游也成为旅游的热点，越来越引起人们的兴趣。天象旅游资源是由各种天文现象形成的景观资源，如日食、月食、流星雨等。气候气象旅游资源包括因天气变化形成的各种景色，及不同气候条件下形成的各类旅游胜地。前者称为气象旅游资源，后者称为气候旅游资源。例如，吉林的雾凇、泰山观日出已经成为气候气象旅游资源的经典景致。

（一）地域性

天象与气候、气象旅游资源受其所在地理纬度、海陆分布状况、地形的不同以及人类活动影响，有着不同的特点。我国幅员辽阔，南北跨度大，气候的水平地带性分布明显，形成了我国南北方向上的三大气象气候资源：北国冰雪世界、江南山水画卷、南国热带风情。此外，气候的垂直地带性造就了不同的小气候，小气候的不同又造就了相关旅游资源的地域性。例如，雾凇出现在东北松花江沿岸，昆明四季如春，海南四季常青，吐鲁番炎热干燥。

（二）季节性

季节的变化会影响天象与气候、气象资源的出现，使得这些资源具有明显的季节性。冬季严寒而漫长，河湖封冻，树叶枯落，以滑雪、滑冰为内容的体育旅游进入旺季，冰雪景观也进入火爆时期。云雾景一般出现在夏秋季节，如云南大理的"苍山玉带"主要出现在夏末秋初、太白山平安寺云海主要出现在夏秋季、黄山云海主要出现在秋季至春季。由于天象与气候、气象资源的季节性变化，从而导致旅游活动目的地的空间变化，也使得旅游流随季节周期性变化。

（三）急变性

在气候气象要素中有很多要素是不稳定的，具有即时变化的特性，如风、雨、雷电、云雾等景象。"风云突变"很形象地表达了其急变性的特征，一分钟前还是风和日丽、晴空万里，一分钟后就变成了雷电交加、倾盆大雨。一些景象出现到消失也是发生在转瞬之间，更是难以预测与把握，如海市蜃楼、日出与日落。因此，对于此类景象一定要把握观景的最佳时机。

(四)关联性

气象气候旅游资源并非时刻存在、静止不变,它要与其他实体旅游资源相关联、相依存,以气象气候资源为特色,借助其他景观为背景,形成综合性旅游资源。这种综合性主要体现在配景、借景和育景三个方面。例如,高山云海,旅游者不只看单一云雾景观,而是看云雾与群山峻岭和参天绿树相互掩映的壮观。

◆ **专题笔谈 6.1**

气象气候资源的开发利用

一、加大气象气候作为旅游资源的宣传力度

导游员在介绍旅游景点时,要改变过去长期以来只注重自然和人文景观的宣传和讲解而忽略气象气候旅游资源的介绍的现象。若能对各个旅游景点的主景、名景、气象气候风景加以全面介绍,将会对旅游者产生强烈的旅游心理要求;若能进一步对各个景点的气象气候风景作出品位和趣味方面的专门讲解,则更是锦上添花。

二、掌握天气变化规律,做好气象气候预报

大气现象具有多变性和速变性,但有规律可循。掌握天气气候变化的规律,对于气象气候旅游资源的开发利用至关重要。在对旅游区进行规划设计时,首先应做的工作是收集有关台站气象气候资料,结合对当地旅游景点和旅游生活区的小气候观测,系统定量地分析当地气象气候资源特点,为旅游项目的开发、旅游路线的设计提供科学依据。在一些特殊景区可以建立气象观测站,进行长期定时观测,积累气象气候资料,同时做好景区的天气、天象和气候预报,为游客提供最佳旅游时机和避免灾害性天气造成的不利影响。

三、充分利用气候季节变化特点,做到旅游淡季不淡

我国四季分明的气候特点,决定了旅游有旺季和淡季之分。我国旅游部门对近年来来华游客的统计分析表明,每年4月至11月来华游客占全年人数的90%左右,为旅游旺季;12月至次年3月游客较少,约占10%,为旅游淡季。如何开发利用气象气候资源,做到淡季不淡,哈尔滨和广州市的做法值得借鉴。冬季,哈尔滨积极利用本地气候寒冷、冰雪资源丰富的极端气候条件,大打冰雪牌,每年举办一届冰雪节,开展各种与冰雪有关的活动,如冰雕艺术展、滑冰、冰球、冰橇、冰帆等,吸引了众多海内外游客前来观赏。最近,哈尔滨又投资3 400万元,新建了占地20万平方米的松花江冰雪大世界,现已成为新的旅游热点。此外,南国花城广州也利用冬季不冷的有利气候条件,大搞春节花市,以吸引游客。

> 四、依据不同地区的气候优势,合理开发旅游资源
>
> 我国气候的多样性表现在地域分布的差异性上,可结合开发旅游项目。例如,东北地区气候特点为:夏季温暖短促,避暑胜地众多;冬季寒冷漫长,冰雪资源丰富。夏季适于开展森林生态、疗养度假等旅游项目;冬季应以冰雪观赏、冰上运动为主。此外,北极村漠河的"白夜"奇景也成了一种旅游资源。再如,西北内陆地区,地处欧亚大陆腹地,远离海洋,四周又有高山阻挡,形成了温带大陆性干旱和半干旱气候。日照时间长,热量丰富,温差变化大,干燥少雨,多风沙。茫茫荒漠、雪山森林和草原绿洲是该区三大旅游景观,沙漠探险和大漠绿洲是今后旅游资源开发的方向。
>
> 资料来源:徐春堂.气象气候对旅游的影响及开发利用[J].枣庄学院学报,2005,(2):82-86.

第二节　天象类旅游资源

天象类旅游资源是指以各种天文现象为吸引物,吸引游客前来观赏的一种旅游资源。根据不同的天文现象,此类旅游资源可以分为日出日落与霞景、月色、极昼和极夜、陨石、日食、月食、彗星观测等。

一、日出日落与霞景

太阳东升西落,这种常见的天文现象,孕育出了奇特的日出日落与云霞景观。从古至今,有很多诗句描绘了日出日落景观,如"日出江花红胜火""夕阳西下,断肠人在天涯"。在这些诗句中,日出表达了一种奔放的激情,日落表达了一种感伤之情。日出日落与霞景的最佳观看地在山上或是海边。在我国,比较著名的观景山地有泰山日观峰、黄山翠屏楼、庐山汉阳峰、峨眉山金顶等;著名的海边观景地有北戴河鹰角亭、青岛崂山仰口风景区狮子峰等。霞景是指因日出、日落时阳光的斜射使天空和云层出现彩色光现象或彩色云而形成的景致。当日出东方或日落西山时,地平线及海天相接地方,一轮红日缓缓上升或下沉,红光照射云层,此时山川海天都披上一身五彩的霞,令人无限遐想,徒然升起一种激昂或感伤之情。西湖北岸的葛岭、宝石山自成一体,山岩呈赭红色,岩体中有许多闪闪发亮的红色矿物质,每当阳光映照,满山流霞缤纷,尤其是朝阳或落日霞光洒沐之时,保俶清秀,披着霞光分外耀目,仿佛数不清的宝石在奕奕生辉,被称为"宝石流霞"。

二、月色

月球自身不能发光,月色是月球反射太阳光后形成的景象。在我国,有很多关于月亮的诗句辞赋,或描写圆月,或描写弯月,或描写皎洁的月光,或描写朦胧的月光,以此抒情达意。月夜中欣赏皎洁的月光,使人感觉少了些都市的喧嚣与尘世的浮躁,心灵有静寂的独美;欣赏朦胧的月色,使人生出许多孤独忧愁,时时有对远方深深的向往与思念。月亮不仅在文学创作中发挥它的作用,在园林造景中也有一席之地。例如,西湖十景中的"平湖秋月""三潭印月",燕京八景中的"卢沟晓月",避暑山庄的"梨花伴月",无锡的"二泉映月",都是以月亮为主题,既让人欣赏大自然的月色之美,又让人沉迷于造园者寄情于山水日月的情感。

◆ **案例驿站 6.1**

泰山日出

泰山日出是岱顶奇观之一,是泰山景观的重要标志。泰山之所以能够吸引如此众多的游客,是因为其日出的景色奇、形态各异、变化多端。随着旭日发出的第一缕曙光划破黎明前的黑暗,东方由漆黑而逐渐转为鱼肚白、红色,直至耀眼的金黄,喷射出万道霞光,最后,一轮火球跃出水面,腾空而起,在瞬息间变幻出千万种多姿多彩的画面。整个过程壮观而动人心弦,令人叹为观止。

泰山日出

日出景观虽然是永久性景观,但是还受到其他因素的影响,因此要使其可持续发展和利用,要做到以下几点:一、加强天气预警机制。景区要做好日出天气状况分析,使游客能够了解哪一天、哪一时间段是观看日出的最佳时间;二、加强日出景观与其他旅游资源的配合。日出景观虽然壮观,但是受各种条件影响,其可变性强。要加强它与山石景观和山岳文化的结合,使其成为整个旅游过程中的亮点而不是重点,起到点缀的作用,防止游客因没有看到日出而失望。三、加强环境保护。环境污染会影响日出景观的可观赏程度,应加强本地环境的保护和治理,降低污染,呈现日出的真正魅力。

平湖秋月

平湖秋月景区位于白堤西端,孤山南麓,濒临外西湖。其实,作为西湖十景之一,南宋时平湖秋月并无固定景址,现在的平湖秋月景址,实际上是康熙三十八年以后才确定下来的。尽管平湖秋月景区范围在西湖十景景区中也许是最小的,但人们仍可以在此寻访和体味到历史古迹和文化蕴涵。1959年对此进行进一步扩建改建,沿湖新建和改建了"八角亭"、"四面亭"、"湖天一碧"等建筑,掇置了湖石假山,增植石榴、红枫、紫菇、丹桂等四季花木,使游览面积从2 000平方米扩大到6 000平方米。

平湖秋月

案例来源:百度百科 http://baike.baidu.com

三、极昼和极夜

极昼和极夜是极圈内特有的自然现象,是地球沿着倾斜的地轴自转所造成的结果。地球自转时地轴与垂线成一个约23.5度的倾斜角,因而地球在围绕着太阳公转的轨道上有6个月的时间,南极和北极的其中一个极总是朝向太阳,另一个极总是背向太阳。如果南极朝向太阳,南极点在半年之内全是白天,没有黑夜,即极昼;北极则见不到太阳,北极点在半年之内全是黑夜,没有白天,即极夜。到了下一个半年,则正好相反。这种极圈内独有的天象景观,已成为高纬度地区一些国家或城市争相开发利用的旅游资源。例如,俄罗斯的圣彼得堡位于北纬60°,在北极圈上,仲夏时节,黄昏过后不久,又开始出现晨曦,白天持续近20个小时,这种现象要持续一个月左右。

四、陨石

陨石是指地球以外未燃尽的流星体或碎块脱离原有运行轨道,在进入地球大气层时没有完全被烧毁和蒸发,散落到地球表面的石质的、铁质的或是石铁混合物质,也称"陨星"。陨石多半带有地球上没有或不常见的矿物组合,它是人类直接认识太阳系各星体的珍贵稀有的实物标本。

世界各地有数十个陨石博物馆,吸引了大量游客,成为普及天文学知识和科学考察的重要资源。吉林市陨石博物馆是我国唯一的陨石博物馆,收集陨石标本138块,碎块

3 000余块,其中1号陨石是目前世界上最大的一块陨石。吉林陨石雨展览作为吉林市一项独特的文化资源和旅游资源,每年都吸引着大量国内外游客,是世人了解陨石奥秘、普及科学文化知识的一个重要窗口。

五、日食、月食、彗星观测

日食、月食、彗星观测总体属于天文观测类旅游资源,一些好的观测地点往往吸引大批天文爱好者及旅游者前去观赏天文奇观。1986年的哈雷彗星观察,1997年的海尔彗星观察,都吸引着成千上万的天文爱好者。2010年1月15日发生了全球未来1 000年内持续时间最长的日环食,也是我国22年来的首次日环食。中国科普博览联合中国科学院上海天文台,在云南大理进行了网络观测直播,记录了此次日环食的全过程。此次日环食也同样吸引了大量旅游者,出现了豪华游轮观赏、飞机逐日等旅游项目。此次日食在印度洋持续时间较长,最长能观测11分8秒的日环食,游船乘客将有机会观看最长达10分46秒的"火圈",科普组织传播和教育者科普协会在开往马尔代夫的游船上提供望远镜和观看设备,向游船乘客演示安全观测和拍摄日全食的方式。此次游轮观测,游客须支付17 000到50 000卢比(约合370到1 090美元)的四天三夜游豪华游轮票费。

日环食

第三节　气候与气象类旅游资源

一、云雾

空气中所含的水蒸气在气温下降时凝结成小水点,形成云雾。云雾瞬息万变,尤其在山区,忽而如随风飘荡的一缕轻烟,忽而如一泻千里的九天银河,忽而如海洋一片,忽而似山谷堆雪,映衬得山峰更加峻峭、树林更加清秀。峰峦在云中时隐时现,能使游人产生"山在虚无缥缈间"的意境,风吹云动山似动,又能使游人享受静中有动的美景。我国有许多著名胜景与云雾有关,如"黄山云海""庐山云雾""苍山玉带"等。

二、雾凇

雾凇俗称树挂,在北方和南方高山地区常见,是一种冰雪美景。它是由于雾中无数零摄氏度以下而尚未结冰的雾滴随风在树枝等物体上不断积聚冻粘的结果,表现为白色不透明的粒状结构沉积物。因此,雾凇现象只要雾中有过冷却水滴,并达到一定温度就可形成。雾凇是北国风光之最,来时"忽如一夜春风来,千树万树梨花开",去时"无可奈何花落去,似曾相识燕归来"。在我国,雾凇出现最多、品味最高的地方是在吉林省。吉林雾凇与桂林山水、云南石林和长江三峡同为中国四大自然奇观,被国内外游人誉为"人间绝景"。

吉林雾凇

三、冰、雪

雪是大气固态降水中的一种最主要的形式。雪后,绵绵的白雪将世界装饰一新,琼枝玉叶,粉装玉砌,皓然一色,再加之此时温度较低,结冰现象较多,形成壮观的冰雪景。

冰雪景观,主要分布于中高纬地区,如欧洲、美洲南北两端、东亚、北亚、中亚和南极洲以及陆地的高海拔地区。在我国冰雪景观最为著名的是东北的哈尔滨,有"冰城"的称号。哈尔滨开展各种以冰雪为旅游资源的旅游项目,如滑冰、冰球、冰橇、冰帆等。冰雕艺术是哈尔滨最具代表性的旅游资源。在每年哈尔滨"冰雪节"期间,一个个形象生动的冰雕人物、动物和高大逼真的冰雕建筑吸引了众多海内外游客前来观赏。

哈尔滨冰雕

四、烟雨

俗称"毛毛雨",是一种天气现象,也是具有观赏功能的自然美景之一。它与山水、植被、古建筑等其他旅游资源相组合,在自然景观中起到配景、造景的作用,并勾起人们的多种情思。南宋鲍照《观漏赋》写道:"聊弭志以高歌,顺烟雨而沉逸。"唐代诗人杜牧《江南春绝句》写道:"南朝四百八十寺,多少楼台烟雨中。"这些诗句都是描写烟雨景致,抒发诗人烟雨情怀。我国著名的雨景资源有江南烟雨、梅雨赏梅、蓬莱的"漏天银雨"、峨眉山的"洪椿晓雨"、济南的"鹊山烟雨"、羊城的"双桥烟雨"等。

五、蜃景

蜃景即海市蜃楼奇景,是大气中由于光线的折射和全反射而形成的,常发生在海上或沙漠地区。海市蜃楼是近地面层气温变化大,空气密度随高度强烈变化,光线在铅直方向密度不同的气层中,经过折射进入观测者眼帘造成的结果,常分为上现、下现和侧现海市蜃楼。在我国蓬莱海边,常可看到海市蜃楼景观,那里已成为我国最著名的海市蜃楼观赏地。

但是由于海市蜃楼发生的条件比较苛刻,一般很难能观察到,因此能够吸引的旅游者也较少,开发难度较大。

六、佛光

佛光是一种非常特殊的自然物理现象,是阳光照在云雾表面所起的衍射和漫反射作用形成的。其本质是太阳自观赏者的身后,将人影投射到观赏者面前的云彩之上,云彩中的细小冰晶与水滴形成独特的圆圈形彩虹,人影正在其中。佛光出现时间的长短,取决于阳光是否被云雾遮盖和云雾是否稳定;如果出现浮云蔽日或云雾流走,佛光即会消失。一般佛光出现的时间为0.5

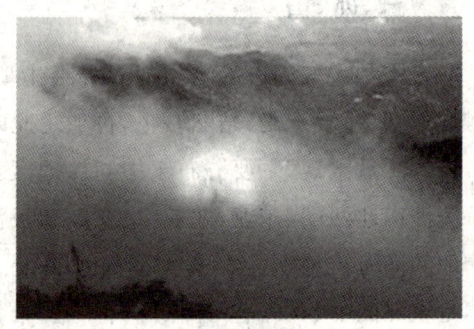

佛光

小时至1小时。而云雾的流动,促使佛光改变位置;阳光的强弱,使佛光时有时无。佛光彩环的大小则同水滴雾珠的大小有关:水滴越小,环越大;反之,环越小。峨嵋山摄身岩就是一个得天独厚的观赏场所。19世纪初,科学界便把这种难得的自然现象命名为峨嵋宝光。在金顶的摄身岩前,这种自然现象并非十分难得。据统计,平均五天左右就有可能出现一次便于观赏佛光的天气条件,其时间一般在午后3:00—4:00之间。除峨嵋宝光外,泰山岱顶碧霞祠一带,也经常出现佛光,当地人称为碧霞宝光。

七、康乐型气候

康乐型气候指能使人感到舒适、有利于开展旅游活动的气候条件。人体感觉舒适的气候条件,一般指气温在10℃～22℃之间。研究表明,气候的舒适程度是温度、湿度、风速、日照等气象要素的综合效应通过人体感觉的反映。按照康乐型气候功能的不同,可分为休养性康乐气候旅游资源和活动性康乐气候旅游资源。

(一)休养性康乐气候旅游资源

中低纬度湿润与半湿润地区,特别是海滨、海岛和一定海拔高度以内的山地、高原以及部分湖泊、河流、森林公园地区,气候宜人,适合休闲疗养,如海南三亚,云南昆明,消夏避暑的北戴河、大连、青岛等。

◆ 专家笔谈 6.2

休养性康乐气候旅游资源

休养性康乐度假旅游特别趋向于追求舒适宜人、有益健康的气象气候条件。研究表明,一般来说,气温为 18℃~23℃,相对湿度为 65%~85%,空气比较洁净、透明,日照中含有一定的紫外线,每立方厘米空气中含有负离子 1 000~1 500 个,气压为 $1×10^4$ Pa 上下,风速 2 米/秒左右,人就感到比较舒适。气候的舒适程度,是气温、湿度、气压、风速、日照等气象要素作用于人体的综合效应。气温是人体最敏感的气象要素,而不同的湿度和风速条件下,人对同一气温的冷热感受却不一样,如湿热和湿冷都比干热、干冷更难耐。具有舒适感或相对舒适感的康乐气候旅游资源可以是常年性的,也可以是季节性的。宜人气候主要分布于中低纬度湿润与半湿润地区,特别是海滨、海岛和一定海拔高度以内的山地、高原以及部分湖泊与河流地区。

资料来源:罗兹柏,张述林. 中国旅游地理[M]. 天津:南开大学出版社,2000.

(二)活动性康乐气候旅游资源

东北地区是我国最适宜开展冰雪旅游的地区,其中哈尔滨和齐齐哈尔的"冰雪节"中外著名,它与加拿大的魁北克、日本的札幌并称为世界三大著名的以冰雪雕刻艺术为主的冬季旅游胜地。

◆ 案例驿站 6.2

第 24 届中国·哈尔滨国际冰雪节开幕

本届冰雪节由国家旅游局、黑龙江省人民政府、哈尔滨市人民政府联合主办,以"冰雪奥运"为主题,以冰雪情诠释奥运文化。开幕式文艺晚会与中央电视台二套节目开展的"倾国倾城——最值得向世界介绍的中国名城大型电视活动"合作,向世界展示冰城盛况。享誉中外的哈尔滨冰雪大世界以"冰雪世界、奥运梦想"为主题,设置了北京代表性建筑前门、天安门、世纪坛、奥运标志物等众多冰景、雪塑。第 20 届太阳岛雪雕博览会以"风情法兰西·相约哈尔滨"为主题,体现浓郁的法国风情。总用雪量达12万立方米,总用冰量1万立方米,均创雪博会历史之最。

据了解,本届冰雪节将历时两个多月,围绕冰雪艺术、冰雪体育、冰雪文化、冰雪经贸、冰雪旅游等五大活动板块,将举办冰雪节开幕式系列活动、第9届冰雪大世界、第20届太阳岛雪博会、第34届冰灯游园会、第24届冰雪节冰上婚礼、第24届冰雪节经济贸易洽谈会等100多项活动。同时,有关部门还重点推出了哈尔滨冰雪风光游、金源文化游、欧陆风情游、俄罗斯边境旅游、滑雪旅游等特色旅游线路,让中外游客尽情领略北国风光。

哈尔滨市具有悠久的冰雪文化历史,哈尔滨国际冰雪节不仅是中国最具影响力的十大节庆活动之一,还与日本札幌的雪节、加拿大魁北克的冬令节、挪威奥斯陆的冰雪节并称世界四大闻名冰雪节。

案例来源:中国广播网　http://www.cnr.cn

第四节　天象、气候、气象与旅游

气象气候是自然环境的重要组成部分,它的变化将直接或间接影响人类的生活和生产,也影响到人们的旅游活动。气象气候与旅游的关系主要表现在以下几方面。

一、有利影响

(一)有助于季节性旅游和差异性旅游

季节的不同使得同一地区所表现出来的自然和人文景观不同。我国北方四季分明,不同季节具有不同的天气和气象,也造就了北方"春华""秋实""夏荣""冬枯"的四季旅游资源。

我国地大物博,幅员辽阔,各地气候不同,差异性旅游得以繁荣。旅游者往往有求新、求异的旅游动机,希望观赏和体验本地所没有的景致和旅游活动。例如,由于难以体验"千里冰封,万里雪飘"的壮观景色,大量南方游客在冬季到北方观赏冰雪景色,体验冰雪运动的快乐;北方人们习惯了冬季的银装素裹,因而向往繁花似锦、暖意融融的南国风光。

天象、气候气象对季节性旅游和差异性旅游的影响,最终会影响旅游流的时空分布,造成自然旅游资源的游览观光内容和旅游活动项目的地域性与旅游业淡旺季的变化节律。

(二)有助于育景

良好的、适合景区环境的气候气象条件,会给旅游景区增光添彩,提高其知名度和可游性。例如,海滨城市拥有蔚蓝的海水、金黄松软的沙滩、和煦的阳光,如果再有良好气象气候条件,将会成为人们避暑、疗养的胜地,如我国的青岛、烟台、北戴河等景区。

二、不利影响

影响游客的满意度。人们外出游玩,都有一定的旅游目的,通过实现这个目的达到最大的满足。但是气象气候的变化是多变并难以控制的,可能会在一定程度上影响游玩项目的满意度。例如,观看云雾景需要空气湿润、气温适度,如果当天气温较高、水汽不充足,那么云雾景将不出现或者是很淡,达不到最佳的观看效果,从而影响游客的满意度。

◆ **专题笔谈6.3**

旅游气候研究进展与启示

无论是国外还是国内,旅游气候研究的中心议题都是紧密围绕着"气候是旅游发展的因子"展开的,气候在旅游发展中的重要作用在学界已被充分认识:气候是地理空间的组成要素之一,是各种自然资源的形成背景,特殊的气象景观和优良的气候条件往往是旅游区重要的吸引物,也即气候是构景、育景的基础。正是基于此原因,气候调查和分析应视作旅游规划的前提之一。

国内外学者在研究旅游气候时多是站在旅游地的立场,研究旅游地的气候状态及其对旅游发展和旅游者选择行为的影响,较少从旅游客源地角度分析客源地气候条件对旅游者出游及目的地选择的影响。通过对旅行社业务人员的访谈,笔者了解到旅游者是否出行受到居住地气候的影响,如在气候比较寒冷的冬季,旅游者对出游兴趣不浓,即使是前往舒适的海南岛或者是四季如春的昆明。因此,对于气候的研究还应该着手于客源地地区,探索客源地气候变化对旅游者行为的作用;客源地与目的地气候差异对旅游者活动的影响规律,为旅游营销提供理论依据。

国外学者提出:气候与旅游研究中,最有意义的是旅游产业如何适应变化着的气候条件。当前气候最为明显的变化趋势是全球气候变暖,因而全球气候变暖对旅游业的影响以及旅游业在此背景下应做出何种调整也是旅游气候未来研究的问题之一。

资料来源:丁雨莲,陆林.旅游气候研究进展与启示[J].人文地理,2008(5):7-11.

◆ 本章小结

1. **本章结语**

本章主要介绍了天象与气候气象旅游资源的基本概念,天象与气候气象旅游资源的特点以及天象与气候气象与旅游的关系。通过学习天象与气候气象旅游资源的主要的类型及其特点,理解其形成的原理,并通过案例分析对天象与气候气象旅游资源的开发有深入理解。

2. **本章知识结构图**

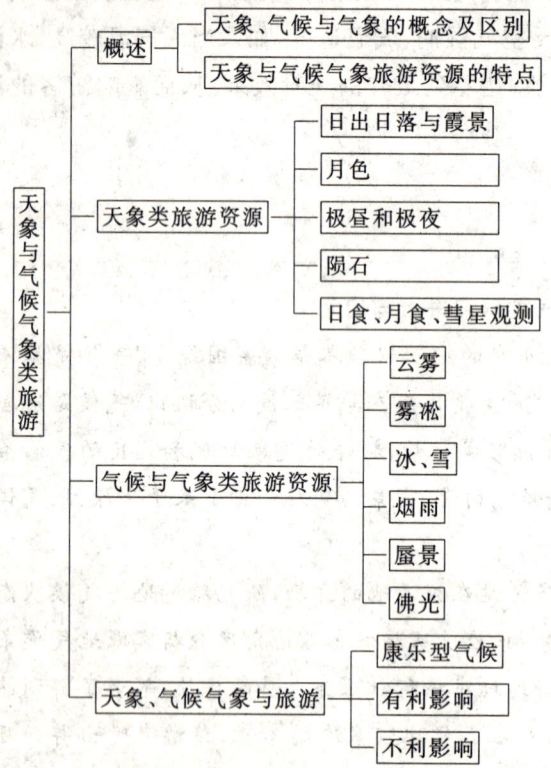

3. **本章核心概念**

气象　气候　天象　康乐型气候

◆ 延伸阅读

旅行社望"食"兴叹 山东应重新认识天文旅游

本次日全食吸引了全世界的目光,武汉、合肥、铜陵、苏州、杭州、嘉兴、绍兴、上海……这些城市一时游客云集,当地的旅行社在短短一月内赚了个盆满钵满。但是,同样关注这一天文奇观的山东省各旅行社,却绝大多数遗憾地与这一"商机"失之交臂。旅游业内人士表示,面对业已形成的"天文气象经济圈",旅游行业应该重新认识。

济南国信旅行社运营总监张晓国介绍,在国外,早就有专门经营天文旅游的公司。在我国,随着酒泉、西昌等卫星发射基地屡屡上演夺目的"演出",固定的天文"发烧友"群体已经出现。而在中国最北端的黑龙江漠河,观看极光的游人每年定期云集于此。反观山东省内,目前不仅专门从事天文气象旅游的公司尚无一家,"天文旅游"甚至对很多干了十几年旅游的人士来说还是一头雾水。面对机遇,旅行社望"食"兴叹也就可以理解了。

"一是天文现象专业性较强,旅行社从业者缺乏专业知识储备;另一方面,天象奇观发生时,人员短时间内迅速集中,对当地的接待能力形成巨大挑战,也给旅行社操作增加了难度。此外,旅行社本身对天文现象带动旅游的认识不足,信息收集不及时,导致反应慢半拍。"张晓国分析说,"这次长江流域日全食奇观,给各地的旅行社都'上了一课',旅游业是该好好研究一下天文气象旅游了。"

资料来源:齐鲁晚报

◆ 讨论与思考

1. 天象与气候、气象旅游资源有何特点?
2. 天象与气候、气象旅游资源有哪些类型?
3. 你所在的省(区、市)有哪些著名的天象与气候、气象旅游资源?
4. 通过小组形式展开讨论,写出一旅游景区(景点)的天象与气候、气象旅游资源,并分析该天象与气候、气象旅游资源对景区(景点)的影响。

第七章

综合自然景观

学习目标

知识要点：了解自然保护区、森林公园和地质公园的发展历程；理解各类型综合自然景观基本概念、设立条件、管理方式及分类体系；掌握各类综合自然景观旅游资源特征及旅游开发策略。

技能训练：以某一综合自然景观为例，掌握其旅游开发功能分区以及线路设计的原则及技术；了解其开发创意的技术路线及方法。

能力拓展：应用所学理论，通过小组形式讨论某一综合自然景观旅游开发中的核心问题，并做一份案例研究报告。

引 例

喀纳斯综合自然景观保护区

喀纳斯综合自然景观保护区位于新疆最北部阿尔泰山南坡，布尔津与哈巴河两县境内，是哈萨克斯坦、俄罗斯、蒙古和中国四国接壤的黄金地带。喀纳斯，蒙语为"富庶美丽、神秘莫测"之意，主要保护对象为寒温带针阔叶混交林生态系和自然景观。它是中国唯一的北冰洋水系流域区，也是唯一的古北界欧洲西伯利亚动植物分布区，是新疆针叶林树种和野生动物种类最多、

喀纳斯湖

人类影响最小、原始状态保存最完整的地区。以喀纳斯湖为中心，周围山体保存有众多古冰川遗迹，现代冰川374条。山地植被垂直分异明显，为多种动植物创造了复杂的生境条件。有各种植物近1 000种，昆虫300余种，鱼类8种，两栖及爬行类7种，鸟类100

多种，兽类 34 种。

2003 年喀纳斯景区被命名为"国家地质公园""国家森林公园""中国第八大摄影家创作基地""新疆十佳风景区之首"，2004 年 7 月被录入《世界遗产地名录》，2005 年入选"中国最美的五大湖泊""中国最美的六个古镇古村"和"中国西部十佳景区"。2006 年 4 月喀纳斯荣获"中国最值得外国人去的 50 个地方"金奖。2006 年 7 月 5 日喀纳斯景区入选首批《中国国家自然遗产、国家自然与文化双遗产预备名录》，现为国家"5A"级旅游景区。

然而伴随着旅游业的发展，保护区内自然资源和景观遭到破坏、环境污染严重、生态系统失衡、民俗旅游资源破坏、没有充分考虑当地居民利益等问题不断涌现，实现喀纳斯保护区可持续发展刻不容缓！

案例引发的问题：自然保护区如何做到保护与开发的和谐？

资料来源：喀纳斯景区管理委员会 http://www.kns.gov.cn

第一节 概　述

在可持续发展理念主导的今天，对那些尚保存自然原有性又具有地史、物种、生态或美学价值的特殊区域，我们通过确立国家公园、自然保护区及世界自然遗产地等途径予以保护。这些旅游资源类型涵盖面较广、空间规模较大，由多个联系紧密的要素和景点共同构成，具有较强的综合性，因而难以简单归入某一旅游资源类型。然而，在旅游资源开发利用、管理与保护上又要求相对一致性、统一性和整体性，继而形成了一个区域性的整体性组合景观资源系统，即综合自然景观。

一、综合自然景观的概念与特征

(一) 概念

关于综合自然景观，许多学者都进行了深入探讨。陈兴中等把综合自然景观称为"自然旅游景观资源系统"，认为"其是指未受到人类破坏、保持自然的原真性、完整性的区域，且具有一定景色、景象，有特殊的形态结构和生态多样性的自然景观区"。马耀峰等认为"综合自然景观是指具有一定规模、特殊保护利用价值和显著的整体自然景观特征，在管理目标、开发方式、利用方向方面具有相对一致性的自然景观综合体"。

(二) 特征

把握综合自然景观的特征，既要把握其具有普遍性的地带特征，更要把握造成具有个性的内力因素(即非地带的主要因素)而形成的或地质结构、或地貌结构、或水文结构、或生态结构的景观特征。作为区域性的整体性组合景观资源系统,综合自然景观的特征体现在以下三个方面。

1. 空间系统

综合自然景观是一个有一定疆界、占有一定面积和体量的区域系统或空间系统,该系统由地、水、生、气四大基本要素组成,每个要素又组成次级系统。其组成结构在区内具有明显的一致性或同一性,与区外有明显的差异性。

2. 时间系统

综合自然景观是地球演化历史系统的一部分,它代表正在发生中的地质演变过程,或发生中的水文过程及生物演化过程,或是稀有而变化的自然现象与景致。总之,它是发展变化的,是地球演化的一个历史阶段中的现象。

3. 自然综合体

综合自然景观的各自然组成要素是一个有机整体,它们之间相互作用、相互联系、缺一不可,是一个完整的自然综合体。它的这一特点,又叫做综合自然景观的整体性。

二、综合自然景观的分类及意义

(一)分类

综合自然景观是由多种自然景观构成的一个区域性的整体性组合景观资源系统,主要是指那些尚未被人类开垦、利用或破坏,保持或基本保持自然原始风貌,有优美环境的区域。主要包括自然保护区、地质公园、森林公园、风景名胜区、世界自然遗产等类型。

(二)意义

无论是马耀峰、陈兴中等学者的研究,还是新颁布的《旅游资源分类、调查与评价》(GB/T18972—2003)国家标准,都对综合型旅游资源单体的区分进行了深入探索,使得旅游资源单体区分更加符合实际情况,为今后的旅游资源开发工作起到了较好的指导作用。其深远的意义,主要体现在以下两个方面:

1. 自身综合性特质

自然景观要素复杂多样,包括地质、地貌、气候、水文、土壤、植被、动植物等方面,它们相互依存、相互作用,共同构成具有综合特征和整体结构的自然景观实体。从旅游审美的角度看,景观要素往往相互联系、共同作用,给游客形成综合印象。自然景观的这种综合性特质为旅游资源综合开发利用提供了理论基础。

2. 旅游开发实践需要

旅游资源可以分为"独立型"和"综合型"旅游资源单体，前者如河川、山峰、庙宇等，后者包括自然保护区、地质公园、森林公园、风景名胜区等。对于自然保护区、森林公园等"综合型"旅游资源单体，如果分割开来进行旅游开发，势必会影响整体景观特色及旅游价值且在规划、管理、保护上也难以操作，往往破坏旅游资源的相对一致性、统一性和整体性。

三、综合自然景观的旅游功能及赏析

综合自然景观以其独特的性质，对游客有较强的吸引力，同时也对现代旅游业的发展产生了深远的影响。

（一）生态功能

综合自然景观的存在依赖于一定的生态环境，如果生态环境受到破坏，这些旅游资源就会发生重大的变化，失去其原来的旅游吸引力和旅游价值。目前，人们所看到的综合自然景观都或多或少地保留了其原有的环境特征。例如，在森林公园在旅游资源开发过程中，总体的规划思路是尽量保留该森林资源原有的生态环境，经过这种设计思路所形成的森林公园就具有净化空气、自然防疫（1公顷桧柏林每天能分泌出30千克杀菌素，可杀死白喉、结核、痢疾等病菌）、制造氧气、调节气候、涵养水源、保持水土和消除噪声等生态功能。

（二）科普功能

综合自然景观都蕴藏着或体现着生物科学、环境科学、生态学、地理科学和历史学等学科方面的知识，旅游者在欣赏这类旅游资源景观的同时，可以学习相关的科学知识。例如，游客游览地质公园时，通过地质遗址的标示和文字宣传，可以获得地质科学方面的知识；在自然保护区，游客可以认识珍稀野生动植物，通过标识牌和导游讲解了解生物学方面的知识。

（三）娱乐功能

有些综合自然景观具有"稀""奇"的特征，能满足旅游者求新、求奇的旅游需求。除供旅游者观赏、游览、休闲外，许多综合自然景观景区已经开发出一系列的可供游客亲身体验的娱乐项目，如森林公园中开发的攀岩、登云梯等休闲体验运动项目，野生动物园中开发的与动物亲密接触的娱乐活动等。一些地质博物馆通过3D影院，可视化地还原地质时期的基本景象，让参观者观看不同地质时期的基本面貌，了解史前的史实场面，给人一种身临其境的感觉。

第二节 自然保护区

一、自然保护区概述

自然保护区是人类生存的生态屏障,也是恢复重建退化生态系统的天然参照物。这些自然保护区具有涵养水源、保持水土、调节气候、防风固沙、改善环境的重要作用。建立自然保护区是保护自然环境和自然资源、维护生态平衡和生物多样性的重要手段。

(一)自然保护区定义

在国际上,对自然保护区的概念没有完全一致的表述,各国对自然保护区概念的理解有广义和狭义两种。广义上的自然保护区是指受法律特殊保护的各种自然保护区域的总称,包括狭义的自然保护区、国家公园、风景游览区、资源保护区、自然遗迹地、禁猎区等各种保护区域。而狭义上的自然保护区,又称为严格的自然保护区,是指与国家自然公园、风景名胜区、历史文化遗迹相区别,基本上以自然保护和科学研究为目的而划定的自然区域。1994年世界自然和自然资源保护联盟(IUCN)为自然保护区下了一个明确的定义:"保护区主要是致力于生物多样性、自然和有关文化资源的管护,并通过法律或其他有效的手段来管理的陆地或海域。"这一概念囊括了几乎所有类型的保护区和保护地。

我国关于自然保护区的定义多从狭义的角度界定,基本内涵相同或相近。1994年10月国务院发布的《中华人民共和国自然保护区条例》中指出,自然保护区是指"对有代表性的自然生态系统,珍稀濒危野生动植物物种的天然集中分布区和有特殊意义的自然遗址等保护对象所在的陆地水体或海域,依法划出一定面积予以特殊保护的管理区域",包括具有代表性、典型性和稀有性的森林、草原、水域、湿地、荒漠等各种生态系统类型、珍稀濒危野生动植物的天然分布区以及自然历史遗迹等。其主要功能是保护生态环境和生物多样性,保证生物遗传资源和景观资源能够可持续利用,为科学研究、科普宣传、生态旅游提供基地。由此可见,我国的自然保护区是由国家划定的,国家对自然保护区有所有权,划建的目的是为了保护自然资源和自然环境。

(二)自然保护区发展历程

1. 国际自然保护区发展概况

为了保护自然界罕见的自然景观以及面临灭绝的动植物,美国于1864年开始设立保护区,并在1872年建立了世界上第一个国家公园——黄石公园,标志着近代自然保护区建设事业的开始。至第二次世界大战前夕,世界各大洲都建立了自然保护区以保护典型的生态系统和独特的自然景观。

目前,自然保护区占国土面积的百分比已成为衡量一个国家自然保护事业发展水平、科学文化水平的重要标志。世界上发达国家自然保护区的面积一般占国土面积的5%~10%;其中,德国24.6%,瑞士18.2%,英国18.9%,日本12.3%,澳大利亚10.6%,新西兰10.7%,美国10.5%。20世纪50年代以后,发展中国家也开始积极发展自然保护区;博茨瓦纳的自然保护区面积占其国土面积的17.6%,泰国占12.6%,斯里兰卡占11.9%,智利占18.1%,委内瑞拉占30.2%,厄瓜多尔更是高达39.3%。

20世纪80年代以来,世界保护区事业在世界保护联盟的推动下获得了空前的发展。据世界自然保护监测中心统计,现在全球225个国家和地区已建立了保护区30 361处,总面积达1 324万平方千米,占地球表面积的8.84%。目前,自然保护区的数量和面积仍在不断增加,同时其功能也在发生变化。保护区已成为促进人与自然协调、建设持续社会的基本单元。保护区不仅对保护生物多样性起重要作用,而且通过提供环境效益保证工农业安全生产、促进可更新资源的持续利用和发展生态旅游,使各地在环境保护、社会发展和经济建设上获得了巨大利益。

2. 我国自然保护区发展概况

和国外相比,我国自然保护区起步较晚,并经历了坎坷的发展历程。1956年,我国林业部制订了第一个关于自然保护区建设的法规性文件——《关于天然森林禁伐区(自然保护区)划定草案》,同年广东肇庆建立我国第一个自然保护区——鼎湖山自然保护区。1979年,中国科学院、国家发展计划委员会等8个单位联合下发《关于加强自然保护区管理、区划和科学考察工作的通知》,标志着我国自然保护区开始全面、规范和科学地发展。1978年我国参与联合国教科文组织的人与生物圈计划,1980年加入世界保护联盟。1994年国务院讨论通过《中华人民共和国自然保护区条例》,并于同年10月发布,12月1日起实施。此后,《中国自然保护纲要》(1994)、《中国自然保护区发展规划纲要》(1997)、《国家级自然保护区总体规划大纲》(2002)等制度的制定,标志着我国对自然保护区的建设管理走上法制化的道路。

截止到2008年底,我国大陆共建立自然保护区2 538个,面积14 894.3万公顷,占国土面积的15.1%;国家级自然保护区303个,面积9 120.6万公顷,自然保护区在国际上影响日益扩大。全国已有达赉湖、长白山、五大连池、卧龙、亚丁、鼎湖山、梵净山、神农架、武夷山、博格达峰、锡林郭勒、赛罕乌拉、盐城、西双版纳、天目山、茂兰、丰林、九寨沟、南麂列岛、山口、黄龙、高黎贡山、白水江、宝天曼等28处自然保护区加入了联合国教科文组织"世界人与生物圈保护区网络";内蒙古达赉湖、鄂尔多斯遗鸥,辽宁大连斑海豹,吉林向海、黑龙江扎龙、三江、兴凯湖、洪河,江苏盐城、大丰麋鹿,上海崇明东滩,江西鄱阳湖,湖南东洞庭湖、南洞庭湖、西洞庭湖,广东惠东港口海龟、湛江红树林,广西山口红树林,海南东寨港,青海青海湖和香港特别行政区米埔等33处自然保护区被列入"国际重要湿地名录";张家界、九寨沟、黄龙和高黎贡山等20多处自然保护区进入"世界自然遗产名录"。

二、自然保护区的设立与管理

(一)设立条件

据《中华人民共和国自然保护区条例》规定,凡有下列条件之一的应设立自然保护区:

(1)典型的自然地理区域,有代表性的自然生态系统区域以及已经遭受破坏但经保护能够恢复的同类自然生态系统区域。

(2)珍稀、濒危野生动植物物种的天然分布区域。

(3)具有特殊保护价值的海域、海岸、岛屿、湿地、内陆水域、森林、草原和荒漠。

(4)具有重大科学价值的地质构造,著名溶洞、化石分布区,冰川、火山、温泉等自然遗产。

(5)经国务院或省、自治区、直辖市人民政府批准,需要予以特殊保护的其他自然区域。

(二)保护区的管理

中国自然保护区实行综合管理和分部门管理相结合的管理体制。国家级自然保护区由所在地省级政府有关部门或国务院有关部门管理,地方级自然保护区由所在地县级以上人民政府有关部门管理,并应在区内设立专门管理机构,配备专业技术人员,负责具体管理工作。国家环境保护部门负责全国自然保护区的综合管理;林业、农业、地矿、水利和海洋等部门在各自的范围内,主管有关的自然保护区。县级以上地方人民政府负责自然保护区管理部门的设置和职责,由省、自治区、直辖市人民政府根据当地具体情况确定。一切单位和个人都有保护自然保护区内自然环境和自然资源的义务,并有权对破坏、侵占自然保护区的单位和个人进行检举、控告。

三、自然保护区的分类

由于自然保护区涉及的领域较广,自然保护区的分类比较复杂,可以按保护对象、保护性质、管理系统等分别进行分类。由于分类的依据、出发点及目的不同,分类方案较多,至今尚未建立适合各国的统一界分标准,本书精选以下两种代表性分类标准。

(一)世界自然和自然资源保护联盟(IUCN)的分类(1994)

1. **严格的自然保护区和公共莽原区**(Strict Nature Reserve/Wilderness Area)

由政府划定为科研、教育、环境监测等建立的保护区。此类保护区内物种的种群和生态系统必须在最大限度上得到维持而不受到干扰。

2. **国家公园**(National Park)

由政府划定的范围较大的风景和自然景观区,其使用价值包括科研、教学、旅游度假等内容。

3. **国家历史遗迹和文物地**(National Monuments/Landmarks)

是范围比较小的保护区,设立这样的保护区是为了保护生物、地质或文化等某一方面的特殊性价值。

4. **栖息地和物种管护区**(Habitat/Species Management Area)

与严格的自然保护区相似,但是为了维持群落的特征,某些人为的操作是允许的或者仅允许某些受控的采伐。

5. **陆地和海洋景观保护区**(Protected Landscape/Seascape)

陆地和海洋景观保护区容许当地居民对环境的非破坏性传统利用,特别是当地在环境的利用方面已经形成了当地的文化、民族和生态特色。这些地区在旅游和休闲度假方面拥有特殊的机遇。

6. **管理资源保护区**(Managed Resource Protected Area)

是为了保护自然资源以利于将来的开发,这些地区自然资源的利用根据国家政策予以控制。

(二)适合中国国情的3类9型分类(1993)

1. **自然生态系统类自然保护区**

指以具有一定代表性、典型性和完整性的生物群落和非生物环境共同组成的生态系统作为保护对象的一类自然保护区,包括以下5个类型:森林生态系统类型、草原与草甸生态系统类型、荒漠生态系统类型、内陆湿地和水域生态系统类型、海洋和海岸生态系统类型。

2. **野生生物类自然保护区**

指以野生生物物种,尤其是珍稀濒危物种种群及其自然生境为保护对象的一类自然保护区，包括2个类型：野生动物类型、野生植物类型。

3. 自然遗迹类自然保护区

指以具有特殊意义的地质遗迹和古生物遗迹等作为主要保护对象的一类自然保护区，包括2个类型：地质遗迹类型、古生物遗迹类型。

四、自然保护区的旅游开发利用

（一）自然保护区旅游资源特征

1. 风景资源丰富，自然色彩浓郁

我国的自然保护区基本上汇集了全国的动植物、山水、地质剖面、历史遗迹等风景资源的精华。国家公布的保护动植物及风景名胜大都分布在保护区内。保护区内有各种珍稀动物及珍贵树种，各类森林景观及地带性、垂直性分布，各种奇异地貌以及山水奇观。更重要的是，自然保护区除森林公园保护区外，风景资源是未经人工雕琢的朴素的自然风景资源，自然色彩浓郁。

2. 景色丰富多彩，极具有开发价值

自然保护区是旅游资源中一颗璀璨的明珠。它融合了从古代到现代，从寒温带到亚热带、热带，从自然形成到人工雕琢，从地貌气象到风土人情以及各种林相及珍稀动物所形成的各种各样的风景资源，极具旅游开发价值。因此，在不破坏自然保护区环境的条件下，可以划定一定地域，有限制地开展旅游业。这样，既可以满足旅游者的需求，又可以为保护区增加经济收入，促进保护区的建设和发展。

3. 科学研究基地，教育意义重大

自然保护区是科学研究的天然实验室。首先，自然保护区保存有完整的生态系统、丰富的物种、生物群落及赖以生存的环境，为进行各种有关生态学研究、珍稀物种研究提供了良好的基地。其次，保护区是向群众，特别是广大青少年进行自然保护教育的天然大课堂。

4. 生态系统比较脆弱

作为保护生态系统、生物物种、生物多样性的自然保护区，特别把珍稀、濒危野生动植物的天然集中分布区放在设立保护区首条，可见其脆弱性之严重。一个生态要素的破坏会引起其他要素的连锁反应，一旦破坏超出自我调节限度，生态系统失衡，就会损害整个保护区系统。

◆ **案例驿站 7.1**

山东昆嵛山国家级自然保护区

昆嵛山国家级自然保护区位于山东省牟平、文登两区市,是以中国赤松为主要保护对象的森林生态类型自然保护区。它以烟台市昆嵛山林场为主体,总面积 1.5 万公顷。保护区内有野生高等植物 1 073 种,还有野生动物 1 161 种。有分布于中国最北界的刺杉、最南界的赤松,也拥有山东省最大的世界树木活化石——水杉。有国家一级、二级保

昆嵛山国家级自然保护区

护植物 14 种之多,被誉为"胶东植物王国"。它是中国为数不多的在经济发达地建立的森林生态系统类型的自然保护区,是烟台市的绿色资源和重要水源地,是山东省第一个森林生态类型的国家级自然保护区。昆嵛山,横亘烟台、威海两地。主峰泰礴顶,海拔 923 米,为半岛东部最高峰。方圆百里,巍峨耸立,万仞钻天,峰峦绵延,林深谷幽,古木参天,多有清泉飞瀑,遍布文物古迹。神话传说中的蓬莱、瀛州、方丈三座海上仙山都是从这里衍生出来的。北魏史学家崔鸿在《十六国春秋》里称昆嵛山为"海上诸山之祖"。它是闻名全国的道教名山、全真教的发祥地,也是革命老区。

昆嵛山主要景点有昆嵛山国家森林公园、中国青少年科技教育基地、中国农业旅游示范点等,已开辟森林观光、森林健身、森林浴、矿泉浴、康复度假、科普修学、攀岩探险等旅游项目。

案例来源:百度百科 http://baike.baidu.com

(二)自然保护区的开发原则

1. 保护第一和适当利用原则

保护资源与适当利用资源两者之间是辩证统一的关系,保护是利用的前提,利用是保护的目的。在保护的前提下,划出一定区域开展旅游,将获得的效益用于保护,会大大促进保护区的发展,进入"保护——开发——增值——保护"的良性发展道路。那种一草一木不能动、"建而不管、管而不灵"的消极保护思想,会造成资金投入缺乏,使保护工作缺乏生气,使资源处于萎缩状态。

2. 以生态学为准则

自然保护区内开展旅游要在维护生态平衡的条件下进行。在自然保护区内，各生态要素相互依存、相互制约和相互作用，进行着物质循环和能量转化，其中某一要素发生变化，就会引起系统内其他要素发生连锁反应。一旦自动调节能力和代偿功能超过其限度，生态系统就会失去平衡，从而导致旅游环境恶化、旅游吸引力降低，影响旅游业的发展。因此，在保护区内发展旅游业必须以生态学为准则，科学地保护、开发和利用，建立一个和谐高效的物质、能量传输与转换的生态系统。

3. 以生态旅游为主

生态旅游是当今深受旅游者喜爱的旅游项目之一。同其他旅游产品相比较，生态旅游具有景观的垄断性、活动的自然性、内容的文化性和教育性等特点。自然保护区内动植物景观和山水环境最适合开展生态旅游，游人置身其中，能亲近自然，感受大自然的陶冶，领略大自然的神奇，享受大自然的恩泽，获得丰富的科学文化知识，增强生态意识，促进环保事业的发展，同时使当地居民获得经济上的收益。因此，自然保护区的旅游开发应以生态旅游产品为主。

（三）自然保护区旅游合理开发利用模式

经过几十年的实践和探讨，自然保护的含义经历了从"绝对保护"到"合理管理"的变化过程。在保持自然生境的原始性、旅游环境承载力控制、依法开发和社区居民参与的原则下开展生态旅游，能为当地居民增加收入，改变他们的生存与发展方式，从而有效地阻止对保护区生态环境的破坏行为，是解决环境保护与当地发展这一矛盾的最佳途径。

1. 以生态学观点进行旅游开发

自然保护区中的任何一项工程建设，都必须以保护生态环境、有效利用资源为前提，以"因景制宜、适度利用"为原则，保护自然风光，突出特色，突出野趣。人工建筑要注意精、美、少，与自然风景融为一体，防止城市化；特别是在建设过程中，对保护区中的一山一石、一草一木都要精心保护，不得开山取石、乱砍滥伐滥捕。

2. 严格控制容量，维护旅游地带生态平衡

游人进入保护区，会排出废气废物、产生噪音，对环境构成污染。一旦旅游人数超过旅游容量的极限，超过净化能力，就会使已建立的生态平衡遭到破坏，降低旅游效果。因此，自然保护区在旅游旺季要利用价格、新闻发布会等手段，严格控制景区旅游人数，防止人满为患。同时，游人进入保护区前，要接受环保教育，提高环保意识，自觉地保护环境。

3. 实行游住分离，加强科学管理

游人住在保护区外，实验区只限游览。在一些重要保护地带开展博物馆式的游览，即在导游带领下限时间、限空间、限路线、限人数地组织游览，做到山下住、山上游，将游人活动对环境的影响降到最低限度。

保护区内旅游接待人员要有较高的知识素养和环保意识，在旅游服务中适时地向游人进行环保宣传，恪尽职守，做好各种保护工作。

第三节 森林公园

一、森林公园概述

由于工业化、城市化的迅速发展，城市人口剧烈膨胀，常年与大自然隔离的都市人，渴望返璞归真，到大自然中去呼吸新鲜空气，以求得心情的愉悦和身体的健康。森林公园的建立正是为人们提供了游览、观光、休闲、度假和环保教育的空间场所。森林旅游以其独有的资源优势，使人们在体验享受自然环境的美好同时从大自然中获得知识的启迪和情操的陶冶，唤起和培养人们热爱大森林、保护大自然、保护环境的意识和行为。

(一)森林公园定义

1969年，国际保护自然及自然资源联盟(IUCN)对森林公园的概念进行了界定，即"一个森林公园，是这样一片比较广大的区域：①它有一个或多个生态系统，通常没有或很少受到人类占据及开发的影响，这里的物种具有科学的、教育的或游憩的特定作用，或者这里存在着具有高度美学价值的自然景观；②在这里，国家最高管理机构一旦有可能，就采取措施，在整个范围内阻止或取缔人类的占据和开发并切实尊重这里的生态、地貌或美学实体，以此证明森林公园的设立；③到此观光须以游憩、教育及文化陶冶为目的，并得到批准"。

在我国，关于"森林公园"的概念，不同学者描述各异，但其实质是一致的，即以森林景观为背景，融合了自然与人文景观的旅游及教科文活动区域。1999年发布的《中国森林公园风景资源质量等级评定》国家标准，指出森林公园是"具有一定规模和质量的森林风景资源和环境条件，可以开展森林旅游，并按法定程序申报批准的森林地域"，明确了森林公园必须具备以下条件：第一，是具有一定面积和界线的区域范围；第二，以森林景观为背景或依托,是这一区域的特点;第三,该区域必须具有旅游开发价值,要有一定数量和质量的自然景观或人文景观,区域内可为人们提供游憩、健身、科学研究和文化教育等活动;第四,必须经由法定程序申报和批准。

(二)森林公园发展历程

1. 国际森林公园发展概况

美国是森林公园建设起步较早的国家。1872年,黄石国家公园的建立标志着最初的自然保护思想的胜利。此后,世界上大多数地区都设立了森林公园。20世纪50年代以后,世界森林公园已具备相当大的规模,特别是北半球更为迅速。在北美,森林公园从50个扩大到356个,数量扩大了7倍多;在欧洲,从25个扩大到379个,扩大了15倍多。根据IUCN的统计,至1993年,全球国家公园及类似保护区数量达到9 832处,总面积92 634万公顷,其中森林公园2 041处,面积37 678万公顷。

2. 我国森林公园发展概况

我国森林公园的起源,可以追溯到古代自然山水式皇家苑囿。到目前为止,我国森林公园的建设与发展大致经历了三大阶段。

①起步阶段(1982—1991年)

1982年,张家界国家森林公园的建立标志着现代我国森林旅游产业的正式起步。在这一阶段,森林公园建设尚处于摸索时期,影响力较小,人们对森林游憩功能的认识还很欠缺,发展速度缓慢。

②上升阶段(1992—1999年)

1992年,原林业部在大连召开全国森林公园及森林旅游工作会议,标志着现代中国森林旅游产业进入快速发展的上升阶段,由此全国掀起了森林公园建设高潮。当年全国就审批建立了141处国家森林公园,相当于前10年总和的4倍多。至20世纪末的9年内,全国共批建275处国家森林公园。

③成熟阶段(2000年至今)

我国国家森林公园的建设日趋成熟。截至2008年底,我国共建立各类森林公园2 277处,总经营面积达1 630万公顷,占全国林业用地面积5%以上。其中,国家级森林公园总数达709处,国家级森林旅游区1处,经营面积1 143万公顷。张家界、青城山、黄龙、泰山、武夷山、庐山等6处国家森林公园和自然保护区被列为世界遗产。据统计,2008年全国森林公园旅游接待人数达到2.74亿人次,共带动社会综合旅游收入1 400多亿元。目前,森林公园的数量、经营面积还在不断增加之中。

二、森林公园的设立与管理

(一)森林公园的设立

根据森林公园管理办法,森林公园的设立条件和审批程序分三级开展。

1. 国家级森林公园

该类森林公园,森林景观特别优美,人文景物比较集中,观赏、科学、文化价值高,地理位置特殊,具有一定的区域代表性,旅游服务设施齐全,有较高的知名度。由省级林业主管部门提出书面申请、可行性研究报告和图表、照片等资料,报送国家林业局审批。

2. 省级森林公园

该类森林公园,森林景观优美,人文景物相对集中,观赏、科学、文化价值较高,在本行政区内具有代表性,具备必要的旅游服务设施,有一定的知名度。由相应的省级林业主管部门审批,并将批准的省级森林公园有关材料报送国家林业局备案。

3. 市县级森林公园

该类森林公园,森林景观有特色,景点景物有一定的观赏、科学、文化价值,在当地知名度较高。由相应的省级林业主管部门审批,并将批准的市县级森林公园有关材料报送国家林业局备案。

(二)森林公园的管理

根据森林公园管理办法,森林公园的主管部门是林业部门。国家林业局主管全国森林公园工作,县级以上地方人民政府林业主管部门主管本行政区域内的森林公园工作。国家林业局和各省(自治区、直辖市)林业主管部门专门成立森林公园与森林旅游管理机构。一些市、县由地方领导挂帅,林业部门牵头,成立森林公园开发领导建设机构。

三、森林公园的分类

我国各种森林公园多以地貌、森林为基础,可以依据不同的标准划分为不同类型。

(一)以地貌为标准的分类

陈戈(2003)根据地貌将森林公园划分为以下 10 种类型,这种分类方法较为常见,能够反映森林公园中的典型景观。

1. 山岳型森林公园

以奇峰怪石等山体景观为主的森林公园,如湖南张家界、山东泰山、安徽黄山、陕西太白国家森林公园等。

2. 江湖型森林公园

以江河、湖泊等水体景观为主的森林公园,如浙江千岛湖、河南南湾国家森林公园等。

3. 海岸—岛屿型森林公园

以海岸、岛屿风光为主的森林公园,如山东鲁南海滨、福建平潭海岛、河北秦皇岛海滨国家森林公园等。

4. 沙漠型森林公园

以沙地、沙漠景观为主的森林公园,如甘肃阳关沙漠、陕西定边沙地国家森林公园等。

5. 火山型森林公园

以火山遗迹为主的森林公园,如黑龙江火山口、内蒙古阿尔山国家森林公园等。

6. 冰川型森林公园

以冰川景观为特色的森林公园,如四川海螺沟国家森林公园等。

7. 洞穴型森林公园

以溶洞或岩洞型景观为特色的森林公园,如江西灵岩洞、浙江双龙洞国家森林公园等。

8. 草原型森林公园

以草原景观为主的森林公园,如河北木兰围场、内蒙古黄岗梁国家森林公园等。

9. 瀑布型森林公园

以瀑布风光为特色的森林公园,如福建旗山国家森林公园等。

10. 温泉型森林公园

以温泉为特色的森林公园,如广西龙胜温泉、海南蓝洋温泉国家森林公园等。

(二)以主体资源类型分类

根据森林公园的主体旅游资源,可将森林公园分为下列5类:

1. 山地森林公园

如山西五台县五台山国家森林公园、吉林集安县五女峰国家森林公园等。

2. 风景型森林公园

如湖南大庸市的张家界国家森林公园(黄山松、珙桐)、贵州黔西县的百里杜鹃国家森林公园(杜鹃)等。

3. 海滨海岛型森林公园

如辽宁大连市的长岛群岛国家森林公园、山东威海市的刘公岛国家森林公园等。

4. 河湖型森林公园

如浙江建德富春江国家森林公园、江西鄱阳湖口国家森林公园等。

5. 以人文为特色的森林公园

如以道教为特色的陕西周至县楼观台国家森林公园。

四、森林公园的旅游开发利用

对森林公园进行旅游开发,就是以良好的森林自然生态环境为主体,利用森林生物的多样性、多功能,经科学保护和适度开发,为旅游者提供游览、休闲、度假、保健疗养、文化娱乐和科学教育等旅游服务。

(一)森林公园旅游资源特征

1. 景观丰富性

森林公园旅游资源丰富,自然景观占绝大优势,尤以优美的森林风景资源为主,兼有人文景观,包括热带雨林景观、温带落叶阔叶林景观、亚热带季风常绿阔叶林景观、温带针叶林景观及红树林、竹海、松林等。

2. 地域性与地带性

地域性是指我国森林公园分布广泛,但是分布极不平衡。地带性是指森林公园物种表现的地带分布规律,如黑龙江伊春市五营国家森林公园的寒带针叶林、云南腾冲的来凤山国家森林公园的热带雨林以及山区的垂直森林景观。

3. 动态性

森林资源具有动态发展的特性,每年的森林景观都发生着不同的变化,森林旅游资源的开发状态、种类和品位也相应发生着变化,一年内的不同时段景观也有不同。

4. 和谐性和综合性

各种自然要素在长期相互依存、相互制约的发展过程中形成了森林公园的和谐完整性,使森林公园包含各类自然旅游资源,具有各种自然美和人文美。

5. 开发利用的永续性和易损性

森林公园的空间广阔,植被的自我调节和恢复能力较强,旅游项目多,如果开发利用合理,森林公园的旅游资源可长期反复使用。但这种永续性是在适度开发和合理保护的前提下,一旦破坏很难恢复。因此,森林公园的合理开发和科学管理十分重要。

◆ **案例驿站 7.2**

山东蒙山国家森林公园

蒙山,古称东蒙、东山,位于山东省蒙阴县(因处蒙山之阴而得名,西汉置县)南部,东西雄列,绵延百里,总面积1 125平方千米,主峰海拔1 156米,为山东省第二高山,素称亚岱。蒙山国家森林公园自然资源丰富,森林覆盖率98%,有"百里林海,天然课堂"之称。公园空气中负离子含量为每立方厘米854 167个,居全国之首,最早被专家誉为"天然氧吧"、"超洁净地区",成为绿色健身、休闲度假的旅游胜地。公园奇峰耸立,层峦叠嶂,浩博深遽,气势雄浑,自古有"七十二峰"、"九十九峪"、"三十六洞天"之胜景,尤以巍峨峻秀的山岳景观和原

蒙山国家森林公园

始森林风貌为世人称颂;公园现已开发六大景区八大景观180余个景点,移步换景,四季景色变幻:春季林海花潮,夏季飞瀑流水,秋季红叶映照,冬季玉琢冰雕。秀丽的自然风光,绚烂的人文古迹,丰饶的物产资源是沂蒙好风光的典型代表,是体验沂蒙风情、亲近山水自然、走进绿色森林、享受天然氧吧的美妙绝伦之境。

案例来源:山东旅游资讯网 http://www.sdta.cn/lys/jingqu.jsp? ID=173

(二)森林公园旅游开发的原则

森林公园开发规划要坚持以保护为前提,以生态环境为主体,突出野趣和保健功能的原则。森林公园开发首先要以生态经济理论为指导。以保护为前提,遵循开发与保护相结合的原则;其次,森林公园应以森林生态环境为主体,突出自然野趣和保健的多种功能,因地制宜,发挥自身优势,形成独特风格和地方特色。同时,在规划时还要注意统一布局、统筹安排,做好宏观控制。在建设项目具体实施上应突出重点、先易后难,可视条件分步实施、滚动发展。

(三)森林公园的旅游开发策略

1. 选择能够突出森林景观的旅游项目

森林公园的背景资源——森林不适宜集中性承载大规模量的游客。森林公园的旅游活动项目需依据森林展开,如野营、探险、狩猎、滑雪、漂流及森林浴等都是能给游人带来大尺度空间感受的旅游项目。

2. 选择能够突出森林功能的旅游项目

森林具有很多功能,其中对人类身体有直接益处的功能主要有杀菌、减低噪音、绿色心理效应等。在对森林资源进行保护、培育等规划的基础上,通过对旅游方式、线路的合理安排,充分发挥森林的这些生态特点,使森林公园的功能得到提升。

3. 重视旅游项目规划的生态经济学意义

森林资源是面状的,在遵循景观生态和生态伦理学的前提下,完全可以打破原始状态进行重新规划。通过合理的景点以及旅游路线的规划,使森林公园旅游项目的经济效果和生态保护协调统一起来,避免盲目的景点堆砌或将现成的景观单纯地通过线路规划联系起来,追求眼前利益,而打破了经济利益与生态保护之间的平衡。

4. 重视植物景观规划的森林美学意义

力求森林公园给游客带来多方位的旅游美学体验,既有视觉的、疗养性的,更注重刺激性、挑战性为主的参与性活动,把游客的听觉、触觉、味觉、嗅觉、视觉全面调动起来,通过增加森林趣味性、刺激性,激发生理上的美感、舒适感和快感。

5. 强调对森林文化的构建和体现

深入发掘地域性的森林景观特点,普及生物常识,通过增加旅游过程的知识性来提高游客对森林的认知度。

第四节 地质公园

一、地质公园概述

地质遗迹是指在地球演化的漫长地质历史时期,在各种内、外动力地质作用下,形成、发展并遗留下来的珍贵的、不可再生的地质自然遗产。地质公园的建立,是对地质遗迹资源保护利用最有效的方法之一。地质公园的建立,不仅可开发地学旅游新产品,拓宽地学旅游市场,满足游客日益增长的求知需求,还可以加强对地学知识的科普宣传教育,促进地质遗迹的管理和保护。

(一)地质公园的定义

地质公园是联合国教科文组织在开发"地质公园计划"可行性研究中创立的新名词。地质公园被认为是一个有明确的边界线并且面积足够大,可为当地经济发展服务的地质遗迹(或遗迹群)地区,由一系列具有特殊科学意义、稀有性和美学价值,能够代表某一地区的地质历史、地质事件和地质作用的地质遗址(不论其规模大小)或者拼合成一体的多个地质遗址所组成。它不仅具有地质学意义,还具有考古、生态、历史或文化价值。

在我国普遍采用国土资源部的定义:地质公园是以具有特殊的科学意义,稀有的自然属性,优雅的美学观赏价值,具有一定的规模和分布范围的地质遗迹景观为主体;融合自然景观和人文景观并具有生态、历史和文化价值;以地质遗迹保护,支持当地经济、文化、教育和环境的可持续发展为宗旨;为人们提供具有较高科学品位的观光游览、度假休闲、保健疗养、科学教育、文化娱乐的场所,同时也是地质遗迹景观和生态环境的重点保护区,地质研究与普及的基地。

地质公园包括"地质"的内容和"公园"的特征两个方面。所谓"地质"指它含有地质遗迹的内容,有科学研究的价值和特殊地质意义保护的价值,这也是它区别于其他类公园的显著特征。所谓"公园"是指通过以公园的方式进行保护、管理和经营,使之成为保护地质遗迹和开展科学研究的基地,成为大众科学普及和学生实习的基地,成为区域经济发展的新支撑点。

(二)地质公园的发展历程

1. 国际地质公园发展概况

1989年,国际地质科学联合会(IUGS)成立地质遗产工作组,开始地质遗产登录工作。1992年,在法国召开地质遗迹保护讨论会,发表地质遗产权利宣言。1996年,联合国教科文组织地学部正式提出建立世界地质公园以有效保护地质遗迹。2001年6月,联合国教科文组织执行局决议推进地质遗迹全国全球网络建设。2003年,联合国教科文组织地学部正式颁发了世界地质公园网络指南,世界地质公园推荐工作正式启动。2004年2月,在巴黎联合国教科文组织总部评选出了第一批25个世界地质公园,其中欧洲17个、中国8个。截至目前,联合国教科文组织支持的世界地质公园网络(GGN)共有64个成员,分布在全球19个国家。全球共有70处世界地质公园,其中亚洲27处,欧洲35处,大洋洲7处,南美洲1处。

2. 我国地质公园发展概况

1987年,我国地矿部下发《关于建立地质自然保护区规定(试行)的通知》中,把地质公园作为保护区的一种方式提出。1995年该部又下发《地质遗迹保护管理规定》。1999年11月,国土资源部通过了十年地质遗迹保护规划,同时决定建立国家地质公园,并于2000年成立了国家地质公园领导小组和国家地质公园专家评审委员会。2001年(11处)和2002年(33处)共公布了44个国家地质公园。目前我国已拥有22处世界地质公园,约占全球总数的1/3;已批准建立国家地质公园138处、省级地质公园159处,是世界地质公园数量最多、增长最快的国家。此外,现有国家级地质遗迹保护区(规划区)67处,省级 162 处,市县级 96 处。

二、地质公园的设立与管理

地质公园遵循严格的提名和推荐标准。世界地质公园(UNESCO Geopark)必须由联合国教科文组织批准和颁发证书,提名准则包括 8 条:

(1)须包含多个地质遗迹或合并成一体的多个地质遗迹实体,它们必须具有特殊科学意义、稀有性和优美性,能代表一个地区及该区的地质历史、事件或演化过程;

(2)必须为所在地区的社会经济可持续发展服务。例如,在考虑环境的情况下,开辟新的收入来源,刺激地方企业、小商业、乡村别墅业的兴建,创造新的就业机会,为当地居民增加收入,吸引私人资金;

(3)在国家法律或法规框架内,为保护主要的地质景观作出贡献。公园管理机构须采取充分措施,保证有效地保护园内的地质遗迹,必要时提供资金进行现场维修;

(4)须制定大众化的环境教育计划和科学研究计划,确定好教育目标、活动内容及后勤支持;

(5)须提供下述内容的详细管理规划:a.地质公园本身的全球对比分析;b.地质公园属地特征分析;c.当地经济发展潜力分析;

(6)做好园区内各类机构、团体的协调安排。它涉及行政管理机构、地方各阶层、私人利益集团、公园设计、科研和教育机构、地区经济发展计划和开发活动。促进协商,鼓励不同集团间建立合作伙伴关系,鼓励与全球网络中的其他地质公园建立密切联系;

(7)当提名某区作为世界地质公园时,须进行适当的宣传并加以推动,还须定期向联合国报告最新进展与发展情况;

(8)如申报地与世界遗产或人与生物圈相同或相重叠,应在提交推荐书前,获得有关机构的许可。

国家地质公园:必须由所在国中央政府(目前中国由国土资源部代表中央政府)批准和颁发证书。我国地质公园评审采用计分制:自然属性(60)、可保护属性(20)、保护管理基础(20)。拟申报国家地质公园的,由公园所在地县(市、区)人民政府提出申请;跨县(市、区)的由同属市(地、州)人民政府提出申请;跨市(地、州)的由同属省(区、市)人民政府提出申请;跨省(区、市)的由相关省(区、市)人民政府共同提出申请。省(区、市)国土资源行政主管部门负责对本辖区拟申报国家地质公园的单位进行初审,确定推荐名单并按照规定向国土资源部报送申报材料。

省级地质公园:由省级政府(目前我国由省级国土资源厅代表)批准和颁发证书。

县(市)级地质公园:必须由县(市)级政府批准和颁发证书。

目前我国地质公园主要由国土资源部和各级国土资源主管部门进行管理。国土资源行政主管部门在环境保护主管部门协助下,对全国地质遗迹保护实施监督管理。各级国土资源行政主管部门,在同级环境保护主管部门协助下,对本辖区地质遗迹保护实施监督管理。

三、地质公园的分类

中国国家地质公园计划要建成一个完整的地质公园体系,该体系由一系列等级有序、内容各异、大小有别、分布合理的地质公园组成。根据不同要求,划分成如下类型。

(一)按等级划分

根据批准政府机构的级别,由高到低可以分为四个等级:世界质公园(UNESCO Geopark)、国家地质公园(National Geopark)、省级地质公园(State Geopark)、县(市)级地质公园(County Geopark)。

(二)按地质地貌景观资源类型分类

地质地貌景观是一种重要的自然资源,也是十分重要的旅游资源,更是地质公园的主要景观内容。按景观类型划分地质公园,能抓住地质公园的特色。

目前,我国国家地质公园分类普遍采用的是按园区主要地质遗迹类型分类。国土资源部地质环境司把地质景观分为7个大类:①典型地质剖面,②古生物景观,③地质地貌景观,④水体景观,⑤地质灾害遗迹景观,⑥地质工程景观,⑦典型矿床及采矿遗址景观。大类下面又分出40个小类。

四、地质公园的旅游开发利用

(一)地质公园旅游资源特征

1. 不可再生性和绝对不可移置性

地质公园的主体旅游资源是大自然在长期演变中赐给人类的珍宝,负载着几亿到几十亿年的地球信息,一旦破坏绝对不可恢复;而且很多资源是偏在性的,它们本身作为当地天然的地理环境的一部分,绝对不可移置。

2. 综合性

地质公园旅游资源是以地质景观为骨架,与植被、水文、地貌、气候、人文资源等相互结合成的整体。

3. 独特性与稀有性

地质公园不仅在所属类型中比较典型,而且稀有性较高,甚至形成垄断性,不仅有重要的保护价值,而且对大众有强烈的吸引力。例如,我国四川安县国家地质公园是世界上仅有的晚三叠世深水硅质海绵生物礁;甘肃刘家峡恐龙国家地质公园恐龙化石种类之多、规模之大、类型之丰富、遗存之完整、清晰度之高,均属世界之最。

4. 时间性

各种地质遗迹都是在漫长的地质历史时期渐变或突变形成并保留至今,年代久远,记载着地球的历史,保留着时间的痕迹,可再现不同地质时期的环境特点。

5. 科考和教育功能突出

与其他综合自然景观类旅游资源相比,地质公园的科考和教育功能尤为突出。它寓教于学,是良好的科普教育基地和地球历史博物馆,也是科学考察的天然工作室。

(二)地质公园旅游开发的原则

(1)保护第一,开发第二,坚持保护地质遗迹与地方经济紧密结合。

(2)以地质遗迹景观为主体,兼顾其他配套旅游景观,不设置人造景观和大型的旅游服务设施,注意保护景观的原汁原味。

(3)地质公园旅游区范围要突出旅游资源的精华。

(4)在旅游项目开发中,要观光旅游、文化旅游与科普教育相结合,面向大众,服务大众。

(5)旅游开发注重环境效益、社会效益和经济效益的协调。

◆ **案例驿站 7.3**

山东泰山世界地质公园

泰山地质公园位于华北大平原东侧的山东省中部,面积 15 866 平方千米,地处我国东部大陆边缘构造活动带的西部,位于华北地台鲁西地块鲁中隆断区内,是华北地台的一个次级构造单元。泰山拥有丰富的地质遗迹资源,对于岩石学、地层学与古生物学、沉积学、构造学、地貌学以及地球历史等地质科学具有重要的科学研究价值。泰山岩群是华北地区最古老的地层,记录了自太古代以来近 30 亿年漫长而复杂的演化历史。泰山是当前国际地学早前寒武纪、新构造运动地质研究前缘热点和焦点的经典地区和知名地区,是探索地球早期历史奥秘的天然实验室。

泰山世界地质公园

> 泰山是中国传统名山的典型代表,作为山岳风景名胜区,具有突出的美学和科学价值。它体现了中华民族关于天地人和谐发展的哲学、美学和科学思想,是历史上中华民族精神文化的缩影和象征,是一座历史悠久、千古不衰、具有特殊历史地位的名山。泰山1982年被列入国家重点风景名胜区,1987年被正式列入世界自然文化遗产目录,2006年被批准列入世界地质公园网络,成为全人类独一无二的珍贵遗产。
>
> 案例来源:世界地质公园网络 http://www.globalgeopark.org

(三)地质公园旅游开发的可持续模式

生态旅游作为一种新型的旅游方式,其核心就是强调对生态旅游资源的保护,强调旅游发展不以牺牲生态环境为代价。因此,生态旅游所强调的保护和发展的理念和地质公园"在保护中开发,在开发中保护"的原则相一致。在地质公园实施生态旅游开发,既可保护生态环境,又可发展经济,是地质公园开发的重要方式。

1. 确定开发模式

生态旅游模式以保护自然生态环境和人文生态环境为前提,因此应选择控制性的开发模式,限制旅游业的发展规模,尽可能保持地质公园自然和文化生态系统的完整性。旅游资源的开发模式根据开发导向的不同而存在差异,在开发过程中实施环境监控,使开发控制在可持续发展的范围之内。

2. 开发功能分区

进行功能分区时,在统筹兼顾的基本思想指导下,首先要考虑地质公园内旅游资源的保护及旅游产品的构建,其次考虑交通及服务设施的便利性,再次考虑开发顺序的问题。由于地质公园和自然保护区内资源和环境不同,景区分区的具体做法和名称会有差别,但其核心内容大致相同。

3. 旅游产品类型

生态旅游资源是生态旅游产品开发的基础,只有将优质生态旅游资源建造成优质生态旅游产品,才能吸引生态旅游者。地质公园的开发必须以市场为导向,以生态旅游资源为基础,以科普教育、观光度假、特种旅游产品为依托,开发多种产品。地质公园的生态旅游产品主要有观光生态游、度假生态旅游、特种旅游(森林探险游、体育竞赛项目等)三类。

本章小结

1. 本章结语

本章主要阐述了综合自然景观旅游资源的概念和特征，自然保护区、森林公园和地质公园的基本含义、发展历程、设立条件、批准程序，并介绍了各类综合自然景观旅游开发中的基本策略、模式和注意事项，对不同类型的综合自然景观要区别对待、合理开发，做到永续利用。

2. 本章知识结构图

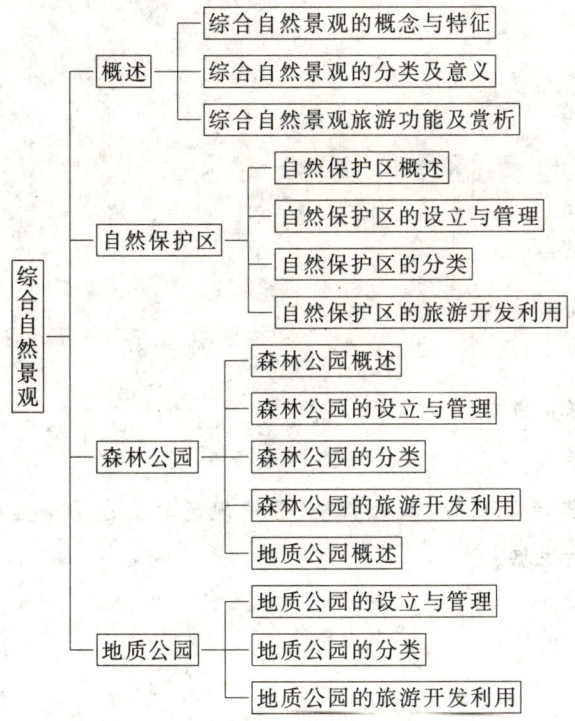

3. 本章核心概念

综合自然景观　自然保护区　森林公园　地质遗迹　地质公园

延伸阅读

我国自然保护区生态旅游存在问题分析

1. 我国自然保护区生态旅游存在问题

1.1 宏观决策管理层面

(1)法规制度不健全，缺乏国家层面的生态旅游战略。

(2)多头管理,行政主管与业务主管相分离。

(3)分部门管理,部门管理目标不一致。

1.2 保护区管理机构层面

(1)对生态旅游真正含义缺乏认识和理解。

(2)生态旅游缺乏科学的总体规划。

(3)生态旅游管理不规范。

(4)缺乏高素质专业管理人员。

1.3 保护区与社区关系层面

(1)缺乏有效的社区参与机制。

(2)权益分配不均,冲突日益明显。

1.4 保护区与游客关系层面

(1)科普宣教功能未能充分发挥。

(2)缺乏对游客行为的限制和管理。

1.5 保护区与经营者关系层面

(1)保护与经营的关系不顺。

(2)旅游经营收益不能转化为保护成本。

1.6 保护区与生态环境关系层面

仅停留在简单的观测层面,凭借经验判断,缺乏长期、系统规范的生态影响监测手段,无法为生态旅游的有效管理提供依据。

2. 可持续发展对策与建议

1.1 健全法规,理顺管理体制

1.2 提高认识,重视规划与管理

1.3 关注社区,探索有效的社区参与机制

1.4 加强宣教,关注游客行为的管理

1.5 明确职责,保护与经营相分离

1.6 加强监测,量化生态旅游带来的环境影响

案例来源:刘青,王智,钱谊等.我国自然保护区生态旅游存在问题分析.生态与农村环境学报,2009,25(3):11-15.

◆ 本章推荐阅读

[1]郭士昌,姚春梅,林存来等.山东沂蒙山国家地质公园遗迹资源特点及保护[J].山东国土资源,2009,25(8):57—62.

[2]马艳平,徐国伟,马诚超.关于我国地质公园建设可持续发展的思考[J].合肥工业大学学报(社会科学版),2008,22(3):16—18.

[3]冯达,温业利.我国自然保护区管理研究综述[J].林业调查规划,2009,34(6):62—65.

[4]余晓青.森林公园生态旅游开发研究——以石狮市灵秀山森林公园为例[D].福建师范大学,2008.

◆ 讨论与思考

1. 如何判别和区分各类综合自然景观?
2. 试述各类综合自然景观间的关系。
3. 如何申报世界地质公园?其评选标准是什么?
4. 试述如何把握自然保护区开发与保护关系。
5. 森林公园如何做好资源保护工作?

第八章

历史古迹类旅游资源

学习目标

知识要点：了解人类文化发展的历史脉络、历史古迹的基本分类；理解历史古迹特点及其与旅游的关系；掌握各类历史古迹旅游资源内涵。

技能训练：选择某一类历史古迹资源，分析其旅游资源价值；以国家历史文化名城为基础，分析其历史古迹在城市旅游发展中的实际意义和价值。

能力拓展：以实际调查为基础，分析目前历史古迹资源在实际开发中出现了哪些问题，应该如何解决这些问题，历史古迹类资源旅游开发有何社会和文化意义。

引 例

灿烂悠久的山东历史文化

山东是人类的起源地之一，距今四五十万年前就有了古老的人。新石器时代以大汶口文化和龙山文化为基础形成东夷文化，北辛遗址、大汶口遗址和龙山遗址等都成为文化寻根的重要归宿。夏商的崛起均开始于山东，并多次定都山东的泰沂山系地区。西周成王时期分封齐、鲁于山东，东周时期齐鲁文化概念形成，齐国和鲁国故城揭示了东方诸侯国的兴衰。大思想家、大教育家、大政治家孔子开创了中国文化的新篇章，并留下了让世人竞相拜谒的孔庙、孔府和孔林。山东还因山、河、海而形成了自强不息的泰山文化、厚德载物的黄河文化、商业气息浓厚的运河文化、富有开拓精神的海洋文

孔子像

化。

案例引发的问题：山东省"文化圣地"之称的依据是什么？灿烂悠久的历史文化对山东旅游产品开发和旅游形象塑造有什么意义和价值？

资料来源：王松毅.山东旅游文化[M].济南：山东科学技术出版社，2009.

第一节　历史古迹与旅游

历史古迹是指人类过去活动所产生和创造并流传至今的物质文化遗存，被当代人发现的途径主要有三个：因自身功能价值（延续或转变）而一直被使用、埋藏于地下经考古发掘而被揭露、深藏于偏远地区经调查或探险而被发现。作为世界上唯一没有发生历史进程断层和文化发展破裂的国家，中国有着悠久的历史和灿烂的文化。同时，中国文化的强适应性、包容性和创造性造就了自身的强延续性和传承性，从而中国有较多的物质文化遗存得以在时间的湮没、战争、社会动荡等变动中保留下来。

一、历史古迹的特点

从资源性质上来讲，历史古迹属于文物的范畴，是我国文化遗产构成中物质文化遗产的主体。对于我国丰富的历史古迹，我们可以从时间、空间、形式、功能四个维度来认识和分析其特征。

1. 时间维度

以时间为轴，历史古迹呈现出贯穿人类历史发展整个过程的延续性。按历史的发展顺序，历史古迹一般分为史前、古代和近现代三个类型。其中，史前指夏代以前，包括旧石器时代（距今 10 000 年前）和新石器时代（距今 10 000 年至 4 000 年前后）两个阶段；古代指夏代到 1840 年，考古学研究一般将其划分为夏商周、秦汉、三国两晋南北朝、隋唐、宋元明清五个阶段；近现代指 1840 年到 1949 年。历史古迹的数量和完整性是时间变量的函数，即一般情况下时代越早保留下来的历史古迹越少，也越不完整。

2. 空间维度

以空间为面，历史古迹呈现出多样性和区域集中性的统一。多样性是指历史古迹分布的空间广泛性和所代表的文化类型的多样性；区域集中性的表现是已知的历史古迹在某些区域相对的丰富和集中。我国考古发现已经证明，不仅中原地区是文明的沃土，蛮、夷、戎、狄之地亦是文明的起源地。但是，受自然条件的差异、文化发展不平衡性等因素的影响,能够被保留下来的人类遗存往往集中在当时或其后延续的政治中心(如都城)所在地。加之考古工作的地区差异,现在我们所发现的历史古迹的区域集中性非常显著。长江流域和黄河流域是我国现存历史古迹最为集中的区域。这既表现在从史前到各朝代历史古迹的连续性,又表现在同一时期历史古迹以中心区域为基础的对外空间扩张性。

3. **形式维度**

历史古迹是人类所创造的物质形态文化,其存在形式具有多样性。按照现遗存相对地表的所处位置,历史古迹可分为地上、地下、地上地下结合(如明清皇陵)三类;按照现遗存完整程度,可分为整体(如完整的建筑)和局部(如建筑遗址)两类,要注意的是这里的整体是个相对的概念,因为严格来说现存的所有古迹都不是完整的;按照现遗存的组合状态,可分为组合(如建筑群、墓葬群)和单体(如古人类遗址、单独的佛塔)两类。

4. **功能维度**

历史古迹是长期以来人类改造自然、推动社会发展的实践活动的智慧结晶,承载着经济、社会、文化等多重功能。以其原本功能为标准,历史古迹主要包括生产性的水利工程、工业(如矿址)与手工业遗址(如窑址)、农业遗迹,生活性的村落或其遗址、城市或其遗址、民居,政治性的宫殿,礼仪性的墓葬、祭坛、坊、阙、表,军事性的长城、关隘,宗教性的寺庙、观庵、石窟,娱乐观赏性的园林。

二、历史古迹与旅游

历史古迹是文化的载体,是文化的展示主体。它记录着一个国家的历史,承载着一个民族的文化,给当代人提供了历史记忆、情感和精神空间。随着经济发展和社会进步,作为文化资源的历史古迹已经成为对旅游者具有极强吸引力的旅游资源,历史古迹在旅游业发展中的重要作用正在不断得到体现。

1. **历史古迹与旅游需求之间存在着强大的双向吸引力**

一方面,历史古迹能够对旅游者产生吸引力。不同旅游者的旅游动机是不同的,但是归根结底旅游者在旅游活动中追求的是与日常环境相对的异化环境。在这一点上,历史古迹首先因其形成时代的久远以及先前发展环境的差异,而与当代人的日常环境显著不同。具体来说,旅游者的异化动机主要表现为求新、求特、求知、求美、体验等,而历史古迹正具有能够实现这些动机的历史文化价值、艺术审美价值、科学技术价值。另一方面,旅游对历史古迹的吸引力也正在逐渐形成。目前,基于对历史古迹功能、保护模式创新等新观念的形成,历史古迹也正在以主动开发旅游的方式来找回尊严和回归社会。国家文物局 2006 年出台《"十一五"期间大遗址保护总体规划》,指出大遗址也是极具特色的旅游资源,并提出开发建设具有保护、旅游、休闲等综合功能的遗址公园。

2. 历史古迹是旅游发展的主要资源基础

历史古迹是人文旅游资源的主要部分,尤其是在我国历史古迹一直是旅游业发展的主要资源基础。实际上,我国较早发展起来的主要旅游目的地都是历史悠久、历史古迹丰富的城市。例如,北京依托的是周口店北京猿人遗址、故宫、长城等历史古迹,西安依托的是秦始皇陵兵马俑坑、古城以及汉代帝陵等,曲阜是以孔府、孔庙、孔林为主要资源基础的。依托历史古迹所开发的旅游产品属于文化旅游的范畴,这是长期以来我国国内和入境旅游者最主要的产品选择。2007 年国家评定的全国首批 5A 级景区中,有半数以上是以历史古迹为资源基础的。当然,并不是说所有的历史古迹都一定是旅游资源。严格意义上讲,历史古迹类旅游资源是历史古迹中具备可进入性、可开发性、有一定规模并经开发能够带来显著效益的那一部分。地处偏远、规模小、开发成本过高、受当前保护技术的限制、受法律法规或文化习俗等约束的那些历史古迹往往难以成为真正意义上的旅游资源。

3. 历史古迹是旅游形象的依托和旅游竞争力的核心

旅游形象是公众对一个国家或地区旅游产品的总体评价和印象,体现最易于被公众识别和感知的要素。作为物质形态的文化,历史古迹具有典型的直观性、形象性,很容易成为吸引公众并给公众留下深刻印象的对象,往往成为旅游形象的重要依托。旅游竞争力体现在多个层次,历史古迹能够在资源优势和产品特色等方面提升所在地区的市场竞争力。现实经济中具备不完全流动性、不可模仿性和不可替代性的资源是竞争优势的主要因素。从资源性质来看,历史古迹的流动性弱、差异化明显,具备典型的竞争优势。而且历史古迹具有鲜明的地域特色,能够被开发设计成多层次、多类型的特色旅游产品。

从历史古迹自身价值和旅游开发利用的角度,我们选取人类文化遗址、古代建筑、古代陵墓、名人遗迹、近现代史迹来重点介绍。

◆ **案例驿站 8.1**

大遗址保护西安共识

2008 年 10 月 21 日在西安召开的全国大遗址保护论坛形成的"西安共识",对以大遗址为代表的历史古迹资源的价值、保护与旅游开发之间的关系等问题进行了全面的阐释。其内容如下:

一、大遗址是不可再生的文化资源,是城市文化景观的核心要素,是城市可持续发展的资本和动力。大遗址保护对建设城市文化,彰显城市特色,保持文化多样性,守望中华民族共有精神家园具有重大意义。

二、科学编制保护规划,将其纳入城乡发展规划,是优化城市空间格局、合理配置资源、妥善处理城市建设与大遗址保护关系的必由之路。

三、坚持政府主导与公众参与相结合,坚持整体保护、不断创新,积极探索保护和利用新模式,是开创大遗址保护新局面的重要保证。

四、深入挖掘大遗址内涵和价值,充分发挥其社会效益,促进旅游等相关产业的理性发展,为区域经济提供新的增长点,是大遗址保护成为城市发展积极力量的有效途径。

五、以人为本,因地制宜,加强环境整治,改善城乡生态,创造美好的人居环境,提高城市生活品质,让全社会共享保护成果,是大遗址保护的出发点和根本落脚点。

案例来源:中国文物报

第二节 人类文化遗址

人类文化遗址是过去人类活动的场所,由人类活动的遗迹、遗物、环境及其存在空间构成。一般将史前遗址称为古人类遗址,历史时期遗址称为社会历史文化遗址。人类文化遗址是当时人类个体和群体生产、生活等的发生空间,主要包括聚落遗址、城址、生产遗址、祭祀遗址、军事遗址、交通遗址等。人类文化遗址是这些活动场所随着时间流逝和社会变迁而被抛弃、破坏所形成的,大都不完整且被深埋地下。但是,文化遗址给当代人类提供了过去某个时代的最为真实的资料,是旅游者追忆历史、认同文化、追求真实、审美观赏等的真实对象。

一、早期聚落遗址

早期聚落遗址的主要形式有洞穴、村落、生活居址。从考古发现来看,旧石器时代人类的居住地主要是天然洞穴,而且一般在河流附近。我国已经发现的旧石器时代聚落遗址相当丰富,分布在华北、华东、华南、西南、华中、西北、东北的多个地区。旧石器时代人类主要从事采集和渔猎活动,主要工具是打制石器。代表性的遗址有旧石器早期的云南元谋人遗址(170万年前)、陕西蓝田人遗址(100万~50万年前)、北京猿人遗址(70万~

20万年前),旧石器时代中期的陕西大荔人遗址(10万年前)、山西丁村人遗址(21万~16万年前)、广东马坝人遗址(13万年前),旧石器时代晚期的山西峙峪遗址(2.8万年前)、北京山顶洞人遗址(1.8万年前)。

新石器时代是中国历史上的氏族社会时期,早期(10 000~7 500年前)和中期(7 500~5 000年前)为母系氏族社会,晚期(5 000~4 000年前)进入到父系氏族社会。随着农业、畜牧业的出现和氏族社会的确立,聚落规模不断扩大并发展成为相对稳定的生活、生产、礼仪、军事等活动中心。目前我国已经发现的新石器时代聚落遗址特别丰富,主要集中在黄河流域、长江流域、辽河流域以及华南地区。新石器时代的标志是农业和畜牧业的出现,随之磨制石器不断精细、手工业(特别是制陶业)快速发展。生产方式的变革带来了人类经济的发展、氏族独立性的增强,也不断推动着人类思想意识的发展。宗教、审美、礼仪、文字、阶级等观念在新石器时代逐步形成,并最终推动人类社会发展到阶级社会。新石器时代聚落多为聚族而居,内部划分为不同的小分区(分属不同的氏族分支)。聚落通常与墓地一起,聚落外周常常有防御性的壕沟;房屋属于不同的家庭,面积10~20平方米不等,形状多为圆形、椭圆形、方形,建筑结构北方为半地穴式和地基式,南方主要为干栏式。我国具有代表性的新石器时代聚落遗址有早期的江西仙人洞遗址、后李文化遗址,中期的裴李岗文化遗址、北辛文化遗址、河姆渡文化遗址、仰韶文化遗址、大汶口文化早期遗址、大溪文化遗址、马家浜文化遗址,晚期的大汶口文化晚期遗址、马家窑文化遗址、屈家岭文化遗址、龙山文化遗址、崧泽文化遗址、良渚文化遗址。

二、城市遗址

新石器时代晚期,各氏族的中心聚落逐渐发展成为集政治、经济、文化等功能为一体的城市。目前山东、河南、山西、陕西、湖北、浙江等地已经发现多处新石器时代晚期的城址。其中,山西陶寺、浙江良渚、湖北石家河、山东两城镇等城址规模在100万平方米以上。除日照两城镇城址外,山东还发现有济南城子崖、聊城景阳冈、茌平教场铺、邹平丁公等十多处龙山文化时期城址。位于济南龙山镇的城子崖城址是龙山文化最初发现并赖以命名的地点,是我国最早发现的新石器时代晚期城址。该城址平面近似于方形,东、南、西三面城垣较为平直规整,北侧则随地势而弯曲外凸;城东西宽455米,南北最长540米,面积20余万平方米;城墙为夯土堆筑而成,墙外侧比较陡直,内侧比较平缓,南、北两墙中部各发现一城门。

夏商西周时期城市规模更大,城市功能进一步强化。夏代城址主要发现于河南中西部和山西南部,其中河南偃师二里头遗址是目前唯一能够确定的夏代都城(斟鄩)。目前考古发现的商代城址较多,商代前期规模较大的城址有河南偃师商城、郑州商城、湖北黄陂盘龙城、四川三星堆古都城等,商代后期的城址以河南安阳发现的两处最为典型。近年来,在陕西、山东、河南、湖北、湖南等发现多处西周城址。夏商西周时期城市规模大者达到20~30平方千米,内部多划分为宫殿区、祭祀区(宗庙区)、王陵区、手工业区、平民居住区和墓葬区,不少城市已有宫城、内城、外城之分。新近发现的高青西周城址,是山东省发现的第一座西周城址,时代为西周早中期。城址近方形,总面积4万平方米,周围有城墙和环壕;东、西、北面城墙保存较好,仅在南墙中部有一个城门。

春秋战国时期,城市发展的特点是列国城市兴起和城市普遍设防,而且城市内部布局更加紧凑,结构更加合理。列国城市中都城最具有代表性,现发现的有河南洛阳东周王城、山西侯马晋国故城、山东临淄齐国故城、曲阜鲁国故城、陕西秦雍都、湖北省宜城市楚国故城等。2009年,齐国故城、鲁国故城被列为我国"十一五"100处大遗址保护规划项目之中。根据规划,两地将建设成为集保护、展示、研究功能于一体、惠及当地社区及所有公众的遗址公园。

秦汉及以后,城市规模不断扩大,而且呈现出多中心化和多类型化。除都城外,沿海和沿河逐步兴起码头城市,各地的中心城市也迅速发展。特别是从唐代开始,南方的扬州、福州、广州、泉州、杭州等城市迅速发展,成为当时的经济中心。现存城址主要有西汉长安城、东汉至北魏洛阳城、六朝武昌城(今湖北鄂州)、六朝古都南京、隋唐扬州城、唐长安城、宋东京城(今开封)、元大都(今北京)、明清北京城。位于山东省章丘市的东平陵故城,是我国地面城垣残存比较完整的汉代郡国都城遗址。该城始自春秋,兴于两汉,汉代为济南郡、济南国治所。城址为正方形,城内分为宫殿区、手工业区、居住区等。东平陵城是当时山东地区的冶铁中心,城址西部已发现面积达4万平方米的冶铁遗址。

三、生产遗址

生产遗址是人类从事农业、工业、手工业等生产活动的遗存。现存的史前生产遗存主要有石器和陶器及其制造场所、农作物窖藏。夏代以后,工业和手工业快速发展。当时城市中都普遍都设有作坊区,专门从事陶器、青铜器、玉器等的加工制作。夏商西周时期,工业、手工业的代表是制铜业。当时铜主要产于南方,现存铜矿遗址集中在湖北、江西、安徽等地,其中江西铜岭和湖北铜绿山铜矿遗址具有较强的代表性。春秋战国到秦汉时期,我国的水利灌溉技术、冶铁业、制铜业、盐业、漆器制造、纺织业等取得显著进步,代表性的遗址有郑国渠和灵渠遗址、山东临淄齐故城冶铁作坊、山西侯马铸铜遗址、山东寿光双王城盐业遗址等。

东汉后期在浙江绍兴等地开始出现青瓷器,到宋代制瓷业成为手工业的代表。精美的瓷器成为中国文化的重要元素,众多的窑址是制瓷业发展和繁荣的再现。现存的魏晋南北朝时期窑址主要在南方的浙江、江苏、福建等地,其中浙江上虞、宁波等地最为集中。隋唐时期制瓷业呈现出"南青北白"的格局,现存的南方青瓷窑址主要有浙江越窑、湖南长沙窑、景德镇五代窑等,现存的北方白瓷窑址有河北临城与内丘的邢窑、河南巩县窑、陕西耀州窑等。两宋时期是中国制瓷业最为繁荣的时期,五大名窑(定、汝、官、哥、钧)以及浙江龙泉窑、江西景德镇窑、河北磁州窑也成为中国制瓷业的历史见证。现已经发现的元明清时期的水利工程、各种矿址、手工业、农业生产、交通运输等遗址特别多,表明当时我国生产力水平取得了迅速提高。

四、祭祀遗址

《左传》曰,"国之大事,唯祀与戎",可见祭祀在古人生活中地位是相当重要的。祭祀遗址是过去人们祭祀天地、神灵、祖先等的场所,主要有祭坛、神庙和宗庙遗址。

祭坛出现于新石器时代晚期,浙江余杭瑶山遗址和辽宁牛河梁遗址等均保存有祭坛遗迹。最近山东昌乐新发现了龙山文化时期的大型祭坛遗址——石祖林。石祖林现存有大小不等的圆柱状石祖十多根,其中最完整者地面以上高约380厘米、直径约100厘米,其他残存者直径50~130厘米不等。商人重神,周人重祖,商周时期祭祀活动十分活跃。郑州商城发现有专门的祭祀区,前面提到的高青西周早中期城址中发现有5.5~6米的圆形夯土祭坛。其他时期的祭坛遗址在我国也多有发现,如黑龙江北斗七星祭坛(汉魏时期)和南京钟山祭坛(六朝)等遗址。

神庙最早发现于辽宁牛河梁遗址,该庙由一个南北狭长的多室建筑和其南方的一个单室建筑组成,发现有陶塑的女神头像等残骸。在我国神庙十分普遍,祭祀的对象包括自然神、动物神和人神,其中以人神或人格化的神最常见,如山神庙、海神庙、水神庙、城隍庙等。宗庙是祭祀祖先的专门建筑,殷墟商城遗址发现有专门的宗庙区,说明西周时期我国宗庙制度确立。西周时期天子七庙(祭祀始祖后稷和亲祖六代)、周王室宗庙主要集中在陕西周原、扶风一带。目前,我国已经发现的皇室宗庙(太庙)遗址有凤翔雍城秦宗庙、西汉阳陵宗庙、成吉思汗宗庙、明太庙、南宋太庙遗址等。

五、军事遗址

军事遗址包括古战场、山寨、长城残迹等。战争曾经推动了人类社会的进步,作为战争记载的古战场遗址成为人类追忆历史、思考未来的空间。现存的古战场有山东菏泽市齐魏桂陵之战（前353年）、山西高平长平之战（前260年）、安徽省灵璧垓下之战（前202年）、河南郑州官渡之战（200年）、湖北蒲圻赤壁之战（208年）等古战场遗址多处。山寨是防御性军事设施，多为石结构的封闭式建筑。目前已经发现的我国较早的山寨遗址有河北赤城西周山寨和抚宁战国山寨遗址，其他大部分山寨遗址属于明清时期。长城是我国古代重要的军事防御工程，春战国时期诸侯国就开始修筑长城。长城残迹主要是指战国长城、秦长城以及汉代长城残留部分。战国各大诸侯国长城均有遗存，其中齐长城保存较好。齐长城建于春秋战国时期，总长643.89千米。其西起长清，历经章丘、莱芜、泰安、淄博、沂水、安丘、诸城、胶南等地，东至黄岛入海。齐长城现存有遗址者占总长度的64.3%，城塞、城堡、关隘、烽火台、营房等均有遗存。秦国在燕赵长城的基础上修建了西起临洮、东至朝鲜半岛的万里长城；汉代在秦长城以外修建了向西延伸至罗布泊、总长达到两万多里的外长城。现存汉长城残迹集中在内蒙古、河北、甘肃境内。此外，有"世界最早军事高速路"之称的秦直道（修筑于前212～前210年）也是中国古代著名的军事工程。秦直道修建的目的是快速抵御和反击北方匈奴侵扰，从都城咸阳直通九原（内蒙古包头市西南），全长700多千米，现遗址主要在陕西和内蒙古等地。

六、交通遗址

交通是人类拓展生存空间，实现对外经济、文化等交往的必要条件。我国现存的交通遗址主要有道路、河道、码头、驿站。商周时期，车已经成为陆路运输的主要工具。河南安阳市发现有一条宽约9米，中间为车马道，两侧为人行道的商代道路。

西周时期修建了连接都城镐京（今西安附近）和东都洛邑（今洛阳）的"周道"，而且"凡国野之道，十里有庐，庐有饮食；三十里有宿，宿有路室，路室有委；五十里有市，市名侯馆，侯馆有积"。战国时期秦国修建了自秦岭北麓到南麓的褒斜栈道（陕西太白县尚有多处栈道遗迹）；秦统一后，实行"车同轨"，并"为驰道于天下，东穷齐、燕，南极吴、楚，江湖之上，濒海之观毕至。道广五十步，三丈而树，厚筑其外，隐以金椎，树以青松"（《汉书·贾山传》）。汉代开始逐步打通的连接中国与欧洲的"丝绸之路"是中国古代交通的杰作，现有道路、驿站等遗存。以广东、福建沿海城市为起点的海上"丝绸之路"，也留下了古码头、船只等遗存。

◆ **案例驿站 8.2**

汶上考古遗址向公众开放

2008年5月7日下午，在考古专家的组织下，当地干部群众和学校师生共计千余人一起走进神秘的考古现场了解文物保护和考古知识。南旺分水枢纽工程及南旺分水龙王庙是京杭大运河沿线最重要的水利工程之一,今年3月省文物考古研究所等开始南旺运河遗址发掘工作。

7日下午3时左右,到场的南旺镇一中的学生和附近群众首先在宣讲员的引导下参观了文史资料展板,随后有秩序地沿着参观路线走进仍在发掘的考古现场,近距离观看刚刚发掘清理出来的分水龙王庙古建筑群建筑基址和南旺段古运河河道砖石修砌的堤岸。

汶上县南旺分水龙王庙考古发掘现场

目前,西方的一些考古工作者已经尝试通过公众性的考古活动,拉近专业考古与普通大众的距离,将文物考古知识传达给群众,推动文物保护和文物遗产保护的真正落实。考古工作者集中5天时间将考古现场向公众开放,是国内第一次在田野考古发掘现场由考古工作者主动性地策划、组织、开展的大规模公众考古学实践活动,填补了国内公众考古研究和实践领域的空白。

案例来源:齐鲁晚报

第三节 古代建筑

古代建筑是指目前尚存在于地表,古人为满足各方面需要而建立的具有特定功能的建筑物和建筑群。早在新石器时代,古人就开始修建房屋等建筑,并开始了我国木结构、夯土等建筑技术的探索。商周时期我国高台建筑发达,开始使用陶瓦。秦汉开始,斗拱、木构楼阁逐步取代高台建筑,庑殿、悬山、歇山、攒尖、囧顶等建筑形制形成,瓦当、砖、琉璃构件等大量使用,宗教建筑、园林建筑也相继出现。我国现存古代建筑主要有政治性建筑、礼仪性建筑、生产生活性建筑、观赏性建筑和宗教建筑(见第十章)等。

一、中国古代建筑的特点

中国古代建筑地域特色鲜明,与其他文明古国建筑有着明显的不同。中国古代建筑具有如下几个特点。

1. 独特的木结构形式

早在新石器时代的浙江河姆渡遗址、日照两城镇遗址中就曾经发现大量的建筑用木头遗迹,商周时期城址亦发现有较多木头。由于木材的大小、长短、粗细、形状都容易被加工和设计,我国古代建筑呈现出精美、巧妙的结构、形制和样式。斗拱是木结构构造最精巧和美观的形式,具有实用性和美感的绝妙组合。它是用纵横相叠的短木和斗形方木相叠而成的向外挑悬的结构,是由立柱和横梁间的过渡构件逐渐发展而成的上下层柱网之间或柱网和屋顶梁架之间的构造部分。

2. 科学的构架制原则

我国古代建筑承重与围护结构分工明确,因此能够做到"墙倒而屋不塌"。一般情况下,立柱和纵横梁枋组合成的各种形式的梁架负责建筑承重,墙壁则可以按需修砌和设置门窗。

3. 单体建筑标准化

单体建筑都是由阶基、屋身、屋顶三部分组成:下面是由砖石砌筑的阶基,承托着整座房屋;立在阶基上的是屋身,木制柱额作为骨架,间以门窗隔扇透气;屋顶为曲线形并有精巧的檐,覆以青灰瓦或琉璃瓦。

4. 建筑组群布局严谨

建筑组群主次分明、均衡对称,并重视纵向延伸、隔和连。我国古代建筑群一般在主轴线上建造主要建筑(如殿、堂),附属建筑在两侧左右对称;纵深布置多个庭院,并配置门、廊、墙等起隔断和联系作用。

5. 巧妙运用色彩装饰

一般指建筑油饰或彩画。或许是因为木结构建筑易坏,如裂口或生虫,古人很早就知道使用油漆来保持木头的硬度与防腐,顺便通过各种色彩来描画梁柱框架,美化兼实用,蓬荜增辉。

二、政治性建筑

政治性建筑是政治活动的中心场所,主要包括城镇、宫殿、府(县)衙、军事建筑等。城镇是当时国家或地方的政治中心,包括都城、地方城市和古镇。我国六大古都北京、西安、南京、洛阳、开封、杭州都现存有明清时期的城墙、城门以及城市生产生活设施遗迹等。这些城市历史悠久,已经都被列入国家级历史文化名城,也都已经成为中国优秀旅游城市和主要旅游目的地。地方城市如扬州古城、凤凰古城、平遥古城、丽江古城等已经成为知名的旅游目的地,另外很多地方还重建了古城(如曲阜明故城)。我国现存的古镇数量很多,主要分布在南方地区如江苏、安徽、福建、云南、贵州等省。南方古镇因优美的自然风光与特色的人文景观而成为重要的旅游目的地,现存的知名度较高的古镇有云南纳西、江苏同里、广西阳朔、浙江西塘、湖南凤凰古镇等。

宫殿是我国古代建筑最高水平的代表。早在商代宫殿就已经出现，大型商城遗址的中心位置都有专门的宫殿区。我国现存的宫殿建筑有北京故宫、沈阳故宫和西藏拉萨布达拉宫。其中北京故宫规模最大，是明清时期的皇宫。北京故宫始建于明永乐四年（1406 年），现保存完整，有太和殿、中和殿和保和殿三大殿。西藏拉萨布达拉宫是历世达赖喇嘛的冬宫，也是过去西藏地方统治者政教合一的统治中心。府（县）衙是古代各级地方官员处理政务的场所，我国现存府（县）衙多为明清时期遗存。其中，河北保定直隶总督署、河南南阳知府衙、江苏淮安府衙、河南内乡县衙、山西平遥县衙、江西浮梁县衙等现保存较为完整。

我国现存的军事建筑主要有明长城和关隘。明长城是由城墙、关、城堡、墙台和烟墩等组成的完整的军事防御工程。东起辽宁虎山，西至甘肃嘉峪关，总长度达到 8 800 多千米。关隘地处交通要道，其主要功能是军事防御、控制交通。我国古代著名的关隘有八大关（山海关、嘉峪关、武胜关、宁武关、居庸关、韶关、紫荆关、正阳关）、玉门关、雁门关、平型关、潼关等。

三、礼仪性建筑

礼仪性建筑是指古人祭祀、表彰、显示地位的庙、坛、牌坊、华表和阙等。庙是古代的祭祀场所，有宗庙、圣贤庙、神庙之分。宗庙又有祠堂、家庙、族庙之称。我国现存宗庙建筑以北京太庙、沈阳太庙和曲阜孔庙为代表。太庙为帝王家族的宗庙，北京太庙为明清皇室沿用，沈阳太庙为清迁都前所用；曲阜孔庙为孔氏家族宗庙，祭祀的是孔子及历代衍圣公。圣贤庙祭祀的是历史上有突出贡献的圣贤之人，分布在全国各地的文庙（孔庙）、关庙是其典型代表，另外还有周公庙、武侯祠、晋祠等。我国现存较多的神庙建筑有海神娘娘庙（如青岛、天津等地的天后宫）、山神庙（如岱庙）、水神庙（如山西洪洞水神庙）以及土地庙、城隍庙等。现存的祭坛建筑有西安的天坛（初建于隋而废弃于唐末）和北京的天坛、地坛、先农坛（明清时期）。其中，北京天坛包括圜丘坛和祈谷坛，是皇帝祭天祈谷之处；地坛是祭祀地祇的场所，先农坛是祭祀先农诸神及举行藉田典礼的场所。

牌坊、华表和阙是建于宫殿、宗庙或墓葬等门前的立式结构建筑（多为石质），其功能是表彰忠贤孝贞、显示功绩和地位。我国现存牌坊数量较多，主要为明清时期的。中国"古牌坊之乡"四川南关古镇现存有大小牌坊 17 座，其中 13 座由北向南一字排开；曲阜孔庙门前也有金声玉振坊、太和元气坊等。华表以北京天安门的两对华表和北京大学的一对华表为代表。这些华表高达十多米，柱身上雕刻着盘龙，柱头上立着瑞兽。建阙流行于汉代至晋朝。现在全国保存下来的 29 处汉、晋石阙和砖阙，其中四川 17 处，河南 4 处，山东 4 处，重庆 3 处，北京 1 处。

◆ **案例驿站 8.3**

世界最大的家庙——曲阜孔庙

孔庙,又称"至圣庙",为祭祀先贤孔子的庙宇,是世界现存最大的家族宗庙;与北京故宫、河北承德避暑山庄并称为中国三大古建筑群。孔庙前后九进院落,占地327.5亩,南北长达1 000米;共有建筑466间,54座门坊;庙内有1 700余株古树,1 200余块碑碣。

孔庙大成殿

孔庙前为神道、万仞宫墙、金声玉振坊,坊后中轴线上依次为棂星门、圣时门、弘道门、大中门、同文门,接着便是著名的奎文阁。奎文阁始建于宋天禧二年(公元1018年),高23.35米,东西阔30.10米,南北深17.62米,三层飞檐,四重斗拱。奎文阁前两侧是四座明代御碑,过奎文阁是十三碑亭院,紧接着是五门(东为承圣门,西为启圣门,中路三门并立,大成门居中,两边掖门为金声门和玉振门)。大成门内为杏坛和大成殿。大成殿为孔庙主体建筑,是祭祀孔子的中心场所。现存大殿为清代雍正年间重建,高24.8米,阔45.8米,深24.9米。大成殿两侧是东西庑,后面相继为寝殿和圣迹殿。

孔庙是每年祭孔大典的场所,而且从2006年开始4月至10月的每周六上午9时至11时都举行高参与性和体验性的祭孔仪式和表演活动。

案例来源:王松毅.山东旅游文化[M].济南:山东科学技术出版社,2009.

四、生产与生活建筑

现存的古代生产、生活建筑主要有住宅、桥梁、水利工程等。住宅是古人生活以及部分生产的场所,可分为官员府邸、富人大院、普通民居三大类。官员府规模大、规格高,多由相连的多组房屋和后花园等构成。王府是古代最高级别的官员住宅,北京尚存恭亲王府、醇亲王府、庆亲王府、淳亲王府等19座清代王府。我国古代等级制度森严,住宅规模、结构要与自己的官阶相对应。富商和地主的住宅规格要比高级官员低很多,代表性的有山西乔县祁家大院和灵石县王家大院、山东龙口丁家大院等。我国现存的普通民居地域差异明显,代表性的有北京四合院、陕北窑洞、客家土楼、贵州干阑建筑等。

我国有"桥的国度"之称,现存古桥数量众多,其中被列为国家或省级重点文物保护单位的桥有数百座。我国造桥主要发展于隋,兴盛于宋。四大名桥是我国现存古桥的代表,分别是河北的赵州桥(隋)、广东的广济桥(南宋)、北京的卢沟桥(金—清)和福建的洛阳桥(宋—清)。

我国现存的水利工程的代表是都江堰和京杭大运河。都江堰由秦国蜀郡太守李冰于公元前256年主持修建,主体工程包括鱼嘴分水堤、飞沙堰溢洪道和宝瓶口进水口;隋炀帝时期开挖大运河,元代开凿会通河(东平到临清)、通惠河(通州到大都),从而形成贯通南北的京杭大运河。京杭大运河流经北京、河北、山东、浙江等六省市,是世界上最古老的运河之一。

五、观赏性建筑

园林是我国古代内涵最丰富的观赏性、娱乐性建筑。园林是由山、水、树、建筑等组合而成的建筑单元,内一般建有楼、阁、台、亭、堂、廊、榭、舫、轩、桥等。我国古代园林成熟于唐宋时期,发达于明清时期。现存园林多为明清时期,包括皇家园林、私人园林、祠馆园林、公共园林、寺庙园林。

现存皇家园林有颐和园、北海公园、圆明园等,其占地广,规模宏大,真山真水较多,建筑高大。私家园林为王公贵族、富商大贾等私人所修建的园林,多与住宅一体。其规模一般较小,常用假山假水,建筑小巧玲珑。现存私家园林以苏州园林最具代表性,其中属于宋元明清时期的拙政园、留园、网师园、环秀山庄、沧浪亭、狮子林、耦园、艺圃和退思园等已经被列入世界文化遗产名录。此外,南方的扬州、杭州、广州、上海以及北方的北京、济南等地也有大量的明清时期私家园林。古代公共园林多依托湖山名胜而成,大明湖是其代表之一。大明湖拥有"四面荷花三面柳,一城山色半城湖"的秀丽景色,其周围所存古代建筑以一阁、三园、三楼、四祠、六岛、七桥、十亭为代表。

除园林中常见的楼阁外,我国观赏性楼阁有被誉为"中国四大名楼"的湖北黄鹤楼、湖南岳阳楼、山西鹳雀楼和江西滕王阁,以及山东蓬莱阁、广西真武阁、安徽太白楼、浙江烟雨楼、广州镇海楼、贵州甲秀楼、四川望江楼、云南大观楼等。这些楼阁的最初功能为军事、藏书、纪念、宗教等,后逐渐演变成观光看景之佳地和文人雅士聚会之所。其中,山东蓬莱阁建于宋嘉裕六年(1061年),现存阁楼为双层木结构,坐北面南,高15米,阁上四周环以明廊,是观赏"海市蜃楼"奇异景观的最佳处所。

◆ 案例驿站8.4

滕王阁

滕王阁位于南昌市,唐高宗永徽四年(653年)由滕王李元婴修建,故名滕王阁,因王勃《滕王阁序》而名垂千古。

> 滕王阁自古就被称为我国江南三大名楼之首。滕王阁主体建筑9层，净高57.5米，建筑面积1.5万平方米。下部是象征古城墙的11米高的大台座，主体建筑丹柱碧瓦，画栋飞檐，斗拱层叠，门窗别透，其立面似一个倚天耸立的"山"字，而平面则如一只展翅欲飞的大鲲鹏。
>
> 贴金的"滕王阁"正匾系苏轼的墨迹，正门不锈钢长联"落霞与孤鹜齐飞，秋水共长天一色"为毛泽东手书。其余匾额、楹联，或集古人书法精华，或为当今名家珍品，各类大型壁画、浮雕均体现"物华天宝""人杰地灵"的主题。滕王阁每年都举办春节大型游园、重阳节登高、滕王阁谷雨诗会和字画笔会等大型旅游活动。目前，滕王阁正在积极开发二期工程，打造滕王阁大景区，形成大旅游文化商贸区，并力争成为鄱阳湖生态经济区的龙头。
>
> 案例来源：神州旅游网　http://www.tourabc.com.cn

滕王阁

六、社会文化建筑

书院、藏书楼、会馆是我国古代最典型的社会文化建筑，是修学旅游、文化旅游的重要资源。

我国的书院源于唐代，盛于宋代，为私人或官府设立的供人读书、讲学的处所。其建筑一般具有三个明显的特点：一是选山林名胜之地为院址；二是由讲学、藏书和供礼三部分建筑组成；三是名人学者碑刻较多。宋代著名的四大书院有江西庐山的白鹿洞书院、湖南善化的岳麓书院、湖南衡阳的石鼓书院和河南商丘的应天书院。此外，著名的书院还有山东曲阜洙泗书院、河南登封嵩阳书院、江苏无锡东林书院等。

藏书楼是中国古代的图书馆，是当时重要的文化场所。建于明朝嘉靖四十年（1561年）的浙江宁波天一阁，是我国现存最古老的藏书楼。天一阁是由当时退隐的兵部右侍郎范钦建造，现存为面宽六间的两层楼房，藏书曾达到七万多卷。清乾隆年间建造"南北七阁"，用来收藏当时撰修的七套《四库全书》，分别是北京故宫文渊阁和圆明园文源阁、河北省避暑山庄文津阁、辽宁沈阳文溯阁、江苏省扬州文汇阁和镇江文淙阁、浙江杭州文澜阁。目前尚存有文渊、文津、文溯、文澜四阁。曲阜孔庙奎文阁是山东古代藏书楼的代表，其始建于宋代（1018年）。

会馆是明清时期科举制度和商业发展的产物,是在大城市中由同乡或同业组成非官方团体。会馆是同乡间的社交场所,更是重要的文化活动场所。我国最早的会馆是建于永乐年间的北京芜湖会馆,嘉靖、万历时期至清代中期会馆发展最快。现存会馆以北京最多,现已发现的会馆(包括遗址)约有460多家。山东省现存会馆有聊城的山陕会馆、烟台的福建会馆,均为商业性会馆。

第四节 古代陵墓

中国古人"视死如视生",相信死后会进入一个新的生命时间。因此,无论是帝王还是普通百姓都特别重视死后的归宿——墓葬的修造。北京山顶洞人遗址中,就已经出现公共墓地。到新石器时代晚期,氏族墓地已相当普遍,墓葬中随葬品也大量使用玉器、铜器等礼器。商周时期,墓葬规模不断扩大,大型墓葬随葬品有大量的青铜器、玉器等礼器。墓葬制度在西周时期迅速完善,墓葬成为死者生前地位、身份和财富的象征。以后各时代帝王、贵族等把修筑陵墓作为国家和个人的大事,地下宫殿、地上寝殿、随葬坑、陵园等不断扩大。古代陵墓首先是古代建筑艺术的体现,庞大的地宫和寝殿展示着当时高超的建筑水平;其次是古代社会、思想和文化的反映,墓葬形态、装饰,特别是丰富的随葬品都表现出当时人们的社会价值观、思想意识和文化艺术水平。

一、帝王陵

陵本义是指高大突兀的山丘,汉代开始成为帝王墓葬的专称。我国现存帝王陵有商周王陵、诸侯王陵、皇陵、后陵、太子陵、亲王陵。目前已确认的最早王陵是位于安阳武官村殷墟王陵,属为商代晚期。殷墟共发现王陵13座,面积最大者1 803平方米,呈亚、中、甲字形,墓内椁室、棺木庞大,随葬品丰富且有殉人。西周王陵尚未发现,东周王陵位于当时的东都洛阳。目前在洛阳已出土天子专用的"一车六马"随葬坑,并已经确定王陵的基本范围。东周各诸侯王陵在各国贵族墓地已有所发现,如山东临淄田齐王陵(春秋战国时期)、安徽寿县蔡侯陵(春秋晚期)、河南新郑韩国王陵(战国晚期)。

秦汉时期,陵寝制度逐步确立。秦始皇陵是中国历史上第一个皇陵。西汉皇陵共11座,其中文帝霸陵、宣帝杜陵在渭河以南西安市附近的白鹿塬和少陵塬,其余9座呈一字形分布于渭河北岸的咸阳塬上。除霸陵因受地形限制外,其他帝陵都筑有底部150~170米见方、高20~30余米的覆斗形夯土坟丘,其中武帝茂陵坟丘最大。从阳陵开始,在帝后坟丘的四周筑平面方形的夯土垣墙,每面垣墙的中央各辟一门,门外立双阙。东汉陵有12座,除献帝禅陵远在河内郡山阳以外,其他皇陵都在洛阳故城附近。东汉开始在皇陵周围不筑垣墙,改用"行马",并在陵前筑祭殿,地下建筑改变了西汉以柏木黄心为椁的"黄肠题凑"制度,开始用石头建椁室(称"黄肠石")。

唐代皇陵有21座,建造在陕西关中平原的北山山脉或白蟒原之上。唐代皇陵因山为陵,规模庞大,大量陵墓石刻威武雄壮,富有时代感。唐太宗昭陵前有著名的特勒骠、青骓、什伐赤、飒露紫、拳毛䯄和白蹄乌六骏浮雕石屏,武则天墓前有盖棺不定论、"功过留给后人评"的无字碑。北宋皇陵位于河南巩县,有宋代七帝和太祖父母的八座皇陵,统称巩县八陵。北宋皇陵均坐北朝南呈正方形,各陵尺度和墓前石刻数目整齐划一,神道两侧排列文武大臣和各种石像,墓室上建方形三层陵台。南宋皇陵有六座在浙江绍兴,统称南宋六陵。元代皇陵现仅存衣冠冢——内蒙古鄂尔多斯成吉思汗陵。

明代皇陵有19座,分处五地,以北京明十三陵最为集中。南京明孝陵是明太祖和马皇后的陵墓,是明清皇陵建筑布局和结构的开创者。北京明十三陵中定陵(明神宗朱翊钧陵墓)地宫已经经过考古发掘。定陵地宫又称玄宫,全部用石砌成,总面积为1 195平方米,分前、中、后三殿;其中,中殿陈设有三座汉白玉宝座,后殿停放棺椁,并陈放26只随葬木箱。地宫出土瓷器、皇帝金冠与皇后凤冠等文物2 780件,其中一级文物60件。

清代有皇陵12座、后陵7座,分关外三陵、东陵和西陵。关外三陵在辽宁省,分别是新宾县永陵(皇室祖先)、沈阳市福陵(清太祖努尔哈赤)和昭陵(清太宗皇太极)。东陵在河北省遵化县,有皇陵5座、后陵4座,分别是孝陵(顺治帝)、景陵(康熙帝)、裕陵(乾隆帝)、定陵(咸丰帝)、惠陵(同治帝)、孝东陵(孝惠章皇后)、普祥峪定东陵(慈安皇太后)、菩陀峪定东陵(慈禧皇太后)、昭西陵(孝庄文皇后)。西陵在河北省易县,有泰陵(雍正帝)、昌陵(嘉庆帝)、慕陵(道光帝)和崇陵(光绪帝)4座皇陵,泰东陵(孝圣宪皇后)、昌西陵(孝和睿皇后)和慕东陵(孝静成皇后)3座后陵。

除以上各朝代的帝王陵外,我国还现存有纪念性的三皇五帝以及尧、舜、禹诸陵。它们都是后人根据历史传说,在人物的主要活动地区修建的怀念和记载功绩的陵墓。黄帝陵在陕西黄陵,太昊陵在河南淮阳,炎帝陵在湖南炎陵,少昊陵在山东曲阜,尧帝陵在山西临汾,舜帝陵在湖南宁远,禹帝陵在浙江绍兴。

◆ **案例驿站8.5**

中国历史上第一座皇帝陵园——秦始皇陵

秦始皇陵是中国历史上第一个皇帝嬴政(公元前259年—公元前210年)的陵墓,位于陕西省临潼县城东5千米处的骊山北麓。秦始皇陵建于公元前246年至公元前208年,历时39年,是中国历史上第一座规模庞大、设计完善的帝王陵寝。

秦始皇陵筑有内外两重夯土城垣,象征着都城的皇城和宫城。陵冢位于内城南部,呈覆斗形,现高51米,底边周长1 700余米。据史料记载,秦陵中还建有各式宫殿,陈列着许多奇异珍宝。秦陵四周分布着大量形制不同、内涵各异的陪葬坑和墓葬,现已探明的有400多个。

中国历史上第一座皇帝陵园——秦始皇陵

兵马俑坑是秦始皇陵的陪葬坑,位于秦陵陵园东侧1 500米处。目前已发现三座,坐西向东,呈品字形排列。其中共出土了约7 000个秦代陶俑及大量的战马、战车和武器,代表了秦代雕塑艺术的最高成就。兵马俑陪葬坑均为土木混合结构的地穴式坑道建筑,像是一组模拟军事队列、旨在拱卫地下皇城的"御林军"。从各坑的形制结构及其兵马俑装备情况判断,一号坑象征由步兵和战车组成的主体部队,二号坑为步兵、骑兵和车兵穿插组成的混合部队,三号坑则是统领一号坑和二号坑的军事指挥所。

1980年12月,在秦始皇陵封土西侧出土了两组形体较大的彩绘铜质车马,这是迄今为止中国发现的年代最早、形体最大、结构最复杂、制作最精美的铜铸马车。它与兵马俑交相辉映,为始皇陵增添了新的光彩,也为研究秦代历史、铜冶铸技术和古代车制提供了实物资料,被誉为中国古代的"青铜之冠"。

秦始皇陵是世界上规模最大、结构最奇特、内涵最丰富的帝王陵墓之一。秦始皇陵兵马俑是可以同埃及金字塔和古希腊雕塑相媲美的世界人类文化的宝贵财富,而它的发现本身就是20世纪中国最壮观的考古成就。它们充分表现了2 000多年前中国人民巧夺天工的艺术才能,是中华民族的骄傲和宝贵财富。

资料来源:中国政府网 http://www.gov.cn/test/2006-03/28/content_238263.htm

二、圣贤林

林是古代对圣贤人之墓地的尊称,但不是所有圣贤人之墓都能称林。我国历史墓地称林的圣贤人只有孔子、孟子、关羽、梁公（孔子之父）、孟母（孟子之母）。孔林和梁公林在山东曲阜，孟林和孟母林在山东邹城，关林在河南洛阳。

孔林是孔子及其家族的墓地。孔林是我国规模最大、保存最完整的家族墓地。其大门为"至圣林"木构牌坊，二门为一座城堡式建筑，亦称"观楼"。林中洙水桥北为享殿，殿前有翁仲、望柱、文豹和角端等石兽。享殿之后，正中大墓为孔子墓，东边为其子孔鲤墓，前为其孙子思墓。另外，林中还有孔令贻、孔毓垿、孔闻韶、孔尚任等孔氏名人墓以及明清墓葬群。

关林相传是埋葬"武圣"关羽首级之地。关林始建于明万历二十四年（1596年），是一处前为祠庙、后为墓冢的宫殿式建筑群。其主要建筑均在中轴线上，大殿是关林的主体，为砖木结构的单檐庑殿顶式建筑，面阔七间，进深三间；殿内为正面塑关羽坐像，关羽以帝王装束端坐大殿中央，高达六米，为目前我国最大关羽塑像；二殿五开间，庑殿式，内塑关羽怒视东吴像；三殿硬山式，面阔五间，内塑关羽夜读春秋像、睡像等，故又称寝殿。关冢始建于汉末，现存冢平面为不规则的八角形，前立清人所书"汉寿亭侯关云长之墓"石碑。

三、墓、坟、冢

除帝王陵和圣贤林外，我国还有大量属于不同社会阶层人们的古墓（坟、冢）也具备典型的旅游资源属性，代表性的有西周封国贵族墓地、画像石、砖墓、特殊形式墓葬。

西周封国贵族墓地为家族墓地，墓葬分布比较集中。已发掘的主要有河南浚县卫国墓地、平顶山应国墓地、三门峡虢国墓地、山西晋侯墓地、北京琉璃河燕国墓地、山东长清邿国墓地等。目前，虢国墓地和燕国墓地已经建起遗址博物馆，卫国墓地、应国墓地、晋侯墓地的遗址博物馆建设也即将开建。依托墓地建设的虢国博物馆是一座集文物陈列、遗址展示、园林景观为一体的现代化、多功能博物馆，为国家4A级旅游景区。燕国墓地面积约5万平方米，已发掘墓葬近200座。墓葬随葬品有青铜器、玉器、漆器、原始瓷器等，并发现有殉人与陪葬车马。

汉代是画像石、画像砖墓最为流行时期，山东、河南、四川是其发展中心。西汉晚期河南唐河汉郁平大尹冯君孺人墓是早期画像石墓的代表。该墓室结构呈"回"字形，画像内容有反映现实生活的迎宾、乐舞杂技，也有反映升仙思想的羽人、应龙、四首人面虎等。画像砖墓以河南、四川两省发现最多，其中艺术造诣最高的是四川成都一带出土的东汉后期画像砖墓。该地区墓出土画像砖构图完整生动，绝大多数刻画现实生活，乡土气息浓郁。

悬棺葬是将死者盛入棺内，悬空置棺于崖壁凿孔所插的椽木之上，或置于天然岩穴或人工凿穴内。富有神秘色彩的悬棺葬，近年来吸引了不少考古探险旅游者。目前，我国已经在四川、云南、贵州、福建等地发现此类墓葬。四川省珙县麻塘坝悬棺距地表低者

10多米,高者近100米,一般在30~50米;棺材由整块楠木凿成,长度186~220厘米,高31~44厘米。

第五节 名人遗迹

几千年来,我国名人辈出,许多人物彪炳史册,至今仍为人们所尊崇。名人可以归为五类:政治名人(帝王、官员等)、圣贤人(仁义忠孝之人)、文化名人(诗人、艺术家、作家、学者等)、军事名人(军事家)、宗教名人。名人遗迹是指名人一生经历中所存留下来的或者后人为纪念他们而产生的遗存,主要有名人故居、名人活动遗迹、名人墓葬、名人宗祠。这些遗迹是名人生活、工作等活动的记载,是其贡献、思想的真实载体,是当代追忆、缅怀名人的凭借。目前,很多名人遗迹已经被开发成为旅游景点,发展成为高品位的文化旅游产品。

一、名人故居

名人故居是名人曾经居住过的住宅,包括其祖居、长期住宅、短期住宅。我国名人故居以清代及以后者为最多,现存较早时期名人故居有孔子故居(山东曲阜)、汉贾谊故居(湖南长沙)、王羲之故居(山东临沂)、唐庐陵王故居(陕西房县)、李白故居(四川江油)、唐名儒黄瑶故居(福建莆田)等。从地域分布来看,北京、天津、南京、上海等当时政治、经济、文化中心以及沿海城市现存名人故居最为集中。据最近调查,北京现有名人故居308处,其中文化和艺术名人故居占半壁江山,政治名人故居占1/3多。其中,被列入国家重点文物保护单位者有崇礼故居、宋庆龄故居和郭沫若故居,被列为北京市文物保护单位的有鲁迅故居、梅兰芳故居、老舍故居、茅盾故居等40多处。目前全国已经被有效保护并对外开放的名人故居并不多。在旅游开发方面有代表性的名人故居有孔子故居、鲁迅故居等。

孔子故居,位于孔庙与孔府之间,直对阙里古街,距今已有2 500多年的历史,现为全国爱国主义教育基地。到西汉鲁恭王时,故居还藏有孔子生前的衣、冠、琴、车、书、剑、礼器等。故居现存故宅门、诗礼堂、故宅井、礼器库、鲁壁、家谱碑、崇圣祠、家庙、土地祠、神龛等。

鲁迅故居,现有四处,分别在绍兴、北京、广州、上海。绍兴鲁迅故居,是鲁迅18岁离家求学前和后来回故乡任教期间的居住地。该故居是一幢中式两层楼房,一切陈设均按当时实际情况原样陈列。这里可以看到鲁迅家里的客厅、卧室、厨房、菜园(百草园)等。北京鲁迅故居,是鲁迅1924—1926年在北京的住所,现为北京市文物保护单位。广州鲁迅故居位于广州市白云路白云楼,是1927年鲁迅在广州时的住宅。上海鲁迅故居,是1933—1936年逝世前居住和工作的寓所。现存建筑是一幢红砖红瓦的3层楼房,屋内陈列着主人生前用过的珍贵物品和写作用具。

二、名人活动遗迹

名人活动遗迹是指名人求学、仕宦、游历、迁徙等各种活动相关的遗迹。现存名人活动遗迹有两种情况：后人附会的遗迹、符合史实的真实活动遗迹。

后人给名人附会遗迹的原因有尊崇和攀附、文献记载模糊、虚幻故事的现实移植等，如姜太公钓鱼处、八仙入海口、梁祝读书处（杭州、宜兴、邹城峄山、曲阜孔庙等多处）。姜太公钓鱼的故事流传甚广，但文献中关于太公的记载很少。我国现存的太公钓鱼处有多处：河南卫辉太公泉村，现存有清乾隆年间巡抚毕沅所立"姜太公钓鱼处"石碑；陕西省宝鸡县石番溪河畔，钓鱼处为溪水旁一巨大岩石，石上有双膝跪坐痕迹；山东日照冯家沟村，现有姜公台，传说为太公钓鱼处；河北省南皮县城西，有中国十大钓鱼台之首的姜太公钓鱼台；河南临泉县姜寨也保留有当地认为的姜太公钓鱼台遗址。今山东蓬莱的八仙入海口属于神话故事的现实移植，入海口位于现蓬莱阁后面的仙人桥处，在蓬莱阁东面新建有八仙渡海口景区。

真实的名人活动遗迹往往有文献记载或史实相印证。秦始皇五次巡游，在全国各地留下113处巡游遗迹。古人重视游学，文人雅士喜好游历，名山大川处处留有名人遗迹。史家司马迁寻遍名山胜迹，诗仙李白游遍大唐疆域，大旅行家徐霞客踏遍千山万水。五岳之尊泰山不但为历代封建帝王所尊重，也为文人墨客所敬仰。泰山现存最早的文人活动遗迹是孔子遗迹，有孔子登临处坊、望吴圣迹坊、孔子小天下处、孔子庙、瞻鲁台、猛虎沟等。孔子之后，各时代文人墨客登山驻停，题字刻石，留下了"五岳独尊"、"云海"等众多石刻碑记。

三、名人墓葬与宗祠

一些对后世影响特别大的名人如孔子、关羽、诸葛亮，他们的宗祠往往有多处。例如，纪念三国时期政治名人诸葛亮的祠堂，现存有四川成都、河南南阳、陕西勉县、陕西岐山、重庆奉节白帝城、云南保山、甘肃礼县、湖北襄樊等地多处武侯祠。其中，成都武侯祠和南阳武侯祠规模和影响较大。

成都武侯祠现为全国重点文物保护单位、国家一级博物馆和4A级旅游景区。成都武侯祠属汉昭烈庙的一部分，汉昭烈庙是纪念蜀汉皇帝刘备和丞相诸葛亮的中国唯一的君臣合祀祠。河南南阳武侯祠又名诸葛草庐，是诸葛亮"躬耕于南阳"时隐居攻读之所，现为全国重点文物保护单位和4A级旅游景区。武侯祠现仍保持了明末清初的基本布局，内现存大拜殿、诸葛草庐、野云庵、伴月台等建筑。其中，大拜殿中供诸葛亮及其子诸葛瞻、孙诸葛尚泥塑像。

◆ **案例驿站 8.6**

冯玉祥将军墓

冯玉祥将军墓在泰山大众桥东首,前临深涧,背依科学山,松柏苍郁,旁山临涧,肃穆庄严。墓为泰山花岗石砌成,墓壁上正方横镌郭沫若手笔"冯玉祥先生之墓"。骨灰盒在墓壁中央,外嵌冯玉祥先生侧面铜质鎏金浮雕头像以封穴。头像下嵌黑色磨光花岗石方碣,上刻隶书冯玉祥于 1940 年 5 月 30 日自题诗《我》。墓阶 4 层,共 66 级。4 层代表他一生走过的 4 个阶段:第一层,代表从出生到弱冠从军;第二层 14 级,代表从青年到成年;第三层 14 级,代表他由一个旧军人转变为坚定的民主战士;第四层 18 级,记述他坚持抗日,反对分裂,为祖国的民主与和平奋斗不懈的战斗生涯;66 级象征他一生渡过了 66 个春秋。1988 年,冯玉祥将军墓被列入全国重点文物单位。

冯玉祥将军墓

案例来源:作者根据网络资料整理

第六节　近现代史迹

近现代时期(1840 年至今)是我国追求并实现民族独立和人民解放,并不断探索发展道路的历史时期。近现代史迹是指近现代时期我国政治、经济、文化等领域的发展与变革所遗留下来的具有纪念性、教育性、文化性史迹。在旅游开发方面具有代表性的有重大事件遗迹、革命史迹、工商业史迹、近现代建筑等。

一、重大事件遗迹

近现代重大事件遗迹是指对我国历史进程和社会发展具有推动作用的重大事件所遗留的遗存,主要包括战争遗迹、农民起义遗迹、民族运动遗迹、政治活动(如条约签订)遗迹等。

战争遗迹主要是指我国抵抗外国侵略的战争,如鸦片战争、中法战争、中日战争、抗日战争等遗迹。近现代农民起义主要有太平天国农民起义和义和团运动。民族运动是指中国民众反对外国侵略的爱国运动,如五卅运动、一·二九运动。它们是我国追求民族独立的历史见证,是爱国主义教育和民族精神教育的重要资源。

刘公岛甲午战争纪念地,位于山东威海市刘公岛,是 1894 年中日海战的主要地点,现为第三批全国重点文物保护单位,现遗存有清朝北洋水师提督署旧址、水师学堂旧址、铁码头、船坞旧址、岛山诸炮台、丁公祠、丁公府等。目前,该纪念地建有遗址性博物馆——甲午海战纪念馆。馆内藏历史照片1 000多幅,北洋水师与甲午战争文物资料200多件,打捞舰船文物标本300多件。甲午战争纪念地现为"全国青少年教育基地"、全国中小学"爱国主义教育基地"和全国"爱国主义教育示范基地"。

二、革命史迹

革命史迹是指我国人民反抗封建主义、官僚资本主义等革命活动及相关重要人物的遗迹,其中以中国共产党领导的新民主主义革命和社会主义革命遗迹最具代表性。

孟良崮战役纪念馆,位于蒙阴县垛庄镇孟良崮烈士陵园内,坐北朝南,占地面积81 000平方米,建筑面积3 240平方米。纪念馆前面是陈毅元帅、粟裕将军侍马而立的大型花岗石雕塑,雕像高7.75米,其中底座高2.75米。馆内共分5个展厅,分别为门厅、战役厅、支前厅、英烈厅和双拥厅。纪念馆后面是烈士墓地,正中是粟裕将军骨灰撒放处,其后是烈士英名塔,墓地掩埋着2 800多名烈士的遗骨。

三、工商业史迹

近现代时期是我国工商业实现现代化转型,并探索适合我国国情发展方式的重要历史时期。洋务运动催生了近代中国工商业发展的意识,民国时期工商业开始发展,新中国成立以后迅速走上快速、健康发展之路。现存的工商业遗迹,主要有工厂、生产设施、商店和银行等遗存。

烟台张裕酒文化博物馆,在老厂厂址仿照111年前建厂初期建筑风貌而修建。博物馆以张裕公司100多年历史为主线讲述企业文化及酒文化知识,介绍了中国葡萄酒业以及中国民族企业崛起的艰辛历程,现开放有酒文化广场、百年地下大酒窖、综合大厅、历史厅、珍品厅等区域。

四、其他史迹

除前面所列以外,我国现还存有大量的近现代教育、文化等方面的史迹资源。其中以学校、博物馆和租界建筑等最具有旅游吸引力。

齐鲁大学,现为山东大学西校区,位于济南市文化西路以南、经十路以北。学校现存有校门、考文楼、柏根楼、圣保罗楼、景蓝楼、水塔、十余栋西式别墅楼以及多处西式平房院落。

青岛水族馆,是中国也是亚洲第一座海洋主题的博物馆,建成开放于1932年。水族馆建于海滩岩石之上,高4层,占地10余亩,为砖木结构的中国古典城堡式建筑。城楼墙体为红灰砖,三合土砌筑,屋顶为歇山双重挑檐顶,覆绿色琉璃瓦面。

租界是帝国主义列强通过不平等条约强行在中国获取的租借地,其现存有大量的西方风格建筑。例如,青岛德国总督府和总督官邸,均为典型的日耳曼风格建筑;前者为横三纵五式立面、两层券廊、方形爱奥尼克壁柱,后者为三层花园式布局、四立面、券柱式廊。

◆ 本章小结

1. 本章结语

中国是世界文明古国,拥有类型丰富、数量众多的历史古迹类旅游资源。它们具有特色鲜明、主题清晰、内涵丰富等特点,能够给旅游者提供回归历史、文化认知、求知学习、休闲娱乐等多功能的旅游产品。我国丰富的人类文化遗址、古代建筑、古代陵墓、名人遗迹、近现代史迹等都将在旅游发展中焕发其新的价值和功能。

2. 本章知识结构图

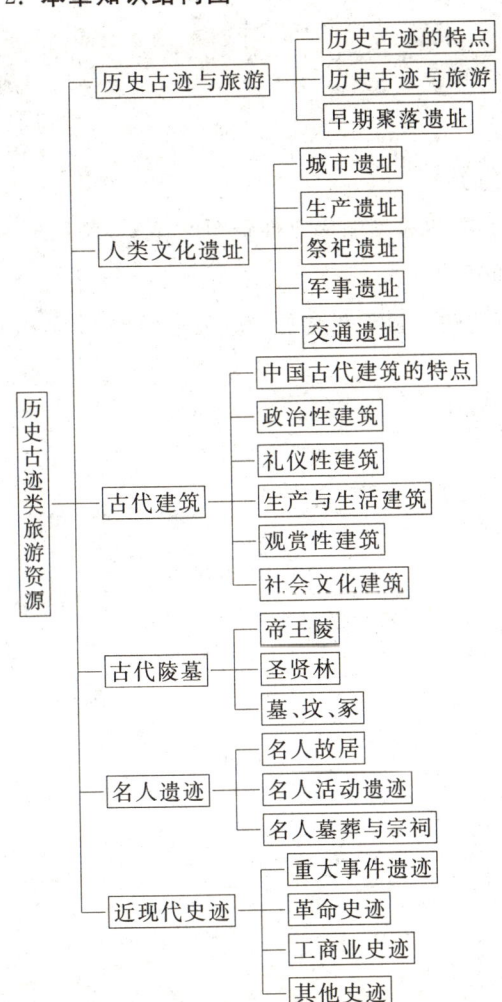

3. **本章核心概念**

历史古迹　人类文化遗址　古代建筑　古代陵墓　近现代史迹

◆ 本章推荐阅读

[1] 鲍勃·麦克. 文化旅游与文化遗产管理[M]. 天津:南开大学出版社,2006.
[2] 刘世锦. 中国文化遗产事业发展报告[M]. 北京:社会科学文献出版社,2008.
[3] 王京传. 大遗址旅游:保护与开发的协同实现[J]. 社会科学家,2009(1).

阅读后请思考:
1. 历史古迹资源旅游开发的基本模式有哪些？请评价之。
2. 历史古迹资源旅游开发中面临哪些认识和实践困境？

◆ 讨论与思考

1. 历史古迹的特点有哪些？
2. 请简述历史古迹与旅游发展之间的关系。
3. 历史古迹的类型有哪些？每一类有哪些典型的代表性资源？
4. 历史古迹旅游开发中应注意哪些问题？
5. 分小组讨论,简述如何认识与处理历史古迹保护与旅游开发之争问题。

第九章

古典园林类旅游资源

学习目标

知识要点： 了解古典园林类旅游资源的总体概况；理解古典园林类旅游资源的发展过程及形成原因；掌握古典园林类旅游资源的类型、分布、主要特征及园林的评价方法。

技能训练： 以某一具体古典园林景观为例，掌握古典园林旅游资源的特征及评价方法。

能力拓展： 应用所学理论，通过小组形式展开讨论，形成对某一园林旅游资源的开发思路。

引例

趵突泉公园——泉城标志性景观

趵突泉公园位于济南市中心，是以泉为主的特色园林。趵突泉又名槛泉，为泺水之源，至今已有2 700年的历史。泉水一年四季恒定在18℃左右。严冬，水面上水气袅袅，像一层薄薄的烟雾，一边是泉池幽深，波光粼粼，一边是楼阁彩绘，雕梁画栋，构成了一幅奇妙的人间仙境图。

泉池西侧伸入水中的"观澜亭"建于明朝天顺五年，亭内设有石桌、石凳，供游人休憩赏泉。亭西墙壁上嵌刻的"观澜"为明代书法家的墨迹，"第一泉"石刻是清朝书法家王钟霖手笔，亭西"趵突泉"石碑由明代山东巡府胡缵宗所书。趵突泉东池北岸，依水而筑，窗

济南趵突泉

明几净的建筑就是有名的蓬莱社,又称望鹤亭茶社。当年康熙、乾隆两位皇帝都曾在这里临水静坐,品茗赏泉,领略趵突泉的万般风韵。

趵突泉北岸有一组较大的古建筑群,通称三大殿。最南大殿"泺源堂",三间两层,歇山飞檐,古色古香,建于北宋年间。殿堂后两座大殿,原写"娥姜祠",现写"娥英祠",后人为赞颂舜的两位妃子娥皇、女英而建,以志纪念。趵突泉以南石湾泉处的白雪楼,是为纪念明朝文学家、后七子领袖李攀龙所建,这里常年举办以京剧为主的各种戏剧演出,已成为全国乃至世界知名的演出活动中心。趵突泉东南处的沧园据说是李攀龙曾读书的地方,院内三厅两院,外廊环绕,曲廊相围,院中奇花异木,苍松滴翠。当代著名花鸟画家王雪涛纪念馆1987年建于此处,200余件绘画常年陈列展出。跨过枫溪岛小桥,东北方向不远处是七十二名泉中的漱玉泉。泉边缘柳成荫,泉水清澈见底,水石相激,淙淙有声,犹如漱玉。

由漱玉泉向西,柳絮泉、黄华泉、卧牛泉如一方碧玉,各展秀姿,并肩媲美。在柳絮泉边和柳絮泉西北方,各有一石砌方池,这便是著名的金线泉和老金线泉。有"谁能看到金线,谁交好运"的传说。

漱玉泉

登上趵突泉北假山,脚下苍松翠柏,杂花烂漫,绿草如茵,怪石林立,向下一看,假山石壁上便是马跑泉。此处有一方挺拔露骨、筋络明显、高近4米的太湖石,其形如龟,是元代著名散曲家张养浩之藏宝,喻为济南第一名石。漱玉泉北岸的李清照纪念堂按照民族风格建成,院中清泉漏瀑,秀石玲珑,松竹掩映。李清照纪念堂以西是同治九年山东巡抚丁宝桢在此建的培养科举人才的"尚志书院",又名"尚志堂"。

位于泺源大街的趵突泉南门,古今结合,造型别致,具有传统风格和地方特色,堪称中国园林第一门。公园西邻的万竹园是趵突泉公园的园中园,占地18亩,以13个不同院落组成,园内有望水、白云、东高等名泉,是一处独具风格的私人庭园。此园始建于元朝,明朝宰相殷士儋、清朝诗人王苹都曾是此园主人,后军阀张怀芝占据该园,历经数年修建方成今日规模。1984年正式对外开放。1986年著名国画大师李苦禅纪念馆设在园内。18个展室中共陈列字画、文物200余件,是迄今为止全国最大的书画纪念馆。园内还长年陈列着200余件明清古家具和文物。万竹园在北方四合院的基础上,糅合了江南古典园林的特点和风格,曲廊环绕,院院相通,楼、堂、亭、庑参差错落,园内木雕、石雕、砖雕堪称三绝,1993年被收入《中国传统民居图集》,无论从园林艺术还是从历史文物来说都是一份极其宝贵的文化遗产。

趵突泉公园作为泉城济南的标志性景点,吸引着世界各地的游客,对提高济南市的知名度和促进国民经济的发展均起到了积极作用。但是,近几年受地下水开采量、大气降水量等因素变化的影响,泉水水位、流水量出现下降,甚至曾呈现断流、干涸等状态,使济南泉城景观受到极大影响。因此,在开发旅游业的同时保护好自然环境,对于促进旅游业发展的可持续性将具有重要意义。

案例引发的问题:古典园林类旅游资源的主要有哪些特征?如何开发?

资料来源:山东旅游咨询网 http://www.sdta.cn/lys/jingqu.jsp？ID=1

第一节 概 述

园林,在中国、日本等东方国家根据不同的性质称为园囿、苑、园亭、庭园、山池、池馆、别业、山庄等。西方国家亦提出 garden、landscape garden、landscape、park 等称谓。园林称谓多样,但具有一个共同的特点,即在一定的地段范围内,利用并改造天然山水地貌或者人为地开辟山水地貌,通过对地形、水体、建筑、植物的合理布置和营造,构成的一个供人们欣赏自然美的环境综合体。

以中国为代表的自然式园林称为东方古典园林,以法国为代表的规则式园林称为西方古典园林。它们的形式不同,风格迥异,然而它们都有自己的"诗情画意",各自寓有自己的"意境"。

一、东方古典园林

我国古典园林历史悠久,从殷周时代囿的出现至今已有3 000多年的历史,在漫长而不间断的发展过程中形成了世界上独树一帜的风景式园林体系——中国园林体系。我国是世界园林艺术起源最早的国家之一。我国园林体系具有极其高超的艺术水平和独特的民族风格,在世界园林史上占有极其重要的位置。

1. 生成期

生成期指园林产生和成长的幼年期,相当于殷、周、秦、汉。我国最早见之于文字记载的园林是《诗经·灵台》篇中记述的"灵囿"。"囿"是以利用天然山水林木,挖池筑台而成的一种游憩生活境域,供天子、诸侯狩猎游乐。周朝,木结构建筑及植物选种均达到较高的水准，为中国园林风格的形成打下了基础。秦始皇统一中国后，营造宫室，其兴建指导思想比东周又有发展，不单纯是骑射狩猎或驻台观景，还加入了思想意向的补充，如"引渭水为池，筑为蓬、瀛"。汉代，在囿的基础上进一步发展出新的园林形式——苑，力图创造一个包罗万象的世界，狩猎仅是其一组成部分，主题转到宫室建筑。苑中有宫、有观，成为以建筑组群为主体的建筑宫苑。汉武帝刘彻扩建上林苑，地跨五县，周围三百里，"中有苑二十六，宫二十，观三十五"。建章宫是其中最大宫城，"其北治大池，渐台高二十余丈，名曰太液池，中有蓬莱、方丈、瀛洲，壶梁象海中神山、龟鱼之属"。这种"一池三山"的形式，成为后世宫苑中池山之筑的范例。西汉时已有贵族、富豪的私园，规划比宫苑小，内容仍不脱囿和苑的传统，以建筑组群结合自然山水，如梁孝王刘武的梁园。茂陵富人袁广汉于北邙山下筑园，构石为山，反映当时已用人工构筑石山。园中有大量建筑组群，园中景色大体还是比较粗放的，这种园林形式一直延续到东汉末期。

2. 转折期

转折期指魏、晋、南北朝时期。随着佛教和道教流行，寺观园林开始逐渐兴盛，形成造园活动从产生到全盛的转折。这一时期初步构建了园林美学思想，奠定了中国风景式园林发展的基础。东汉后，魏、晋、南北朝长期动乱，各种学派广为流行，思想、文化、艺术发生重大变化。园林受文学、美术上崇尚歌颂自然和田园生活思想主题的影响强烈，追求再现山水，犹若自然，产生了一种新的园林形式——自然山水园。自然山水园的发展促进了建筑宫苑的转变。同时，建筑技巧也达到了一个高峰。这个时期的园林继承了古代"三山一池"的格式，变宫室建筑主题为山水主题。南北朝时期园林是山水、植物和建筑相互结合组成的山水园，这时期的园林可称作自然山水园或写实山水园。另外，南北朝时佛教兴盛，广建佛寺，佛寺建筑宏伟壮丽并附有庭园。尤其是不少贵族官僚舍宅为寺，原有宅园成为寺庙的园林部分。很多寺庙建于郊外，或选山水胜地营建。这些寺庙不仅是信徒朝拜进香的圣地，而且逐渐成为风景游览胜地。此外，一些风景优美的地区，逐渐有了山居、别业、庄园和聚徒讲学的精舍。这样，自然风景中就渗入了人文景观，逐步发展成为今天具有中国特色的风景名胜区。出现最早且有文字记载的寺观园林是东晋太元年间（376—396）僧人慧远在江西庐山创立的东林寺，开山林胜景中建寺之先河。

3. 全盛期

全盛期指隋、唐时期。隋炀帝杨广即位后，在东京洛阳大力营建宫殿苑囿。别苑中以西苑最著名，中有十六院，每院以水渠来贯穿和分割，摒弃了以建筑穿插，从而避免了密度过大的缺陷。各院如同一幅幅连续的图画逐一展开，沿水地形有高低变化，山水已成为组织全园的骨干,这种风格是南北朝自然山水园的发展。这是中国园林从建筑宫苑演变到山水建筑宫苑的转折点。

唐朝国力强盛,是中国历史上最为辉煌的时代。政治清明,物产丰富,文化繁荣为宫殿庭园的修建提供了可靠的保障。盛唐时期,中国山水画已有很大发展,形成了寄兴写情的画风,园林方面也开始有体现山水之情的创作。文人学士积极参与其中,进一步促进了唐朝山水园的发展。园林一般于自然风景区中或城市附近营造而成。出现了著名的唐大内三苑(太极宫、大明宫、兴广宫)和骊山华清宫。此外,王维的辋川别业、白居易的庐山草堂、杜甫的浣溪草堂(杜甫草堂)等都可谓典型代表。这些园林创作反映了唐代自然式别业山居,是在充分认识自然美的基础上运用艺术和技术手段来造景而构成优美的园林境域。

4. 成熟时期

成熟时期相当于两宋到清朝时期。北宋时建筑技术和绘画水平都有很大发展,出版了《营造法式》,是最杰出的建筑经典之一。宋敬宗赵佶先后修建的诸宫都有苑囿。政和七年(1117年)始筑万岁山,后更名艮岳。艮岳主山寿山,岗连阜属,西延为平夷之岭,有瀑布、溪涧、池沼形成的水系。在这样一个山水兼盛的境域中,树木草花群植成景,亭台、楼阁因势布列。这种全景式的表现山水、植物和建筑之胜的园林,称为山水宫苑。私园也得到发展,名花树种已达千种以上,植物种植手法多样化,水体处理更为自然,山石大量应用,使得人工造山创造出巍峨的气魄。中国写意山水园的组成素材在宋朝已很发达,园林正成为博大精深的艺术门类。

元、明、清三代建都北京,大力营造宫苑,历经营建,完成了西苑三海、故宫御花园、圆明园、清漪园、静宜园、静明园及承德避暑山庄等著名宫苑的建造。这些宫苑或以人工挖湖堆山(如三海、圆明园),或利用自然山水加以改造(如避暑山庄、颐和园)。宫苑中以山水、地形、植物来组景,因势因景点缀园林建筑。这些宫苑中仍可明显地看到"一池三山"传统的影响。清乾隆以后,宫苑中建筑的比重又大为增加。明末计成造园理论专著——《园冶》成为这个时期园林艺术的重要总结。这一时期,江浙一带经济繁荣、文化发达,南京、湖州、杭州、扬州、无锡、苏州、太仓、常熟等城市宅园兴筑,盛极一时。这些园林是在唐宋写意山水园的基础上发展起来的,强调主观的意兴与心绪表达,重视掇山、叠石、理水等技巧,突出山水之美,注重园林的文学趣味,称为文人山水园。总体上来看,元、明、清时期园林只是宋朝园林的简单延续,没有保持住高速发展的势头,由此开始我国园林发展缓慢了,但我国一成不变的园林风格呈现给世界一个鲜明、富于个性的形象。16世纪中叶,欧洲就开始将中国园林的景物(桥、宝塔、山等)加以仿制,这较圆明园西洋水晶的修建早了约 100 年。

二、西方古典园林

1. 古希腊园林

作为欧洲文化的发源地,在历经外部及内部频繁的战乱后,希腊于公元 5 世纪进入了相对和平繁荣的时期,园林便随之产生、发展。在园林形成初期,多将土地修建为规则式园圃,四周设绿篱,内种经济作物,突出实用性,成为园林产生之初较主要的表现形式。而中庭式柱廊园是当时的另一种形式,园地四周由建筑围合,地面多加以铺装,后期设有水池、花池等景物,芳香植物应用较多,中心庭园成为重点之一,这也是由于当地气候条件较好的缘故。

2. 古罗马园林

随着古罗马帝国的强大,古罗马园林也逐步发展起来,基本继承希腊庭园艺术和亚述林园的布局特点,并对其发展和丰富,形成了山庄园林,开始了对田园意境的追求,植物材料更为丰富,园林中出现了月季园,造园艺术较古希腊有明显的提高,为文艺复兴中意大利台地园的发展提供了有益的启迪和丰富的摹本。

3. 中世纪园林

欧洲中世纪时期,封建领主的城堡和教会的修道院中建有庭园。修道院中的园地同建筑功能相结合,如在教士住宅的柱廊环绕的方庭中种植花卉,在医院前辟设药圃,在食堂厨房前辟设菜圃,此外还有果园、鱼池和游憩的园地等,园林以实用性为主。在今天,英国等欧洲国家的一些校园中还保存这种传统。13 世纪末,罗马出版了克里申吉著的《田园考》,书中有关于王侯贵族庭园和花木布置的描写。

4. 文艺复兴时期园林

在文艺复兴时期,意大利的佛罗伦萨、罗马、威尼斯等地建造了许多别墅园林。以别墅为主体,利用意大利的丘陵地形,开辟成整齐的台地,逐层配置灌木,并把它修剪成图案形的植坛,顺山势运用各种水法如流泉、瀑布、喷泉等,外围是树木茂密的林园。这种园林通称为意大利台地园。植物叶色浓淡搭配受到重视,在建筑旁边选用叶色相似的植物逐渐过渡到天然丛林,在造园手法上开始了更为精彩细腻的探索。

5. 法兰西园林

法国继承和发展了意大利的造园艺术。1638 年,法国布阿依索写成西方最早的园林专著《论造园艺术》。他认为,"如果不加以条理化和安排整齐,那么人们所能找到的最完美的东西都是有缺陷的"。17 世纪下半叶,法国造园家勒诺特尔提出要"强迫自然接受匀称的法则"。他主持设计凡尔赛宫苑,根据法国这一地区地势平坦的特点,开辟大片草坪、花坛、河渠,创造了宏伟华丽的园林风格,被称为勒诺特尔风格,对此各国竞相效仿。

因法国雨量适中,气候温和,多落叶阔叶树,故常以落叶密林为丛林背景,并广泛应用修剪整形的常绿植物,大量采用黄杨的紫杉作图案树坛。草花运用比意大利丰富,常用图案花坛,注意色彩变化,并经常用平坦的大面积草坪和浓密树林衬托华丽的花坛。行道树大多为悬铃木之类,路旁或建筑物附近常见植物修剪整形后的绿篱或常绿灌木。

6. 英国风景园

18 世纪欧洲文学艺术领域中兴起浪漫主义运动。在这种思潮影响下,英国开始欣赏纯自然之美,重新恢复传统的草地、树丛,于是产生了自然风景园。英国申斯诵的《造园艺术断想》,首次使用风景造园学一词,倡导营建自然风景园。初期的自然风景园创作者中较著名的有布里奇曼、肯特、布朗等,但当时对自然美的特点还缺乏完整的认识。

18 世纪中叶,钱伯斯从中国回英国后撰文介绍中国园林,他主张引入中国的建筑小品。他的著作在欧洲,尤其在法国颇有影响。18 世纪末,英国造园家雷普顿认为自然风景园不应任其自然,而要加工,以充分显示自然的美而隐藏它的缺陷。他并不完全排斥规则布局形式,在建筑与庭园相接地带也使用行列栽植的树木,并利用当时从美洲、东亚等地引进的花卉丰富园林色彩,把英国自然风景园推进了一步。从 17 世纪开始,英国把贵族的私园开放为公园。18 世纪以后,欧洲其他国家也纷纷效仿。自此,西方园林学开始了对公园的研究。

英国园林大多数以植物为主题,以发挥和表现自然美为出发点,园林中有自然的水池、略有起伏的大片草地,在大草地之中的孤植树、树丛、树群均可成为园林的景;道路、湖岸、林缘线多采用自然圆滑曲线,追求"田园野趣",小路多不铺装,任游人在草地上漫步或作运动场;善于运用风景透视线,采用"对景""借景"手法,对人工痕迹和园林界墙均以自然式处理隐蔽;从建筑到自然风景,采用由规则向自然的过渡手法;植物采用自然式种植,种类繁多,色彩丰富,常以花卉为主题,并注意小建筑的点缀装饰。

7. 美国国家公园

18 世纪 90 年代,美国又先后开辟了四个国家公园,到现在美国国家公园共有 40 处。国家公园内严禁狩猎、放牧和砍伐树木,大部分水源不得用于灌溉和建设水电站。在大自然景区,有便利的交通条件,有多处宿营地和游客中心,为科学考察和旅游事业提供了很大便利。

1858年,美国风景建筑师奥姆斯特德主持建设纽约中央公园时,创造了"风景建筑师"一词,开创了"风景建筑学"。他把传统园林学的范围扩大了,从庭园设计扩大到城市公园系统的设计,以至区域范围的景物规划。他认为城市户外空间系统以及国家公园和自然保护区是人类生存的需要,而不是奢侈品。此后出版的克里夫兰的《风景建筑学》,也是一本重要专著。

1901年,美国哈佛大学创立风景建筑学系,第一次有了较完备的专业培训课程表,其他一些国家也相继开办这一专业。1948年,国际风景建筑师联合会成立。

◆ 专题笔谈 9.1

园林的发展趋势

顺着古希腊园林、古罗马园林、中世纪园林、文艺复兴时期的园林、法兰西园林、英格兰风景园和花园、古埃及园林、古巴比伦和波斯的园林这些西方、西亚古代园林,以及中国商、周、秦、汉、魏、晋南北朝、隋、唐、宋、元、明、清园林和日本园林这些古代东方园林发展脉络,再到现代园林史中的城市公园运动、巴黎艺术装潢展览会和法国现代园林、英国现代园林、美国现代园林、巴西抽象式园林、墨西哥本土现代主义园林、瑞典斯堪的纳维亚园林、美国现代雕塑派园林,让我们概略地看到了园林的诞生和发展历史,并对东西方园林的不同风格和优劣短长有了大体的了解。在园林越来越成为现代人精神、文化生活不可或缺的重要载体的今天,我们做一番这样的回顾和认知,应该说是有意义的。

园林的发展是一个永续的过程,当我们浏览了园林发展的既往历程后,似乎也应展望一下其向未来延伸的方向和目标。

东方自由流畅的造园形式和丰富多彩的植物材料曾使西方世界感到震惊,并推动了西方园林的产生。但是,东方园林受无为而治的影响使得对自然的认识不足,科学水平不及西方。现在,我们绿化材料的水平远远落后于西方发达国家,对于生态学的研究也不够深入。因此,只有走东西方结合的道路,才能使我们步入一个新的园林时代。

可以预计,无论是世界园林还是中国园林,今后都将进入一个飞速发展的时期,内容会更新颖,形式会更多样,科技含量会更高。特别是中国加入WTO后,城市园林将作为一个朝气蓬勃的产业,成为促进城市社会、经济持续发展的重要支柱。

案例来源:中国建设报

第二节 园林的类型

由于园林所处地理环境和社会文化发展时期的不同,园林的风格也有所不同。针对园林的类型划分,由于认识的不同,目前存在多种不同看法。以下介绍几种常见的划分方式。

一、按照园林基址的选择和开发方式分类

1. 人工园林

人工开挖水体,堆筑假山,人为创设山水地貌,配以花木栽植和建筑营构,把天然山水风景模拟在一个小范围之内,力求在小环境中表现大自然。它的组成部分主要包括山、水、植物和建筑。由于人工山水园更加集中地反映了人的艺术创造力和造园思想,因此最能代表中国古典园林的成就。

2. 天然园林

一般建在城镇近郊或远郊的山野风景地带,根据天然风景加工改造而成。往往利用天然的真山真水,在因势利导的情况下,用原有自然风致去芜理乱、修整开发、开辟路径、布置园林建筑,不费人事之工就可形成的自然园林。

二、按园林的功能分类

按照营建的功能和目的,古典园林可分为以下三种类型。

1. 皇家园林

皇家园林,又名苑囿、宫苑,为皇家所有。"囿"字出现在殷商,指帝王游猎和蓄养禽兽的地方。"苑"字出现在汉,意同囿。汉时,囿不仅供帝王游猎,还可在其中寝居,观赏山水。因此,称帝王园林为"苑囿",如北京的颐和园、中南海、景山、承德避暑山庄等。它们的主要特点是:利用自然山水,范围大,园中建筑富丽堂皇,建筑形式极为多样且功能齐全,景色兼收并蓄,规模宏伟浩大,园中有行宫,园中有园;另外,多选天然风景佳地,集天下能工巧匠,收天下之美景,穷极天下之乐趣,耗费巨资建成。

◆ 案例驿站 9.1

避暑山庄

避暑山庄原名热河行宫,俗称承德离宫。曾是中国清朝皇帝的夏宫。距离北京 200

千米。由皇帝宫室、皇家园林和宏伟壮观的寺庙群所组成。避暑山庄位于承德市中心区以北，武烈河西岸一带狭长的谷地上，山庄的建筑布局大体可分为宫殿区和苑景区两大部分。宫殿区包括正宫、东宫、松鹤斋和万壑松风四组建筑，风格古朴典雅，是清朝皇帝处理朝政、举行庆典、日常起居的地方。苑景区又可分成湖区、平原区和山区三部分，内有康熙、乾隆钦定的72景，拥有殿、堂、楼、馆、亭、榭、阁、轩、斋、寺等建筑100余处。它的最大特色是山中有园，园中有山。

承德避暑山庄

避暑山庄是现存占地最大的古代帝王宫苑，始建于康熙四十二年（1703年），建成于乾隆五十五年，历时87年。避暑山庄占地564万平方米，环绕山庄蜿蜒起伏的宫墙长达10千米，是中国现存最大的古典皇家园林，相当于颐和园的2倍，有8个北海公园那么大。与北京紫禁城相比，避暑山庄以朴素淡雅的山村野趣为格调，取自然山水之本色，并吸收江南塞北之风光。

承德避暑山庄

避暑山庄及周围寺庙是一个紧密关联的有机整体，同时又具有不同风格的强烈对比。避暑山庄朴素淡雅，其周围寺庙金碧辉煌，这是清帝处理民族关系重要举措之一。由于存在众多群体的历史文化遗产，使避暑山庄及周围寺庙成为全国重点文物保护单位、全国十大名胜和44处风景名胜保护区之一，承德也因此成为全国首批24座历史文化名城之一。避暑山庄与北京的颐和园、苏州的拙政园、苏州的留园这四座第一批全国重点文物保护单位里的园林一起并称为中国四大名园。

案例来源：百度百科　http://baike.baidu.com

2. 宅园

宅园又称府宅园林,是私家园林的一种,与住宅相结合。它规模小,采用堆石成山、凿地成池的方式,种植花木,精心布局,可达到"不出城郭而获山水之怡,身居闹市有林泉之趣"的意境。分布于全国各地,数量可观,但以江南(太湖流域)为多,尤其苏州、扬州、无锡一带。其特点是:范围小,主题突出;建筑物体量小且淡雅;满足文人寄情于山水的雅逸,注重诗情画意。

3. 寺观园林

寺观园林指宗教、祭祀园林,是寺观、祠堂等与园林相结合的产物。多分布在远离城市的地方,或据山而设,或置于山巅,或深入山坳,或隐入洞壑,或临于江河。人们根据不同的自然地理环境创造出各具特色的寺观园林,如北京碧云寺的水泉院、白云观等。其主要特点是:多建在环境静穆、景色优美的自然山林;多为轴线对称式建筑布局;林木以多年生树种为主,以突出肃穆、庄严的气氛。

三、按园林的区域分类

按园林所处的区域分类,可分为三种类型。

1. 北方园林

北方园林由于受北方自然地理条件的限制,园内河溪湖泊、园石和常绿树木均较少,但范围较大;又因大多位于古都之中,所以建筑富丽堂皇。风格趋于粗犷豪放。北方园林的代表大多集中于北京、西安、洛阳、开封,其中尤以北京为代表。

2. 江南园林

江南是指长江下游太湖流域一带。江南自东晋、南北朝之后,经济发展很快,同时山清水秀、河道密布、湖塘众多、草木繁茂,为建园林提供了条件。由于人口较密集,所以园林地域范围小;又因河湖、园石、常绿树较多,所以园林景致较细腻精美。其特点表现为明媚秀丽、淡雅朴素、曲折幽深,但究竟面积小,略感局促。南方园林的代表大多集中于南京、上海、无锡、苏州、杭州、扬州等地,其中以苏州四大名园(沧浪亭、狮子林、拙政园、留园)为代表。

3. 岭南园林

岭南,系我国南方五岭之南的概称,其境域主要涉及福建南部、广东全部、广西东部及南部,位于欧亚大陆的东南边缘,处于低纬。北有五岭为屏障,南濒南海,多山少地,河网纵横,受着强烈阳光的照射和海陆季风的影响,具有优良的气候条件。岭南地区具有明显的南亚热带风光特点,造园条件十分优越。由自然景观所形成的自然园林和适合于岭南人生活习惯的私家园林，不同于北方园林的壮丽、江南园林的纤秀，具有轻盈、自在与敞开的岭南特色。园林多为景观欣赏与避暑纳凉结合，其布局往往以大池为中心，绕以楼阁，高树深池，阴翳生凉。花木种植颇广，从青竹幽兰到热带的榕树、木棉均有。它们与建筑小品相映衬，更显得园林色彩浓丽、绚烂精巧。据历史记载，岭南园林始建于南越帝赵陀，效仿秦皇宫室园囿在越都番禺（今广州）大举兴宫筑苑。现存的九曜园，其前身就是仙湖遗迹，把岭南的皇家宫苑推上了顶峰。代表性园林包括广州市番禺县的余荫山房、东莞的可园、顺德的清晖园、佛山的梁园、粤中四大名园。

◆ 案例驿站 9.2

苏州沧浪亭

沧浪亭位于苏州城南沧浪亭街，是现存苏州最古的园林。其地初为五代时吴越国广陵王钱元璙近戚中吴军节度使孙承祐的池馆。北宋庆历五年（公元 1045 年），诗人苏舜钦（子美）流寓吴中，以四万钱购得园址，傍水构亭名"沧浪"，取《孟子·离娄》和《楚辞》所载孺子歌中"沧浪之水清兮，可以濯吾缨；沧浪之水浊兮，可以濯吾足"之意，作《沧浪亭记》，自号沧浪翁。南宋时为抗金名将韩世忠所居，人称韩园。元延祐年间僧宗敬在其遗址建妙隐庵。明嘉靖三年（公元 1524 年），苏州知府胡缵宗于妙隐庵建韩蕲王祠。嘉靖二十五年（公元 1546 年）僧文瑛复建沧浪亭，归有光作《沧浪亭记》。清康熙二十三年（公元 1684 年），江苏巡抚王新命建苏公（舜钦）祠。康熙三十四年（公元 1695 年），江苏巡抚宋荦寻访遗迹，复构沧浪亭于山上，并筑观鱼处、自胜轩、步碕廊等。道光年间，增建五百名贤祠。咸丰十年（公元 1860 年）毁于兵火。同治十二年（公元 1873 年）重建。

苏州沧浪亭

沧浪亭面积约 16.5 亩，为苏州大型园林之一，具有宋代造园风格，是写意山水园的范例。沧浪亭造园艺术与众不同，未进园门便见一泓绿水绕于园外，漫步过桥，始得

> 入内。园内以山石为主景,迎面一座土山,隆然高耸。山上幽竹纤纤,古木森森,山顶上便是翼然凌空的沧浪石亭。山下凿有水池,山水之间以一条曲折的复廊相连,廊中砌有花窗漏阁,穿行廊上,可见山水隐隐迢迢。假山东南部的明道堂是园林的主建筑,与明道堂东西相对的是五百名贤祠。园中最南部的是建在假山洞屋之上的看山楼,看山楼北面是翠玲珑馆,再折而向北到仰止亭,出仰止亭可到御碑亭。
>
> 园以清幽古朴见长,富有山林野趣。池水萦回,古亭翼然,轩榭复廊,古树名木,内外融为一体,在苏州众多园林中独树一帜。
>
> 案例来源:中国网 http://www.china.com.cn

第三节　园林构景艺术

一、园林的主要构景手法

在园林中,因借自然,模仿自然,组织创造供人游览观赏的景色谓之构景。人工构景要根据园林的性质、规模,因地制宜,因时制宜,以求得渐入佳境、小中见大、步移景异的理想境界,取得自然、淡泊、恬静、含蓄的艺术效果。构景手段很多,如讲究造园目的、园林的起名、园林的立意、园林的布局、园林中的微观处理等。在微观处理中,通常有以下几种造景手段,也可作为观赏手段。

1. 抑景

中国传统艺术历来讲究含蓄,所以园林造景也绝不会让人一走进门口就看到最好的景色;最好的景色往往藏在后面,这叫做"先藏后露""欲扬先抑""山重水复疑无路,柳暗花明又一村"。采取抑景的办法,才能使园林显得有艺术魅力。例如,园林入口处常迎门挡以假山,这种处理叫做山抑。

2. 添景

当甲风景点在远方,或自然的山,或人文的塔,如没有其他景点在中间、近处作过渡,就显得虚空而没有层次。如果在中间、近处有乔木、花卉作中间、近处的过渡景,景色显得有层次美,这中间的乔木和近处的花卉便叫做添景。例如,当人们站在北京颐和园昆明湖南岸的垂柳下观赏万寿山远景时,万寿山因为有倒挂的柳丝作为装饰而生动起来。

3. 夹景

当甲风景点在远方,或自然的山,或人文的建筑(如塔、桥等),它们本身都很有审美价值。如果视线的两侧大而无当,就显得单调乏味;如果两侧用建筑物或树木花卉屏障起来,使甲风景点更显得有诗情画意,这种构景手法即为夹景。例如,在颐和园后山的苏州河中划船,远方的苏州桥主景为两岸起伏的土山和美丽的林带所夹峙,构成了明媚动人的景色。

4. 对景

在园林中,或登上亭、台、楼、阁、榭可观赏堂、山、桥、树木,或在堂、桥、廊等处可观赏亭、台、楼、阁、榭。这种从甲观赏点观赏乙观赏点,从乙观赏点观赏甲观赏点的方法(或构景方法)叫做对景。

5. 框景

园林中的建筑的门、窗、洞,或乔木树枝抱合成的景框,往往把远处的山水美景或人文景观包含其中,这便是框景。

6. 漏景

园林的围墙上,或走廊(单廊或复廊)一侧,或两侧的墙上,常常设以漏窗,或雕以带有民族特色的各种几何图形,或雕以民间喜闻乐见的葡萄、石榴、老梅、修竹等植物,或雕以鹿、鹤、兔等动物,透过漏窗的窗隙,可见园外或院外的美景,这叫做漏景。

7. 借景

小至私家园林,大至皇家园林,空间都是有限的。在横向或纵向上让游人扩展视觉和联想,才可以小见大,最重要的办法便是借景。所以计成在《园冶》中指出,"园林巧于因借"。借景有远借、邻借、仰借、俯借、应时而借之分。借远方的山,叫做远借;借邻近的大树,叫做邻借;借空中的飞鸟,叫仰做借;借池塘中的鱼,叫做俯借;借四季的花或其他自然景象,叫做应时而借。

二、园林的主要景观建筑

园林中建筑有十分重要的作用。它可满足人们生活享受和观赏风景的愿望。中国自然式园林,其建筑一方面要可行、可观、可居、可游,另一方面起着点景、隔景的作用,使园林移步换景、渐入佳境、以小见大,创造富有变化的空间,又使园林显得自然、淡泊、恬静、含蓄。这是与西方园林建筑不同之处。我国自然式园林中的建筑形式主要有以下几种。

1. 厅

厅指用于满足会客、宴请、观赏花木或欣赏小型表演的建筑,它在古代园林宅第中发挥公共建筑的功能。它不仅要求较大的空间,以便容纳众多的宾客,还要求门窗装饰考究,建筑总体造型典雅、端庄,厅前广植花木,叠石为山。一般的厅都是前后开窗设门,但也有四面开门窗的四面厅。

2. 堂

堂是居住建筑中对正房的称呼。堂一般是一家之长的居住地,也可作为家庭举行庆典的场所。堂多位于建筑群中的中轴线上,体型严整,装修瑰丽;室内常用隔扇、落地罩、博古架进行空间分割。

3. 楼

楼是两重以上的屋,故有"重层曰楼"之说。楼的位置在明代大多位于厅堂之后,在园林中一般用作卧室、书房或用来观赏风景,后也用于贮藏。由于楼高,也常常成为园中的一景,尤其在临水背山的情况下更是如此。

4. 阁

阁与楼近似,但较小巧。阁,其平面为方形或多边形,多为两层的建筑,四面开窗;一般用来藏书、藏画、观景,也用来供奉巨型佛像。

5. 榭

《园冶》云:"榭者,借者,藉景而成者,或水边,或花畔,制亦随态。"可见,榭多借周围景色构成,一般都是在水边筑平台,平台周围有矮栏杆,屋顶通常用卷棚歇山式,檐角低平,显得玲珑轻巧、简洁大方。榭的功用以观赏为主,又可作休息的场所。随着现代园林建筑形式的不断丰富和发展,榭在体量、布局、造型上都有很大变化,变得更为丰富多彩。

6. 舫

舫是一种类似船形的建筑,又名"不系舟"。园林建筑中舫的概念,是从画舫那里来的。舫不能移,只供人游赏、饮宴及观景、点景。舫与船的构造相似,分头、中、尾三部分。船头有眺台,作赏景之用;中间是下沉式,两侧有长窗,供休息和宴客之用;尾部有楼梯,分作两层,下实上虚。从总的艺术风格看,舫这种园林建筑形式,贵在似与不似之间,这样才能创造出园林建筑佳品。

◆ **案例驿站 9.4**

清晏舫

清晏舫位于颐和园万寿山西麓岸边。建于清乾隆二十年(1755 年)。舫上舱楼原为古建筑形式。船体乃用巨石雕成,全长 36 米,是颐和园内著名的水上珍品。但在英法联军入侵时,舫上的中式舱楼被焚毁。光绪十九年(1893 年),按慈禧意图,将原来的中式舱楼改建成西式舱楼,并取河清晏之义,取名清晏舫。顶部用砖雕装饰,显得精巧华丽。

颐和园清晏舫

案例来源:百度百科 http://baike.baidu.com

7. 廊

廊是一种"虚"的建筑形式,两排列柱顶着一个不太厚实的屋顶,将园内各单体建筑连为整体。廊一边通透,利用列柱、横楣构成一个取景框架。廊造型别致曲折、高低错落,将中国传统建筑的特色进一步展现出来。廊的类型可分为双面空间、单面空间、复廊和双层廊等;从平面来看,又可分为直廊、曲廊和回廊。

8. 亭

亭,体积小巧,造型别致,选址灵活,可建于园林的任何地方,其主要用途是供人休息、避雨,同时也是重要的点景建筑。亭子的结构简单,其柱间通透开辟,柱身下设半墙。从亭的平面来看,可分为正多边形亭、长方形和近长方形亭、圆亭和近圆亭、组合式亭等。从立体构形来说,亭又可分为单檐、重檐和三重檐等类型。

◆ 本章小结

1. 本章结语

中国古典园林文化内涵丰富、积淀深厚,在旅游开发中要认清资源的深厚的历史文化内涵,保护园林文化内涵的本真性,才能最大限度地开发古典园林类旅游资源蕴含的深厚价值。古典园林类旅游资源主要包括东方古典园林和西方古典园林,两者在发展过程上存在不同的发展历程和文化内涵。园林类型由于不同的划分目的和标准得出不同的划分结果,应结合相关实践案例形成对相关园林的认识。构景艺术对于进行古典园林类旅游资源开发具有重要意义,应在继承传统构景艺术中不断创新,以此进一步推动古典园林类旅游资源的开发,造福于人类。

2. 本章知识结构图

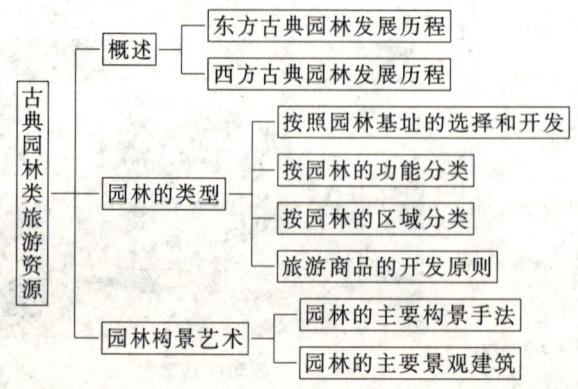

3. **本章核心概念**

园林　构景

◆ 本章推荐阅读

[1] 胡刚.园林建筑设计发展趋势研究[J].建筑科学,2009.13:81—83.
[2] 秦忠民.浅析园林植物造景的发展趋势[J].河南林业科技,2009.1:56—60.

阅读后请思考：
1. 园林建筑设计发展的新趋势对古典园林类旅游资源开发有哪些影响？
2. 园林植物造景发展的新趋势对当前新建园林绿化具有什么影响？

◆ 讨论与思考

1. 什么是园林？简述其发展历程。
2. 谈一谈你对古典园林类旅游资源的认识。
3. 结合本地现状,试述古典园林类旅游资源构景艺术。
4. 你周边的旅游区都有哪些古典园林类旅游资源？
5. 通过小组形式展开讨论,试作一份关于某地区古典园林类旅游资源的研究报告。

第十章

宗教文化类旅游资源

学习目标

知识要点：了解世界三大宗教和中国道教发展的历史、基本教义及传播情况；理解宗教文化类旅游资源的类型、构成和开发价值；掌握我国四大宗教代表性的旅游资源及其特点、分布、旅游开发现状。

技能训练：分析某一宗教文化类旅游资源的价值，并通过实地调查对其游客结构及游客行为进行分析。

能力拓展：选择某一宗教文化类旅游资源，思考在其开发中应注意的问题，并制订旅游开发方案；讨论我国宗教旅游市场发展中存在的问题，并提出相应对策。

引例

龙泉寺春节旅游活动

龙泉寺旅游区位于湖北省十堰市龙泉洼，是集宗教文化、健身休闲、自然生态于一体的综合性旅游区，主要景点有龙泉寺大雄宝殿、天王殿、放生池、九龙圣泉井、观音瀑布、龙王殿、百鸟园、观景台、祈雨堂等。

春节期间，龙泉寺举办了丰富多彩的旅游活动。如龙泉寺敲钟纳福，大年三十晚十一时，住持将率寺内教职人员撞响108次钟声，僧人唱诵经文，祈福新年平安、社会和谐、国家昌盛，到寺内纳福的游客、香客，也可以在住持的带领下亲自参与新年撞平安钟活动；新春燃头香祈福仪式，从大年初一零时开始，游客即可以在天王

湖北龙泉寺旅游区

殿和大雄宝殿的香炉前点燃新春头炷香;大年初五迎财神仪式,住持将会将财神从大雄宝殿请出,以供游客敬香许愿;千尾锦鲤放生法会,正月初七在天王殿门前举行放生仪式,并在放生池旁组织由游客和香客统一放生。

案例引发问题:宗教文化中哪些要素可以成为旅游资源?如何将宗教资源开发为大众性、文化性、参与性的旅游产品?

资料来源:十堰晚报、十堰市龙泉寺景区网站(http://www.sylqs.cn/index.asp)

第一节 宗教文化与旅游

宗教是人类思想意识发展到一定阶段的产物,是"支配着人们日常生活的外部力量在人们头脑中的反映"(恩格斯语)。宗教起源于原始社会时期人们对自然事物的崇拜,而后发展到对社会事物和人自身的崇拜,如图腾崇拜、鬼魂崇拜、祖先崇拜等。宗教自产生起就成为人类社会发展的重要动力,在协调社会关系、安抚人们精神等方面发挥着重要作用。从世界范围来看,世界性三大宗教(佛教、伊斯兰教、基督教)影响最广、最深远,其他数量较多的地区性和民族性宗教(如道教、犹太教、萨满教等)也具有很强的社会和文化精神作用。当前,宗教在世界各国依然非常活跃,宗教信仰者约占世界总人口的4/5。我国四大宗教为佛教、道教、伊斯兰教、基督教,它们对我国政治、社会和文化产生了广泛的影响。

宗教文化是宗教发展过程中所积累形成的具有自身特色的物质文化和精神文化要素,主要包括宗教建筑、宗教艺术、宗教活动等。目前,宗教文化已经成为具有文化、艺术、观光等吸引力的旅游资源,是旅游者回归历史、文化学习、精神陶冶的归宿。宗教文化的旅游资源价值主要表现在以下三个方面。

1. 宗教建筑是中国建筑的杰出代表,具有很强的历史文化、观赏审美以及科技价值

宗教建筑是宗教信徒进行宗教仪式、宗教研究与学习、宗教传播与服务、日常生活、死后纪念或埋葬的场所。宗教建筑一般选址在环境优美之地,注重建筑与自然的融合,观赏审美、生态休闲价值高;而且它们都具有鲜明的文化特色、时代特征,特别是很多具有悠久历史的古代宗教建筑具有极强的历史文化价值,加之建造者的奇思异想和轻巧设计施工,很多宗教建筑又是建筑艺术和技术的精华。

2. 宗教活动是宗教信徒精神皈依的外化行动,是信徒旅游者精神释放和自我实现的依托,是普通旅游者求异和学习的媒介

宗教活动主要包括宗教仪式、宗教学习与传播、宗教节日等,是开发参与性和体验性旅游产品的资源基础。

3. 宗教艺术是中国艺术精品的代表,具有很强的观光审美、艺术鉴赏、科学技术等方面的价值

宗教艺术是指宗教信徒所创造的石窟、石刻造像、雕塑、彩绘、法器、服装等艺术品,是信徒信仰和精神生活的物质载体。

第二节 佛教文化旅游资源

佛教创立于公元前6世纪,创始人为古印度的释迦牟尼,后世信徒尊称为释祖或佛祖。佛教最初的中心在印度半岛,公元前3世纪开始迅速向传至中亚、南亚、东亚。佛教于两汉之际传入中国,东汉时期开始兴盛,南北朝时期逐步实现中国化,隋到南宋中期是我国佛教的黄金时代。佛教在中国2 000多年的发展历程中,对中国的政治、社会、文化等产生了广泛的影响,并留下了佛教寺院、佛塔、石窟和摩崖造像、佛教活动等丰富的旅游资源。

一、佛教寺院

佛教寺院是佛教教徒供奉佛像、僧侣修行、举行法事、居住生活的场所,也是普通信徒进香朝拜、参加宗教活动之地。一般情况下,一寺之中可以有若干院落,建筑规模较小的寺也叫做院,统称寺院。佛教传入中国之初,寺院几乎都是参照印度佛寺的模式,以塔为中心,四周建有殿堂,最为典型的就是青海的"塔尔寺";晋唐以后,殿堂逐渐成为主要建筑,塔则移到寺外。随着佛教的发展,寺庙不断增多,到了北魏时期,全国佛教寺院多达三万余座,能够保留至今的仍有数千计。

佛教寺院多选址在幽雅僻静、环境优美的山林之中,其建筑或中轴对称或因地形而自由灵活,有很多还建立在悬崖峭壁等险要之地。我国现存的山西恒山悬空寺、江南悬空寺大慈岩等7座悬空寺以奇、悬、巧、险而成为世界建筑奇葩。它们建于悬崖峭壁之上,以岩石和半插飞梁为基,因岩石形式而巧妙布局建成寺院,整体建筑有"蜃楼疑海上,鸟道没云中"之意境。

佛教在我国不同地区和民族传播中形成了汉地佛教(汉语系)、藏传佛教(藏语系)和云南地区上座部佛教(巴利语系)三大系统。佛教寺院也因地区和民族文化的差异,在建筑风格上具有很大不同。

1. 汉地佛教寺院

汉地佛寺的建筑布局,基本上采取了中国古代官署和传统院落的形式,其布局特征是"寺、塔一体,塔踞中心"。我国现存汉化佛寺数量众多,如河南洛阳白马寺和登封少林寺、山东济南灵岩寺和千佛山兴国寺等。佛寺一般坐北向南,山门和各殿布局在中轴线上,两侧为对称的廊屋,亦有不少寺院因地形而灵活布局。

从北魏开始,寺院建筑在中国兴盛起来,但是,印度神庙和佛寺建筑的模式并没有被接受。寺,在中国原来就是汉代官署的名称。相传中国第一座古寺,东汉永平十年所建的白马寺,就是用接待外国宾客的官署枣鸿胪寺改建的。中国人从一开始就把佛寺与官府、宅邸、祠堂混同起来。这是因为在建筑格局上,支配中国人的是根深蒂固的阴阳宇宙观和崇尚对称、秩序、稳定的审美心理,不仅宫殿官邸如此,祠堂、民居、寺院道观也是如此。所以中国佛寺一开始就融合了固有的祭祀祖宗、天地的祠庙建筑布局特点,多采用平面方形布局,南北中轴线贯穿,左右对称分布,整体建筑群落气势磅礴。

隋唐以前的佛寺,一般在寺前或宅院中心造塔。当时的寺院习称"浮屠祠",塔中舍利是当时信徒巡礼的主要内容。庙前有廊庑围绕,正中院庭的前后有殿堂。隋唐以后,造巨像成风,佛殿普遍代替佛塔,或另辟塔院,或置佛塔于寺前后或两侧。

禅宗兴起后,提倡"伽蓝七殿"制。七堂为佛殿、法堂、僧堂、库房、山门、西净、浴室。较大的寺院还有讲堂、经堂、禅堂、塔、钟楼、鼓楼等建筑。明代以后,伽蓝制度已有定式,殿堂塑像也大体一致。佛寺殿堂的配置大致是,以南北为中轴线,自南往北,依次为:山门、天王殿、大雄宝殿、法堂,后面是藏经楼。东西配殿则有伽蓝殿、祖师殿、观音殿、药师殿等。寺院的东侧往往为僧人生活区,包括僧房、香积厨、斋堂、茶堂、职事堂(库房)等。西侧主要是云会堂(禅堂),以容四海云游僧人而名。

此外,园林式建筑格局的佛寺也较普遍。以寺为主,或包以园林,或附于园林,或穿插于园林当中。与寺庙均衡、对称、封闭相反,园林的配置则追求自然,灵活多变,园林内曲径通幽,柳暗花明,境界无穷。这两种相反的艺术格局构成了中国寺院既典雅庄重,又有自然情趣,意境深远。如苏州的灵岩寺、杭州的灵隐寺、天台山国清寺、广东曲江南华寺、湖南衡山祝圣寺、湖北当阳玉泉寺、成都文殊院等等,都属于此类格局。

2. 藏传佛教寺院

藏传佛教寺庙,又叫喇嘛庙。藏传佛寺建筑的内容组成与汉传佛寺有很大不同。一座藏传佛教寺院内包括有信仰中心——佛殿、佛塔;宗教教育建筑——学院(藏语为"扎仓");管理机构——活佛公署,以及辩经场、僧舍、库房、厨房、管理用房等。达赖、班禅经常驻锡的寺院内尚有宫室建筑(藏语称"颇章")。布达拉宫内还有达赖的陵墓——灵塔殿等。有的寺院内拥有数个学院及佛殿,故一般藏传寺院的规模较大。

藏传佛教建筑的主要风格是源于西藏民居的碉房体系,即砖石外墙、平顶、小窗的外观风格,体现在无论经堂、佛殿或僧舍,都注重墙面的装饰,墙头都用暗棕色的便玛墙带。在发展过程中藏传佛教寺院与地方建筑艺术相结合,其艺术风格又有所变化,大致可分为三种类型:一是汉式建筑,如北京的雍和宫;二是汉藏结合式建筑,如青海塔尔寺、河北承德的普宁寺;三是藏式建筑,如布达拉宫。

3. 云南上座部佛教寺院

云南上座部佛教,也称南传佛教,主要分布在云南的西双版纳、德宏、思茅、临沧和保山等地。信仰的民族有傣族、布朗族、德昂族、阿昌族、佤族等。在上述地区,佛寺数量众多,繁荣时几乎"村村有佛寺"。现存著名的佛寺有西双版纳景洪市的曼飞龙塔、勐海县的景真八角亭、临沧沧源县的广允缅寺、芒市五云寺等。上座部佛教寺院的建筑规模通常都比较小,建筑种类也较少,且建筑风格各地不尽相同。其佛寺一般由寺门、前廊、佛殿、经堂、鼓房、僧舍及佛塔组成。

◆ 案例驿站 10.1

"域内四绝"之灵岩寺

灵岩寺初建于东晋,兴于北魏,盛于唐宋,唐李吉甫将其列入"域内四绝"。现存殿宇多为明清时期所建,但保留了不少宋代构件。灵岩寺坐北面南,现存天王殿、钟鼓楼、大雄宝殿、五花殿、千佛殿、般若殿、御书阁、塔林、辟支塔等。千佛殿是寺内最早的木结构建筑,始建于唐贞观年间(627—649年),为单檐灰筒瓦顶建筑,殿面七间,建于两米高的基座上;前檐八根石柱,柱础雕刻着龙、凤、花叶水波及莲瓣、宝装荷花等纹样,雕工精美,匠心独具。千佛殿内的 40 尊宋代彩色泥塑罗汉是中国古代雕塑的珍品,梁启超称其为"海内第一名塑"。

灵岩寺

灵岩寺峰峦奇秀,风光旖旎,以风景幽深、泉石秀丽著称于世。寺外摩顶松、千岁檀、朗公石、"镜泄春晓"、"方山积翠"、"明孔晴雪"等胜景别具情趣;寺内古木苍翠,怪石林立,殿宇峥嵘。灵岩寺旅游区是国家级风景名胜区和佛教圣地,现为国家级 4A 级景区。

案例来源:王松毅.山东旅游文化[M].济南:山东科学技术出版社,2009.

二、佛塔

佛塔,又称塔婆、兜婆、浮屠等,是佛教信徒供奉或珍藏佛舍利、佛像、佛经、其他纪念性或珍贵之佛教宝物以及埋葬高僧遗体的场所。佛塔多为高而尖的建筑形制,由地宫、基座、塔身、塔顶、塔刹等部分组成。塔基为四方形、圆形或多角形,塔身以阶梯层层向上垒筑。佛塔平面形状一般为方形、八角形、六角形、十二角形、圆形等,建筑材质有木、砖、石、金属、琉璃等,建筑结构多为楼阁式、密檐式、金刚宝座式、墓塔等。我国佛塔有单塔也有双塔,实心和空心者皆存,层数一般为单数,常见的有 3、5、7、9、11、13 层。我国现存佛塔数量较多,五大塔林是现存佛塔集中分布的典型代表。

山西五台县佛光寺塔林,现存古塔 7 座,其中 4 座为唐代墓塔,塔身形制有覆钵体形、八角形和六角形。河南登封嵩山少林寺塔林,现存有唐至清代的砖石塔 2 209 座,为我国现存最大的塔林,塔高度均在 15 米左右,造型有四角、六角、锥体、瓶体、抛物线形等。山东省济南市灵岩寺塔林,现存有墓塔 167 座,墓碑 300 多幢,碑文题记达 10 万余字;佛塔造型优美,形制多样,唐慧崇和尚塔为最早建筑。云南景洪县飞龙山白塔林,由大小 9 座白塔组成,中为高达 21 米的主塔,其余 8 座高 10 米的小塔分列八角,塔基均为高 4 米的圆形基座。宁夏青铜峡县青铜峡塔林,共 108 座塔建于陡峭的山坡,是我国唯一的大型白塔林。

此外,我国还保存有大量的单体佛塔。它们或与佛寺共存至今,或独自矗立,是我国佛教文化的重要载体和极具吸引力的旅游资源。济南市灵岩寺辟支塔,高达 54 米,始建于唐天宝年间,为八角九级十二檐建筑,青砖砌垒;塔基石筑,刻有精美的石雕壁画;塔身每级四门六窗,一至三层双檐,其余单檐;塔刹由覆钵、相轮、圆光、仰月、宝珠、刹竿组成;塔内设中心柱,东、西、南三面辟龛,内置石刻辟支佛像。此外,我国保存完好、建筑特色鲜明的佛塔还有北京妙应寺白塔和五塔寺金刚座塔、西安大雁塔和小雁塔、浙江雷峰塔、云南崇圣寺三塔等多座。

三、石窟和摩崖造像

石窟是依山势而开凿的佛教建筑,内开凿石质或雕塑彩绘佛像,有的还绘有佛教故事壁画。石窟艺术兴于魏晋,盛于隋唐。它吸收了印度犍陀罗艺术精华,融汇了中国绘画和雕塑的传统技法和审美情趣,反映了佛教思想及其汉化过程,是我国珍贵的佛教艺术宝藏。我国现存的主要石窟大都属于魏唐之间或宋前期,被誉为"中国三大石窟艺术宝库"的敦煌莫高窟、大同云冈石窟、洛阳龙门石窟是其杰出代表。它们均为全国重点文物保护单位,并被列入世界文化遗产名录。其中,敦煌莫高窟以精美的壁画和塑像闻名于世,大同云冈和洛阳龙门石窟以石刻久负盛名。

敦煌莫高窟,俗称千佛洞,始建于十六国的前秦时期,现存洞窟 735 个、壁画 4.5 万平方米、泥质彩塑 2 415 尊,藏经洞内发现有 5 万多件古代文物。莫高窟是世界上现存规模最大、内容最丰富的佛教艺术圣地,被誉为"东方罗浮宫"。大同云冈石窟,始凿于公元 460 年,分为东、中、西三部分。东部石窟以造塔为主,故又称塔洞;中部石窟分前后两室,主佛居中,洞壁及洞顶布满浮雕;西部石窟以中小窟和补刻的小龛为最多,大都是北魏迁都洛阳后雕刻。现存大小石窟 53 个、窟龛 252 个、造像 51 000 余尊,代表了公元 5 世纪至 6 世纪时我国杰出的佛教石窟艺术。洛阳龙门石窟,始凿于北魏孝文帝迁都洛阳前后,后经东西魏至宋代连续地大规模营造。石窟南北长达 1 千米,现存窟龛 2 345 个,题记和碑刻 2 680 余件,佛塔 70 余座,造像 10 万余尊。其中,最大的佛像高达 17.14 米,最小的仅有 2 厘米。

摩崖造像是指在崖壁上露天或于浅龛中开凿的石刻佛像,多数情况以群组形式出现,有时与石窟并存。我国摩崖造像的典范是四川乐山大佛,现为世界自然与文化双重遗产。大佛(又名凌云佛)为弥勒佛坐像,始凿于唐玄宗开元初年(公元 713 年),至唐德宗贞元 19 年(公元 803 年)完工。大佛头依崖壁凿成,通高 71 米,脚面可围坐百人以上。在大佛两侧崖壁有两尊身高 10 余米、手持戈戟、身着战袍的护法武士石刻以

乐山大佛

及数百龛上千尊石刻造像,形成了庞大的佛教石刻艺术群。大佛头部右后方是建于唐代的凌云寺,寺内现有天王殿、大雄殿和藏经楼等三大建筑群。

四、佛教活动

作为旅游资源的佛教活动,是指旅游者能够直接或间接参与的具有观赏、参与、体验等功能的活动内容。具体来说,主要包括佛教朝拜、祈福求愿、佛教学习、佛教生活体验、法事观看与参与、佛教节庆。其中,佛教节庆的社会参与性最强。我国佛教最重要的节日是浴佛节和盂兰盆节。浴佛节亦名佛诞节,是我国佛教徒纪念教主释迦牟尼佛诞辰的节日。该节日中,僧徒在早斋或午斋前都要举行供佛祭祖仪式,信徒们则来寺院烧香还愿、礼佛诵经、听法师讲经、请僧人做法事。在寺外,各种商品交换、文化娱乐活动丰富多彩。活动往往持续多日,因此在许多寺院形成了传统的庙会。盂兰盆节又称为僧自恣

日、佛欢喜日,时间为农历七月十五日,是佛教徒举行供佛敬僧仪式及超度先亡的节日。

◆ **专题笔谈 10.1**

五台山宗教旅游项目

五台山丰富的佛教文化充实了当地的旅游资源,为发展五台山宗教旅游提供了条件。已开发的宗教旅游项目有宗教观光游、宗教朝拜游、宗教生活习俗游、庙会游。可开发的旅游项目有:宗教修学旅,一方面可继续在五台山建设佛学院、组织研修班等,另一方面发展针对学者和知识阶层的宗教修学旅游;宗教休养、疗养和避暑游,使现代休养旅游活动与佛家功夫结合,修身养性;宗教娱乐游,宗教旅游并非像人们想像的那样都是古老、沉重、压抑的,随着社会的进步,也可给人以娱乐方面的享受;宗教民俗游,五台山地区的宗教民俗形式多样,包括当地农村的服饰民俗、饮食肴馔、婚丧嫁娶、民居宅院、礼仪等,具有传统的宗教传统遗风和浓郁的地域文化特色。

资料来源:孙爱丽,王唏.五台山的佛教文化及其宗教旅游发展的探讨[J].社会科学家,2003(3):110—113.

第三节 道教文化旅游资源

道教起源于我国的传统宗教,是由我国古代宗教信仰和秦汉时期方仙道、黄老道融合而形成。道教形成于东汉中期,其最高信仰是"道",相信人通过一定方法的修炼就能长生不老、得道成仙。其供奉老子为教主,尊奉《道德经》为主要经典。创立初期,道教主要在民间流行,如太平道和五斗米道;两晋时期,道教向上层社会发展趋势显著,适合士大夫阶层的上清派(奉《上清经》)和灵宝派(奉《洞玄灵宝经》)等派别迅速发展;隋唐到北宋是道教兴盛和大发展时期,封建统治者对其大力扶持和尊崇;从南宋开始,道教进入新的分化和整合时期,到元代逐步融合为全真和正一两大派。

道教的终极目标是长生成仙,其体现的是"我命在我,不属天地"之精神。道教实现长生成仙的途径是修炼,其方法主要有符箓、外丹炼制、内丹修炼。道教向往仙境,十济三岛、三十六洞天、七十二福地等都是道教信徒最向往的仙境。直到今天,道教依然是我国主要的宗教之一,日本、韩国、泰国以及欧美一些国家都有道教信徒。道教旅游资源以道教宫观建筑为最多、最具有吸引力,道教石刻、道教活动等也是文化旅游、宗教旅游的重要资源。

一、道教宫观

道教宫观是道教教徒(道士)修道炼丹、祭祀神仙、举行宗教仪式、生活居住以及对信徒开展相关活动的场所。早期道教活动的场所多为处在深山的茅庐、洞穴,这些茅庐、洞穴称为茅室、幽室、静室、靖室、精舍、治、馆等。北朝时称道观,唐代时又有道宫之称。道教宫观一般在幽静、神秘的深山密林之中,沿海地区则多是依于山、隐于林、面朝大海,实现了山、林、海的有机组合和人与自然的和谐统一。清代开始,道教宫观开始向市镇城内发展,现存著名的有太原纯阳宫、成都青羊宫、天水玉泉观、济南北极阁等。道教宫观多为由个别的、单一的建筑相互连接组合成的建筑群,整体结构方正、对称严谨。一般情况下,道教宫观从山门开始,依次排列着龙虎殿或灵宫殿、三清殿或玉皇殿、四御殿、纯阳殿、重阳殿或老律堂等建筑。四川青城山、湖北武当山、山东泰山和崂山等地都现存有较为完整的道教宫观。

青岛崂山为道教名山,太清宫、上清宫、玉清宫是崂山众多道教宫观的代表。太清宫又称下清宫,位于崂山东南蟠桃峰下,前临黄海,为全真教随山派的祖庭。太清宫现占地3万平方米,建筑面积2 500平方米,现存三官殿(供奉天官、地官、人官)、三清殿(供奉道德天尊、元始天尊、灵宝天尊)、关岳祠和三皇殿(供奉轩辕、神农、伏羲)。宫中汉柏、唐榆、银杏均历经千年风霜,500年树龄的山茶树生机盎然,盛开时红花似锦。上清宫位于崂山东南麓的昆仑山之阳、宝珠山之阴,初建于北宋初年,为全真教华山派的宫观。上清宫为前后两进院落,占地约1 000平方米,现存殿宇房舍28间。其中,前殿供奉三清,后殿祀玉皇大帝,东配殿供奉三官真神,西配殿供奉的是"北七真"(即王重阳的7位弟子);宫前的银杏树,高26米,直径152厘米,有"公孙树"之称;前院门内东西各有枝叶繁茂的古银杏一棵;后院正殿西窗前白牡丹是《聊斋志异·香玉》白衣花神的化身。玉清宫又称白云庵,始建于唐代,明正德年间重修,"文化大革命"初期宫观被焚毁、拆除。2007年,位于今崂山巨峰游览区的玉清宫遗址被发现,遗址面积约6 000平方米,北侧有大殿残基,西侧有西厢房残基,周边有八棱花岗岩断柱及散落的花岗岩建筑材料,周围院墙地基尚存。

二、道教刻石与造像

道教刻石是记载道教活动、宣扬道教经典及思想的石刻碑记。常见形式为碑刻和摩崖刻石。我国现存主要道教刻石多分布于道教圣地,如武当山、崂山、青城山、鹤鸣山、龙虎山、齐云山等地。

道教造像是指造于庙堂、石窟等供道教信徒奉祀的神像。道教造像由于神灵的地位、作用不同,所以其形象制作要求也不同。现存著名的道教造像主要有西安碑林博物馆保存的唐代老子石刻像、太原市山西省博物馆二部的唐代常阻天尊像、太原晋祠宋代侍女像、山西晋城玉皇庙金元时代的二十八宿造像等等,均为世界著名的中国古代雕塑珍品。

三、道教活动

旅游者能够参与的道教活动主要有归隐修心、祈福求愿、吉凶问卜、道教节庆等。通过这些活动,旅游者能够实现遁世、求异、精神抚慰、体验等旅游需要和动机。道教节日众多,不同地区不同供奉对象都有相应的节日,主要节日有三元节、五腊日、玉皇圣诞、王母圣诞、文昌圣诞、张天师诞辰等。道教节日的群众参与性强,很多地区节日期间成为当地的传统庙会。例如,武当山现每年都举办新年迎春撞钟、三月三庙会、九月九祈福法会,泰山每年举办东岳庙会。

◆ **案例驿站 10.2**

泰山东岳庙会

泰山东岳庙会始于泰山神生日(农历三月二十八)的祭祀和庆贺活动,兴于唐宋,鼎盛于明清。宋真宗时,东岳庙会被定为惯例,并予以延续。明代又增加了奉祀泰山老奶奶——碧霞元君的内容。相传碧霞元君的诞辰为农历四月十八,与原来庆祝东岳大帝的活动连在一起,遂使东岳庙会的时间更长、规模更大,东岳庙会由此达到了鼎盛时。

泰山东岳庙会

东岳庙会集吃、住、行、游、购、娱、宗教文化于一体。明朝张岱在《岱志》中描述了东岳庙会的热闹场面:"斗鸡,蹴鞠,走解,说书。相扑台四五、戏台四五。数千人如蜂如蚁,各占一方,锣鼓讴唱,相隔甚远……"其中,"相扑"也就是打擂,是东岳庙会的重头戏。《水浒传》中梁山好汉浪子燕青与太原府恶霸任原打擂的故事就发生在东岳庙会上。

经过 2 000 多年的发展,泰山东岳庙会已经发展成为中国庙会文化的源头之一,展现中国民俗文化的大舞台以及世界庙会文化的典型。今天,古老的东岳庙会又被赋予了新内容,焕发出更加迷人的风采,成为泰山旅游的新亮点。

案例来源:泰山旅游网　http://www.taishantour.com

第四节 伊斯兰教文化旅游资源

伊斯兰教兴起于阿拉伯半岛,其创始人是约于 570 年出生于麦加城古来什部落哈申家族的穆罕默德。612 年穆罕默德在麦加公开传教,622 年穆罕默德迁徙到麦地那传教并逐步建立起以伊斯兰教为基础的社会组织。唐高宗永徽二年(651 年)伊斯兰教传入中国,至宋代其传播路线主要是随商业贸易发展而沿陆上丝绸之路到西安或海上丝绸之路到广州、泉州、扬州等港口城市。元代,伊斯兰教被称为真教,与佛教、道教并列为当时三大宗教。这一时期,信奉伊斯兰教的回回民族形成,大量新疆地区居民也广泛皈依伊斯兰教。明清代,伊斯兰教由逊尼派一派分化出以格底目、伊赫瓦尼、西道堂三大派为代表的多种教派。伊斯兰教的基本信仰是信安拉、信天使、信经典、信使者、信后世、信前定,其中相信安拉是独一无二的最高神,这是最根本的信条。

一、清真寺

清真寺是伊斯兰教教徒礼拜、举行功课、教育、节庆等活动的场所。

中国唐、宋、元时期,清真寺的建筑风格主要是阿拉伯式,全部用砖石砌筑,平面布局,外观造型和清真寺细部处理多呈阿拉伯伊斯兰风格。广州怀圣寺、泉州清净寺、杭州真教寺、扬州礼拜寺,是始建于唐宋时期的清真寺,向称中国四大古寺。元代清真寺的建筑规模和数量远远超过唐宋。仅元大都(今北京)就有清真寺 35 座。其外观造型基本上保留阿拉伯建筑形式,但已逐步吸收了中国传统建筑的布局和砖木结构体系,形成中、阿混合形制。北京牛街礼拜寺、西安化觉巷清真寺以及定州礼拜寺、松江清真寺等都是典型的中、阿合璧式建筑艺术形制。

明清两代所建的清真寺,受中国传统建筑影响,形式变化很大,整体结构除礼拜大殿和邦克楼外,又增置讲经堂和沐浴室,总体结构多为传统的殿宇式,大殿结构复式化,由前卷棚、中大殿、后窑殿三部分组成,多为砖木混合结构。礼拜大殿内的窑殿墙,作成拱形卷筒式的"米哈拉布",装饰精美华丽,有的后端封闭,有的安装两扇门。邦克楼大多采用砖木结构的亭台式建筑,有的置于大门之上,既是门楼又是邦克楼,颇具中国古典建筑艺术特色。新疆喀什的艾提卡尔清真寺与库尔勒县的礼拜寺,其建筑形式更多地保留了阿拉伯伊斯兰特色,多用木料、土坯、砖及琉璃砖砌成圆拱顶或平顶式建筑,采取敞殿堂与封闭殿堂结合。吐鲁番地区多为上下礼拜殿形制。西南地区清真寺的建筑,也有采用当地民族形式的,拉萨市河坝林清真寺,整体建筑结构和细部装饰为彩画,主殿及邦克楼外的石砌和色彩、线条、花式,完全采用当地藏式建筑艺术手法。云南西双版纳地区的回族清真寺,采用傣族的竹楼形式,别具一格。

◆ **案例驿站 10.3**

艾提尕尔清真寺

新疆喀什艾提尕尔清真寺创建于 1426 年,现存建筑奠基于 18 世纪中叶,是中国最大的伊斯兰礼拜寺。该寺占地约 25 亩,主要由门楼、礼拜大殿、宣礼塔、寺院用房、人工湖等组成。正门东向,门前为以寺命名的艾提尕尔广场。全寺由礼拜殿、教经堂两部分组成,礼拜大殿面积 2 600 平方米,可供 4 000 人同时礼拜。廊檐十分宽敞,有 100 多根雕花木柱支撑,顶棚上面是精美的木雕和彩绘

艾提尕尔清真寺

的花卉图案。正殿正中墙上开了一个深龛,龛内放置一个有台阶的宝座。礼拜时,大毛拉就站在龛内领经,礼拜五或古尔邦节,大毛拉站在台阶上宣教。教徒们进殿后,依次排列先殿内,后殿外,面向西做礼拜。全寺布局合理,建筑工艺精细,装饰古朴典雅,是中国阿拉伯式伊斯兰教清真寺建筑的典范。该寺是新疆最大的礼拜寺和全疆伊斯兰教活动中心,又是古尔邦节、肉孜节群众游乐歌舞的主要场所。在古代,它还是传播伊斯兰文化和培养人才的重要学府,许多的有影响的诗人、文学家、史学家和翻译家早年也在此受过严格的学业培训。

案例来源:中国园林网

二、伊斯兰教活动

伊斯兰教宗教性活动主要有念、礼、斋、课、朝,称为"天命功课"或"五功"。具体是,信仰表白(念),指口诵清真言"我作证:万物非主,惟有安拉,穆罕默德是安拉的使者";谨守拜功(礼),即面向天房诵经、祈祷、跪拜等活动,分为日礼、聚礼、会礼三类;坚持斋戒(斋),每年 9 月为斋月,凡成年信徒从天破晓至日落时禁饮食、戒除邪念、一心向主;完纳天课(课),即有能力者完成规定的慈善施舍。朝觐圣地(朝),伊斯兰教教规要求凡身体健康、经济能力允许的成年教徒一生中有义务前往麦加朝觐一次。其中朝觐的社会参与

性强、活动规模大。

开斋节、吉尔邦节、圣纪节是伊斯兰教的三大节日,是信奉伊斯兰教的回、维吾尔、哈萨克、乌孜别克、塔吉克、塔塔尔、柯尔克孜、东乡、保安、撒拉等少数民族的盛大节日。

第五节 基督教文化旅游资源

基督教信奉耶稣为基督(救世主),尊奉《圣经》为经典。公元 1 世纪产生于亚细亚的西部地区,4 世纪被罗马帝国定为国教,11 世纪分裂为天主教和东正教,16 世纪的宗教改革后又从天主教中分裂出新教。目前,基督教依然是由天主教、东正教、新教三大派系组成,教徒约占世界人口的 1/3。

唐代属于基督教的景教传入中国,并在长安等全国 100 多个城市建寺传教。元代,基督教在中原地区快速流传,1313 年基督教在泉州设主教区。但是元代基督教信徒主要是蒙古人和色目人,元灭亡后基督教几乎随之绝迹。1580 年天主教的耶稣会获准进入广州传教,1582 年著名的传教士利马窦到中国传教。明末到清代,基督教传教士逐步得到皇室赏识,并公开大规模地传教。近代时期,基督教在我国迅速传播。目前,我国基督教流行的派系为天主教和耶稣教(新教),东正教信徒较少。

一、修道院

修道院又称为隐修院、神学院,是基督教教徒出家修道或教会专门培养神父的地方。修道院有男、女修道院之分,始于 2—3 世纪,5 世纪时在罗马帝国已十分兴盛。

修道院一般选址在偏僻、幽静之地,虽然建筑并不奢华,但其宗教文化内涵丰厚,是宝贵的人类文化遗产。英国曼彻斯特喷泉修道院、法国的特奈修道院、奥地利的戈特韦格修道院、西班牙的波夫莱特修道院、保加利亚索菲亚的里拉修道院等都已经被列入世界文化遗产名录。近代时期,随着西方各国入侵中国并建立租界,基督教在我国许多地区修建了修道院。现存的主要有浙江嘉兴文生修道院(1902)、河南开封的天主教河南神哲学院(1929)、上海徐家汇修道院(1921)、广西北海女修道院(1925)、山东济南方济各会华北总修(道)院(1925)等。新中国成立以后,我国陆续新创建了一些修道院,名为神哲学院、修(道)院、神学院等,主要有中国天主教神哲学院、北京天主教神哲学院、上海天主教佘山修院、山西省天主教修道院等。

嘉兴文生修道院建于 1902 年,1903—1908 年间曾为中国遣使会在我国的唯一总修院。现存建筑群面积 5 600 多平方米,为西式建筑群,左右对称分布,坐东朝西,平面呈倒

"凹"字形；正面二层九开间，东西两翼各十二开间。主体建筑有一小钟楼，钟楼有圆窗；底层是宽阔的开敞式拱形长廊，共有 30 个砖砌拱形门，楼层为封闭式长廊；建筑的东、南、西、北四端均设有欧式圆柱形楼梯，以贯通各处。

二、教堂

教堂是基督教向大众传教和教徒聚集参与教会活动的场所。在欧洲国家，基督教活动是人们生活的重要部分，因此，教堂遍布城乡各地，成为社会文化的重要组成部分。法国的巴黎圣母院、德国的科隆大教堂和柏林大教堂、俄罗斯的救世主大教堂、土耳其的索菲亚大教堂、梵蒂冈的圣彼得大教堂、英国的圣保罗大教堂、美国圣约翰大教堂等都是世界基督教教堂的杰出代表，也是世界建筑史上的精品之作。

基督教在中国也建有许多教堂，天主教教堂也称天主堂，新教教堂也称礼拜堂。我国现存最古老的基督教教堂为位于北京前门西大街的北京南堂。该教堂始建于 1605 年，以后屡次损坏又屡次修复，现存古碑和铁十字架，铁十字架高 4 米。近代中国历史上最著名的教堂是北京西什库教堂。此外，上海的徐家汇天主堂和佘山圣母大教堂、天津老西开教堂、哈尔滨的圣·索菲亚教堂等为我国现存影响力较大的基督教教堂。目前，山东省现有的主要教堂有济南的将军庙教堂、洪家楼教堂，青岛的圣弥爱尔大教堂、基督福音教堂、圣保罗教堂等。

◆ **案例驿站 10.4**

北京西什库教堂

西什库教堂，也称北堂，位于北京西城区西什库大街 33 号，在中南海湖畔蚕池口。西什库教堂的历史可以追溯到康熙四十二年，最初名为救世堂。现存建筑为 1900 年整修后的风貌。

西什库教堂是典型的哥特式建筑。它的四个高高的尖塔，三个尖拱券入口及主跨正中圆形的玫瑰花窗，塑造出端庄而绮丽的立面。大堂平面呈十字架形状，建筑面积约 2 200 平方米，高 16.5 米，钟楼塔尖高约 31 米。堂前左右两侧各有一中式四角攒尖黄色琉璃瓦顶的亭子，亭内是乾隆亲笔题写的石碑。主入口两侧的圣者雕像是北京各教堂中绝无仅有的。堂内的 300

北京西什库教堂

根巨柱撑起的金色拱顶和 80 扇镶彩玻璃的花窗总能让人联想到巴黎圣母院。整体建筑风格中西结合。1985 年修缮北堂，重修了大堂正前方的耶稣主祭台和东西两侧的圣母玛丽亚和圣父若瑟的祭台。1985 年 12 月 24 日举行了开堂典礼，西什库教堂成为北京最绚丽的教堂。2006 年 5 月，西什库教堂作为清代建筑，被国务院批准为第六批全国重点文物保护单位。

案例来源：作者根据相关资料整理

三、基督教学校、医院等

基督教在传教的同时，还积极开展教育、医疗、扶老助幼等活动。我国现存有一些近代时期基督教所创立的学校、医院、养老院和孤儿院等建筑设施。教会大学是中国近代高等教育发展的极为重要的力量，规模较大的有北京的燕京大学、协和医学院，上海的圣约翰大学和震旦大学，南京的金陵女子大学和山东的齐鲁大学等。这些教会大学大都发展成为中国现在的著名大学，其建筑设施等都有一定的保存。教会医院是近代中国医疗事业的重要力量，最著名的有四家：北京协和医院、上海同济医院、成都华西医院、山东齐鲁医院。在近代，基督教也是我国慈善救助事业的中坚力量，在各地创办了育婴堂、孤儿院、托儿所、养老院等扶老助幼机构。

此外，我国还现存有基督教教会活动的一些其他建筑，如广西北海的主教府楼（1935 年建成）、天津市基督教青年会楼（1914 年建成）。其中，天津市基督教青年会楼建筑面积约 4 000 平方米，高 4 层，外墙混砖结构，内部以木质结构为主，是中国篮球和乒乓球运动的发源地。

◆ 本章小结

1. 本章结语

宗教旅游是旅游者的重要旅游活动类别，其主题性强、参与性高。我国四大宗教佛教、道教、伊斯兰教、基督教现存有大量的宗教建筑、富有特色的仪式和活动、丰富的宗教艺术，它们构成了具有强大市场吸引力的宗教文化类旅游资源，为我国宗教旅游产品开发提供了良好的基础。

2. 本章知识结构图

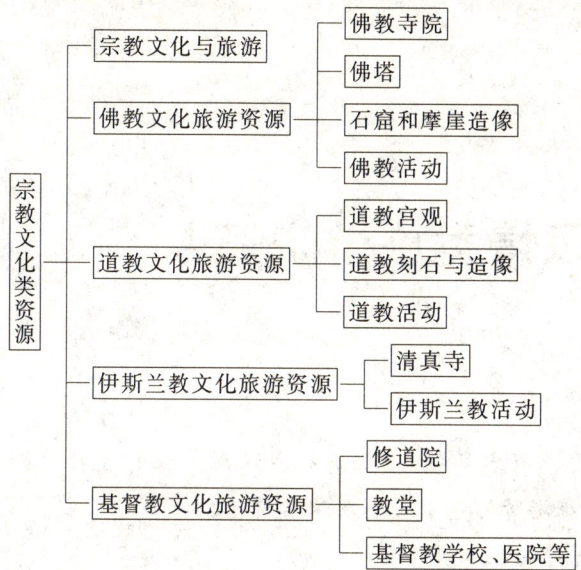

3. 本章核心概念

宗教文化　宗教建筑　宗教活动　宗教艺术

本章推荐阅读

［1］卿希泰.中外宗教概论［M］.北京：高等教育出版社，1999.

［2］沈祖祥.中国宗教旅游［M］.福州：福建人民出版社，2005.

［3］国家旅游局等六部委.关于进一步规范全国宗教旅游场所燃香活动的意见.2009－06－22.

阅读后请思考：

1. 宗教旅游的客源市场构成及其需求有什么特点？
2. 宗教旅游市场混乱的原因有哪些？规范市场的途径有哪些？

讨论与思考

1. 试述宗教文化与旅游的关系。
2. 佛教文化旅游资源的基本类型及其典型代表有哪些？
3. 道教文化旅游资源的基本类型及其典型代表有哪些？
4. 伊斯兰教文化旅游资源的基本类型及其典型代表有哪些？
5. 基督教文化旅游资源的基本类型及其典型代表有哪些？
6. 谈一谈宗教旅游开发与宗教庄严性、内修性之间关系的平衡。

第十一章

社会风情类旅游资源

学习目标

知识要点：了解社会风情类旅游资源概念和特点，理解社会风情类旅游资源的价值和功能，掌握社会风情类旅游资源基本类型及旅游价值。

技能训练：识别社会风情类旅游资源的基本类型。

能力拓展：根据所学理论知识，对某一地区社会风情类旅游资源进行调查，分析其主要特色并提出开发思路和建议。

引 例

中国曲阜国际孔子文化节

孔子文化节的前身是1984年利用孔子诞辰日举办的一项大型综合性文化旅游活动，定名为"孔子诞辰故里游"。其间，举行了孔子像复原揭幕仪式、仿古乐舞表演、游览孔府孔庙、乘古式马车游览孔林等活动。后规模越来越大，活动时间由1天逐步增至10天，并将纪念活动与旅游观光、文化交流、经济技术协作结合起来。

从1989年起改称"孔子文化节"。首届孔子

中国曲阜国际孔子文化节

文化节于1989年9月26日上午在孔庙大成殿前隆重开幕，历时15天。如今中国曲阜国际孔子文化节，已成为中华人民共和国国家旅游局确定的国家级、国际性"中国旅游节庆精选"之一，由国家旅游局和山东省人民政府联合主办，济宁市人民政府、曲阜市人民政府联合承办，于每年孔子诞辰期间，即公历9月26日至10月10日，在中华民族始祖轩辕黄帝诞生地、孔子故乡、历史文化名城山东曲阜举行。

孔子文化节是一项融纪念先哲、交流文化、旅游观光、学术研讨、经科贸旅合作于一体的丰富多彩、情趣盎然的大型综合性国际旅游节庆活动。整个活动期间,将举办多项观赏性和参与性相结合、绚丽多姿、妙趣横生的专项旅游,中外文化交流和独具特色的文艺演出,高层次的儒学学术研讨,大规模、多项目、多形式的中外经贸科技洽谈、物资交易和资金融通、人才交流等活动。孔子文化节是纪念世界名人孔子之盛典、展示中华传统文化之舞台、开展中外交流合作之良机、联结四海友好情谊之纽带。

案例引发的问题: 曲阜国际孔子文化节是属于哪种类型的旅游资源?对曲阜的旅游发展起到什么作用?

资料来源:曲阜国际孔子文化节官方网站　http://www.qufu.gov.cn/whj

第一节　概　述

一、社会风情类旅游资源的含义和类型

社会风情或称民族风情、风土民情,是指各地人们在特定的自然、社会、文化环境中,形成的特定的社会文化活动和现象。由于不同的国家和地区、不同的民族所处的自然环境、社会文化环境存在差异,使社会风情具有明显的地方特色和民族特色,因而成为能够吸引旅游者、具有较高旅游价值的旅游资源。

社会风情类旅游资源的类型相当丰富,具体包括各地特色民居、特色饮食与服饰、民间艺术、文学艺术、节会庆典等内容。

二、社会风情的特点

由社会风情的含义和类型可以看出,社会风情种类繁杂、形式多样、内容丰富多彩,主要有以下几个特点。

1. 民族性与地域性

从世界范围来看,由于各民族特殊的历史传统和风俗习惯不同,社会风情旅游资源具有鲜明的民族特色。从衣、食、住、行等日常习俗,到信仰、道德等精神意识,每一个民族都有自己独特的民族风情文化系统。在少数民族地区,看一个人的服饰,我们就可能知道他属于哪个民族,就会联想到这一民族的独特文化特征。我国是由 56 个民族组成的多民族国家,这些民族在长期的历史发展过程中,创造出了各具魅力的历史文化和民俗文化。

由于我国面积辽阔、幅员广大,各民族文化又带有很强的地域性,不同的民族由于各地历史条件、地理环境的不同,产生了不同的地域民俗;即使是同一个民族,居住在不同的地域,也会形成风格迥异的民俗文化。俗话说,"十里不同风,百里不同俗",正是社会风情的地域性特征真实写照。

2. 文化性与艺术性

文化是旅游的灵魂。旅游本质上是一种文化活动,社会风情类旅游资源更是充满了浓郁的文化气息。它是以不同民族、地区的民俗文化作为观赏对象,包括各民族历史悠久的风俗习惯、居室建筑、饮食服饰、歌舞戏曲、神话传说、民间工艺、待客礼仪等。旅游者通过参与社会风情旅游活动,可以在精神上、文化素质上获得享受,汲取历史知识营养。

由于这一特性,就要求社会风情旅游资源的开发者、经营者、参与者、服务人员及旅游者都有较高的文化素质,以便于进行文化展示,方便游客文化欣赏和体验。民俗文化是广大人民生活智慧和生活艺术的结晶,社会风情的艺术性充分体现在民间歌舞、音乐、工艺、建筑、服饰等方面。

3. 传承性与发展性

社会风情在世界历史中占有重要的地位,中华民族具有5 000多年的悠久历史,民俗风情更是源远流长,其产生、存在和发展变化都与历史环境相联系。例如,布依、苗、瑶等民族传统手工艺品蜡染早在2 000多年前的汉代即有雏形,而北方常见的走高跷则早在春秋时就已出现。

民俗风情历代相沿承袭,具有相对稳定性,每个民族都有其固定的风俗习惯,很难轻易改变。但是,随着社会经济和政治条件的变化,其形式和内容,也会有新生与消亡的变化。

4. 参与性与体验性

民俗风情旅游可以观看、欣赏,但更需要参与、体验。"入境问禁"、"入乡随俗"、"住农家院、吃农家饭、做农家活、看农家景",融入民风为其所动的参与式旅游,可充分获得新、野、奇、乐的满足和愉悦感。

社会风情可以通过实物展示,但更重要的是依托一定的文化活动过程向游客展示生动、独特、新奇、神秘、有趣的文化内涵。社会风情类旅游资源的开发关键在于对活动过程的组织,在于为游客提供活动设计,在于旅游活动的可参与程度及体验性。

三、社会风情的旅游功能

1. 满足人们返璞归真的渴求

随着人类社会生产的进一步机械化和现代化,回归自然成了现代旅游者的普遍旅游动机。而随着人性的异化,面对人情冷暖,人们渴求返璞归真,希望能通过旅游找回生活中失落的朴素、真诚、热情、简单。在诸多领域类型中,社会风情旅游最富有人情味,最能满足这种渴求。

2. 促进人类平等、团结、繁荣、发展

民俗旅游为不同地区、不同民族、不同种族人们提供了文化交流和相互了解的机会。通过对异地、异族不同文化的认识和了解,容易消除相互之间的隔阂和偏见,促进取长补短、共同发展。文化的交流能增进各国人民之间的友谊和交往,扩大国际的合作,促进世界的和平与稳定,民俗旅游在这些方面具有显著的积极作用。

3. 保护民族文化的多样性或多元化

在如今经济、社会全球化的形势下,文化是否应该全球化引起发展中国家的关注。"只有民族的才是世界的",没有与别国不同的鲜明的民族文化,完全抛弃自己的传统文化不是文化全球化的目的。开展民俗风情旅游,只有继续发扬传统文化的精华并在社会发展中不断吸收其他民族的优秀成果,才能实现全球文化的多元化发展,使人类不至于迷失在彷徨之中。就我国而言,保护和传承好各民族的优秀民俗文化也是发扬华夏文化的必然选择,只有在这片"肥沃"的背景文化土壤中才能培育出"健康、强壮"并有内涵的华夏文明。民俗风情旅游正是关系到我们能否完成这项历史重任的重要手段。这种旅游类型通过自愿、民间的形式,引起人们对民俗文化的关注,给来自不同文化背景的人们进入与自己相差甚远的陌生文化世界的机会,通过欣赏、了解异域文化,使游客产生对目的地民俗文化的尊重、信赖,并且不自觉地与游客自己所在地文化相比,既吸取了异域文化的精华,又看到了自己所在地文化的不足。对旅游目的地居民来说,这种文化交流可增强他们的自豪感,使他们重新发现本民族文化的魅力与价值,从而更加重视本土文化的保护与发展。

第二节 特色民居

一、特色民居

(一)概述

民居是指普通百姓生活居住地的建筑物。特色民居体现了沉淀多年的古老艺术,具有鲜明的区域性和历史文化性。民居的特色是在当地特有的自然环境中,受社会因素的制约,与当地自然、经济环境相适应,经过长期的发展而形成的。各地民居一般因地制宜，就地取材，构造合理，功能齐全，具有浓郁地方特色和民俗特色。民居从一个侧面反映了一个地区、一个民族在特定环境中形成的生活习俗、思想观念和文化特征，因此具有文化旅游的价值。针对城市旅游者而言，具有乡村风格的民居也是一种颇具吸引力的特殊家庭旅馆。

(二)特色民居的价值

1. 艺术欣赏价值

民居从一个侧面反映了人们的生活方式、生产方式、家庭关系及审美情趣，是社会风情旅游资源的重要表现形式。通过参观这些独具风格的民居，人们不仅可以获得人类与自然斗争的知识，而且可以使自己的思想得以启迪、眼界得以开阔、情操得以陶冶、美感得以激发。

2. 历史文化价值

民居是人类创造最早、数量最大并与人类生活关系最密切的建筑类型，也是人类最原始又可持续发展的一种类型。民居在一定程度上揭示出不同时代和不同环境中生存、发展的规律，也反映了当时当地的经济、文化、生产、生活、伦理、习俗、宗教信仰及哲学、美学等观念和现实状况。它土生土长，乡土气十足，集中反映了一个特定民族、特定地域所独具的思想理念。我国跨越四个气温带，地貌形态多样，包括山地、平原、沙漠、水乡、海岸等，民居建筑也异彩纷呈、姿态万千。例如，北京四合院、陕北的窑洞、闽南土楼、傣家竹楼、西南少数民族的吊脚楼、草原的帐篷、海滨海草房等，都是传统民居的精华。它们凭借亲切无比的乡土风情、质朴直率的建筑风格、自然和谐的构思和富含哲理的创造，散发着永恒的艺术魅力和持久不衰的旅游吸引力。

3. 宣传品牌价值

例如，北京四合院、藏族的碉房和帐篷、福建永定客家土楼、陕北窑洞、上海民居、傣族竹楼、贵州吊脚楼等，它们都可以作为旅游目的地的形象代表，广泛吸引游客，具有很好的品牌效应。

二、我国主要传统民居代表

(一)北方四合院

北方四合院是一种流行于北京及华北地区的住宅建筑形式。使用最为广泛的是单层四合院住宅。北京的四合院在全国的四合院中，最具典型意义。

所谓的"四合"院，是由北房、南房、东西厢房围绕中间庭院形成的北方传统的民居布局形式。四合院的布局，以南北纵轴对称布置和封闭独立的院落为特点，南北长，东西窄，一般位于东西走向的胡同北侧，大门设在东南角，这在古代风水中认为是吉利的。另外，大门不设在正中也保护了居民的生活隐私，并给庭院带来了空间上的变化。进入大门，迎面是一面影壁，往西进入第一道院子，南面的一排房屋，称为倒座房，通常为宾客、书塾或仆人居住之处。向北过垂花门进入正院，在正院内，正房坐北朝南，房间的开间进深较大，多为长辈居住；东西厢房进深较小，多为晚辈居住。正房、东西厢房用

北京四合院模型

游廊连接围绕成一个规整的院落，构成整个四合院的核心空间。正房后面即后院，院中一排坐北朝南的矮小房屋，叫做后罩房，常为女佣人居住或为杂间。四合院满足了人们居住的需要，也满足了人们希望得到信任、理解的需要，在这里人们能够找到一种安全稳定感和归属亲切感。

（二）藏族碉房和帐篷

藏族大多居住在高原地区，因特殊的气候，他们的住房也别具一格。藏区有农区和牧区，由于自然环境不同，住房也不同。

农区以碉房为主，聚居为寨。所住房屋因用土或石砌筑，形似碉堡，故称碉房。碉房墙壁厚且坚固，门窗有斗拱作檐，屋内大多用木板分隔。住房为三层或两层，每层有独木梯上下。下层圈牲畜，中层住人，内设火塘，没有椅凳，也无高桌，人们席地围火而坐喝茶、进餐或交谈；上层多为经堂或库房，有些人家住房只有两层，没有经堂。屋顶用泥土铺平，作为秋后晒场。在屋顶或屋旁设有木杆，顶端装三角铁叉，杆上悬印有红、黄、白三色的布幡，用来驱鬼避邪。

牧民因为逐水而居，住的是帐篷。帐篷是用牛毛织的粗毛单搭成，呈长方形。帐脊中央高近2米，两边倾斜至地上，用绳系于木桩上；顶部开天窗，天窗外有一块护幕，既保暖防雨，又防烟熏火燎。帐篷颜色通常是黑色，远望如一匹大黑锅盖在地上。有的还用草皮在帐篷周围垒墙的，也有用晒干的牛粪来垒墙的，这样便可以避风。帐篷入口一般向南开，内设灶炉，以此为界，左为女席，右为男席。每到冬季，牧民便结束游牧生活，返回定居的冬帐房。冬帐房是用木料搭成矮小屋架后，在四壁糊上牛粪，屋顶用泥土盖上，形状与帐篷相似。

（三）客家土楼

客家土楼，是闽西地区最具特色的传统民居，是客家先民创造的世界建筑奇迹，其产

生、发展与客家人民的历史渊源息息相关。它承载着厚重的客家文化,聚族而居、崇文重教、敦亲睦族等理念在建筑结构中都有明显体现。

土楼其形成与客家人的历史密切相关。为避战乱,客家人被迫南迁,每到一处,本族人要聚居在一起;由于所居之处多为偏僻山区或深山密林,材料匮乏,并且常受豺狼或外人侵扰,在这种情形下,具有抵御性能的城堡式建筑——土楼便产生了。土楼,就地取材建造而成,或圆或方,外围墙用土夯筑而成,厚达1~2米,楼一般3~5层不等,房间达一二百间,里面可居住七八十户

福建永定客家土楼

人家,中间是公共活动场所。土楼的布局是以厅堂为中心组织院落,厅堂、主楼、大门都建在中轴线上,附属建筑分布左右两侧,呈严格的对称。整座土楼由廊道贯通,可谓四通八达。土楼种类多,主要有殿堂式围屋、五凤楼、府第式方楼、方形楼、走马楼、五角楼、纱帽楼和圆土楼等。

土楼具有充分的经济性、良好的坚固性、奇妙的物理性、突出的防御性和独特的艺术性。2008年7月,福建土楼46处被正式列入世界文化遗产名录。

(四)陕北窑洞

窑洞,是黄土高原地区最古老的建筑形态,也是最经济适用、节能环保的民居形式。它独特的文化和艺术内涵,体现了中国式建筑之美,被国际建筑学家们誉为中国五大传统民居建筑形式之一,陕北窑洞是其中的典型代表。

陕北建窑洞,可追溯到周代,为半地穴式;秦汉后发展为全地穴式,即现在的土窑。由于陕北独特的自然环境和地貌特征,黄土深达一二百米,直立性强,渗水性差,当地气候干燥少雨,为窑洞提供了得天独厚的自然条件。陕北窑洞大多依山而筑,建在山腰或山脚下的向阳之处。窑洞分土窑洞、石窑洞、砖窑洞、接口窑洞等多种。土窑是靠山挖的黄土窑洞,一般深7~8米,高3米,宽3米,最深可达20米,窗户是1平方米左右的小方窗或3~4平方米的圆窗。石窑和砖窑是在平地上用石块和砖块砌成的窑洞。接口窑是在土窑洞口,再从底到顶用一层石块或砖箍窑面的窑洞。这种窑洞看起来整洁、结实。在陕北,许多农户住的就是这种窑洞。窑洞占地少,成本低,不破坏地貌,保护了自然界的生态平衡,且隔音、隔热、保温,具有冬暖夏凉的特点。

(五)吊脚楼

吊脚楼,属于干栏式建筑,常见于湘西、鄂西、贵州地区,是苗族、壮族、布依族、侗族、

土家族等民族的传统民居。吊脚楼依山而建，以木为材，多为二层楼房，房屋后半部靠岩着地，凌空被山，柱脚悬在空中，故称吊脚楼。

吊脚楼底层不住人，一般是猪牛羊圈或用来堆放杂物；上面一层做居室。有的吊脚楼为三层建筑，底层也是用来饲养家禽，放置农具和重物的；第二层用做居室，内设卧室，一般外人不得入内，卧室的外面是堂屋，设有火塘，一家人围着火塘吃饭，由于光线充足通风好，这里也是家人做手工活、休息和接待客人的地方；第三层通风干燥，除做居室外，还隔出小间用做储存粮食和物品之用。吊脚楼既能防潮，又能防止毒蛇猛兽的侵袭，不仅具有实用的功能，还具有一定的审美特征，是建筑技术与艺术的完美结合。

（六）海草房

海草房，是中国最具有代表性的生态民居之一，主要分布在胶东半岛和山东东南部沿海地带，其中以威海地区的海草房最具有代表性。海草房是以厚石砌墙，用胶东浅海中生长的一种名为"大叶藻"的海草晾干后作为材料苫盖屋顶。这种海草是生长在5～10米浅海的大叶海苔等野生藻类，颜色翠绿，晒干后变为紫褐色。由于它含有大量的盐分和胶质，韧性和耐腐性极强，

胶东特色民居海草房

做成厚厚的房顶，能够防虫蛀、防腐烂，不易燃烧。铺设在屋脊处的海草厚达3尺以上，几十年不用修缮，坚固耐用。海草房冬天保暖避寒，夏天凉爽防晒，居住舒适，百年不毁，深受当地居民的喜爱。在第三次全国文物普查过程中，位于胶东半岛的特色民居海草房被山东省文物普查部门列为重要的文物点。目前，位于胶东半岛的荣成市已经出台了海草房民居保护办法，对全市明清以来的海草房进行普查登记并依法进行保护。

第三节 饮食与服饰

一、风味饮食

（一）概述

饮食包括各种食物和饮料。俗话说"民以食为天"，饮食在人们的日常生活中具有非常重要的地位。我国享有"美食大国"之誉，这与我国上下5 000年的悠久文明史和灿烂的农业文化息息相关。我国地域辽阔、民族众多，受自然地理环境、人文社会环境和社会

经济环境等多方面的影响,形成了许多独具特色的饮食习俗。

(二)风味饮食的旅游价值

"食"是旅游者旅游活动的六大要素之一,其目的不仅为了果腹,还可以体验异国、异域风情等。

1. 可满足旅游者口腹之欲

"食"作为旅游活动六要素之一,对旅游者具有重要的作用。首先,旅游活动作为具有异地性特点的一种人生经历,必然要求旅游者在旅游过程中摄取相应的饮食,以满足其生存和维持正常生理机能的需要。其次,旅游地的地方饮食不乏美味,旅游者对这些美酒佳肴的消费,可满足其口腹之欲,获得生理上的快感和精神上的愉悦,从而增加旅游者在一次旅游活动中的积极体验。从旅游资源的角度,我们更看重饮食所具有的上述功能的后者。

2. 地方特色饮食可满足旅游者求新、求异和好奇的心理

旅游者外出旅游,是希望得到一种与日常生活截然不同的体验,这是旅游者最基本的动机。旅游地的饮食,在旅游者日常生活中难以得见,即便有人移植而来,或多或少都出现了变异,远不如原产地那么原汁原味。因此,旅游者对这些地方饮食充满新奇之情。加之许多地方饮食知名度颇高,旅游者早知其名,这无疑会激发人们希望一探究竟、以偿夙愿的心情。

3. 饮食文化可满足旅游者的文化需要

地域饮食文化的形成,受到了当地的地理环境、社会经济条件、历史事件、宗教信仰等因素的影响,饮食文化其实是地域文化在饮食制作、当地习俗、当地礼仪等方面的表现,可以说饮食文化是探悉地域文化的一个最佳切入点。正如张光直(K. C. Chang)先生在《中国文化中的饮食——人类学与社会学的透视》中所言:"到达一个文化的核心的最佳途径之一就是通过它的肚子。"旅游者通过对地方饮食历史、典故、传说的了解,对饮食制作程序的参与及对饮食的品尝,对饮食礼仪的模仿,可以更深入和全面地了解旅游目的地文化,既开阔了视野、增长了见闻,又获得了精神上和文化上的极大享受。同时,源远流长的中国饮食现象,本身就充满了文化性和艺术性。中国人对精制饮食的追求,造就了中国独特的"饮食美"。评价一道菜品饮料,除了滋味以外,造型、色彩、气味、盛器等都是不可或缺的标准,甚至菜品饮料的命名都要煞费苦心,既要形象贴切,还要富有诗意并能表达吉祥的祝愿。于是,饮食就具有了艺术品的特点和功能,给旅游者以全方位的美的感受。

4. 很多饮食产品可以作为旅游购物品

在中国各地林林总总的土特产中,饮食产品占了很大比重,如名茶、名酒和各种糕点小吃之类。这些饮食产品不仅可在当地食用,还可以供旅游者携回,作为旅游体验的延续,或者作为礼品赠与他人,与他人分享自己的旅游经历。而旅游地将这些土特产加工为旅游购物品,不仅能提升产品自身的价值,还能延伸旅游产业价值链,更好地发挥旅游产业的关联带动作用,有利于增加当地的收入。并且,这些饮食产品就是旅游地的名片和标志物,游客将之作为礼品赠送给亲朋好友,无疑会提高旅游地的知名度,这是对旅游地信息的传递和推广。

(三)我国各地区各民族特色饮食

1. 东北地区

东北地区的饮食与当地气候和农副产品有关,以面食为主,也喜欢吃粗粮,食油以豆油为主,有挖窖储存蔬菜和腌制酸菜的习惯。

满族主食虽是小米,但喜欢黏食。满族人善于养猪,喜欢吃白肉、血肠和酸菜猪肉炖粉条,逢年过节吃饺子,农历除夕必须吃手扒肉。满族民间用大黄米、小黄米、豆面制作的饽饽,色泽金黄,黏而香,便于携带又充饥,是满族人喜爱的食品。另外,萨其马、艾窝窝等也是满族人喜爱的甜食。朝鲜族以米饭为主食,喜食狗肉,每餐必有汤,泡菜是其佐餐的主要菜肴,冷面、打糕、松饼是其招待客人的主要食品。鄂伦春、鄂温克和赫哲等民族,以捕鱼和狩猎为生,因此以其猎物如狍子、马鹿等野生动物肉和鱼为主要食物,拌生鱼片、腌鲑鱼、烤狍肉等是鄂伦春人的著名食物。

2. 西北地区

西北地区草原辽阔,民族众多,其饮食以牲畜肉类和奶制品为主,米、面为副食,马奶酒为主要饮料。

蒙古族的饮食有奶食和肉食。奶食俗称白食,如奶酪、奶豆腐、奶皮子等;肉食俗称红食,以羊肉、牛肉为主,常以手抓羊肉和清水煮全羊款待客人。蒙古族人爱吃的手抓肉是不加盐和其他调料,用原汁煮熟后手抓着吃的带骨肉。在隆重的宴席上,他们喜欢用整羊待客,先用蒙古刀将羊头皮割几个小块,奉献给在座的长者用于祭祀天神,随即把羊头撤走,再将整羊割成正方形,请客人用刀割肉进餐。维吾尔族以面粉、大米为主,肉食以羊肉为主,其特色食品是"馕"。"馕"用面粉和玉米面烤成,呈凹状圆形,有甜有咸,利于保存。他们还爱吃"手抓饭"。"手抓饭"用大米配入牛、羊、鸡等肉丁及胡萝卜、葱头、葡萄干等蒸制而成,味道鲜美。

3. 西南地区

西南地区各民族喜食酸味,尤其是侗族,侗家人自称"侗不离酸"。苗族人普遍爱吃糯食,遇节日或重大活动,都要舂糯米粑粑,蒸糯米饭;他们爱饮酒,常以酒示敬和传情。

藏族主食是糌粑，喜欢喝酥油茶、青稞酒并有弹酒的礼俗。彝族非常有名的是吃"坨坨肉"，喝"转转酒"。白族人善于腌制火腿、腊肉、弓鱼，"砂锅弓鱼"是其最负盛名的菜肴。傣族嗜酒，爱嚼槟榔，其最具特色的是竹筒饭。纳西族的特色食品有丽江的火腿粑粑、宁蒗的琵琶猪、泸沽湖的酸鱼和鱼干；他们的"三叠水"（又称雪山宴）因用大碗、小碗、盘子三种不同高度的餐具而得名，是招待贵宾的方式。

4. 中南地区

壮族主食以大米和玉米为主。最能反映壮族饮食特色的节日食品是三月三吃的"五色饭"。每逢春节和端午节，家家户户都要包"驼背粽"馈赠亲友。黎族人以稻米、玉米和番薯为主食，"竹筒烧饭"是黎族日常生活中独特的野炊方式。土家族喜欢吃糯米粑粑、腊肉、糖馓和油茶汤，喜欢饮酒。

二、服饰

(一)概述

服饰是人体外部装饰的总称，包括从头到脚的一切覆盖、佩戴物品和各种装饰品。服饰是人类特有的劳动成果，是一个地区、一个民族、一个时代政治、宗教、伦理和审美等观念的体现，它既是物质文明的结晶，又有精神文明的内涵。在旅游活动中，民族服饰是民族文化中最容易被人察觉、最具有魅力的组成部分之一。从一个人的服饰可以判断出其民族身份，尤其是少数民族。我国有56个民族，各民族的服饰千姿百态、独具特色，成为极具吸引力的旅游资源。

(二)服饰的旅游价值

1. 艺术审美价值

服饰不仅具有保暖御寒的功能，也体现了人们的审美观念。各个民族的服饰，尤其是少数民族的服饰，从材料的选择、造型的设计考究、色彩的搭配等方面反映出了这个民族的独特文化和人们的审美取向。游客可以在游览活动中通过对各种服饰品的欣赏感受民族特性，感受到中国服饰的艺术魅力，获得美的体验。

2. 体验价值

在游客的旅游活动中可以通过借助服装表演、戏曲歌舞表演、戎服演练等活动生动形象地再现我国历代各民族服饰的风采，通过演示宗教活动、礼仪活动等展现历代服饰的社会功能，让游客或观赏或参与其中，使整个游览过程充实有趣，充分体验我国服饰文化的魅力。

3. 形象品牌价值

每个民族的服饰是历代各个民族辛勤劳动创造的财富，是各民族人民情感和智慧的结晶。服饰的传统性和民族性是分不开的,因为服饰往往和一个民族的价值观、道德观、宗教信仰、社会习俗、审美情趣等密切相连,透过服饰可以窥见一个民族的性格、精神和风尚。正因为这一特点,很多旅游目的地都会把民族服饰作为重要的形象宣传内容。

(三)我国民族服饰介绍

1. 传统汉族服装

(1)旗袍。

旗袍,被公认为"东方传统女装"的象征。它起源于16世纪中期满族人民的民族服饰,当时主要是旗人穿,故称"旗袍"。旗袍之所以深受汉族妇女的喜爱,是因为它与妇女体型相适合,线条简练,优美大方。旗袍以它浓郁的民族风格,体现了中华传统服饰之美。

(2)惠安女服饰。

惠安女服饰是生活在我国东南沿海福建惠安一带汉族"惠安女"的着装。惠安女虽属汉族,但其服饰奇特,在汉族服饰中独树一帜,被誉为"巾帼服饰中的一朵奇葩"。人们将惠安女的服饰描述为"封建头,解放脚,经济衫,浪费裤"。"封建头"是指戴着闪亮的斗笠,围着彩色的头巾,并且头巾将整个脸部裹住,只露出眼睛、鼻子和嘴巴;"经济衫、浪费裤"描述的是惠安女的上衣又短又窄,袖子刚过肘关节,衣长仅及脐位,而其裤子非常宽大。因惠安女生活在渔船上,不是穿木拖鞋就是赤脚,所以称为"解放脚"。2006年5月20日,惠安女服饰被列入第一批国家级非物质文化遗产名录。

惠安女

(3)舟山渔民的栲衣和筒裤。

浙江舟山渔民爱穿栲衣和筒裤。因为渔民大多数时间在海上生活,衣服容易被海水打湿而腐烂,因此为了耐穿,外衣都用栲胶染过,染成棕红色,俗称"栲衣";裤子也用栲胶或栲皮染过,染成酱色,并且裤子一般较短但裤脚肥大,穿起来像提着两盏大灯笼,俗称"笼裤"。

2. 少数民族服饰

(1)蒙古族服饰。

蒙古族服饰由首饰、长袍、腰带和靴子四个主要部分组成。首饰是妇女头上的装饰品,多用玛瑙、珍珠、金银制成。男女老少爱穿长袍,袍长而宽大,直领左衽,下摆不开衩,腰带是穿蒙古袍所必备的,男女都喜欢扎红、黄、蓝等彩色绸缎腰带,靴子尖稍稍向上翘起。

(2)藏族服饰。

藏族男女爱戴藏式金花帽,上身穿绸布长袖短褂,外套藏袍,袍长及脚面,袖子宽大且长,既无口袋又无纽扣,穿时在腰间系一根带子,为劳作方便等原因,把右手伸出袖外,人称"穿一手,露一手"。

(3)傣族服饰。

傣族男子,上身着无领对襟或大襟小袖短衫,下身穿长裤,多用白色、青色布包头,有的戴毛呢礼帽,天寒时喜披毛毯,四季常赤足。傣族男子文身习俗非常普遍。傣族女子大多束发于头顶,上穿浅色紧身窄袖短衫,下穿花筒裙,裙样式像水桶,长至脚背,使女性曲线分明,下身修长。

(4)彝族服饰。

四川凉山彝族男子在头正中蓄一小撮头发并编成小辫,再用头帕竖立包住,称为"天菩萨",神圣不可侵犯。他们还喜欢用青布包头,在前额处扎出一长锥形结,俗称"英雄结",以示英雄气概。女子穿黑色窄袖右斜襟上衣,下穿百褶裙,头上顶有瓦式布帕,喜爱佩戴耳环、手镯等。此外,彝族男女都爱披羊毛皮毡"察尔瓦"。"察尔瓦"形似斗篷,下缀长穗,既可御寒,夜间还可当被盖。

(5)赫哲族服饰。

赫哲族主要以渔业为主,喜欢用鱼皮盖房、造船、制衣,有"鱼皮部落之称"。赫哲族的鱼皮衣是以前赫哲人的主要服饰,是由重达数十公斤甚至数百公斤鱼的外皮制成。鱼皮有轻便、保暖、不透水和耐磨的特性。鱼皮服饰一般有鱼皮袍、鱼皮套裤、鱼皮皮靴。

◆ **案例驿站 11.1**

专家之忧:100 年后研究苗族服饰要到国外

100 年后,中国人要研究苗族的服饰文化,还要到我的博物馆来研究。这是法国巴黎一家私立民俗博物馆馆长对我国有关民族文化研究专家说的话。专家呼吁,我国民族文化资源流失严重,若不引起高度重视,一些民族文化资源将走向毁灭。

黔东南苗族服饰是苗族服饰中最为雍容华贵的服饰,以其工艺精湛、造型独特、文化积淀深厚堪称苗族文化的一部"无字史书"。由于经济利益的驱动,许多嗅觉敏锐的商人、文人看到了黔东南苗族服饰这块"富矿"的商业价值,采取"低价收购、高价卖出"的手法对这块"富矿"进行无序开发,造成了黔东南苗族服饰的严重流失。黔东南

> 苗族侗族自治州民族研究所副研究员雷秀武曾在与法国巴黎一家私立民俗博物馆馆长交流时,了解到这家法国私立博物馆已收藏了180多套苗族服饰,其中,黔东南的苗族服饰就有108套,极具文物价值的月亮山地区祭祀服"百鸟衣"就有15套,超过了贵州省内的收藏。这位博物馆馆长说了一句意味深长的话:"100年后,中国人要研究苗族的服饰文化,还要到我的博物馆来研究。"
>
> 据了解,贵州月亮山地区的祭祀服"百鸟衣"是一套极具文物价值和文化价值的民族服饰。至今月亮山地区保存最为完整的一套"百鸟衣"已有300多年历史,如不采取措施,这套祭祀服流失出去将是民族文化和民族文物的一大损失。
>
> 案例来源:节选自(今日视点)民俗文化流失不容坐视(荆楚网,湖北日报据新华社电2006-2-16)

第四节　民间艺术

一、民间艺术

(一)概述

民间艺术既是一种特殊的艺术形态,同时又是中国传统文化的一部分,是中国民间文化的物化形式和形象载体。民间艺术是针对学院派艺术、文人艺术的概念提出来的。广义上说,民间艺术是劳动者为满足自己的生活和审美需求而创造的艺术,包括了民间工艺美术、民间音乐、民间舞蹈和戏曲等多种艺术形式;狭义上说,民间艺术指的是民间造型艺术,包括了民间美术和工艺美术各种表现形式。民间艺术涵盖的范围很广,本书所指的民间艺术是指非物质文化中以"表演艺术和传统手工艺技能"为主的至今广为流传或散落在民间的艺术表现形式的总称。

从旅游资源开发的角度看,民间艺术与民间工艺品应有所不同,前者属于非物质文化,强调艺术或技能的展示过程;后者为物质文化,突出的是最终形式为物品或商品。而民间艺术也是旅游资源的重要组成部分,因其具有深厚历史积淀的群众基础,对旅游者产生极强的吸引力。

(二)民间艺术的根源和发展

艺术是文化的载体,艺术通过"表演"或"展示"的途径对文化进行集中表现。民间艺术大多通过民族节庆的机会,以艺术表演的形式展现在人们面前。早期的民间艺术主要通过宗教或信仰的形式存在,以唤起群体的使命、责任、义务、庇护等方面的感受,从而达到凝聚群体力量或减轻群体或个体心理压力的目的。随着民间艺术在传承过程中文化接触以及受到其他因素的影响，民间艺术文化的存在形式、内容、模式、内涵、风格等方面都在不间断地发生变化。民间文化是民间艺术生存发展的背景和生态基础。民间文化生态系统的整体协调是民间艺术得以健全生存的基础，而民间文化生态的失衡则意味着民间艺术生存环境的失落。

（三）民间艺术的旅游价值和功能

1. 艺术审美价值

民间艺术的形成凝聚着一个国家几千年的文化精髓及劳动者的智慧，而且也代表了一个时期民族的生活状态和民族精神。从表现形式上看，它既包括了侧重欣赏性和精神愉悦的民间艺术作品，也包括了侧重实用性的器物和装饰品。作品的题材和内容充分反映了民间社会大众的审美需求和心理需要。民间工艺造型饱满粗犷、色彩鲜明浓郁，既美观实用，又具有求吉纳祥、趋利避害的精神功能，旅游者能够从中获得旅游审美愉悦感受。

2. 科学研究价值

民间艺术经过了历史长河的洗礼，涵盖了某个时期的人们生活、劳动、文化、历史等各个方面，使得我们在今天还可以欣赏到千百年前人们的生活状态、历史文化及劳动智慧，不仅保留了一定的历史文化价值，也体现了一定的科学研究价值，同时也为当今民族工艺和艺术科学研究提供了丰富的原始资料。

3. 体验参与价值

民间艺术满足了旅游者返璞归真、探求本我、实现自我的审美要求，而这样的精神愉悦是只用感官感觉所无法实现的。于是体验式、参与性旅游产品将某些生活气息浓厚的民间艺术形式稍作变通，调动起旅游者的主观能动性，实现旅游对民间艺术审美价值的又一次推动。

4. 传承和保护功能

民间艺术可以为旅游提供支持，充实旅游的文化内容，成为旅游发展的动力和引导。另一方面，在旅游资源开发中合理利用民间艺术资源，开发具有鲜明地方特色和文化特色的旅游产品，对民间艺术的传承发展也具有支持和补充作用。旅游产品及其他商品的开发对提高传统民间艺人经济收入，促进传统技艺的传承与延续，以及促进旅游业的兴盛都有重要意义，从而对保护传统民间技艺具有无形的推动作用。

目前来看，旅游业对民间艺术的开发与利用虽然有所重视，但挖掘的深度、广度、设计制作及销售等仍然存在许多问题，主要表现为地域特色、艺术特色不鲜明，开发数量少、品种单一、加工粗糙、质量低劣、商品化倾向明显、技艺保护不利、后继乏人等，在生产、组织管理方面缺乏规范。

二、我国民间艺术的代表

（一）皮影

皮影，是一种用灯光照射兽皮或纸板做成的人物剪影以表演故事的民间艺术形式。表演时，艺人们在白色幕布后面，一边操纵戏曲人物，一边用当地流行的曲调唱述故事，同时配以打击乐器和弦乐，有浓厚的乡土气息。在河南、山西农村，这种拙朴的民间艺术形式很受人们的欢迎。在制作皮影时，首先将皮子泡制、刮薄、磨平，然后将各种人物的图谱描绘在上面，用各种型号的刀具刻凿后，再涂抹上颜色。皮影人的四肢和头部是分别雕成的，用线连缀而成，以便表演时活动自如。皮影表演有很高的技艺要求，一个皮影人要用五根竹棍操纵，艺人手指灵活，观众常看得眼花缭乱。艺人不仅手上功夫绝妙高超，嘴上还要说、念、打、唱，脚下还要制动锣鼓。

（二）剪纸

剪纸是一种镂空艺术，在视觉上给人以透空的感觉和艺术享受。其载体可以是纸张、金银箔、树皮、树叶、布、皮、革等片状材料。民间剪纸来源于生活。剪纸的创作者把他们对生活、对自然的认识、感悟以剪纸这种特殊的艺术形式表现出来，是他们内心情感的一种表达。因此，这种艺术表达重在表现神似，而不是表现形似。同时，受剪纸工艺的限制不宜采取完全写实的手法，只能采用突出表现对象轮廓特征的手法，通过变形、夸张以突出表现对象的特征。因此，夸张和变形成为剪纸中最常用的表达语言之一。

（三）民间绘画

民间绘画是相对于文人画、宫廷画、宗教画和现代的学院派绘画而言的，其源头来自远古的岩画、彩陶装饰画等原始艺术。我们现在通常把古代石刻线画、宗教版画、水陆画、影像画、庙画、年画、灯屏画、建筑彩绘、扇面画，包括现代农民画、布贴画等在内的一切民间绘画形式都纳入到民间绘画之中。

民间绘画不仅是独立的观赏性的艺术，还作为环境和器物等的装饰，成为附属性的装饰绘画。例如，皮影、木偶、脸谱、刺绣、剪纸、建筑装饰、陶瓷装饰等就大量采用民间绘画的语言或图案对其进行装饰，特点是有强烈的地域色彩、民族色彩，与民间习俗密切结合，突现程式化，造型古朴、夸张，色彩鲜明，既有工笔重彩之作，也有淡雅隽秀之作。

年画是中国人春节期间用来装饰生活环境和居住场所的一种装饰画。年画的题材和内容包罗万象,有门神等各类神像,有节庆画、吉祥画,有故事、戏曲、小说内容的装饰画,也有保佑出行和牲畜用的神像(也叫纸马)等。可以说,年画是反映民俗生活和观念的百科全书,而且年画色彩鲜艳、构图饱满、造型生动,是独特的艺术形式。

(四)秧歌舞

秧歌舞又称扭秧歌,历史悠久,是我国最具代表性的民间舞蹈形式之一。秧歌舞具有独特的风格特色,一般由十多人至百人组成舞队,扮成历史故事、神话传说和现实生活中的人物,边舞边走,随着鼓声节奏,变换各种队形,再加上舞姿丰富多彩,热闹非凡,深受广大观众的欢迎。

秧歌起源于插秧耕田的劳动生活,它又和古代祭祀农神祈求丰收、祈福禳灾时所唱的颂歌、禳歌有关,并在发展过程中不断吸收农歌、菱歌(民歌的一种形式)、民间武术、杂技以及戏曲的技艺与形式,由一般的演唱秧歌发展成为民间歌舞。至清代,秧歌已在全国各地广泛流传。为示区别,人们常把某地区或形式特征冠于"秧歌"两字的前面,如"鼓子秧歌"(山东)、"陕北秧歌"、"地秧歌"(河北、北京、辽宁)、"满族秧歌"、"高跷秧歌"等。南方的"花鼓"、"花灯"、"采茶"以及广东与香港流行的"英歌",其名称虽异,但都属于秧歌这一类型,是从秧歌中派生出来的形式。2006年5月20日,秧歌被列入第一批国家级非物质文化遗产名录。

◆◆案例驿站11.2

山东鼓子秧歌的五种角色

山东秧歌中的鼓子秧歌有"伞、鼓、棒、花、丑"五种角色。其中,"伞"分"丑伞"与"花伞"。"丑伞"又称"头伞",为男性老人打扮,是整个秧歌队的指挥者。"鼓"为武生打扮,是秧歌队的主要演员,人数多,动作复杂,边舞边击鼓,舞起来气势非凡。鼓子秧歌即由此得名。"棒"为男性青年,双手执两头有五彩条的木棒而舞。"花"为女性青年,服装仿戏曲中的花旦。"丑"人数可多可少,装扮成"傻小子"、"丑婆"、"县官"、"花花公子"等,即兴表演逗趣。

山东鼓子秧歌

> **胶州秧歌的角色**
>
> 　　胶州秧歌的角色是"鼓、翠花、棒、扇花、小嫚",每种角色均为一对,共五对十个。所有的角色名,都是就他们所持道具和化妆、表演特色叫起来的。既然"鼓"、"棒"、"花"都是角色名,那么"姎哥"更可以是角色名。
>
> 　　资料来源:百度百科　http://baike.baidu.com

三、我国民间艺术的保护

　　我国非物质文化遗产中很多是民族工艺与民间艺术。非物质文化遗产又称无形文化遗产,主要是指人类以口头或动作方式相传,具有民族历史积淀和广泛、突出代表性的民间文化遗产,它曾被誉为历史文化的"活化石"、"民族记忆的背影"。正如全国政协委员、中国民间文艺家协会主席冯骥才所说:"民间文化的传承人每分钟都在逝去,民间文化每一分钟都在消亡。"近年来,我国对民间艺术的保护工作逐步加强,各方面都取得了可喜的成绩。但是,当前我国民间艺术保护工作还面临着四大严峻问题:一是民间艺术生存的文化生态环境急剧改变,资源流失状况严重,后继乏人,一些传统技艺面临灭绝;二是法律法规建设有待加快,民间艺术还没有得到依法保护;三是民间文化艺术遗产保护意识有待提高;四是保护机制急需完善。

　　联合国有《保护非物质遗产公约》和《保护世界文化和自然遗产公约》,前者管"非物质",后者管"物质"。《保护非物质遗产公约》生效之前,作为试验,联合国教科文组织分别于2001年、2003年和2005年命名了三批世界非物质遗产,共90项。其中,中国有4项,即昆曲、古琴、新疆的木卡姆民族歌舞和与蒙古国联合申报的长调民歌。我国是目前世界上拥有世界非物文化质遗产数量最多的国家。

　　为使中国的非物质文化遗产保护工作规范化,国务院发布了《关于加强文化遗产保护的通知》,并制定国家、省、市、县四级保护体系,要求各地方和各有关部门贯彻"保护为主、抢救第一、合理利用、传承发展"的工作方针,切实做好非物质文化遗产的保护、管理和合理利用工作。2006年6月,国务院批准并公布第一批国家级非物质文化遗产名录,包括白蛇传传说、阿诗玛、苏州评弹、凤阳花鼓、杨柳青木版年画等共518项;2008年6月7日国务院公布第二批国家级非物质文化遗产名录,共510项。

第五节 文学艺术

一、文学艺术

(一)概述

文学艺术是通过语言、文字、表演等手段塑造形象来反映社会生活,表达人们情感的一种形式,属于社会意识形态,是客观物质世界与心灵精神层面"心物交融"的结果。我国文学艺术源远流长、形式多样,如诗歌、散文、小说、戏曲、音乐、舞蹈、绘画、书法等,种类繁多,且文化积淀深厚,在世界文学艺术宝库中独树一帜。文学艺术作为一种重要的旅游资源,受到古今人们的喜爱,在旅游活动中更是发挥着独特的作用,或成为观赏的对象,或提高景物的观赏价值,或增加情趣、启迪趣味,提高了旅游资源的文化内涵和品味。

(二)文学艺术的价值

1. 提升旅游景点的文化品位

文学艺术能以高度凝练的语言概括景点的特色,阐明审美特征,点化意境,与旅游资源融为一体,为景观增添趣味,并起到画龙点睛、寄托情感的作用。例如,济南大明湖小沧浪亭有清代诗人刘凤诰题、书法家铁保书写的楹联"四面荷花三面柳,一城山色半城湖",让人们记住了大明湖,也记住了济南。

2. 导致旅游资源的产生和开发

名人的影响力及其文学作品的广泛流传,使一些默默无闻的景观有了知名度,引起了人们的关注,转化成为现实的旅游资源,即所谓"景以文名"、"景以文生"。例如,我国三大名楼——岳阳楼、黄鹤楼、滕王阁,它们分别因范仲淹的《岳阳楼记》、崔颢的《黄鹤楼》、王勃的《滕王阁序》而成为知名的旅游地;苏州寒山寺成为旅游热点,在很大程度上得益于唐代诗人张继的《枫桥夜泊》。

3. 旅游的审美功能得到更充分的体现

文学艺术是文人雅士在强烈的审美渴望中创造的,也是在发现美的过程中创造的,越是优秀的文学艺术,越是蕴含着诸多美的元素,对美的感悟越是深刻和博大。游客的旅游活动是追求美、欣赏美的过程,通过这些文学艺术作品,可以激发游客的想象力,催化情感,增加游性,还可以唤醒游客的审美习惯。这一过程,实现了文学艺术的审美功能向旅游审美功能的转换,只有借助文学艺术的独特魅力,旅游的审美功能才能得到更充分的体现。

二、文学艺术旅游资源

(一)游记

游记是描写旅行见闻的一种散文形式。游记的取材范围极广,可以描绘名山大川的秀丽瑰奇,可以记录风土人情的有趣阜盛,可以反映一人一家的日常生活面貌,也可以记下一国的重大事件,并表达作者的思想感情。

游记于东晋南朝正式产生,经历唐、宋、明、清至现代,出现了众多的游记散文大家及杰出的作品。例如,苏轼的《前赤壁赋》,堪称游记散文之绝唱;王羲之的《兰亭集序》、范仲淹的《岳阳楼记》、陶渊明的《桃花源记》等佳作,使相关的景点家喻户晓、经久不衰。

(二)风景诗词

风景诗词也叫做旅游诗词,是指那些反映旅游景观和旅游生活的诗词。由于风景诗词语言凝练、富有韵味,既能点出景点精华,又能深化景物内涵,能引起游客共鸣,获得情感或思想上的升华。古往今来,很多名人雅士游遍祖国大好河山,留下了传诵至今的名诗佳句。例如,赞颂祖国美好河山的诗句有李白的"飞流直下三千尺,疑似银河落九天",王维的"明月松间照,清泉石上流",白居易的"孤山寺北贾亭西,水面初平云脚低";描写田园风光的诗句有陶渊明的"采菊东篱下,悠然见南山";描写边塞风光的诗句有"天苍苍,野茫茫,风吹草低现牛羊"。

(三)楹联

楹联,是贴在楼阁殿堂的楹柱上的对联。楹联的内容或写景状物,传情画意,或咏史抒情、表心言志,或劝导喻世、寓意深刻,或构思奇巧、趣味隽永。由于楹联语言凝练,能对景点起到画龙点睛的作用,使景点的特色更加突出,也为游客的旅游生活增加情趣;有些楹联富有哲理,能启迪人的心灵,陶冶人的情操。例如,趵突泉泺源堂前柱上有咏泉佳联"云雾润蒸华不注,波涛声震大明湖",北京陶然亭上有"烟笼古寺无人到,树侍深堂待月来",泰山晴光阁上有"九州枳气峰前合,万里浮云杖底来"。

(四)神话传说

各地区、各民族、各景点都流传着很多动人的神话传说,如孟姜女哭长城、梁山伯与祝英台、牛郎织女、泼水节的由来等。这些传说往往激发游客去了解当地的文化,体会当地的民情。在游客的旅游活动中,神话传说能够神化和美化风景名胜,使民族风情带上神秘色彩,为游客的旅行生活带来情趣,同时也丰富了游客的知识。

(五)戏曲

戏曲是中国传统的戏剧形式,包含文学、音乐、舞蹈、美术、武术、杂技、表演艺术等因素。我国各地戏曲风格各异,戏曲剧种约有 360 多种,有"戏曲王国"之称。其中,京剧流传最广,影响最大,享誉最高,被誉为我国国粹。戏曲是一项重要的旅游资源,每个戏曲剧种都代表了一定的地域特色,有着深厚的文化积淀,是宣传当地文化的很好介体。

(六)旅游演艺

旅游演艺活动是指在旅游目的地(包括主题公园、旅游景区及其他演艺场所)上演的各种表演、节目、仪式、观赏性活动,往往以表现该地区历史文化或民俗风情为主要内容,以旅游者为主要服务对象。根据演出场地的不同,可以将旅游演艺分为广场类、实景类、剧院类等。

广场类旅游演艺包括景区广场演艺和社区广场演艺。景区广场演艺是在景区的舞台上演出,或者在景区动态巡演,分别以深圳世界之窗的《创世纪》和深圳中国民俗文化村的"中华百艺盛会"游行为代表;社区广场演艺是在城镇乡村的社区内举行,如在周庄村民组织的民俗表演。

实景类旅游演艺包括广义和狭义两层含义。广义的实景演艺是指一切在现实的真实场景中进行的演出;狭义的实景演艺则是指以自然山水为舞台和背景的演出,即山水实景演出,其中以桂林阳朔《印象·刘三姐》、云南丽江《印象·丽江》为突出代表。

剧院类旅游演艺是在剧院中进行的演出,是比较传统的演出方式,如山东曲阜的《杏坛圣梦》、杭州宋城的《宋城千古情》、丽江的《丽水金沙》、昆明的《云南映象》等。

◆ **专题笔谈 11.1**

旅游演艺对于旅游资源开发的意义

据介绍,1982 年西安推出的《仿唐乐舞》是我国第一个旅游演艺项目,当时并不是完全针对旅游市场的商业行为,更多的是供政府首脑观看。即使这样,《仿唐乐舞》在 20 世纪 80 年代仍然风靡一时,如今已成为陕西重要的旅游文化品牌之一。

但真正掀起我国旅游演艺热潮的是《印象·刘三姐》。这部 2004 年在桂林阳朔推出的大型山水实景演出,目前已成为国内文化产业的成功范本。到 2008 年底,《印象·刘三姐》演出总场次近 2 000 场,观众约 300 万人次,票房收入约 6 亿元。2009 年 1—7 月,票房收入突破亿元大关。

正是在《印象·刘三姐》的成功示范带动下,国内掀起了一股文化实景演出尤其是大型实景演出的热潮。西安的《长恨歌》《梦回唐朝》,深圳的《千古风流》,云南的《印象·丽江》,杭州的《宋城千古情》《印象·西湖》,上海的《时空之旅》,北京的《北京之夜》等结合当地特色、与景区紧密结合的演出先后诞生,极大地激活了旅游市场。

> 据介绍,目前,国内旅游演艺节目和实景演出具有以下特征。一是大规模。据不完全统计,全国200多家上规模的旅游演艺节目的资金投入接近20亿元,观众达到1.6亿人次。旅游演艺不仅带动了就业,还给景区带来了门票之外的收入来源。二是大手笔。目前,国内新上的旅游演艺项目投资巨大,几乎都是千万元以上,不少地方同时上了几个超亿元的项目。三是大潜力。2006年,我国主要景区旅游文化演出达26.8亿元,旅游文化演出的拉动力是很大的。
>
> 在旅游演艺、大型实景演出方兴未艾的情况下,国内各地掀起了跟风的现象。根据目前公布的情况,湖南有关部门准备在张家界一带推出5～6台投资上千万元乃至上亿元的大型旅游演艺项目;山西将在太原、大同、五台山、平遥、晋南打造不同主题的演艺节目,构建山西旅游演艺市场的"五朵金花";而宁波也在积极谋划旅游演艺项目的新思路……
>
> 大型实景演出能够带动旅游的发展,但决不能一窝蜂而上,拼投资,拼人力,最后产品雷同,造成恶性竞争。在10月23日的高峰论坛上,不少专家、学者在肯定实景演出的同时,也不忘向那些着急上马实景演出的景点提个醒。南方某旅游城市先后推出的三部大型旅游演艺节目的现状令人警醒,其中一台投资近2亿元却经营惨淡。
>
> 资料来源:中国旅游网《实景演出:旅游新"法宝"?》2009—11—03

第六节 节会庆典

一、节会庆典

(一)概述

节会庆典是节日和特殊事件的合称,一般多是借助民俗风情、地方特色、人文历史而开展的地域性活动。我国历史悠久,民族众多,节日数量之多在世界上首屈一指。据有关资料统计,从古至今我国节日多达1 700多个。节庆活动是推广目的地形象、传播区域文化、塑造区域旅游品牌、促进对外经贸合作、带动经济发展的重要载体。随着文化旅游的不断发展,旅游节庆在我国得到前所未有的发展。

(二)节会庆典的价值

1. 成为旅游吸引物的重要组成部分

节庆活动具有鲜明的地方性和民族性特点。在节日中,人们把民族文化表现得淋漓尽致,把各种民俗娱乐活动推上高潮。旅游者参与到节庆活动中,不仅能了解各地的风土人情,还能化"静"为"动",体验和感受节日期间人们奔放、狂欢的气氛,真正做一回"当地人"。因此,节庆活动是最生动和最有魅力的旅游资源之一。

2. **促进旅游目的地的经济发展**

一方面,可充分利用节庆活动中的歌舞、娱乐、表演、饮食、纪念商品以及为开展节庆活动建立的民俗村、风情园等直接创收;另一方面,可利用节庆活动招商引资,带动相关行业的发展,扩大就业机会,解决农村剩余劳动力出路问题。在各种节庆活动期间,人山人海,正是推销产品、进行商业贸易的绝好机会,许多企业、集团借此机会大做广告宣传,促进产品成交和预定,从而产生间接的经济效益。许多民族地区运用"节庆搭台,经贸唱戏"的运作方式,使当地旅游经济不断跃上新台阶。

3. **塑造旅游目的地的形象**

节庆活动是旅游目的地形象塑造和宣传的最佳载体。节庆活动可以将高质量的旅游产品、服务、娱乐、背景、人力等要素围绕某一主题组织和整合,营造与平常迥异而浓厚的旅游氛围。所以节庆活动本身就是旅游地形象的塑造者,举办民族节庆活动就是民族旅游区形象的塑造过程。现在,人们提到"泼水节"就会想到云南西双版纳;提到"火把节"就想到四川凉山;提到"葡萄节"就想到新疆;提到"雪顿节"就想到西藏;提到"椰子节"就想到海南。这些极具民族特色的节庆活动,大大提高了当地的知名度和美誉度,使大量的中外游客纷纷慕名而去。

4. **弘扬旅游目的地的历史文化**

节会庆典是具有丰富文化内涵的旅游资源,其内容受到当地经济、文化、宗教、风俗等因素的影响。通过举办各种节庆活动,可以使蕴涵的优秀文化得到传承和发展,对当地文化起到保护和促进发展的作用。

二、我国著名的节会庆典

根据产生的时间和来源,可以把节会庆典分为传统节庆和现代节庆。

1. **传统节庆**

传统节庆一般是依据天候、气候和物候的周期性转换而约定俗成形成的,具有较强的社会互动性和群众参与性,是传承民族文化、寄托民族感情、体现民族认同感的舞台。我国的传统节日有:

(1)春节。

春节,即农历年节,由古代劳动人民在岁尾年初祭神丰收演变而来,是中国最隆重的传统节日。除汉族外,蒙古族、壮族、布依族、朝鲜族等都过此节。春节活动从腊月二十三开始,人们忙着打扫房屋、置办年货、祭灶、祭祖、吃团圆饭、守岁、贴春联、挂年画、拜年、放鞭炮、吃饺子和元宵、舞狮子、闹花灯,直到正月十五结束。由于我国休假制度的改革,春节成为旅游黄金周,越来越多的人走出家门,外出旅游。

(2) 清明节。

清明节,又称踏青节,是由节气演化而成的节日。节期在农历三月间,公历四月五日前后。这一天标志着春耕时节的到来。在清明这天,主要的活动有扫墓、插柳、踏青、放风筝、荡秋千等。

(3) 端午节。

端午节又名端阳节,每年五月初五举行。端午节的起源说法不一,大部分地区认为是为纪念爱国诗人屈原。节日期间主要有吃粽子、赛龙舟、饮雄黄酒、插艾蒿等。端午节吃粽子的习俗,魏晋时已盛行,唐宋时期粽子成为端午节的名食。赛龙舟是端午节的一项重要活动。南北朝时期,龙舟竞渡开始在端午节举行,现在主要流传于我国南方地区,如广东、广西、湖北、福建、四川、浙江、上海等地。

(4) 泼水节。

泼水节,又称浴佛节,是傣、布朗、德昂、阿昌等民族的传统节日。泼水节在农历清明节前后举行,为期一般3~5天。节日期间活动有赛龙舟、放高升、敲象脚鼓、丢包等。人们相互间泼水是最主要的内容,被人泼的水越多,受到的祝福也越多。

(5) 火把节。

火把节是彝、白、纳西、哈尼、拉祜等族的传统节日,流行于云南、四川、贵州等地。节期一般在每年农历六月二十四前后,为期3~5天。节日期间,村寨和田间的火把彻夜不熄,人们载歌载舞,尽情欢畅,并进行赛马、赛歌、斗牛、摔跤、射箭、拔河、荡秋千等活动。

(6) 那达慕大会。

那达慕在蒙古语中是"娱乐、游戏"的意思。那达慕大会是蒙古族一年一度的传统盛会和节日,在每年夏、秋季节七八月份举行。那达慕大会起源于古代的祭敖包,节日期间会举行摔跤、赛马、射箭、套马等传统项目,还有田径、拔河及球类比赛,并有文艺表演。

2. 现代节庆

现代节庆活动,在西方是与景点并列的一个旅游大类。通常称作"事件(Event)",以其为对象的旅游称为"事件旅游(Event Tourism)"。总体来说,现代节庆活动是有关部门或联合体为达到某些特殊目的(包括公益目的),围绕一个特定的主题,以丰富多彩的活动内容吸引受众的集会形式。现代节庆有以下几种:

(1) 旅游节。

旅游节，是指定期和不定期的旅游活动的节日。主要以举办规模宏大、参加人数众多并具有轰动效应的大型活动（如巡游、游戏和竞技比赛等）和形式多样的旅游活动为核心，如巴西狂欢节、上海旅游节、中国昆明国际旅游节、北京国际旅游节等。

(2) 文化节。

文化节，是指定期和不定期的展览、会议、文艺表演活动的节日。文化节通常会有一个比较鲜明的主题，结合旅游所在国和所在地的传统文化，用现代旅游活动去诠释传统文化。例如，历史名人节会多依据该地曾出现过的历史名人，或某位历史名人在该地的政绩、事迹或名人在此殉难来策划节会，如湖南为纪念屈原举办的"中国湖南汨罗江国际龙舟节"、山东曲阜的"国际孔子文化节"等。

艺术给人带来视觉享受的同时，也使精神受到陶冶和熏陶。因此，每年的艺术性节庆都受到世界各地人民的关注，如奥斯卡电影节、戛纳电影节、维也纳新春音乐会、法国服装节等。国内将传统的戏曲、书法、杂技、武术等艺术形式和现代文明相结合举办了一系列节庆活动，传统的如广西民族节、西安古文化艺术节、河北吴桥国际杂技节、郑州国际武术节等，现代的如上海电影节、成都电视节以及金鸡奖、百花奖等颁奖艺术节会等，都精彩纷呈，很受旅游者欢迎。

(3) 商贸农事节。

商贸农事节，是指定期和不定期的商业贸易和农事活动的节日。商贸洽谈往往会带来巨大的商务客源，因而成为各地争相承办的重要活动。农事活动也具有同样的作用，只是客源的方向不同。

商贸节庆的概念和旅游购物紧密交叉，有相同的地方，也有差异。仅从规模和旅游动机来看，旅游购物是规模小且没有明确动机的；而商贸节庆不但规模大，而且有明确的目的。举办商贸节庆活动有的利用本地的资源优势，如河南洛阳牡丹节、陕西临潼石榴节、海南椰子节、吐鲁番葡萄节、贵州国际名酒节、大连服装节、潍坊风筝节、青岛啤酒节等；有的利用本地区经济或交通优势，如广州市利用其经济优势及东南沿海交通的枢纽城市地位，每年举行中国广州进出口商品交易会，规模空前，影响很大。

(4) 体育节。

体育节，是指定期和不定期的体育比赛活动的节日。体育节庆活动是一种以体育为主题的旅游形式。它以一定的体育资源和设施为条件，采用旅游商品的形式，为旅游者在旅行游览过程中提供集健身、娱乐、休闲、交际等各种服务于一体的经营性项目。体育旅游是体育产业的一部分，也是旅游产业的一部分，体育本身的魅力赋予了旅游新的内容,游客在旅游过程中得到了健身锻炼的同时也获得了精神上的享受,如夏季和冬季奥运会、世界杯足球比赛等。

◆ 本章小结

1. **本章结语**

社会风情类旅游资源是指社会风情或称民族风情、风土民情,是指各地人们在特定的自然、社会、文化环境中形成的特定的社会文化活动和现象。其类型相当丰富,具体包括各地特色民居、特色饮食与服饰、民间艺术、文学艺术、节会庆典等五个方面的内容。该类旅游资源具有民族性与地域性、文化性与艺术性、传承性与发展性、参与性与体验性四大特点;具有满足人们返璞归真的渴求、促进人类平等团结繁荣发展、保护民族文化的多样性或多元化等旅游功能。与其他旅游资源开发方式不同,对其开发利用更强调参与性、动态性和体验性,具体可以通过举办各种富有特色的旅游活动来吸引旅游者。这里需要指出的是,对这类旅游资源的开发一定要保持当地风情的原汁原味,不能单纯为了商业目的而改变或同化当地民风民情的特色。

2. **本章知识结构图**

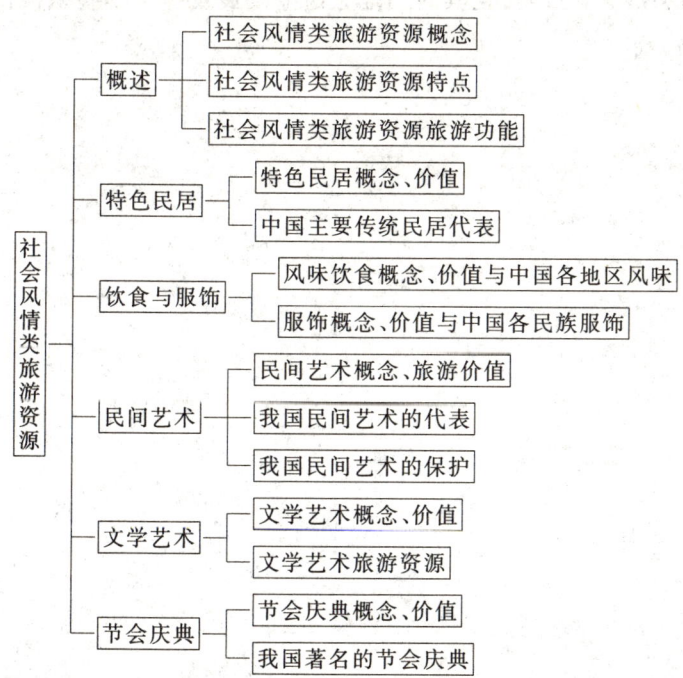

3. **本章核心概念**

社会风情类旅游资源　特色民居　民间艺术　文学艺术　旅游演艺活动　节会庆典

◆ 本章推荐阅读

[1] 梁保尔,马波.非物质文化遗产旅游资源研究——概念、分类、保护、利用[J].旅游科学,2008(4):7-14.

[2] 中国民间艺术网 http://mjys.meishujia.cn

阅读后请思考:

民间艺术旅游资源如何界定?如何进行旅游开发?

◆ 讨论与思考

1. 社会风情类旅游资源的特点和旅游功能有哪些?
2. 调查当地特色民居现状,分析其旅游价值,并提出开发建设的思路和建议。
3. 简述风味饮食的旅游价值。
4. 文学艺术对于旅游资源开发有什么价值?
5. 对当地旅游演艺的发展现状进行调查,并思考其在旅游资源开发、地方旅游形象宣传、社会经济效益提高等方面发挥的作用。
6. 调查所在城市的节会庆典,分组讨论其对当地旅游业发展发挥了哪些积极作用,还需要在哪些方面改进和提高。

第十二章

购物类旅游资源

学习目标

知识要点：了解我国主要的名特旅游商品和购物场所；理解旅游商品的内涵和开发原则；掌握购物类旅游资源的内容、作用、功能。

技能训练：能识别购物类旅游资源，并通过具体案例了解旅游商品的特征和开发原则。

能力拓展：对某一地区购物类旅游资源进行调研，指出其资源特点和开发现状，并提出开发建议。

引 例

义乌中国国际商贸城——全国首家AAAA级购物旅游区

义乌是闻名中外的"小商品海洋"、"购物旅游天堂"，地处浙江中部，距杭州、上海、南京分别为120千米、300千米和450千米。义乌中国小商品城市场营业面积260万平方米，拥有43个行业1 900多个大类40余万种小商品，几乎囊括了所有日用工业品。目前市场商品已出口到215个国家和地区，被联合国、世界银行、摩根斯坦利等权威机构誉为全球最大的专业市场。义

义乌中国国际商贸城

乌是中国优秀旅游城市，是浙江省十大最具吸引力的旅游区和旅游休闲城市之一，是长三角旅游经济圈的一块特色旅游品牌。2006年，国际商贸城被国家旅游局评为首个国家4A级购物旅游区，浙江省最具人气的十大景点之一。2006年，国际商贸城购物旅游人数达到437.3万人次，其中境外游客达到了26万人次。

案例引发的问题：义乌市原本旅游资源并不丰富，其旅游业为什么能取得今天的成就？

资料来源：浙江自驾游在线 http://www.zjyzx.com.cn

第一节 概 述

一、购物类旅游资源的概念

购物类旅游资源是指能够引起旅游者购物欲望的自然资源和人文资源的总和。随着旅游业的发展,旅游购物已不仅仅是旅游中的附带活动,而成为与住宿、游览同等重要的一项活动。近年来,旅游购物的高级形式——购物旅游,作为一种高层次、专项旅游活动也越来越受到旅游者的青睐。因此,可以说,购物类旅游资源是一种重要的旅游资源。

传统的购物类旅游资源主要是指旅游商品。然而,旅游商品的销售离不开特定的旅游购物场所,因此购物设施和购物氛围就成为不可忽视的购物要素,甚至有些购物场所本身就是旅游的吸引物。此外,旅游中的购物活动已经成为一种休闲方式,与参观、游览、饮食、娱乐等活动共同构成独特的旅游经历,旅游者也越来越重视购物设施和购物环境、氛围的特色化、人性化和购物活动的体验性。因此,从系统角度来看,除旅游商品这一核心要素外,购物类旅游资源还应包括旅游购物场所的设施设备和购物环境、氛围等要素。

◆ **专题笔谈 12.1**

"旅游购物"与"购物旅游"

"旅游购物"是指旅游者在众多旅游活动行为中的购物行为,它强调的是旅游者行为的本身;而"购物旅游"作为一种专项旅游产品,是指旅游者以购物为主要目的的旅游活动,它强调的是"旅游活动"。旅游者在旅游活动过程中均有购物行为,但两类旅游者旅游目的或侧重点不同:"旅游购物者"以"旅游"为主,购物为辅;而"购物旅游者"以"购物"为主,同时附带产生了其他行为,由此导致购物活动在旅游中所占比重的差异。一般而言,在购物旅游中,购物活动所占的比重往往比旅游购物的大。从这个论述中可以得出结论:购物旅游是旅游形态的一种,是旅游业发展到一定阶段的产物,是一种以到异地购买各种实物商品为主要目的的旅游形式。和一般旅游者不同的是,购物旅游者主要追求商品的实际功能,十分看重其所要购买商品的质量以及购物活动效率。因而他们所购买的商品主要集中在那些有产地优势、价格优势、名牌优势的优势产品上,如我国内地旅游者到香港购买名牌化妆品、皮鞋、服装等。对他们而言,购物是主要目的和活动,参观游览等活动反而是一种附带性活动。

资料来源:胡林.购物旅游的需求与行为特征研究——以大陆赴香港购物旅游者为例,江西社会科学,2008(07):89-92.

二、购物类旅游资源在旅游业中的地位与作用

(一)购物类旅游资源是目的地吸引旅游者的重要因素

购物已成为旅游活动中不可或缺的内容,是旅游者积极参与的旅游项目。购物类旅游资源对旅游者有强烈的吸引力,甚至有些目的地以购物为最重要的旅游吸引物来吸引国内外旅游者。例如,"购物天堂"香港,购物在其旅游业发展中占有极其重要的地位;"中国小商品城"义乌更是凭借购物旅游吸引国内外旅游者,义乌中国国际商贸城被评为AAAA级景区。不仅旅游商品具有吸引力,作为购物类旅游资源系统构成部分的特色步行街、现代化购物中心等购物场所,以其独具特色的商业氛围、舒适的购物环境、琳琅满目的商品、周到体贴的购物服务、极具魅力的商业文化,营造游购物过程的独特体验价值,也成为吸引旅游者的重要因素。

购物类旅游资源可以开发为专项旅游产品。一是有些旅游商品的制作过程和销售过程具有很高的欣赏价值和娱乐价值,特别是富有神秘性、乡土性的传统工艺过程。例如,蜡染、酿酒、磨豆腐、剪纸、陶吧,可以开发为观光旅游与体验旅游产品。对具有地方品牌的农业产品与工业产品制作过程的观光体验,则可以通过"农业旅游"、"工业旅游"项目来实现。二是开展美食旅游活动。地方特色饮食物品既可以开发为旅游商品,也可以开发"美食旅游"产品以吸引旅游者直接消费,如构筑"美食街(城)"、"风味街(城)"、"风情街",还可以开展美食旅游节庆活动如广州美食节、青岛啤酒节等。三是根据旅游者需求开发不同主题的购物旅游产品,如广东针对女性市场的"太太相伴游"、针对男性市场的"铁骑伯乐游"、针对婚嫁市场的"二人世界采蜜游"、针对乔迁市场的"家居新理念欢乐游"、针对网民市场的"电子购物逍遥游"等。

(二)购物类旅游资源是目的地重要的文化构成因子和文化传播载体

购物类旅游资源具有极强的文化属性,是目的地重要的文化构成因子。首先,具有民族、地方特色的旅游商品不仅是旅游者购买的对象,而且是他们欣赏的对象。可以利用这一特性,营造目的地文化氛围,增强旅游区(点)、旅游企业(如酒店)的文化吸引力。其次,特色旅游购物场所如特色购物街、购物商城也具有文化特征,能展现目的地的独特的历史文化和地域文化,增强游客的文化体验。

购物类旅游资源是目的地文化传播的载体。旅游商品本身就是一种文化符号,它的流通可以促进旅游目的地与客源地的文化交流,起到对目的地形象的宣传作用。此外,旅游购物活动是一种文化与消费的结合,是旅游者观察、了解、体验、学习当地风土人情的途径。

（三）购物类旅游资源的开发利用能增加目的地旅游收入

在旅游业的六大要素中，旅游者在交通、住宿、餐饮、游览四大基本要素方面的花费是必不可少的，具有刚性；而购物和娱乐方面的花费是旅游者自主选择的，具有弹性。在激烈的国内外市场竞争条件下，刚性消费市场空间必将受到限制，而通过对弹性消费市场空间的挖掘，可以有效地扩张旅游业内涵，增强目的地的竞争优势。长期以来，旅游业发达的国家和地区都十分重视开发购物类旅游资源，大力开展购物旅游，以最大限度地扩大旅游收入。在很多地区，旅游购物已经成为振兴旅游经济的新增长点和突破口。

三、购物类旅游资源的功能

购物类旅游资源能从不同方面满足游客多种旅游动机和旅游需求，其主要功能主要体现在以下几方面。

（一）纪念与收藏功能

具有地方特色的旅游商品具有纪念价值。旅游者为了获得未来对旅游地的美好回忆，往往会购买旅游商品作为物证。旅游商品是可视、可触摸的实物，能帮助旅游者记住旅游经历，唤起对特定的人、地点和时间的记忆，如青岛的贝雕、新疆的和田玉等。

具有艺术性和代表性的旅游商品具有收藏价值，如景泰蓝、仿唐三彩、书画艺术品等代表特定人物、景物、事件、历史文化，往往被旅游者珍藏纪念。

（二）馈赠与社交功能

旅游者进行旅游购物的一个重要动机是回到家乡馈赠亲友表达心意，这几乎是每个旅游者都有的普遍需要。例如，来华旅游的国际游客常常购买文房四宝、瓷器、丝绸等商品以回国后馈赠亲友。作为馈赠物品的旅游商品能增进亲友间的情意，从而具有社交功能，它的象征意义大于使用价值和价格，因此要求包装精美、富有特色、适合时令而又价格合理。

（三）体验与文化功能

旅游购物不仅是商品买卖行为，更是旅游者获得体验价值的过程。在购物类旅游资源的开发中，经营者应注重在购物过程中提高娱乐性、参与性和体验性，通过营造旅游购物物质环境、提升员工服务、开展体验活动等途径来满足旅游者的体验需求。

在旅游购物过程中旅游者购买的是商品，消费的是文化，追求精神文化的满足是旅游购物的最终意义。旅游商品因为具有了某种文化附加值，才会得到旅游者的青睐。旅游购物过程只有渗透了丰富多彩的地方文化，才会更具有吸引力。

（四）经济与实用功能

旅游购物往往具有一定的经济优势，包括价格优势、品质优势、产地优势、品牌优势等。例如，香港的主要魅力在于把世界各地的商品以免税价销售，以价格优势吸引旅游者购买电子制品、钟表、服装、珍珠、香水、化妆品等商品。在原产地购物,商品种类多,价格便宜,有更多的选择空间,如在韩国购买人参和化妆品、在日本购买数码产品和电器、在中国海宁购买皮革等。

有些旅游商品通过实用性体现其价值,主要的实用功能有可食和可用,前者如菜肴、风味小吃、土特产,后者如旅游装备、家居用品、服饰、化妆品、文房四宝等。在旅游商品开发设计时,可以考虑把文化艺术性和实用性结合起来,迎合人们的文化、心理和生活需要,以增加旅游商品的附加价值,如将景泰蓝工艺用于生活用品开发出笔筒、钟表、烟袋、领带卡等。

第二节 旅游商品

一、旅游商品的概念

关于旅游商品概念存在着三种意义的理解。一是泛义的理解,将旅游商品等同于旅游产品,认为旅游商品是指为满足旅游者旅游活动的需要,供旅游者购买的产品和劳务的总和,包含了旅游者在旅游活动中的一切有形物品和无形服务。二是广义的理解,认为旅游商品是指旅游者在旅游活动中所购买的实物用品。三是狭义的理解,认为旅游商品就是指旅游纪念品。本书认为旅游商品是指旅游者在旅游准备阶段或旅游途中,并非为任何商业目的而购买的实体性物品。旅游商品是一个动态的概念,其内涵是随着时代的变化而变化的。早期旅游活动非常简单,旅游购物的对象也相对单一,旅游商品主要包括为纪念特定的旅游经历而购买的具有地方特色的手工艺品和土特产品,以纪念性为主。而今随着旅游活动内容的丰富,旅游购物的对象也越来越多样,任何形态、任何产业的商品都可以成为旅游商品。

◆ 案例驿站 12.1

山东省评出游客最喜爱的十大旅游商品

山东省"2009年游客最喜爱的十大旅游商品"有奖评选活动结果于2010年2月4日公布。这十大旅游商品分别是烙画木梳、宝相寺水晶珍藏精品、宝相寺七彩水晶塔、潍坊风筝、张裕葡萄酒纪念品系列——"丰收"和"横空出世"、潍坊微型风筝、泰山煎饼、周村烧饼、山东特色剪纸、八仙紫檀扇。

案例来源:中国旅游报

二、旅游商品的特征

(一)文化性

文化是旅游商品的灵魂。旅游商品带有一个国家、地区或民族的文化象征意义，是旅游目的地历史渊源和文化背景的载体。例如，茶叶、丝绸、印章、瓷器、国画等旅游商品就代表着中国文化。旅游商品的开发不仅是一种技术、经济行为，同时更是一种文化的承袭、积累乃至创新的行为。

(二)地域性

受地域条件限制，一些旅游商品形成了独特的地域性风格，打上了地域自然环境和地域文化传统的烙印。旅游商品的地域性主要体现在题材、材料、形态和工艺上。地域性特征显著的旅游商品有以下几类：地方土特产，如浙江的丝绸、东北的人参、海南的椰子；地方传统工艺品，如北京的景泰蓝、贵州的蜡染布、潍坊的风筝等；反映地方文化的纪念品，如曲阜孔子像、西安兵马俑复仿制品、著名建筑的微缩模型等。旅游者倾向于购买这些具有地域性特征的旅游商品，它们具有不可替代性，吸引力很强。

(三)民族性

旅游商品是民族文化的物质载体和符号象征，能表现一个民族的思维方式、民族性格、审美标准、群体爱好和人际关系，如墨西哥的宽边草帽、仙人掌，我国西藏的帽子、佩刀、银饰等。具有民族性的旅游商品能让旅游者欣赏、学习、回忆目的地的民族文化，具有纪念意义和收藏价值。民族性还能使特色旅游商品在众多旅游商品中脱颖而出，形成品牌优势。

(四)纪念性

纪念性是旅游商品的基本特征。旅游商品是旅游者旅游经历的物证，寄托着旅游者的情感和体验。旅游商品在旅游活动结束后能让旅游者见物思情、见物思景，加深对旅游经历的感受和回忆，具有纪念意义，如青岛的贝雕、宜兴的紫砂壶。对大多数旅游者来说，旅游商品真正的意义不在于商品的实际价值，而在于它的纪念意义。

(五)便携性

大多数旅游商品是旅游者在旅游途中购买并带回客源地的实物产品，只有少数被即时消费如品尝风味小吃。这就要求旅游商品体积小，质量轻，便于携带。当然，随着现代物流业的发展和服务方式的改进，托运越来越便捷，旅游者也开始购买大件旅游商品。

三、旅游商品的分类

旅游商品种类庞杂、内容丰富，从不同角度依据不同的分类标准可划分出不同的类型。不同的国家和地区往往也根据自己的情况对旅游商品做出不同的分类。下面重点介绍我国主要的旅游商品类型。

(一) 工艺美术品

工艺美术品亦称工艺品,是以美术技巧制成的各种与实用相结合并有欣赏价值的物品。工艺美术品种类繁多、异彩纷呈,是旅游商品的主要内容。

1. 陶瓷工艺品

陶瓷工艺品是陶器和瓷器的总称。陶器是指以黏土为胎,经过手捏、轮制、模塑等方法加工成型后,在800℃～1 000℃高温下焙烧而成的物品,具有浓厚的生活气息和独特的艺术风格。中国陶器的产生距今已有11 700多年的悠久历史。陶器的主要品种有灰陶、红陶、白陶、彩陶和黑陶等。瓷器脱胎于陶器,是由瓷石、高岭土等在1 200℃以上高温下烧成,外表施有釉或彩绘的物器。中国是瓷器的故乡,商代中期就出现了早期的瓷器,故有"瓷器之国"之称。在英文中,"瓷器(china)"与"中国(China)"拼写基本相同。

中国瓷器的制作历史悠久,窑口众多,产量极大,不同产地制作的瓷器有不同特点。瓷都江西景德镇以生产青花、玲珑、粉彩、颜色釉四大传统名瓷闻名,湖南醴陵以釉下五彩装饰美术瓷而闻名,山东淄博主要生产雨点釉和发展刻瓷艺术,河北邯郸生产花釉和象牙瓷;还有生产白瓷的福建德化,生产青瓷的浙江龙泉,生产釉上彩花瓷的广东潮州,生产仿南宋官窑艺术瓷的浙江萧山,等等。其中,雨点釉被称为"中国之奇"、"陶瓷之谜"。河北的磁州窑、浙江的龙泉窑、江西的景德镇窑和福建的德化窑被称为四大中国名瓷窑。

2. 雕塑工艺品

雕塑工艺品是雕刻和塑造工艺品的总称,指用各种可塑材料或可雕、可刻的硬质材料创造出的工艺品。雕塑艺术包括雕、刻、塑三种创制方法。雕刻工艺品按照制作材料分为象牙雕刻、砖雕、木雕、石雕、竹刻、果核雕刻、果壳雕刻、根雕、角雕、骨雕、刻瓷、煤雕、贝雕等。

玉雕是以玉为材料的雕刻艺术。产品种类各异,有人物、花卉、鸟兽、盆景、器皿等。玉雕艺术品被誉为"东方艺术瑰宝"。中国与墨西哥、新西兰被誉为世界三大著名玉器工艺品产地。我国玉雕产地以苏州、扬州、北京、酒泉最为著名。

石雕是以石为材料的雕刻艺术,在雕刻艺术中影响最广。石雕除人物外,主要有马、虎、狮、鸵鸟、独角兽等。常见的陵墓石雕和石窟艺术都属于石雕,其中敦煌石窟、云岗和龙门石窟中的佛像石雕艺术举世闻名。我国的石雕以福建寿山与惠山石雕、浙江青田石雕、湖南菊花石雕、河北曲阳汉白玉石雕、云南大理石雕最负盛名。

牙雕是在象牙上雕刻形象、花纹的艺术,也指用象牙雕刻成的工艺品。我国的象牙雕刻在商代就已很精巧了。在我国,牙雕主要集中于北京、广州、上海等地。北京牙雕以人物圆雕见长;广州牙雕以玲珑剔透著称;上海牙雕以小件人物著称,雕工精湛秀美。

木雕以浙江东阳木雕、广东潮州木雕最为著名。东阳被称为"木雕之乡";潮州木雕雕刻以后磨光上漆,最后贴金,又称"金漆木雕"。

微雕又称米雕、细刻,是在米粒及米粒大小的象牙片、竹片或在头发丝上,镂刻书画、诗词等内容的精细艺术,被称为绝技。在西周时代的甲骨文上,就发现了仅有 0.6 丝米的微型刻字。微雕工艺以苏州微雕为代表。

此外,中国的雕刻艺术比较著名的还有宁波根雕、广州陈家祠和佛山祖庙的砖雕、海南椰雕、青岛和大连的贝雕、辽宁抚顺的煤雕、江西景德镇的瓷雕、广西合浦的角雕、广东佛山的墨鱼骨雕、山东淄博的料器雕刻。

塑造艺术主要有泥塑、瓯塑和面塑三种。泥塑,也称彩塑。著名的有陕西彩泥偶、无锡惠山泥塑、河北白河沟泥塑、苏州泥塑,其中影响最大的是天津泥塑及"泥人张"。瓯塑,是以特殊配制的各种油泥为原料塑造而成的,主要产地在浙江温州,因温州旧称东瓯而得名。面塑,俗称"面人",著名的有北京"面人汤"汤子博和上海面塑艺人赵阔明。

3. 漆器

漆器是用漆涂在各种器物的表面上所制成的日常器具及工艺品、美术品等。北京漆器和景德镇瓷器、湘绣并称为我国工艺美术三长。福州脱胎漆器质地轻巧坚固,造型典雅大方,还有耐热、耐酸、耐碱等特性,被称为"真正的中国民族艺术"。

4. 编织工艺品

编织工艺品是将植物的枝条、叶、茎、皮等加工后,用手工编织而成的工艺品,在原料、色彩、编织工艺等方面形成了天然、朴素、清新、简练的艺术特色。按原料划分,主要有竹编、藤编、草编、棕编、柳编、麻编等类型。浙江东阳竹编、福建晋江紫红色竹编、四川自贡的"竹丝编"各具独特的风格。广东是我国藤编的主要产地。

5. 染织绣类工艺品

染织绣类工艺品包括印染、手工纺织、刺绣、织锦、缂丝、毯等类别。

印染主要有扎染、蜡染、蓝印花布和彩印花布,用途广泛。蜡染以贵州、湖南、四川等少数民族地区为代表;蓝印花布以上海郊县和江苏南通最为有名。

刺绣是中国民间传统手工艺之一,在中国至少有两三千年的历史。苏绣、粤绣、湘绣、蜀绣号称四大名绣。此外,尚有顾绣、汉绣、麻绣和苗绣等,都各具风格,沿传迄今,历久不衰。民间刺绣中有代表性的还有京绣、瓯绣、鲁绣、闽绣、汴绣、土族刺绣、满族枕顶绣（绣于枕头两端）、湖北挑花等。

织锦中四川蜀锦、南京云锦、苏州宋锦被称为中国三大名锦。蜀锦以年代最为久远，工艺最为独特而被誉为"东方瑰宝，中华一绝"；云锦以绚丽多姿，美如天上云霞而得名，被称作"寸锦寸金"；宋锦色泽华丽，图案精致，质地坚柔，色彩繁而不乱，明丽而古雅。另外，土家锦、壮锦和蜀锦也称三大名锦。

著名的毯有天津地毯、北京地毯、河北金丝挂毯、新疆地毯、内蒙地毯。

6．珠宝工艺品

珠宝工艺品是指以珍珠或宝石为主要材料制作而成的工艺品。珠宝首饰以及用珠宝玉石和贵金属的原料、半成品制成的佩戴饰品、工艺装饰品和艺术收藏品日益成为旅游商品的重要组成部分。近年来，我国已成为世界上少数几个珠宝首饰饰品年消费额超过100亿美元的国家之一。

珍珠晶莹圆润，与玛瑙、水晶、玉石一起并称为我国古代传统四宝。珍珠按照成因分为天然珍珠和人工养殖珍珠两种。我国的天然淡水珍珠主要产于海南诸岛，广西合浦长期以来盛产天然珍珠。

宝石主要有彩色宝石、玉石、翡翠、玛瑙、水晶、珊瑚等。新疆和田玉、河南独山玉、辽宁的岫岩玉和湖北的绿松石并称为中国的四大玉石。山东沂蒙金刚石、黑龙江玛瑙、浙江临安县的昌化鸡血石、安徽灵璧玉也颇为有名。

7．文房四宝

文房四宝是我国独有的文书工具，即笔、墨、纸、砚，是我国古代文人书房中必备的四件宝贝。自宋朝以来，文房四宝指安徽泾县（原属宁国府，产纸以府治宣城为名）的宣纸，歙县（原为徽州府治）的徽墨，浙江吴兴（原为湖州府治）的湖笔，广东高要（原为肇庆府治，古名端州）的端砚，以及与端砚齐名的歙县（原歙州府）的歙砚。它们不仅具有实用价值，也是融绘画、书法、雕刻、装饰等为一体的艺术品。

8．美术作品

美术作品主要包括绘画、书法和碑帖等。

绘画按工具材料和技法的不同，分为中国画、油画、版画、水彩画、水粉画等主要画种。中国画是区别于西方的油画（又称西洋画）等外国绘画的绘画艺术，用颜料在宣纸、宣绢上的绘画，简称"国画"。绘画同书法、篆刻相互影响，相互促进。

碑帖是从碑石上用纸和墨捶拓而成的，拓碑的技法主要有擦拓和扑拓两种。曲阜碑帖资源丰富，存有西汉以来历代碑刻5 000余块，是我国石碑最为集中的地方之一，也是我国碑帖的主要产地之一。

装裱是我国特有的一种保护和美化书画以及碑帖的技术。装裱不仅便于保存、流传和收藏,而且对艺术品有极好的烘托作用,使其具有更高的艺术美感。

9. 其他工艺美术品

金属工艺品:以北京景泰蓝最为著名。景泰蓝,又名铜胎掐丝珐琅,是一种瓷铜结合的独特工艺品,制造历史可追溯到元朝。因明代景泰年间最为盛行,又因当时多用蓝色,故名景泰蓝。景泰蓝具有鲜明的民族特色,是我国传统的出口工艺品。

花画艺术品:是工艺花工艺品和工艺画艺术品的合成,如绢花、绒花、纸花、羽毛花、塑料花。工艺画工艺品有吉林的树皮画、福州的软木画、广东潮州的麦秸画等,具有独特的地方特色和艺术风格。

文物古玩及其仿制品:指国家允许流通的古玩、仿制古字画、出土文物复制品、仿古模型等。这类旅游商品中真品价格昂贵,而仿制品则价格适宜,深受广大游客的欢迎,如洛阳的仿唐三彩、西安的兵马俑复仿制品等。

印章:印章石材有四大系——寿山、青田、昌化、巴林;另外还有珍奇印章材料,如中国白玉、缅甸翡翠、水晶、犀牛角、象牙、金银等珍贵奇异材料。如果是名石加名人之印,则更名贵。

其他工艺美术品还有:盆景,有扬州盆景、苏派盆景、川派盆景、徽派盆景、岭南盆景五大流派;扇,如江苏苏扇、浙江杭扇、潮州羽扇;伞,如杭州绸伞;梳,如江苏常州的黄杨梳篦和福州的牛角梳;风筝,如山东潍坊风筝等。

(二)地方土特产品

1. 农副产品与制品

农副产品是由农业生产所带来的副产品,包括农、林、牧、副、渔五业产品。我国各地农副产品与制品繁多,著名的有山东烟台苹果、江苏无锡猕猴桃、浙江黄岩蜜橘、江西中华猕猴桃、陕西临潼石榴、新疆哈密瓜、甘肃兰州白兰瓜、福建龙眼、海南椰子、天津金丝小枣、陕北红枣、四川广元核桃、密云金丝小枣、沧州金丝小枣、赵州雪花梨等。这类产品在开发时应注重深度加工,向滋补、营养、绿色的方向发展,同时改造包装,提升附加价值。

2. 畜禽水产品与制品

畜禽水产品与制品包括畜牧业、渔业及其加工业产出品。其中,著名的有黄河河曲马、内蒙古的三河牛、湖北监利猪、河北昌黎猪、宁夏滩羊、吉林紫貂皮、江苏狼山鸡、江西泰和白羽乌骨鸡、绍兴麻鸭、江西兴国灰鸭、黄河鲤鱼、武昌鱼、上海松江鲈鱼、山东长岛鲍鱼等。

3. 中草药材与制品

我国是中草药的发源地,目前我国有上万种药用植物,在世界上占据垄断地位。中药材的生产多有一定的地域性,且产地与其产量、质量有密切关系。四川的黄连、川芎、附子,东北的人参、细辛、五味子,云南的三七、茯苓,河南的地黄,山东的阿胶,宁夏的枸杞,四川的黄连、天麻等,都是著名的道地药材,受到人们的称道。

中药按加工工艺分为中药材、中成药两种类型。随着人们对中草药价值的认可和保健意识的增强,中草药材与制品种类越来越丰富,市场也越来也广阔。深受旅游者欢迎的有具有防病保健作用的中药饮品,如菊花露、酸梅汤、五花茶;含有具有较高的药用与食用价值的药膳食品;含有具有活血通脉、抗风湿等辅助治疗作用的各类中药成分的织物、服装及床上用品,如护腰、睡衣、鞋垫、药枕等;以及中草药化妆品、中药皂、中药杀蚊类产品,等等。

4. 茶

茶起源于我国,我国历史上有很长的饮茶纪录,最早可以追溯到石器时代的炎帝神农氏。通常将茶分为绿茶、红茶、青茶、黄茶、黑茶、白茶、花茶等品种。

绿茶,不经发酵,具有香高、味醇、形美、耐冲泡等特点。名贵品种有西湖龙井、洞庭碧螺春、黄山毛峰、庐山云雾、六安瓜片、太平猴魁、信阳毛尖等。

红茶,其汤色红,是一种全发酵茶(发酵程度大于80%)。名贵品种有祁红、滇红、英红。

青茶,又称乌龙茶,是介于红绿茶之间的半发酵茶,既有绿茶的鲜浓,又有红茶的甜醇。因其叶片中间为绿色,叶缘呈红色,故有"绿叶红镶边"之称。乌龙茶工艺最复杂费时,泡法也最讲究,所以喝乌龙茶也被称为喝功夫茶。名贵品种有武夷岩茶、铁观音、台湾乌龙茶。

黄茶,制法类似绿茶,但需要闷黄三天,形成黄叶、黄汤,名贵品种有君山银针。

黑茶,原料粗老,加工时堆积发酵时间较长,叶色呈暗褐色。名贵品种有湖南黑茶、广西六堡茶。

白茶,将细嫩、叶背满茸毛的茶叶晒干或用文火烘干制成,是我国的特产,主要产于福建。名贵品种有白豪银针茶、白牡丹茶等。

花茶,用花香增加茶香的一种产品,所用的花品种有茉莉花、桂花等几种,以茉莉花最多。此外,还有将药物与茶叶配伍制成的药茶,如午时茶、姜茶散、益寿茶、减肥茶等。

◆ 专题笔谈 12.2

中国十大名茶

中国十大名茶由 1959 年全国十大名茶评比会评选。

西湖龙井,居中国名茶之冠,素以"色绿、香郁、味醇、形美"四绝著称于世。产于浙江省杭州市西湖周围的群山之中。

洞庭碧螺春,产于江苏省吴县太湖洞庭山,属绿茶。特点是条索纤细,卷曲成螺,茸毛披覆,银绿隐翠,清香文雅,浓郁甘醇,鲜爽生津,回味绵长,人称"吓煞人香"。

黄山毛峰,产于安徽黄山。特征是外形细扁稍卷曲,状如雀舌披银毫,汤色清澈带杏黄,香气持久似白兰。

安溪铁观音,产于福建省安溪县,属青茶类,素有茶王之称。品质优异的安溪铁观音茶条索肥壮紧结,质重如铁,叶缘红点,青心红镶边,甜醇厚鲜爽,具有独特的品味,回味香甜浓郁,冲泡 7 次仍有余香。

武夷岩茶,产于福建武夷山,茶树生长在岩缝之中,是我国乌龙茶中之极品,以"大红袍"最为名贵。其特点是"活、甘、清、香"。

君山银针,产于湖南洞庭湖中的君山,黄茶。香气清高,味醇甘爽,汤黄澄高,芽壮多毫,条真匀齐,着淡黄色茸毫。冲泡后,芽竖悬汤中冲升水面,徐徐下沉,再升再沉,三起三落,蔚成趣观。

庐山云雾,绿茶,宋朝时被列为"贡茶"。茶色泽翠绿,香如幽兰,味浓醇鲜爽,芽叶肥嫩显白亮,以"味醇、色秀、香馨、液清"而久负盛名。

信阳毛尖,产于河南信阳。成品条索细圆紧直,色泽翠绿,白毫显露;汤色清绿明亮,香气鲜高,滋味鲜醇。以原料细嫩、制工精巧、形美、香高、味长闻名。

祁门祁红,以高香形秀著称,为工夫红茶中的珍品。向以"香高、味醇、形美、色艳"四绝驰名于世。祁红特有的香味,被称为"祁门香"。

六安瓜片,产于安徽西部大别山茶区。是名茶中唯一以单片嫩叶炒制而成的产品。呈茶呈瓜子形,因而得名"六安瓜片"。色翠绿,香清高,味甘鲜,耐冲泡。

资料来源:百度百科 http://baike.baidu.com/

5. 酒

我国是最早酿酒的国家,早在 2 000 多年前就发明了酿酒技术并不断改进和完善,现在已发展到能生产各种浓度、各种香型的酒以及各种含酒的饮料。主要品种有白酒、啤酒、葡萄酒和黄酒。

白酒按所用酒曲和主要工艺分为大曲酒、小曲酒、麸曲酒、混曲法白酒和其他糖化剂法白酒;按主体香气成分的特征分为酱香型白酒(以茅台酒为代表,酱香柔润)、浓香型白酒(以泸州老窖特曲、五粮液、洋河大曲等酒为代表,浓香甘爽)、清香型白酒(以汾酒为代表,清香纯正)、米香型白酒(以桂林三花酒为代表,米香纯正)、其他香型白酒(以西凤酒、董酒、白沙液等为代表,香型各有特征)。在国家级评酒中,往往按香型对白酒进行归类。

啤酒根据麦芽汁浓度分为低浓度型(麦芽汁浓度在 6°~8°)、中浓度型(麦芽汁浓度在 10°~12°)和高浓度型(麦芽汁浓度在 14°~20°);根据色泽分为黄啤酒(淡色啤酒)、黑啤酒(浓色啤酒);根据灭菌情况分为鲜啤酒(又称生啤酒,不经巴氏消毒而销售)、熟啤酒(瓶装或罐装后经过巴氏消毒)。我国著名的啤酒品牌有青岛啤酒、燕京啤酒、雪花啤酒等。

葡萄酒种类繁多。可分为酿造葡萄酒(又称原汁葡萄酒)、加香葡萄酒、起泡葡萄酒和蒸馏葡萄酒。我国最早的近代葡萄酒酿造企业是 1892 年华侨张弼士创建的山东烟台张裕葡萄酒厂。被评为国家名酒的葡萄酒有烟台红葡萄酒、北京中国红葡萄酒、北京特制白兰地、长城干白葡萄酒、河南民权白葡萄酒等。

黄酒是我国最古老的发酵酒,以大米等谷物为原料,经过蒸煮、糖化和发酵、压滤而成。黄酒营养价值之高,居酒类之首。黄酒产地广,品种多,著名的有浙江加饭酒(花雕酒、女儿红等)、绍兴状元红、上海老酒、福建老酒、山东即墨老酒等,其中最受欢迎的首推绍兴酒。

(三)菜系与风味小吃

我国土地辽阔,民族众多,饮食烹饪历史悠久,物品繁多,形成了繁杂的饮食物品与饮食文化体系,成为不同民族与不同地域重要的旅游吸引物。我国菜肴讲究"色、香、味、形、器",更有炒、爆、熘、炸、烹、煎、贴、烧、焖、炖、蒸、氽、煮、烩、炝、腌、拌、烤、卤、冻、拔丝、蜜汁、熏、卷 24 种制作工艺。

1. 八大菜系

我国菜肴流派最有影响和代表性的一般指鲁、川、苏、粤"四大菜系",也有指鲁、川、粤、闽、苏、浙、湘、徽"八大菜系"和鲁、川、粤、闽、苏、浙、湘、徽、京、沪"十大菜系";其他如河南菜、东北菜、台湾菜、陕西菜等,都具有鲜明的地方特色。一个菜系的形成和它的悠久历史与独到的烹饪特色是分不开的。八大菜系的烹调技艺各具风韵,其菜肴之特色也各有千秋。

(1)鲁菜。

鲁菜即山东菜系,有济南菜、胶东菜和孔府菜三大流派。特点是味浓厚,嗜葱蒜,尤以烹制海鲜、汤菜和各种动物内脏为长。名菜有油爆大蛤、红烧海螺、糖醋黄河鲤鱼、九转大肠等。

(2) 川菜。

川菜即四川菜系,是我国最有特色的菜系,也是民间最大菜系,有成都(上河帮)、重庆(下河帮)和自贡(小河帮)三个流派。特点是以取材广泛,调味多样,以辣椒、胡椒、花椒、豆瓣酱等为主要调味品,以味多、味广、味厚、味浓著称。名菜有宫保鸡丁、一品熊掌、鱼香肉丝、夫妻肺片、麻婆豆腐、回锅肉等。

(3) 淮扬菜。

淮扬菜即淮扬菜系,由徐海菜、淮扬菜、江宁菜和苏南菜四种风味菜组成,今天国宴仍以淮扬菜为主。淮扬菜十分讲究刀工,尤以瓜雕享誉四方。菜品形态精致,滋味醇和;在烹饪上则善用火候,讲究火功;原料多以水产为主,注重鲜活。名菜有清炖蟹粉狮子头、大煮干丝、三套鸭、水晶肴肉、松鼠鳜鱼、梁溪脆鳝等。

(4) 浙菜。

浙菜即浙江菜系,由杭州、宁波、绍兴等地方菜构成,以杭州菜为代表。特点是鲜嫩软滑,香醇绵糯,清爽不腻。名菜有龙井虾仁、西湖醋鱼、咸菜大汤黄鱼、冰糖甲鱼、西湖莼菜汤等。

(5) 粤菜。

粤菜即广东菜,有广州菜、潮州菜、东江(又称客家风味)菜三个流派,以广州菜为代表。以其用料广博奇杂、重"生猛"而著称,口味特点是爽、淡、脆、鲜,烹调方法突出煎、炸、烩、炖。名菜有三蛇龙虎凤大会、烧乳猪、东江盐焗鸡、冬瓜盅、古老肉、潮州卤鹅等。

(6) 湘菜。

湘菜即湖南菜系,包括湘江流域、洞庭湖区和湘西山区三个地区的菜点特色,以长沙菜为代表。特点是注重香辣、麻辣、酸、辣、焦麻、香鲜,尤为酸辣居多。名菜有红煨鱼翅、冰糖湘莲、红椒腊牛肉、发丝牛百叶等。

(7) 闽菜。

闽菜即福建菜系,由福州、泉州、厦门等地发展起来,并以福州菜为其代表。特点是以海味为主要原料,注重甜酸咸香、色美味鲜。名菜有佛跳墙、雪花鸡、金寿福、烧片糟鸡、桔汁加吉鱼、太极明虾。

(8) 徽菜。

徽菜即安徽菜系,由皖南、沿江和沿淮地方风味菜构成,皖南菜是主要代表。特点是以火腿佐味,冰糖提鲜,擅长烧炖,讲究火工。名菜有火腿炖甲鱼、红烧果子狸、腌鲜鳜鱼、黄山炖鸽等。

2. 风味小吃

风味小吃是在口味上具有特定风格特色的食品的总称。具有浓厚的地方特色的小吃，既可以作为宴席间的点缀，也可以作为早点、夜宵的主要食品。风味小吃能够突出反映当地的物质生活及社会生活风貌。以地方分类，比较有名气的有四大小吃（南京、苏州、上海、长沙）和八大小吃（南京、苏州、上海、长沙、北京、成都、开封、台北）之说。按品种类别可分为包类、饺类、糕类、卷类、酥类、饼类、果类、粽类、馒头、馄饨、麻花、面条等。按口味分，有荤、素、甜、咸、鲜、美、嫩、爽。我国知名小吃数不胜数，有北京的驴打滚、奶油炸糕、蜜麻花、豌豆黄，上海的蟹壳黄、南翔小笼馒头、小绍兴鸡粥，天津的狗不理包子、耳朵眼炸糕、桂发祥大麻花，太原的刀削面、揪片，西安的牛羊肉泡馍、乾州锅盔，兰州的拉面、油锅盔，新疆的烤羊肉、烤馕、抓饭，广东的鸡仔饼、皮蛋酥，等等。

(四) 旅游纪念品

广义的旅游纪念品是旅游者为纪念目的而购买的一切商品，包含的范围广泛、品种繁多、题材丰富，上文中能体现地方特色的工艺美术品和地方土特产都属于其范畴。本文中的旅游纪念品采用狭义概念，指标有产地地名或以产地事物特征作商标的旅游商品。主要包括以下两种类型。

1. 旅游景点纪念品

旅游景点纪念品是以旅游景点的自然风光或文物古迹为题材，为特定旅游景点开发制作的旅游纪念品，如泰山登山手杖。这种类型的旅游商品样式精美，价格也不太昂贵，既可以用于馈赠，也可以留作纪念。此类纪念品还包括以地方山水风景、历史文化和民俗文化为内容的摄影、绘画、雕塑、录影、光碟、书刊、图片、风情画册、挂历台历、书签、明信片等。

2. 事件依托型纪念品

事件依托型纪念品是指专门为某一特定事件或活动开发的旅游纪念品。例如，2008年北京奥运会期间推出的以奥运为主题的众多纪念品，除了邮品和纪念币外，还有鸟巢、水立方、火炬模型、带有奥运标志的奖牌、纪念牌、证章、身份证、宣传画、比赛秩序册、成绩册、指南手册、服装、器材、五福娃吉祥物、门券等。

四、旅游商品的开发原则

旅游商品是旅游购物发展的基础，旅游商品的开发具有非常重要的地位。一般而言,旅游商品的开发应遵循以下原则。

(一)以游客需求为导向

旅游商品的开发设计应该在深入调查游客需求、认真分析旅游商品消费特点和游客购物偏好的前提下进行,只有这样才能避免出现市场上旅游商品大量积压而游客却抱怨买不到称心如意旅游商品的怪现象,解决目前普遍存在旅游商品市场供求结构不对称的问题。随着游客需求多样化、个性化发展,应该以游客需求为导向将其细分为若干个群体,针对不同的游客群体开发设计多种档次、多种类型、多种功能、多种风格的旅游商品。

(二)以区域文化为依托

文化是旅游商品的灵魂,脱离地域文化的旅游商品将千篇一律、缺乏特色和生命力。特色性区域文化来源于深厚的历史文化底蕴沉淀和民俗文化的地域特征。旅游商品的开发设计应该注重挖掘和利用当地历史文化、民俗风情、名胜古迹等题材,突出旅游商品的地域特征和个性。不同的区域文化产生旅游商品的差异化。具有区域文化内涵的旅游商品因为凝聚了更高的无法评测的无形价值,更具纪念意义和馈赠意义,从而提升了旅游商品的经济价值。

(三)充分利用当地资源基础

在开发设计旅游商品时,应充分考虑当地资源基础,积极利用当地各种原材料。例如,在海滨旅游城市随处可见贝壳、海螺等制作的旅游商品,而森林资源丰富地区则可以开发各类木雕、竹雕、藤制工艺品及绿色食品等。使用当地原材料,一方面降低了旅游商品的成本,另一方面使旅游商品更具地方特色,如"枫叶之国"加拿大由枫叶制作的精美工艺品。另外,当地的特产亦不能忽视,如新疆的哈密瓜和葡萄干,将这些资源进行深度加工及多样化开发,必将赢得游客的青睐。

(四)注重创新的推动作用

创新推动进步。具体来说,旅游商品的开发设计应注重理念创新、材料创新、工艺创新三个方面。理念创新是指重视旅游商品的开发设计并突破已有的思维定式,发散思维,开阔视野,进行大胆的创造性设计。材料创新是指在旅游商品设计中大胆使用各种材料。例如,泰国清迈动物园把本来当垃圾处理的熊猫粪变废为宝,制作成笔记本、扇子、书签,游客们很乐意购买。工艺创新是指积极运用高新技术和先进适用工艺改造传统工艺,尤其是传统工艺的推陈出新以及与现代高科技的结合,使旅游商品的生产工艺更能适应市场、满足游客需求。

第三节　旅游购物场所

一、景区(点)依托型旅游购物场所

景区(点)依托型旅游购物场是指在旅游景区、景点内部或邻近区域销售旅游商品的旅游购物商店、购物亭、购物街区，它们以销售能够代表旅游景区特色的旅游纪念品、工艺品和土特产品为主，如景区模型、纪念章、宣传册等。

据调查，近70%的旅游者愿意在旅游景区附近购物，然而目前景区购物存在诸多问题，严重影响了景区购物的发展。一是旅游商品景区特色不明显，质量差；二是旅游商品价格不合理；三是市场秩序混乱，欺客宰客现象严重。针对这些问题，首先必须把特色作为首要考虑因素，开发景区特色的旅游商品，将店铺的装潢与旅游景区的特色相融合；其次要提高服务人员素质和服务技巧；三是相关的购物设施要配套，做好送货、托运、邮寄等售后服务工作。通过以上途径来营造有特色、人性化的购物环境，才能让旅游者买得舒心，买得放心。

二、特色购物街

特色购物街是指在城市中自然形成的传统购物街以及为了发展旅游而建设的特色商业街。特点是地方特色突出，文化氛围浓厚，并经过长期发展逐渐形成了知名品牌，有些已经成为当地旅游景点，是旅游者购物的理想之地，如北京的秀水街和虹桥市场，西安的回民街和书院门古文化街等。北京的秀水街主要经营具有民族特色的服装、工艺品、箱包、旅游纪念品等，是中外闻名的丝绸街，在来华旅游者眼中更是一个不可错过的旅游景点。西安市书院门古文化街文化底蕴深厚，文化格调古朴，是一条富有古城文化气息和关中民居风格的文化街，每日客流量上万，在境内外颇有知名度，已成为特色旅游景点。

◆ **专题笔谈 12.3**

漫谈创意步行街的规划

步行街是城市开敞空间的一个分支。最早发展无车辆交通的是欧洲大陆的荷兰、德国、丹麦等国家。德国埃森市的林贝克大街早在1922年就封闭交通，1930年建成林阴步行街，它是现代步行街的雏形。

令人欣慰的是,我国很多旅游城市已经拥有步行街,人们在用绿色游览来诠释时尚理念。然而,步行街的规划设计是一篇大文章,尤其是创意步行街更是文章中的点睛之笔。

近日,广州佛山市石湾镇将打造国内首条创意步行街。据了解,这条集创意产品交易、设计、文化、艺术、时尚、旅游、休闲于一身的长达1506米的创意步行街被称为"1506创意步行街",包括创意产品街、创意跳蚤市场、创意星光大道、忆古街、啤酒街、国际陶文化公园等部分。这条步行街将集聚创意企业、艺术家工作室、中小企业总部基地、国际设计师驿站等,不仅给游人文化享受,也成为企业家的乐园。漫步步行街,可看到两侧集聚的岭南民居客栈、主题酒店、设计师公寓、公仔酒店等,成为"住"的乐园;在广场木栈道,将集聚创意电影城、美食城、水上创意舞台、咖啡馆、马桶主题酒吧等,成为"休闲"的乐园。如此规划设计,引起了很多旅行社领导的兴趣,纷纷设计"古街文化旅游线"。

深度挖掘文化内涵,精彩表现时尚景观,是规划创意步行街的重要内容。也就是说,有关设计者在规划文本上不仅要关注步行街的建筑风格、场地布置和功能项目,更要留意它的独特风韵和拥有全新理念的服务设施。创意多多的规划设计,往往能让步行街极大限度地发挥其优势。

资料来源:中国旅游报(图片来源:百度图片)

三、大型购物中心

大型购物中心是指在"寓旅于商、以商促旅、商旅互动发展"的新理念的指导下,进行商业资源与旅游资源的整合,形成的一种集购、游、娱、食等功能为一体的综合性多功能型购物场所。这种模式商品选择性大,购物设施齐全,购物条件舒适。这种购物中心不仅对当地居民,而且对外地旅游者有很强的旅游吸引力,逐渐形成一种新的旅游目的地。例如,美国摩尔购物中心——MALL OF AMERICA是全美最大的购物娱乐中心,建筑面积约39万平方米,商城内共有约520家商店,其中有4家大型百货公司、40多家餐馆,包括麦当劳、必胜客和热带雨林餐厅。商城中央有占地面积达2.8万平方米的"史努比营"主题游乐园,还有一座由14个影厅组成的电影院和8家夜总会。美国摩尔购物中心也是全球闻名的旅游景点,年客流量4250万人次,其中每10个顾客中就有4个是旅游者。

四、免税店

免税店指经相关部门批准,设立符合海关监管要求的销售场所和存放免税品的监管仓库,向规定的对象销售、供应免税品的企业。免税店主要有口岸免税店、运输工具免税店、市内免税店、外交人员免税店等类型。每个国家和地区的免税店购物方式都不太一样。例如,在韩国免税店购物,就要提供护照和回程机票,买完东西不能带走,回程时在机场提货,没有金额和时间限制;在日本就可以出示护照和机票直接购买免税品、我国香港本身就是自由港,没有关税,所以不需要任何手续;在欧洲任何店都可以购买商品,然后凭发票到机场退税。

五、生产依托型旅游购物场所

生产依托型旅游购物场所主要有两种类型。一种是指生产企业开放全部或部分生产工序,让游客在参观游览过程中购买自己的产品。这种类型是工业旅游的一种,也是工业企业、农业企业进入旅游购物市场的一种捷径,如青岛啤酒博物馆。另外一种是将古老的生产设施或传统生产过程展示给现代旅游者,由旅游者自己进行传统方法的制作,满足其好奇的心理,了解商品生产的历史,学到许多商品知识,并激发旅游者的购物欲望。

◆ 案例驿站 12.2

青岛啤酒博物馆

青岛啤酒博物馆是全国首家工业旅游示范点、AAAA 级旅游景点、国家级重点文物保护单位。青岛啤酒博物馆融合了古老的珍贵典藏和现代设计,是百年青岛啤酒企业文化的一个重要组成部分,集青啤的发展历程、深厚的文化底蕴、先进的工艺流程、品酒娱乐、购物为一体,为国内首家啤酒博物馆。

博物馆分为百年历史和文化、生产工艺、多功能区三个参观游览区域。百年历史和文化是最具价值的核心区域。展现在游客面前的是许多从欧洲和全国收集的文物、图片、资料以及青岛啤酒各个阶段的实物。生产工艺流程区域,游客可以看到老建筑物、老设备及车间环境与生产场景,在生产流程中每一个代表性部位置的放像设备,可

青岛啤酒博物馆

形象介绍青岛啤酒的生产流程及历史沿革。为重现历史原貌，博物馆在老糖化车间的老发酵池设置了工人生产劳动的雕塑模型，同时复制老实验室场景和工人翻麦芽场景。第三区域为多功能区域。一层是能容纳100多名游客的品酒区和购物中心，游客在此可以尽情地品尝多种不同品质的新鲜青岛啤酒，购买各种纪念品。二楼有综合娱乐设施，前卫的设计理念和高科技手段使知识性和娱乐性有机结合，可让游客在娱乐中了解啤酒酿造的复杂过程。同时，全馆多处设置的触摸式自动电子显示屏，可以让游客随时查询自己感兴趣的文献资料。

案例来源：百度百科　http://baike.baidu.com

六、其他旅游购物场所

其他旅游购物场所包括饭店商品部、兼营商店等。饭店是游客购买商品较为方便的场所，大多数饭店都设置了一些专门经营旅游商品的场所和设施，这类商店规模不大、经营品种较少。饭店还可以与旅游商品生产企业联合定制有饭店标志的旅游纪念品，以增加营业收入并进行促销宣传。兼营商店是指面向广大城市居民的综合性多功能的购物场所，如百货商店、大型超市、购物中心等，综合经营各种商品兼营旅游商品。这些商店中旅游商品销售收入所占比重不大，但绝对额不容忽视，在旅游商品经营中占有重要地位。

此外，一些著名店铺由于具有丰富的文化内涵、独到和成熟的工艺技术、完整的社会美誉度和认知度、代表性的产品和服务，也成为受旅游者欢迎的旅游购物场所。"中华老字号"就是其突出代表，如北京瑞蚨祥、天津同仁堂、济宁玉堂酱园、淄博周村烧饼等。

◆ 本章小结

1. 本章结语

购物类旅游资源是能够引起旅游者购物欲望的自然资源和人文资源的总和，包括旅游商品和旅游购物场所的购物设施设备、环境氛围等要素。旅游商品具有文化性、地域性、民族性、纪念性、便携性等特征，在开发时应遵循以游客需求为导向、以区域文化为依托、充分利用当地资源基础、注重创新推动作用的原则。我国旅游商品种类繁多，具有特色的主要有工艺美术品、地方土特产、菜系与风味小吃、旅游纪念品等类型。旅游购物场所主要有景区（点）依托型、生产依托型、特色购物街、大型购物中心、免税店等。

2. **本章知识结构图**

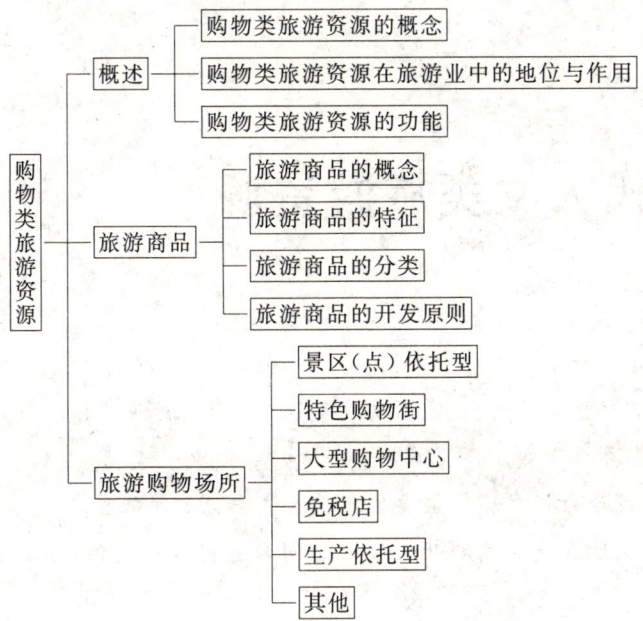

3. **本章核心概念**

购物类旅游资源　旅游商品　旅游纪念品　特色购物街

◆ 本章推荐阅读

[1]陈建军."纯玩团":一种旅游现象的思考[J].社会科学家,2008,(07):86-88.

阅读后请思考:

1. 为什么会出现"纯玩团"?"纯玩团"对旅游业健康发展有什么影响?
2. 如何解决旅游购物中出现的问题?

◆ 讨论与思考

1. 什么是购物类旅游资源?它对旅游业的发展有何意义?
2. 谈一谈你对旅游商品概念的理解。
3. 结合本地现状,试述旅游商品开发时应遵循哪些原则。
4. 你周边的旅游区有哪些类型的旅游商品和旅游购物场所?
5. 试作一份关于某地区购物类旅游资源的研究报告。

第十三章

现代人文类旅游资源

学习目标

知识要点：了解现代人文类旅游资源的内容；掌握现代建筑与工程、产业类旅游资源及主题公园与城市旅游的分类。

技能训练：选取熟悉的城市，讨论分析该城市主要的现代人文类旅游资源。

能力拓展：结合具体案例，对该地在产业旅游开发方面的问题进行分析总结，并提出具体的解决对策。

引 例

工业游农业游齐头并进 上海将大力发展产业旅游

以工业旅游和农业旅游为特征的产业旅游是上海都市旅游的重要内容。记者昨天从上海市经委获悉，本市将大力发展产业旅游，工业旅游和农业旅游齐头并进，将发展产业旅游作为实现经济增长方式转变的一大举措，并有重点地推进资源条件较好的区域、景点和企业率先发展，形成示范辐射效应。

上海目前已推出了全方位、系列化的工业旅游产品，并细分为核心产品、特色产品和组合产品。

核心产品包括："沧桑"上海——中国百年工业探访之旅、"极速"上海——中国交通工业奔驰之旅、"起航"上海——中国船舶工业前进之旅、"飞天"上海——中国航天工业梦想之旅、"创意"上海——中国创意产业惊奇之旅、"信息"上海——中国信息产业高端之旅。

特色产品包括钢铁工业考察之旅、食品工业体验之旅、绿色化工感受之旅、特色工艺寻访之旅、公用事业发现之旅和市政工程亲近之旅。

组合产品包括现代建筑经典之旅、时尚产业接触之旅、产业集群互动之旅、上海文博探访之旅。

上海推出的"2007年上海工业旅游年票",包含了宝钢、大众汽车、创意园区8号桥、东海大桥等93个景点。

上海的农业旅游更是名目繁多,以松江农家乐——番茄农庄项目为例,农庄内有江南村、苗村、内蒙村、西北村、西藏村、新疆村六个风情各异的村落。村落中散养了天鹅、野兔、鸡鸭、鸵鸟和牛马驴羊。一家三口可住进江南小屋或苗寨吊脚楼、蒙古包,白天骑马赶牛,游船垂钓,果园采摘,草地野餐,晚上参加篝火晚会。南汇区滨海旅游度假区、玉穗农乐乐、崇明农家乐、青浦区朱家角的大千生态庄园、奉贤农业旅游景点也让人流连忘返。

案例引发的问题:认真阅读资料,讨论产业旅游资源包括哪几种类型。

资料来源:新闻晚报

第一节 现代建筑与工程

现代建筑与工程是相对于古代建筑与工程而言的,主要是指那些体现当代人的智慧、科技与思想,反映现代经济建设成就的建筑与工程。20世纪初,建筑与工程艺术如同绘画、雕塑艺术一样,也发生了很大的变化。由于科技的发展,使建筑与工程结构和样式迅速走向现代,呈现出许多新的特点:高层建筑和大型工程的大量发展和新的设计思潮的层出不穷,多元建筑工程形式风行一时。建筑与工程牵涉到供能、技术、工业、经济、文化和艺术等多个方面,其革新也是多方面的。在20世纪上半期出现了很多建筑流派和不同风格的建筑样式。这些新的流派、新的风格在人们的观念中也成为了一种具有代表性的旅游资源,它反映了一种文化、一种气息、一种艺术、一种技术,是集各种特色于一身的资源并迅速地发展起来。

根据现代建筑与工程不同的使用功能,可将其分为现代建筑、现代交通设施和现代水利工程三类。

一、现代建筑

现代建筑主要指广播电视塔、重要政府机构和国际组织总部、会展中心、展览场所、文体设施等。现代建筑在最近100年左右的时间中所取得的进步,无论在建筑科学技术方面,还是在建筑设计和建筑艺术方面,都是历史上任何时期所不能比拟的。现代建筑是一个城市的标志,是城市经济、政治、文化发展的集中表现,现代建筑的建设特点、建筑样式都深深地表现出该城市经济的发展程度和政治地位,已经成为城市重要的旅游资源。建筑能从文化方面体现出城市的发展方向和时代气息,反映它的文化底蕴与现代化建设的对比与和谐。

我国著名的现代建筑有人民大会堂、上海金茂大厦、上海东方明珠电视塔、北京国家大剧院、国家体育场——"鸟巢"、香港会展中心、上海博物馆、山东省博物馆、青岛海产博物馆、北京图书馆、北京自然博物馆、紫金山天文台、上海动物园、上海植物园等。

◆ **案例驿站 13.1**

国家体育场——"鸟巢"

"鸟巢"是 2008 年第 29 届奥林匹克运动会的主体育场,2009 年入选世界十年十大建筑。它于 2003 年 12 月 24 日开工建设,2008 年 3 月完工,工程总造价 22.67 亿元。"鸟巢"外形结构主要由巨大的门式钢架组成,共有 24 根桁架柱,体育场外壳采用可作为填充物的气垫膜,使屋顶达到完全防水的要求,阳光可以穿过透明的屋顶满足室内草坪的生长

国家体育场"鸟巢"

需要。许多建筑界专家都认为,"鸟巢"将不仅为 2008 年奥运会树立一座独特的历史性的标志性建筑,而且在世界建筑发展史上也将具有开创性意义,将为 21 世纪的中国和世界建筑发展提供历史见证。

"鸟巢"的出现不仅发展了体育文化,更展示了艺术,它是北京旅游的重要地标。"鸟巢"首先具有象征性,不仅有体育文化的内涵,更是中华民族文化腾飞、民族繁荣兴盛的标志,因此吸引了大批游客前来观光游览。"鸟巢"丰厚的旅游收入依赖旅游门票,但是体育场馆的"旅游模式"能持续多久?伦敦奥运会开幕后,"鸟巢"的游览就会变淡。那么,就需要有新的经营项目进入场馆,加大大型活动的创新和产品开发,使之可持续发展。

案例来源:百度百科 http://baike.baidu.com/

二、现代水利工程

当今世界随着经济发展和人口的不断增长,可利用水资源不足,城镇供水紧张,能源

短缺。面临这种现状,各国都在积极进行水资源的充分开发利用这一重大课题的研究,也就出现了大量现代水利工程。随着现代水利工程的发展,人们也越来越关注现代因素与自然水域风景的和谐,在保持自然水域景观的自然特色基础上,通过水利建设满足生产和生活需要,并尽量迎合人们的审美要求。

随着旅游业的发展,现代水利工程已成为重要的旅游资源,包括水库型、湿地型、自然河湖型、城市河湖型、灌区型、水土保持型等类型,吸引了大量游客观光游览。北京昌平区的十三陵水库、长江上的葛洲坝、黄河上的小浪底水库、刘家峡水电站、李家峡水电站等都是我国著名的现代水利工程旅游资源。

2009年,水利部评审通过了56家国家水利风景区。截至目前,全国已建成370个国家水利风景区、千余家省级水利风景区。例如,长江三峡水利枢纽工程,简称三峡工程,位于长江三峡之一的西陵峡的中段,坝址在三峡之珠——湖北省副省域中心城市宜昌市的三斗坪,是中国长江中上游段建设的大型水利工程项目。三峡工程分三期,从1994年开工,到2009年竣工,总工期

三峡大坝

15年。它是世界上规模最大的水电站,由大坝、水电站厂房和通航建筑物三大部分组成,被列为全球超级工程之一,有世界"十大之最"之称。三峡大坝现在已成为一个科技与文化、自然与人文相结合的观光游览区。坛子岭观景台是三峡大坝工程旅游观光的制高点,登上坛子岭,极目远眺,三峡大坝工程的景观可一览无余,尽收眼底。

三、现代交通设施

随着经济的腾飞,越来越多规模宏大、气势雄伟、造型别致、建筑独特的现代交通设施应运而生。除了其固有的使用功能外,这些设施也成为一地的形象标志和重要的旅游资源。作为旅游资源的现代交通设施主要包括各种桥梁、隧道、运河、车站、机场、港口等。我国桥梁旅游资源主要有杭州湾跨海大桥——世界最长的跨海大桥;东海大桥——世界第二跨海大桥;卢浦大桥——世界最长钢结构拱桥,武汉长江大桥——万里长江第一桥,南京长江大桥——中国自己设计的第一座长江大桥,上海杨浦大桥——世界第一斜拉桥,苏通大桥——世界最长斜拉索桥;铁路及站场、机场资源主要有上海磁悬浮示范运营线、青藏铁路、新北京南站、广州新白云国际机场等。

杭州湾跨海大桥是一座横跨中国杭州湾海域的跨海大桥,它北起浙江嘉兴海盐郑家

埭，南至宁波慈溪水路湾，全长36千米，是目前世界上最长的跨海大桥，2008年5月1日试运营通车。大桥是中国自行设计、自行管理、自行投资、自行建造的，工程创6项世界或国内之最，用钢量相当于7个"鸟巢"，用混凝土量相当于10个国家大剧院，可以抵抗12级以上台风。大桥在设计中首次引入了景观设计的概念，整座大桥平面为S形曲线，总体上看线形优美、生动活

杭州湾跨海大桥

泼。从侧面看，在南北航道的通航孔桥处各呈一拱形，具有起伏跌宕的立面形状。杭州湾跨海大桥所独有的海中平台堪称国内首创。该平台有两个足球场的面积，是一个海中交通服务的救援平台，同时也是一个绝佳的旅游观光台。

第二节　产业类旅游资源

随着经济的发展和生活水平的提高，人们旅游需求发生了变化，以观光旅游为主要形式的旅游业，正在向多元化方向发展，产生了产业旅游，即工业旅游和农业旅游。产业旅游是指产业企业以自身的生产场所、生产链条、产业产品以及企业文化等为旅游吸引物，满足旅游者需求的一种专项旅游。

一、工业旅游资源

凡是能够吸引旅游者的各种工业组成要素，即为工业旅游资源。工业组成要素包括工业企业的厂区、生产线、生产工具、劳动对象、产品和企业文化等。工业旅游最早出现在20世纪50年代的英国。我国工业旅游虽然起步较晚，但是发展非常迅猛。2004年，国家旅游局公布全国首批工业旅游示范点企业103家，截至2007年已发展到345家。工业旅游是工业和旅游的共同体，但并不是简单的叠加。它既可以满足旅游者的求知欲，又可以满足工业企业的宣传促销意图，是旅游的新看点、企业的新卖点。其根本是立足于经济，通过旅游的巨大带动作用，增强企业的知名度，使企业的品牌效应扩大，从而促进旅游和社会经济的发展。

根据不同的工业类型及其工业组成要素，工业旅游资源可分为制造业资源、食品和饮料加工业资源及电子加工业资源等。

（一）制造业资源

制造业主要包括钢铁、汽车、飞机、火车、航天制造业等。德国的奔驰、西门子公

司,法国的标志、雷诺和雪铁龙,美国的福特、波音飞机制造公司及航天基地,都是世界著名的企业。在我国,如上海宝山钢铁公司和南京钢铁公司等企业,都推出了有自己特色的工业旅游项目和线路,吸引大批国内外游客前来参观游览,从而形成制造旅游资源。

◆ 案例驿站 13.2

上海宝钢工业旅游

宝钢工业旅游始于 1997 年,经过多年发展,形成了极具特色的上海宝钢工业旅游系列产品,每年前来参观、考察、学习、访问的中外宾客络绎不绝,获得了"上海市优秀旅游产品"的称号,并被国家旅游局命名为"全国工业旅游示范点"。近年来,结合市、区政府及旅游相关部门的要求,相继推出爱国主义教育、"钢铁是怎样炼成的"主题征文、游浦江看宝钢、走进世界 500 强、十八岁成人仪式等活动。

宝钢厂区群牛雕塑

宝钢,位于上海市东北部,是我国现代化程度最高、工艺技术最先进、规模最大的钢铁精品基地,为国内创新能力最强的钢铁工业新技术、新工艺、新材料研发基地。至 2008 年底,已形成 2 281 万吨钢的生产能力。宝钢先后投资 40 多亿元用于环保治理和绿色生态系统建设,着力营造一个天蓝、地绿、水清的生产与生活环境。绿化覆盖率 41.78%,人均绿化 500 余平方米。宝钢是全国绿化先进单位,在维持碳氧平衡、吸滞粉尘、涵养水土方面创造了巨大效益。大批的野生鸟类以及珍稀鸟类在草坪或林子里"闲庭信步",人工饲养的梅花鹿、孔雀在这块土地上健康地生长和繁衍后代,人与动物、动物与环境之间显得和谐自然。

宝钢厂区内网格状道路四通八达,现代气息浓郁的雕塑随处可见,伸入长江 1 600 米的原料码头可停泊十余艘巨轮,这里每天要"吞进"3 万多吨原料。高耸入云的世界级高炉钢水奔流蔚为壮观,先进的热轧厂、冷轧厂、无缝钢管厂、5 米宽厚板厂、汽车板厂、硅钢板厂令人目不暇接,一块块红彤彤的巨型钢锭在瞬间铸成了一卷卷铮亮的、厚度甚至不足 1 毫米的镀锌、镀锡或彩色钢卷,着实令人叹为观止。

案例来源:宝钢集团上海国际旅行社 http://www.bg-travel.com.cn

（二）食品和饮料加工业资源

食品和饮料加工业主要包括酿酒、保健食品等加工业。食品和饮料加工业的企业通过对产品的品饮结合和与之有关的娱乐活动来吸引游客形成旅游资源，如青岛啤酒厂的青岛国际啤酒节、烟台张裕的葡萄酒节以及山东新开发的工业旅游资源项目——平阴县"中国阿胶文化园"。青岛国际啤酒节开始于 1991 年，是中国最早的以啤酒为媒介，融经贸、旅游、文化为一体的大型节庆活动，是亚洲最大的啤酒盛会，主题口号是"青岛与世界干杯"。它由开幕式、啤酒品饮、文艺晚会、艺术巡游、文体娱乐、饮酒大赛、旅游休闲、经贸展览、闭幕式晚会等活动组成。自青岛国际啤酒节开办以来，已经吸引了大批国内外游客的到来，也让游客们领略了青岛的好客与城市的魅力。

（三）电子加工业资源

电子加工业旅游资源主要是以电子企业为主，如青岛的海尔集团、四川的长虹电视机厂、北大方正、联想集团等。青岛海尔是拥有海尔冰箱、洗衣机、空调、冷柜等 42 大门类、8 600 多种产品的企业，全国规模最大的家电企业之一。1999 年，海尔集团推出了工业旅游项目，并建设了海尔科技馆，成立了海尔国际旅行社。海尔的工业旅游已形成了以集团样品室为龙头、生产线为依托、科技馆为重点的旅游产品链条，并开辟了开发区工业园、海尔现代物流、商用空调公司、特种冰箱公司等工业旅游参观点。

二、农业旅游资源

农业旅游资源是指以农业生产和农村为主要吸引物的旅游资源，主要包括传统观光农业资源、科技示范农业资源和休闲度假农业资源。农业旅游是伴随经济的不断发展、人们生活水平的提高和闲暇时间的增加，以脱离紧张的城市生活、参与农业生产、享受农业风光、感受农村风情为主的专项旅游产品。

◆ **专题笔谈 13.1**

转变观念发展农业旅游

农业旅游，是把农业与旅游业有机结合的一个新兴产业，即是以生态农业发展为基础，依托新、奇、特、优农产品生产，融合农村田园风光与风情特色、本土文化及其他可观赏性资源，把传统农业物质生产与环境，与休闲、教育、文化等精神产品生产相连，为人们提供具有丰富情趣和文化内涵旅游消费服务的一种业态。

农业旅游区别于乡村旅游。农业旅游是农业产业的自然延伸，是农业服务业的新发展，是农业产业化的一种形态，是一种农业产业旅游。乡村旅游是一种农村"区域"

旅游。农业旅游属于乡村旅游的重要内容,乡村旅游还包括农村古镇旅游、寺庙旅游等"块"内容广泛的旅游资源。目前在上海,农业旅游是乡村旅游的主体。由于农业旅游是农业产业旅游,是农业产业化的一种形态,所以,农业旅游的景点建设和经营管理的主体应为农民,并必须注意与农业生产和管理紧密结合。

农业旅游也区别于农家乐。农业旅游包括农家乐。农家乐的基本特征是"吃农家饭、住农家屋、干农家活、享农家乐",农民是景点建设和经营主体,主要载体是农民自有住房。

农业旅游发展面临着比较多的政策瓶颈,目前主要是用地问题、政府资金支持、相关证照办理问题等。许多政策瓶颈,看似难解决,实际上不难解决,关键在于转变观念、创新思路。如发展农业旅游必须解决的用地问题,实际上现在郊区各区县每年都有相当数量的建设用地指标,问题的关键在于肯不肯拿出一小部分来支持发展农业旅游。实际上,发展农业和农村服务业,更有利于农民致富和解决相关"三农"问题。资金问题也是这样,一些地方公共财政并不十分困难,但就是不肯拿出几百万元甚至是几十万元支持农业旅游等相关产业的发展。这主要也是一个观念问题。目前,农业旅游项目的消防、环保、食品卫生、治安管理,以及工商登记相关证照办理难度较大,主要是一些办证部门对农业旅游项目与城市旅游项目一些区别点认识不够,这也是一个观念问题。有些方面,发展是硬道理,安全卫生是第一位的,能基本做到安全卫生,其他都可以按照农业旅游和农村实际情况灵活审批,以更有利于促进发展。为农服务,相关收费更应该灵活。

资料来源:解放日报

(一)传统观光农业资源

此类旅游资源主要是在城市郊区及风景区附近建设的果类和菜蔬园地,和有关的农业生产过程。它们所具有的特色,吸引着城市居民前来采摘水果、收获蔬菜、赏花采茶,体验和享受田园的乐趣。例如,临沂盛能农牧观光园建于1997年9月,总规划面积2000亩,目前已构成了特色农牧观光园、现代化乳品生产区、观光休闲区等3个景区,建成了天然牧场、鸵鸟和梅花鹿养殖场、百鸟园、百花园等12个代表性的景点。游客在天然牧场可以体验牧牛挤奶的情趣,并能参观山东最大的梅花鹿养殖基地。

(二)科技示范农业资源

科技示范农业以高科技为重要特征,以科技开发、示范、辐射和推广为主要内容来发展农业生产,并兼顾观光旅游与科教功能。例如,山东寿光蔬菜高科技示范园,它是国家级农业科技园区,园内各色景点星罗棋布,南方的水果、北国的蔬菜应有尽有。造型别致的欧式建筑、引领时尚的现代温室、科技领先的克隆工艺、智能控制的工厂化育苗、模式各异的品种展示及一年一度的国际蔬菜博览会,都是现代农业观光旅游考察的重要内容。

(三)休闲度假农业资源

休闲度假农业资源主要包括各种农业自然风光和有关的农业生产过程。独特的农业自然风光和对农业生产体验的需求,吸引着游客前来度假休闲。例如,青岛崂山北宅生态旅游区,地处崂山区北宅街道中、北部,崂山腹地,崂山水库上游,面积54.47平方千米,景色秀丽,气候宜人,交通便利,物产丰富,著名的崂山北九水及华楼风景区坐落在辖区内,所在的北宅街道办事处素有"青岛樱桃之乡"的美誉。在生态旅游区内大力发展具有山区生态旅游特点的北宅樱桃节、农家宴、民俗村、农家宾馆、生态旅游观光等特色项目,形成了较为完善的民俗生态旅游和休闲度假体系。

第三节 主题园区与城市旅游

一、主题园区

主题公园(Theme Park)指具有特定的主题,并围绕这一主题创造和构建娱乐项目的一种人造旅游资源,其内容涉及建筑、文化、资源等方面。

根据主题公园的形式与建造特点,主题公园可分为静态观光型、娱乐参与型、动植物观赏型及影视、表演欣赏型四种。

(一)静态观光型

静态观光型主题公园主要表现为微缩景观。深圳的"锦绣中华"、"世界之窗"、"中国民俗文化村",北京的"世界公园",天津的"杨村小世界"等是这类主题公园的代表。深圳的"锦绣中华"是深圳华侨城的一个旅游区,占地450亩,坐落在风光绮丽的深圳湾畔,是目前世界上面积最大的实景微缩景区,共有古建筑、山水名胜、民居民俗三大类微缩景观,建造比例为1:15。"锦绣中华"的景点都是按照它在中国版图上的位置摆布的,全园犹如一幅巨大的中国地图。锦绣中华可以带领旅客在一天之内领略中华5 000年历史风云,畅游大江南北锦绣河山。这里有众多世界之最,有名列世界八大奇迹的万里长城、秦陵兵马俑,有肃穆庄严的帝王陵寝、金碧辉煌的宫殿庙宇,有雄壮秀美的自然山水,还有千姿百态、各具特色的名塔、名寺、名楼、名窟,以及具有民族风情的地方民居。

(二)娱乐参与型

娱乐参与型主题公园主要以参与娱乐项目为主,让游客在活动中获得刺激和愉悦。著名的有香港的"迪士尼乐园"、深圳的"欢乐谷"、上海的"水上乐园"、江苏的"苏州乐园"、杭州的"未来世界"、潍坊的"富华游乐园"等。香港迪士尼乐园面积126公顷,是全球面积最小的迪士尼乐园。乐园设有一些独一无二的特色景点、两家迪士尼主题酒店,以及多彩多姿的购物、饮食和娱乐设施。乐园包括四个主题区:美国小镇大街、探险世界、幻想世界和明日世界。除了家喻户晓的迪士尼经典故事及游乐设施外,香港"迪士尼乐园"还配合香港的文化特色,构思专为香港而设的游乐设施、娱乐表演及巡游。在乐园内还可寻得迪士尼的卡通人物米奇老鼠、小熊维尼、花木兰、灰姑娘、睡公主等。

(三)动植物观赏型

动植物观赏型主题公园主要以动植物观赏为主,如海洋世界、昆明世界园艺博览园、北京海洋馆、香港海洋公园、大连老虎滩海洋公园、上海野生动物园等。青岛海底世界位于青岛市,总建筑面积7 000平方米,水体4 000吨,主要由潮间带、海底隧道和地下四层观光建筑三大部分构成,展示部分完全在地下。青岛海底世界集海底观光旅游和海洋科普教育为一体,填补了山东省海底世界项目的空白,并创下多项全国第一,形成了青岛黄金海岸线上一道独特的亮丽风景线,是全国独具特色的海洋生态大观园。

(四)影视、表演欣赏型

影视、表演欣赏型主题公园有无锡三国水浒影视城、河北中国吴桥杂技大世界、山东威海影视城、长影世纪城主题公园等。威海影视城是继无锡、涿州影视城之后,中央电视台投资建设的又一处具有海滨特色的少儿影视外景基地,是全国四大影视外景拍摄基地之一,于1997年6月1日向游人开放。影视城占地500亩,以影视拍摄服务为主。影视城三面环海,海岸线蜿蜒曲折,海湾多,沙滩平缓,海光山色,旖旎迷人。这里曾

威海影视城

接待中国电视剧制作中心、中央电视台青少部、经济部等部门的剧组来此拍摄影视剧和专题片;举办了"全国少儿书法、绘画大赛"、"首届中国广播电影电视国际夏令营"等大型少儿活动。享誉海内外的中央电视台银河少年电视艺术团曾来此进行专场演出。著名节(栏)目主持人鞠萍、董浩、刘纯燕、曾媛、周洲、何炅、施翌等都来此主持、拍摄过节目。尤其是作为固定赛制,国家最高专家奖的"全国少儿音乐舞蹈电视大赛"已在影视城成功

地举办了两届,为全国各地的少年儿童展示艺术才华提供了舞台。

二、城市旅游资源

城市旅游资源是指以城市的自然和人文景观为吸引物的旅游资源。由于城市所涉及的内容及性质的差异和现代旅游业范畴的扩充,国内外对城市旅游至今还没有一个统一的定义。城市的出现是人类走向成熟和文明的标志,也是人类群居生活的高级形式。在这种形式下,城市具有了管理、接待、集散和娱乐中心的功能,旅游于是开始了"城市化"。随着社会的发展,旅游业在城市经济发展中的经济作用、产业地位逐步增强,旅游业对城市经济发展的拉动性、对社会就业的带动力以及对文化与环境的促进作用日益突出。现代城市已不再单一地是区域的行政、文化和经济中心,同时也成为区域的旅游中心。随着旅游的城市化,城市旅游已成为现代旅游的重要组成部分,以城市为中心的旅游辐射作用越来越明显。城市支撑着现代旅游的发展,没有现代化的城市就不可能出现当今现代化的旅游,城市旅游已明显成为现代旅游的重点和主体。鉴于此种现状,越来越多的城市都将旅游业作为支柱产业予以重视。

创建"优秀旅游城市"是各个城市提高城市旅游知名度的有效手段。国家旅游局自1995年开始在我国开展了创建中国"优秀旅游城市"的活动,截止到2010年,已有339个城市获得"优秀旅游城市"的称号。现代旅游城市按其特点可以分为六类:

(一)自然风光型

自然风光型城市以自然山水为主要特色。这类城市依托良好的自然环境,有较高的资源品位,或以罕见景观著称于世,或以景观完美组合闻名全球。此类城市的自然风光如雪山、湖泊、山谷、小镇、农舍,无不散发着迷人的魅力,流淌着清澈纯净的气息,可以说是湖光山色、城市风情、相互掩映、美景天成。人们在此徜徉,好似置身于一幅幅美丽的城市大自然的画卷中。

根据自然资源的不同,自然风光型城市可以分为名山型城市和胜水型城市两类。名山型城市主要有"五岳独尊"的泰安市、"中国第一奇山"的黄山市、"五岳独秀"的衡阳市等。泰安是我国优秀旅游城市,境内的泰山为"五岳之首",1987年被联合国教科文组织列为世界自然与文化遗产。泰安是国家卫生城市,城市依泰山而建,山城一体,城景交融,古老的泰山与现代化的城市形成了古与新、自然与人文的和谐统一。胜水型城市主要有以泉闻名的济南、以千岛湖闻名的杭州市等。济南是山东省省会,是国务院公布的国家历史文化名城之一,是山东省的政治、文化、经济、金融、教育中心。济南素以泉水众多、风景秀丽而闻名天下,有"泉城"之称。济南的泉水不仅数量多,而且形态各异、精彩纷呈:有的呈喷涌状,有的呈瀑布状,有的呈湖湾状。众多清洌甘美的泉水,从城市地下涌出,汇为河流、湖泊。盛水时节,在泉涌密集区,呈现出"家家泉水,户户垂杨"、"清泉石上流"的绮丽风光。

(二)休闲娱乐型

这类城市依托宜人的气候和较强的城市综合实力,开展丰富多彩的人文旅游活动,让游客感受轻松舒适的旅游体验。休闲、娱乐已经成为现代城市居民日常生活的一部分,也成为居民崇尚和提高生活质量的一种重要方式。休闲娱乐型城市活动项目众多,主要结合自然和人文旅游资源开展运动健身、购物、餐饮等休闲娱乐活动。2008年,中国评出了十大特色休闲旅游城市,分别为南京、银川、沈阳、大连、扬州、聊城、九江、呼伦贝尔、安阳、舟山。聊城有"江北水城"之称,位于鲁西平原,是国家历史文化名城、中国优秀旅游城市、国家卫生城市、省级园林城市,休闲旅游资源丰富。现在,聊城主打文化体验休闲,着力抓好以东昌古城的恢复与开发为龙头的文化体验产业群,以高星级度假酒店为主的综合休闲度假群,以温泉产业、阿胶文化为主的养生保健产业群,以及东昌湖旅游区高端旅游创意项目群的建设。

◆ **专题笔谈 13.2**

都市发展休闲旅游的意义

休闲旅游是指旅游者通过形式多样的度假、健身、消遣、娱乐、游憩等活动以满足开阔视野、增长知识、恢复身心、发展自我等需求的高层次旅游形式。目前,休闲旅游已经成为世界旅游市场的热点与趋势之一。据世界旅游组织在全球范围内的调查显示:"今后15年全球参加社会工作的人们每年将有50%以上的时间用于休闲,休闲经济将在旅游产业体系中占据首位,休闲旅游产业将是第三产业中第一重要的产业。"随着我国经济持续增长,人民可自由支配收入增加,闲暇时间增多以及旅游消费观念的提升,我国旅游市场也逐渐由观光旅游向休闲旅游转型。休闲旅游经济在促进城市经济、社会发展方面发挥着越来越重要的作用,主要表现在以下方面。

1. 辐射都市休闲产业发展

在西方经济发达国家,休闲产业已成为经济发展的支柱产业;而在我国,休闲产业也逐渐显示出其对国民经济的巨大拉动作用和发展潜力。休闲产业涉及与人的休闲生活、休闲行为、休闲需求等密切相关的产业领域,其产业范围涵盖旅游业、娱乐业、服务业和文化产业。休闲旅游作为休闲产业链条上的重要一环,它的发展不仅直接壮大了休闲业的规模,而且休闲旅游者在交通、通讯、购物、娱乐、文化等方面的消费支出间接性地辐射带动了休闲产业链条上其他产业的发展,从而给城市带来巨大的综合经济收益。韩国旅游业最成功的地方也就是将旅游业与旅游衍生行业系统性地整合在一起,进而形成跨行业、复合型的旅游产业链。休闲旅游业与其他关联行业的紧密互动发展产生了良好的"旅游经济"放大效应。

2. 重塑都市旅游品牌形象

21世纪世界旅游目的地之间的竞争进入品牌竞争时代。良好的旅游品牌形象有助于提升城市旅游目的地的市场开拓力、市场垄断力和可持续发展的能力。因此,世界各知名旅游都市都十分重视城市旅游形象的塑造、维护与更新。随着旅游产品生命周期的推移以及旅游市场需求的变化,旧的城市旅游形象也面临着更新、升级的问题。在当前国内外旅游市场需求转向休闲旅游的形势下,国内众多知名旅游城市也纷纷开始转变城市旅游形象,围绕着休闲旅游主题塑造城市旅游形象。例如,杭州将城市旅游形象定位为"东方休闲之都",大连将城市旅游形象定位为"浪漫之都",桂林将城市旅游形象定位为"世界山水体验之都"。因此,休闲旅游将有助于塑造城市休闲旅游品牌形象,从而提升城市的知名度与市场竞争力。

3. 促进都市旅游产品换代

发展都市休闲旅游不仅丰富了旅游产品种类,而且在本质上优化了旅游产品结构,提升了城市旅游吸引力和综合营利能力。传统的都市观光旅游产品不仅对游客吸引力有限,造成旅游市场需求多元化与供给单一化的矛盾,而且在营利模式上,"观光游"留不住游客,从而限制了旅游目的地深度挖掘游客消费的潜力。而休闲旅游则不仅极大地丰富了旅游产品的种类,提供了休闲度假游、生态游、体育游、节庆文化旅游、科技修学游、购物游、探险游、自驾游等多种形式的旅游产品,有效地满足了旅游者多元化、个性化的旅游需求,而且也改进了旅游产品结构。休闲旅游通过优化调整基本旅游消费产品(如食、宿、交通)与非基本旅游消费产品(如旅游购物、娱乐休闲、邮电通讯消费等)的比例从而达到延长游客停留时间,增加旅游收益的目的。因此,休闲旅游有助于促进城市旅游产品升级换代。

案例来源:中国旅游报

(三)现代化名城型

这类城市现代化程度很高,旅游配套设施齐全,在旅游业中以依托现代都市风情形成旅游资源取胜。都市旅游所有的旅游活动的开展与进行都是围绕都市来进行的。因此,都市旅游多发生在经济发达、文化繁荣的大城市中。在这种以举办城市商务会议、探亲访友、文化修学、观光购物以及游乐休闲为目的的旅游活动占主导地位。上海、北京、广州、深圳、香港等大都市是都市旅游较发达的地方。上海是我国内地的大都市，有着独特的城市风光、城市文化和城市经济，有以公共活动中心和社区为主的环城都市文化旅游圈，以人民广场和浦江两岸为中心的城市观光、商务、购物旅游圈，以佘山、淀山湖、深水港、崇明岛等为重点的远郊休闲度假旅游圈。

上海南京路步行街

（四）特殊职能型

这类城市以某种特殊职能著称于世，成为令人向往的旅游城市，如我国的瓷都景德镇、药都亳州、陶都宜兴等。景德镇位于赣、浙、皖三省交界处，素有"瓷都"之称，千年窑火不断。历史上景德镇的陶瓷文化在我国的影响非常深远，其瓷器以"白如玉，明如镜，薄如纸，声如磬"的独特风格使得慕名而来的各地游客络绎不绝。在景德镇的陶瓷历史博物区、雕塑瓷厂明青园、瑶里风景名胜区等景点，不仅可以欣赏到精湛的陶瓷技艺，还可以自己动手制作瓷器。

（五）民族风情型

中国民族众多，共有56个民族，不同的民族具有不同的风俗习惯，这些风俗习惯也就成为了独特的旅游资源。我国少数民族的节庆活动颇多，古朴的民风、神秘的民族庆典、载歌载舞的活动、热烈的气氛吸引着众多游客，使一些城市成为民族风情型城市，如大理、喀什等。喀什市，位于新疆维吾尔自治区西南部，是一座以维吾尔族为主要居民的古老城市，民族特色浓郁，也是一座中西亚文化交融的城市，在整个新疆地区最具有代表性和典型性。维吾尔族信奉伊斯兰教，因此服饰、饮食、礼仪、婚俗、丧葬等均受宗教影响。维吾尔古典音乐《十二木卡姆》驰名中外，舞蹈有流行广泛、自由多变的"喀什赛乃姆"，使喀什被称为"歌舞之乡"；饮食方面以面食为主，日常食品有烤馕、拉面等。

（六）边境贸易型

此类城市位于两国边境，边境贸易往来及旅游频繁。例如，辽宁省丹东市，位于辽东半岛经济开放区东南部鸭绿江与黄海的汇合处，东与朝鲜民主主义人民共和国的新义州市隔江相望，是一个以工业、商贸、物流、旅游为主体的沿江沿海沿边城市，是国家级边境经济合作区，也是我国最大、最美的边境城市。

◆ 本章小结

1. 本章结语

随着经济的发展,旅游资源涵盖的内容也越来越多,现代人文类旅游资源也越来越受到游客的欢迎。本章主要介绍现代建筑与工程、产业类和主题园区与城市旅游资源三类现代人文类旅游资源,对每一类旅游资源进行分类分析,明确各类资源的特点,并列举典型性案例。

2. 本章知识结构

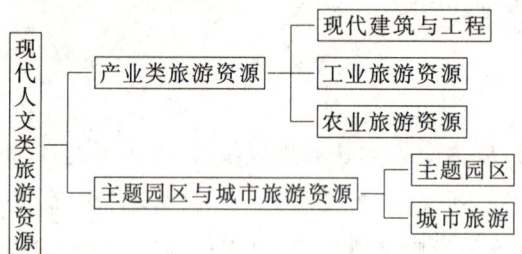

3. 本章核心概念

现代建筑与工程　产业旅游　工业旅游资源　农业旅游资源　主题公园　城市旅游资源

◆ 本章推荐阅读

[1] 葛立成,聂献忠.旅游业的新增长点——浙江工农业旅游发展问题研究[J].商业经济与管理,2004,(05):49—52.

[2] 王晖军,吴生锋.休闲游主导城市旅游[N].扬州日报,2009—03—13.

◆ 讨论与思考

1. 现代建筑与工程旅游资源有哪些类型?
2. 什么是产业旅游?产业旅游资源有哪些?
3. 简述主题公园的含义及其主要类型。
4. 如何理解城市旅游资源的旅游吸引力?它有哪些类型?
5. 选取你所熟悉的城市,讨论并分析其拥有的现代人文类旅游资源。

第十四章

世界遗产与历史文化名城

学习目标

知识要点：了解世界遗产的由来，外国的世界遗产和中外历史文化名城；理解世界遗产的标准和分类；掌握中国世界遗产的现状。

技能训练：探讨对世界遗产和历史文化名城的利用与保护。

能力拓展：通过小组形式展开讨论，对山东省的世界遗产和历史文化名城现状进行评价。

引 例

阿曼"阿拉伯羚羊保护区"被从《世界遗产名录》除名

2007年6月29日，联合国世界遗产委员会决定将阿曼的"阿拉伯羚羊保护区"从《世界遗产名录》中除名。这是世界遗产委员会首次将已列入名录的世界遗产除名。

在此间举行的第31届世界遗产大会上，世界遗产委员会在激烈讨论后认定，由于阿曼将"阿拉伯羚羊保护区"面积缩减了90%，这一保护区已名存实亡，不再符合世界遗产的标准。因此，决定将其从《世界遗产名录》中除名。世界遗产委员会对"阿拉伯羚羊保护区"被除名表示遗憾，更对阿拉伯羚羊的未来表示深深的担忧。

"阿拉伯羚羊保护区"于1994年被列入《世界遗产名录》。该地区是濒危阿拉伯羚羊唯一的自由生存地，也是波斑鸨等其他几种珍稀动物的栖息地。据统计，1996年阿拉伯羚羊数量为450只，由于保护地面积骤减，现在阿拉伯羚羊数量仅剩约65只，其中只有4对具有繁殖能力。

案例引发的问题：如何加强对世界遗产的保护？

资料来源：新华网 http://news.xinhuanet.com

第一节 世界遗产

一、世界遗产的由来

世界遗产是指被联合国教科文组织和世界遗产委员会确认的人类罕见的、目前无法替代的财富,是全人类公认的具有突出意义和普遍价值的文物古迹及自然景观。

为了保护世界文化和自然遗产,联合国教科文组织于1972年11月16日在法国巴黎第17次大会上正式通过了《保护世界文化和自然遗产公约》(Convention Concerning the Protection of the World Cultural and Natural Heritage)(以下简称《世界遗产公约》)。《世界遗产公约》的宗旨在于促进世界各国人民之间的合作和相互支持,为保护人类共同的财富作出积极贡献。它的主要任务就是确定和保护世界范围内的自然遗产和文化遗产,并将那些具有突出意义和普遍价值的文物古迹和自然景观列入《世界遗产名录》。考虑到由于政治、经济、文化、科技各方面的差异,国家一级对世界上罕见的、无法替代又具有普遍价值的文化遗产和自然遗产的保护不够完善,新的威胁不断出现,一些遗产正面临着越来越严重的侵害和破坏,大会认为,国际社会有必要采取共同保护措施,以国际公约的形式制定永久的有效制度,加强保护工作。

迄今为止,世界上共有175个国家批准或加入了该公约,成为缔约国。为了有效地实施《世界遗产公约》,联合国教科文组织于1976年成立了一个政府间合作机构——世界遗产委员会,由公约缔约国大会选举产生的21个国家组成,其主要任务之一是在缔约国提出申请的基础上,确定应在《世界遗产公约》范围内加以保护的各国文化遗产和自然遗产,将这些国际公认具有突出意义和普遍价值的文物古迹和自然景观列入《世界遗产名录》,使国际社会将其作为人类的共同遗产加以保护。我国于1985年12月12日加入《世界遗产公约》,1999年10月29日当选为世界遗产委员会成员。

世界遗产不只是一种荣誉,或是旅游金字招牌,更是对遗产保护的郑重承诺。一项世界遗产在受到天灾、人祸时,可以得到全人类的力量协助救灾、保存原迹。中国的丽江古城曾由此受益。

◆ 专题笔谈 14.1

世界遗产的由来

1959年,埃及政府打算修建阿斯旺大坝,但是由于可能会淹没尼罗河河谷里的珍贵古迹,如阿布辛贝神殿。因此,1960年联合国教科文组织发起了"努比亚行动计划",将阿布辛贝神殿和菲莱神殿等古迹仔细分解,然后运到高地,之后再一块块地重新组装起来。

这个保护行动共耗资8 000万美元,其中有4 000万美元是由50多个国家筹集的。这次行动被认为非常成功,并且促进了其他类似的保护行动,如挽救意大利的水城威尼斯、巴基斯坦的摩亨佐—达罗遗址、印度尼西亚的婆罗浮屠等。之后,联合国教科文组织会同国际古迹遗址理事会起草了保护人类文化遗产的协定。

联合国教科文组织世界遗产标志

资料来源:维基百科 http://zh.wikipedia.org

二、世界遗产的标准和分类

(一)世界遗产的标准

被世界遗产委员会列入《世界遗产名录》的地方,将成为世界级的名胜,可接受"世界遗产基金"提供的援助,能提高知名度并能产生可观的经济效益和社会效益,因此各国都积极申报世界遗产。

由于申报世界遗产的国家和所报的项目越来越多,2002年4月28日召开的世界遗产委员会第26次会议决定,今后审批世界遗产的条件将更加严格,一个国家一次最多申报两处遗产(其中至少包括一项自然遗产提名),尚没有世界遗产景点的国家将享有优先权。提名的遗产必须具有"突出的普世价值"并至少满足以下十项标准之一:

(1)表现人类创造力的经典之作;

(2)在某期间或某种文化圈里对建筑、技术、纪念性艺术、城镇规划、景观设计之发展有巨大影响,促进人类价值的交流;

(3)呈现有关现存或者已经消失的文化传统、文明的独特或稀有之证据;

(4)呈现人类历史重要阶段的建筑类型,或者建筑及技术的组合,或者景观上的卓越典范;

(5)代表某一个或数个文化的人类传统聚落或土地使用,提供出色的典范——特别是因为难以抗拒的历史潮流而处于消灭危机的场合；

(6)具有显著普遍价值的事件、活的传统、理念、信仰、艺术及文学作品，有直接或实质的联结；

(7)代表生命进化的纪录、重要且持续的地质发展过程、具有意义的地形学或地文学特色等的地球历史主要发展阶段的显著例子；

(8)包含出色的自然美景与在美学方面重要的自然现象或地区；

(9)在陆上、淡水、沿海及海洋生态系统及动植物群的演化与发展上，代表持续进程中的生态学及生物学过程的显著例子；

(10)拥有最重要及显著的多元性生物自然生态栖息地，包含从保育或科学的角度来看符合普世价值的濒临绝种动物种。

截至2010年6月，世界上共有世界遗产890项，其中文化遗产689项，自然遗产176项，文化与自然双重遗产25项。总共有148个缔约国拥有世界遗产。

表14.1　　　　　　　　　　拥有世界遗产数前十的国家

排名	国家	总计
1	意大利	44
2	西班牙	41
3	中国	38
4	法国	33
5	德国	33
6	墨西哥	29
7	英国	28
8	印度	27
9	俄罗斯	23
10	美国	20

世界遗产申报成功后并非一劳永逸。联合国每六年要对世界遗产进行一次检查，如果遗产原状被破坏或改变，将可能被列入《濒危世界遗产名录》。如不能按期恢复，将从《世界遗产名录》中除名。第一个被除名的世界自然遗产是阿拉伯羚羊保护区(阿曼，1994—2007)，第一个被除名的世界文化遗产是德累斯顿易北河谷(德国，2004—2009)。

(二)世界遗产的分类

按照内容、性质和研究范围，世界遗产可分为三种类型，即世界文化遗产、世界自然遗产、世界文化和自然双重遗产。另外，在世界文化遗产中，还可以分出一个世界文化景观(如庐山就是以世界文化景观列入世界文化遗产的)。

1. 文化遗产

《世界遗产公约》对世界文化遗产作如下定义:①文物:从历史、艺术或科学角度看具有突出的普遍价值的建筑物、碑雕和碑画、具有考古性质成分或结构、铭文、洞窟以及联合体;②建筑群:从历史、艺术或科学角度看在建筑式样分布均匀或与环境景色结合方面具有突出的普遍价值的单立或连接的建筑群;③遗址:从历史、审美、人种学或人类学角度看具有突出的普遍价值的人类工程或自然与人联合工程以及考古遗址等地方。

其标准有:

(1)代表一种独特的艺术成就,一种创造性的杰作。

(2)能在一定时期内或世界某一文化区域内,对建筑艺术、纪念物艺术、规划或景观设计方面的发展产生重大影响。

(3)能为一种已消逝的文明或文化传统提供一种独特的或至少是特殊的见证。

(4)可作为一种建筑或建筑群或景观的杰出范例,展示人类历史上一个(或几个)重要阶段。

(5)可作为传统的人类居住地或使用地的杰出范例。

(6)与具有特殊普遍意义的事件或现行传统或思想或信仰或文学艺术作品有直接和实质的联系(委员会认为,只有在某些特殊情况下或该项标准与其他标准一起作用时,此款才能成为列入《名录》的理由)。

◆ 案例驿站 14.1

世界文化遗产:拉萨布达拉宫和大昭寺

批准时间:1994年12月

● 遗产种类:文化遗产

● 遗产遴选标准:根据世界文化遗产遴选标准 C(Ⅰ)(Ⅳ)(Ⅵ),布达拉宫于1994年12月入选《世界遗产名录》,后来又加入了拉萨的大昭寺。2001年12月,拉萨的罗布林卡也被补充加入此项世界文化遗产。

● 世界遗产委员会评价:

布达拉宫和大昭寺,坐落在拉萨河谷中心海拔3 700米的红色山峰之上,是集行政、宗教、政治事务于一体的综合性建筑。它由白宫和红宫及其附属建筑组成。布达拉宫自公元七世纪起就成为达赖喇嘛的冬宫,象征着西藏佛教和历代行政统治的中心。优美而又独具匠心的建筑、华美绚丽的装饰、与天然美景间的和谐融洽,使布达拉宫在历史和宗教特色之外平添几分丰采。大昭寺是一组极具特色的佛教建筑群。建造于公元18世纪罗布林卡,是达赖喇嘛的夏宫,也是西藏艺术的杰作。

● 文化遗产价值

布达拉宫号称"世界屋脊上的明珠",它的宫殿布局、土木工程、金属冶炼、绘画、雕刻等方面均闻名于世,体现了以藏族为主,汉、蒙、满各族能工巧匠高超技艺和藏族建筑艺术的伟大成就。

布达拉宫

大昭寺

1. 高度的建筑艺术成就

布达拉宫依山建造,由白宫、红宫两大部分和与之相配合的各种建筑所组成。众多的建筑虽属历代不同时期建造,但都十分巧妙地利用了山形地势修建,使整座宫寺建筑显得非常雄伟壮观,而又十分协调完整,在建筑艺术的美学成就上达到了无比的高度,构成了一项建筑创造的天才杰作。

2. 藏传佛教寺庙与宫殿建筑相结合的例证

布达拉宫的建筑艺术,是数以千计的藏传佛教寺庙与宫殿相结合的建筑类型中最杰出的代表,在中国乃至世界上都是绝无仅有的例证。

3. 保持了历史原状

布达拉宫现存的设计、材料、工艺、布局等均保存自公元7世纪始建以来,历次重大增扩建和重建的原状,真实性很高。

4. 建筑装饰艺术的伟大成就

布达拉宫不仅在整体建筑上有着创造性的高度成就,而且它的各部分的设计、艺术装饰(雕刻、彩画等)都达到很高的成就。

5. 重大的历史和宗教意义

布达拉宫过去曾是政教合一的统治中心,与西藏历史上的重要人物松赞干布、文成公主、赤尊公主和历代达赖喇嘛等有着十分重要的关系,因而有着重大的历史意义和宗教等意义。

案例来源:人民网 http://www.people.com.cn/GB/wenhua/1087/2503168.html

2. 自然遗产

《世界遗产公约》第二条规定世界自然遗产的定义为：从美学或科学角度看，具有突出、普遍价值的由地质和生物结构或这类结构群组成的自然面貌；从科学或保护角度看，具有突出、普遍价值的地质和自然地理结构以及明确规定的濒危动植物物种生境区；从科学、保护或自然美角度看，具有突出、普遍价值的天然名胜或明确划定的自然地带。

其标准有：

(1)构成代表地球现代化史中重要阶段的突出例证。

(2)构成代表进行中的重要地质过程、生物演化过程以及人类与自然环境相互关系的例证。

(3)独特、稀少或绝妙的自然现象、地貌或具有罕见自然美的地带。

(4)尚存的珍稀或濒危动植物种的栖息地。

◆ 案例驿站 14.2

云南"三江并流"自然景观

"三江并流"是指金沙江、澜沧江和怒江这三条发源于青藏高原的大江在云南省境内自北向南并行奔流170多千米，穿越于担当力卡山、高黎贡山、怒山和云岭等崇山峻岭之间，形成世界上罕见的"江水并流而不交汇"的奇特自然地理景观。"三江并流"自然景观涵盖范围达170万公顷，包括位于云南省丽江市、迪庆藏族自治州、怒江傈僳族自治州的9个自然保护区和10个风景名胜区。它地处东亚、南亚和青藏高原三大地理区域的交汇处，是世界上罕见的高山地貌及其演化的代表地区，也是世界上生物物种最丰富的地区之一。

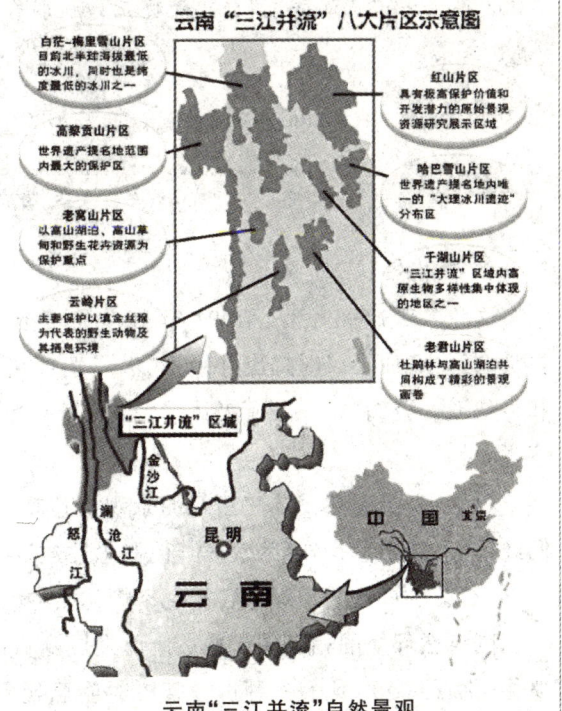

云南"三江并流"自然景观

"三江并流"景区内高山雪峰横亘，海拔变化呈垂直分布，从760米的怒江干热河谷到6 740米的卡瓦格博峰，汇集了高山峡谷、雪峰冰川、高原湿地、森林草甸、淡水湖泊、稀有动物、珍贵植物等奇观异景。景区有118座海拔5 000米以上、造型迥异的雪山。与雪山相伴的是静立的原始森林和星罗棋布的数百个冰蚀湖泊。海拔达6 740米的梅里雪山主峰卡瓦格博峰上覆盖着万年冰川，晶莹剔透的冰川从峰顶一直延伸至海拔2 700米的明永村森林地带，这是目前世界上最为壮观且稀有的低纬度低海拔季风海洋性现代冰川。

"三江并流"地区又被誉为"世界生物基因库"。由于"三江并流"地区未受第四纪冰期大陆冰川的覆盖，加之区域内山脉为南北走向，因此这里成为欧亚大陆生物物种南来北往的主要通道和避难所，是欧亚大陆生物群落最丰富的地区。这一地区占我国国土面积不到0.4%，却拥有全国20%以上的高等植物和全国25%的动物种数。目前，这一区域内栖息着珍稀濒危动物滇金丝猴、羚羊、雪豹、孟加拉虎、黑颈鹤等77种国家级保护动物和秃杉、杪椤、红豆杉等34种国家级保护植物。

同时，该地区还是16个民族的聚居地，是世界上罕见的多民族、多语言、多种宗教信仰和风俗习惯并存的地区。长期以来，"三江并流"自然景观一直是科学家、探险家和旅游者的向往之地，具有重要的科学价值、美学意义和丰富多彩的少数民族文化。2003年，云南"三江并流"自然景观正式被联合国教科文组织作为自然遗产列入《世界遗产名录》。

案例来源：人民网 http://www.people.com.cn/GB/wenhua/1087/2530269.html
图片来源：新华网 http://news.xinhuanet.com/ziliao/2003－07/03/content_951199.htm

3. 文化景观

文化景观这一概念是1992年12月在美国圣菲召开的联合国教科文组织世界遗产委员会第16届会议时提出并纳入《世界遗产名录》中的。文化景观代表《保护世界文化和自然遗产公约》第一条所表述的"自然与人类的共同作品"。一般来说，文化景观有以下类型：

（1）由人类有意设计和建筑的景观。包括出于美学原因建造的园林和公园景观，它们经常（但并不总是）与宗教或其他概念性建筑物或建筑群有联系。

（2）有机进化的景观。它产生于最初始的一种社会、经济、行政以及宗教需要并通过与周围自然环境的相联系或相适应而发展到目前的形式。它又包括两种次类别：一是残遗物（化石）景观，代表一种过去某段时间已经完结的进化过程，不管是突发的或是渐进的。它们之所以具有突出、普遍价值，就在于显著特点依然体现在实物上。二是持续性景观，它在当地与传统生活方式相联系的社会中，保持一种积极的社会作用，而且其自身演变过程仍在进行之中,同时又展示了历史上其演变发展的物证。

(3)关联性文化景观。这类景观列入《世界遗产名录》,以与自然因素、强烈的宗教、艺术或文化相联系为特征,而不是以文化物证为特征。

◆ 案例驿站 14.3

江西庐山风景名胜区

庐山位于中国第一大河——长江中游南岸、中国第一大淡水湖——鄱阳湖滨,是一座独特的地垒式断块山,险峻与柔丽相济,素以"雄、奇、险、秀"闻名于世。庐山风景名胜区面积 302 平方千米,外围保护地带 500 平方千米,有独特的第四纪冰川遗迹,有河流、湖泊、坡地、山峰等多种地貌类型,素有地质公园之称。

庐山风景

庐山地区早在 6 000 年前,便有人类的活动。长久以来,人们在这里创造出了内涵丰富、影响深远的庐山文化。曾有无数古代名人登临庐山留下了浩如烟海的佳作,如苏轼《题西林壁》的"不识庐山真面目,只缘身在此山中",李白《望庐山瀑布》的"飞流直下三千尺,疑是银河落九天"等,都在华人世界中广为流传。庐山是中国田园诗和山水画的发祥地,也是著名的理学圣地,有中国最早的书院——白鹿洞书院,它在公元 940 年初创,后经朱熹重建扩充,弘扬"理学",遂为海内书院第一。庐山以其独特的方式将文化融汇在具有突出价值的自然美之中,作为古今文化交汇融合的典型,于 1996 年作为世界文化景观被列为世界遗产。

案例来源:南方网 http://www.southcn.com

三、中外世界遗产

(一)我国的世界遗产

我国于 1985 年 12 月 12 日加入《保护世界文化和自然遗产公约》,1999 年 10 月 29 日当选为世界遗产委员会成员。1986 年,我国开始向联合国教科文组织申报世界遗产项目。自 1987 年至 2009 年 7 月,中国先后被批准列入《世界遗产名录》的世界遗产已达 38 处,其中文化遗产 25 处、自然遗产 7 处、自然与文化遗产 4 处、文化景观 2 处,数量居世界第三位。此外还有列入"人类口述和非物质遗产代表作"的非物质文化遗产 4 处,列入《世界记忆遗产名录》的世界记忆遗产 4 处。

表 14.3　　　　　　　　　　　中国的世界遗产名录

名称	加入时间	遗产性质
周口店北京人遗址	1987.12	文化遗产
甘肃敦煌莫高窟	1987.12	文化遗产
山东泰山	1987.12	文化与自然双遗产
长城	1987.12	文化遗产
陕西秦始皇陵及兵马俑	1987.12	文化遗产
明清皇宫	1987.12 & 2004.7 *	文化遗产
安徽黄山	1990.12	文化与自然双遗产
四川黄龙国家级名胜区	1992.12	自然遗产
湖南武陵源国家级名胜区	1992.12	自然遗产
四川九寨沟国家级名胜区	1992.12	自然遗产
湖北武当山古建筑群	1994.12	文化遗产
山东曲阜的孔庙、孔府及孔林	1994.12	文化遗产
河北承德避暑山庄及周围寺庙	1994.12	文化遗产
西藏布达拉宫(大昭寺、罗布林卡)	1994.12	文化遗产
四川峨眉山—乐山风景名胜区	1996.12	文化与自然双遗产
江西庐山风景名胜区	1996.12	文化景观
苏州古典园林	1997.12	文化遗产
山西平遥古城	1997.12	文化遗产
云南丽江古城	1997.12	文化遗产
北京天坛	1998.11	文化遗产
北京颐和园	1998.11	文化遗产
福建省武夷山	1999.12	文化与自然双遗产
重庆大足石刻	1999.12	文化遗产
皖南古村落:西递、宏村	2000.11	文化遗产
明清皇家陵寝	2000.11 & 2003.7 & 2004.7 *	文化遗产
河南洛阳龙门石窟	2000.11	文化遗产
四川青城山和都江堰	2000.11	文化遗产
云冈石窟	2001.12	文化遗产

续表

名称	加入时间	遗产性质
云南"三江并流"	2003.7	自然遗产
吉林高句丽王城、王陵及贵族墓葬	2004.7	文化遗产
澳门历史城区	2005	文化遗产
四川大熊猫栖息地	2006.7.12	自然遗产
中国安阳殷墟	2006.7.13	文化遗产
中国南方喀斯特	2007.6.27	自然遗产
开平碉楼与古村落	2007.6.28	文化遗产
福建土楼	2008.7.7	文化遗产
江西三清山	2008.7.8	自然遗产
山西五台山	2009.6.26	文化景观

注释：2004年7月，沈阳故宫作为明清皇宫文化遗产扩展项目列入《世界遗产名录》。2003年7月，北京十三陵和南京明孝陵作为明清皇家陵寝的一部分收入《世界遗产名录》。2004年7月，盛京三陵作为明清皇家陵寝扩展项目列入《世界遗产名录》。

(二)外国世界遗产选粹

1. 埃及孟菲斯及其墓地金字塔

孟菲斯及其墓地和金字塔，位于埃及东北部的尼罗河西岸。孟菲斯意为"迷人住宅"，位于尼罗河三角洲南端，埃及首都开罗和尼罗河两岸不远处，公元前3000年由法老拉美西斯所建；在上、下埃及首次统一后，成为了古埃及的首都，距今已有5 000年的历史。在漫长的岁月中，孟菲斯曾几经兴衰，最后毁于公元7世纪。现今，孟菲斯古城仅存拉美西斯二世时代的神庙遗迹、第18王朝的司芬克斯石像、阿庇斯圣牛庙和第26王朝的王宫遗迹等。

埃及金字塔

金字塔是古埃及法老的陵墓，目前埃及尚保存有金字塔70余座，其中最著名的是胡夫金字塔。胡夫金字塔原高146.4米，塔基每边长230.6米，大约使用了230万块巨石砌成，每块平均重约2.5吨。石块之间合缝严密，且不使用任何黏合物。司芬克斯石像是一座位于埃及吉萨的著名岩石雕像，也是最有代表性的古代遗迹之一。狮身人面像高20米，长73米，脸部最宽处4.2米，人面像额头上有一条眼镜蛇的埃及王室标记。据传，狮身人面像的人面头像是哈夫拉法老的画像。1979年联合国教科文组织将孟菲斯及其墓地和金字塔作为文化遗产列入《世界遗产名录》。

2. 耶路撒冷旧城及其城墙（由约旦提请加入《世界遗产名录》）

耶路撒冷位于地中海东岸，犹地亚山区之巅。大耶路撒冷面积 627 平方千米，旧城位于东部，面积仅为 0.9 平方千米。耶路撒冷旧城是犹太教、基督教和伊斯兰教的圣地，是世界上唯一享有此殊荣的城市。现存主要遗迹有犹太教希律圣殿的西墙（哭墙）、基督教圣墓大教堂、耶稣受难之路、伊斯兰教圣岩清真寺、艾格萨清真寺和奥斯曼帝国旧城城墙。传统上，耶路撒冷旧城被分为穆斯林区、基督徒区、犹太区和亚美尼亚区四个区域。

古代的耶路撒冷被称为"耶布斯"。这是由于在公元前 3000 年前后，迦南人耶布斯部族从阿拉伯半岛迁来定居。公元前 2000 年，耶布斯人在此首次建立了城堡，命名为"耶路萨利姆"。而阿拉伯人则称耶路撒冷为"古德斯"，是"圣城"的意思。至于"耶路撒冷"则是希伯来人对该城的称呼，"耶路"是城，"撒冷"是和平。

犹太教的圣殿，现仅存残墙一段，墙高约 18 米，长约 48 米，人称"哭墙"。位于城西北的圣墓大教堂，为基督教教堂，又称复活教堂，是耶稣被钉在十字架上遇害并复活的地方建起的教堂，因此也是世界基督教徒心目中最神圣的参拜地之一。在耶路撒冷，新旧约全书中提到的人名地名，几乎都能找到有关遗迹。圣岩清真寺和艾格萨清真寺都位于旧城东南部的神庙山（即圣殿

耶路撒冷

山）上。1981 年，耶路撒冷旧城及其城墙正式被联合国教科文组织作为文化遗产列入《世界遗产名录》。

3. 印度泰姬陵

泰姬陵，是印度知名度最高的古迹之一，处于北方邦阿格拉，是莫卧儿王朝第 5 代皇帝沙贾汗为了纪念他的已故皇后姬蔓·芭奴而建立的陵墓，竣工于 1654 年，被誉为"完美建筑"。

泰姬本名亚珠曼德·贝侬·比古姆，原本是在市集卖糖果的美少女，1612 年与库拉穆王子结婚，被赐予"慕塔芝·玛哈（Mumtaz Mahal）"的封号。1630 年姬蔓·芭奴在生产中不幸感染产褥热，死于南征的军营中。临终她前向皇上提出了 4 个遗愿，其中一项便是为她建造一座美丽陵墓。当时极负盛名的建筑师拉何利以德里的胡马雍陵为蓝图，动员 2 万名来自世界各地的工匠、书法家，融合中亚、波斯和印度本土风格，花了 22 年时间，完成了这座伟大的纯白大理石艺术建筑。泰姬玛哈占地约 17 万平方米，有前庭、正

门、蒙兀儿花园、陵墓主体、清真寺。

泰姬陵在早中晚所呈现出的面貌各不相同,早上是灿烂的金色,白天的阳光下是耀眼的白色,斜阳夕照下白色的泰姬陵从灰黄、金黄逐渐变成粉红、暗红、淡青色,而在月光下又成了银白色,白色大理石映着淡淡的蓝色萤光,更给人一种恍若仙境的感觉。有人说,不看泰姬陵,就不算到过印度;不在月光下来到泰姬陵,就不算到过泰姬陵。2004年11月27日,泰姬陵有条件地对游客开放夜游,门票高达1500卢比,成为世界上唯一一个早、中、晚游览票价不一样的景点。1983年,泰姬陵正式被联合国教科文组织作为文化遗产列入《世界遗产名录》。

4. 美国自由女神像

美国的自由女神像坐落于美国纽约州纽约市附近的自由岛,是法国在1876年赠送给美国的独立100周年礼物,是美国重要的观光景点及地标之一。

美国的自由女神像以法国塞纳河的自由女神像作为蓝本,由法国著名雕塑家巴托尔迪历时10年艰辛完成。女神的外貌设计来源于雕塑家的母亲,而女神高举火炬的右手则是以雕塑家妻子的手臂为蓝本。自由女神穿着古希腊风格的服装,所戴头冠有象征世界七大洲五大洋的七道尖芒。女神右手高举象征自由的火炬,左手捧着一本封面刻有"1776年7月4日"字样的法律典籍,脚下是打碎的手铐、脚镣和锁链。她象征着"自由、挣脱暴政的约束",神像在1886年10月28日落成并揭幕。雕像锻铁的内部结构是由后来建造了巴黎埃菲尔铁塔的居斯塔夫·埃菲尔设计的。

自由女神像高46米,加基座为93米,重200多吨,金属铸造,置于一座混凝土制的台基上。底座由著名的约瑟夫·普利策筹集10万美金建成。自由女神像是美法两国之间友谊的象征,也是美国的象征。1984年,自由女神像正式被联合国教科文组织作为文化遗产列入《世界遗产名录》。

5. 埃夫伯里巨石遗址

英格兰南部索尔兹伯里平原上有一处环形排列的巨石遗址,约建于公元前4000~前2000年,属新石器时代末期至青铜时代。巨石遗址位于一个空旷的原野上,占地大约11公顷,直径约为100米。巨石阵的主体由几十块巨大的石柱组成,每块约重50吨。这些石柱排成几个完整的同心圆,石阵的外围是直径约90米的环形土沟与土岗,内侧紧挨着的是56个圆形坑。

埃夫伯里巨石遗址

巨石阵不仅在建筑学史上具有的重要地位,在天文学上也同样有着重大的意义:它的主轴线、通往石柱的古道和夏至日早晨初升的太阳在同一条线上;另外,其中还有两块石头的连线指向冬至日落的方向。对这个建造物究竟为何而建这一问题还存有众多的猜测:或是崇拜太阳的神殿,或是天文台,或是与宇宙联系的通信点,至今仍是个千古之谜。1986 年,埃夫伯里巨石遗址正式被联合国教科文组织作为文化遗产列入《世界遗产名录》。

6. 柬埔寨吴哥窟

吴哥窟又称吴哥寺,位于柬埔寨西北方,原始的名字是 Vrah Vishnulok,意思为"毗湿奴的神殿",我国古籍称为"桑香佛舍"。它是吴哥古迹中保存得最完好的庙宇,以建筑宏伟与浮雕细致闻名于世,也是世界上最大的庙宇。12 世纪时的吴哥王朝国王苏耶跋摩二世(Suryavarman II)希望在平地上兴建一座规模宏伟的石窟寺庙作为吴哥王朝的国寺,因此举全国之力,并花了大约 35 年时间建成。

吴哥窟是高棉古典建筑艺术的高峰,它结合了高棉寺庙建筑学的两个基本的布局:祭坛和回廊。祭坛由三层长方形有回廊环绕须弥台组成,一层比一层高,象征印度神话中位于世界中心的须弥山。在祭坛顶部矗立着按五点梅花式排列的五座宝塔,象征须弥山的五座山峰。寺庙外围环绕一道护城河,象征环绕须弥山的咸海。1992 年,吴哥窟正式被联合国教科文组织作为文化遗产列入《世界遗产名录》。

柬埔寨吴哥窟

第二节 历史文化名城

一、我国的历史文化名城

我国是一个历史悠久的文明古国,城市的起源和发展都很早。在历史发展的长河中,有很多城市在政治、经济、文化、交通和军事等方面发挥了巨大作用,从而孕育了许多著名的城市。今天的历史文化名城,往往由于深厚的文化积淀和丰富的文物遗存等而成为优秀的旅游资源。

(一)历史文化名城的含义及发展

2007 年 12 月 29 日,第十届全国人民代表大会常务委员会第三十一次会议通过了

《关于修改〈中华人民共和国文物保护法〉的决定》(以下简称《决定》),其中第二章第四十条规定"保存文物特别丰富并且具有重大历史价值或者革命纪念意义的城市,由国务院核定公布为历史文化名城",对历史文化名城的定义再次作了法律意义上的表述。《决定》同时指出:"保存文物特别丰富并且具有重大历史价值或者革命纪念意义的城镇、街道、村庄,由省、自治区、直辖市人民政府核定公布为历史文化街区、村镇,并报国务院备案。"截止到2010年3月15日,我国已公布了110座国家历史文化名城(注:海南省的琼山及海口因合并,琼山将不再出现在历史文化名城名单中)。与此同时,中国历史文化名镇名村已达251处,其中名镇143个、名村108个。

1986年,国务院批转的建设部、文化部《关于请公布第二批国家历史文化名城名单的报告》中指出,"我们提出以下建议:我国是一个有悠久历史和灿烂文化的国家,值得保护的古城很多,但考虑到作为国家公布的历史文化名城在国内外均有重要影响,为数不宜过多,建议根据具体城市的历史、科学、艺术价值分为两级,即国务院公布国家历史文化名城,各省、自治区、直辖市人民政府公布省、自治区、直辖市一级的历史文化名城"。此后,各省、自治区、直辖市相继公布了自己省级的历史文化名城,如山东的济宁、青州、蓬莱、潍坊、临沂、临清、滕州、莒县、烟台、广饶。

(二)我国历史文化名城的类型

我国现有的110座国家历史文化名城地域分布广泛,形态面貌不同,可分为如下类别:

1. 曾作为王朝都城的城市

我国历代都城选址的条件是:有充足的水源,以满足生产和生活的用水需要;地区经济繁荣,交通便利,故多位于平原、盆地;具有可防可攻的地理优势,如南京有"龙盘虎踞"之势,北京有"背山带海"的形胜等。这类城市是我国古代城市中为首的一类,即所谓帝王之都,是历史上某个王朝或多个王朝的政治、经济、文化中心。我国疆域广大,有开阔的回旋腹地,历史上经济、文化中心多次转移,使作为政治中心的都城有反复迁徙的可能和必要。据史念海统计,建都历史15年以上的都城有53处,累计涉及172个王朝或政权。其中,最著名的有西安、洛阳、北京、开封、南京、杭州、安阳和郑州,它们被称为中国的八大古都。

◆ **案例驿站 14.4**

古都西安

西安,古称长安、京兆,是陕西省的省会,位于陕西关中平原的渭河南岸,背依秦岭,面向秦川,泾、渭、灞、沣、涝等水流经境内,形成沃野千里,号称"八百里秦川"。西安是中国历史上建都朝代最多、历时最久的城市。从奴隶制臻于鼎盛的西周,到封建社会达到巅峰状态的唐王朝,先后有西周、西汉、新、西晋(愍帝)、前赵、前秦、后秦、西魏、北周、隋、唐等13个王朝在这里建都,前后达1 100余年之久;又曾为赤眉、绿林、大齐(黄巢)、大顺(李自成)等农民起义政权的都城。自约公元前11世纪至公元9世纪末,西安曾长期是古代中国的政治、经济与文化中心。明洪武二年(公元1369年)废奉元路设西安府,西安即由此而得名。

西安钟楼

西安地处我国中西两大经济地域结合部,是西北各省通往西南、中原及华东的门户与交通枢纽,是著名的丝绸之路的起点。公元前139年,汉武帝派遣张骞出使西域,正式开辟了以长安为起点,联结欧亚大陆的通道丝绸之路。西安作为第二条欧亚大陆桥陇海兰新线上最大的中心城市,在全国经济总体布局上具有承东启西、东联西进的重要战略地位。优越的地理区位和深远的历史渊源,使西安成为中国西北部最大的商品流通中心与物资集散地。悠久的历史、发达的文化为西安留下了许多闻名中外的古迹名胜。这里有全世界保存最完整、规模最宏大的古城墙以及总面积达108平方千米的周秦汉唐四大遗址;有"世界第八大奇迹"秦始皇陵兵马俑、大小雁塔、钟楼、骊山华清池、鸿门宴故址等珍贵的文化遗产。悠久的历史积淀和丰富的人文资源,使西安成为世界级的旅游胜地。

案例来源:百度百科　http://baike.baidu.com

2. 曾作为诸侯国或封国首府的城市

如果说王朝的都城大致为全国的政治、经济和文化中心,那么此类城市则是地区性的政治、经济和文化中心。我国古代有所谓的"封王建诸侯"之说,一般除嫡长子继承帝位外,其兄弟和功臣则被分封到全国各地做诸侯国主。这些封国都城大多历史悠久、文化遗产丰富,特别是周代的一些诸侯国都往往是地方文化的发祥地,如鲁都曲阜、齐都临淄、楚都郢(今江陵)和赵都邯郸等分别是鲁、齐、楚和赵文化的中心,今天都成为了历史文化名城。

3. 少数民族的都城

我国是一个多民族的国家,历史上多个少数民族建立政权,其都城也成为一方的政治、经济和文化中心,具有鲜明的民族色彩,如大理(唐代南诏和宋代大理国都)、拉萨(吐蕃王朝国都)和银川(西夏国都)等。

◆ **案例驿站 14.5**

大 理

大理崇圣寺三塔

大理全称大理白族自治州,地处云南省中部偏西,海拔 2 090 米,东邻楚雄州,南靠普洱市、临沧市,西与保山市、怒江州相连,北接丽江市。自治州首府驻大理市下关,距昆明市 338 千米,总面积 29 459 平方千米。大理气候温和,土地肥沃,山水风光秀丽多姿,是云南最早的文化发祥地之一。远在 4 000 多年前,大理地区就有原始居民的活动。据考古发掘,新石器时代遗址广泛分布在以洱海为中心的高原湖泊群周围。白族、彝族等少数民族的先民在这块美丽富饶的土地上种植水稻,驯养家畜,从事采集、渔猎,创造了大理地区的远古文明。大理因拥有下关"风"、上关"花"、苍山"雪"、洱海"月"而获"风花雪月"的美称。

在漫长的历史岁月中,大理曾有着显赫的地位和作用。秦、汉之际,大理是蜀身毒道(从四川成都,经云南大理、保山进入缅甸,再通往印度)的必经之地。这条通道,对促进大理地区和内地的联系、中国和东南亚诸国友好往来以及经济、文化交流起着重要的作用。大理素有"文献名邦"之称,悠久的历史留下了许多重要文物古迹。古城大理(现大理城)位于南诏和大理国都城遗址的东部,始建于明朝洪武十五年(公元 1382 年),历代屡经修建,是 1982 年 2 月国务院批准的我国第一批 24 座历史文化名城之一,也是全国 44 个重点风景区之一。

案例来源:百度百科 http://baike.baidu.com

4. 工商业和交通港口城市、军事重镇

(1)特色手工业城市:这类城市的形成和发展与某项手工业的发展息息相关,如瓷都景德镇等。

(2)古代商业和交通港口城市:这类城市处于交通枢纽或港口,是商贾云集、贸易往来的地方,其历史文化往往有中外交融的特点,如丝绸之路上的城市武威、张掖、敦煌,海外交通港口宁波、泉州、广州,运河上商业繁荣的城市扬州、济宁和聊城等。

(3) 近现代工商业迅速发展的城市：如上海、天津、青岛，这类城市在我国近现代城市发展史上得风气之先，并带有一定的殖民色彩。

(4) 军事重镇：由于历代军事设防，在一些战略要地形成有历史文化的城市，如长城沿线的山海关、大同、玉林，河西走廊的武威、张掖、敦煌，海疆重镇临海，以及处于交通要道的徐州、襄樊等。

5. 风景游览城市

有些城市因风景优美而驰名，佳山秀水、园林名胜吸引八方游客留下了诸多诗词歌赋、逸闻轶事，城市因此具有较深的文化积淀而成为历史文化名城，如桂林、岳阳、肇庆、承德、苏州等。

◆ **案例驿站 14.6**

"江南忆，最忆是杭州！"

杭州位于我国东南沿海，浙江省北部，钱塘江下游北岸，京杭大运河南端。它是中国最著名的旅游城市之一，是浙江省的省会。杭州古称余杭、钱塘等，至今已有 2 200 多年的历史，历史上五代的吴越国和南宋王朝都曾在此建都。杭州的崛起和繁荣始于隋唐，这与西湖的开发和大运河的凿通有着密切的联系。隋以后的 1 000 余年，杭州一直是中国东南地区的交通枢纽和经济中心之一。

杭州西湖

杭州以其美丽的西湖山水著称于世。"上有天堂，下有苏杭"，表达了古往今来的人们对于这座美丽城市的由衷赞美。宋代大文豪苏东坡曾写道："天下西湖三十六，就中最好是杭州。"西湖拥有三面云山，一水抱城的水光山色，以"浓妆淡抹总相宜"的自然风光情系天下众生。杭州风景名胜的精华主要包括西湖、岳飞墓、岳王庙、灵隐寺、六和塔、虎跑泉等。

案例来源：百度百科　http://baike.baidu.com

6. 革命历史名城

有些城市有着丰富的近现代革命遗址、遗物等，因具有革命纪念意义而列入历史文化名城，如延安、遵义和南昌等。

7. 其他特色城市

还有一些城市在历史上虽非声名显赫的通都大邑，但在某些方面有突出的特点，如：邹城、韩城分别为亚圣孟子和史圣司马迁的故乡；衢州有孔氏家庙，为南方孔氏圣地；都江堰以水利工程举世闻名；平遥为晋商故里，一度是我国的金融中心，等等。

二、历史文化名城的开发与保护

实践证明，历史文化名城在旅游业的发展中起着极为重要的作用，同时，旅游业的发展又促进了对历史文化名城的保护。但是，在历史文化名城保护中，许多地方受过度"建设开发"和"旅游开发"的影响，规划决策和规划管理缺少科学严谨的求证态度，甚至排斥专家学者和公众的有识之见，最终有违保护历史文化名城的宗旨。因此，加强对历史文化名城科学而合理的保护成为一项必须要面对的任务和挑战。

（一）合理的开发与利用

针对不同类型的历史文化名城，开发保护的重点也各不相同。

对于曾作为王朝都城或诸侯封国的城市，部分仍留存有大量的史迹、文物、古遗址，像西安、曲阜等。这类文化名城在城市建设中应保持其古城特色，新城区的发展与古城分开，不要让新区包围旧城。要做好文物古迹的评价、分级工作，根据不同情况，采取保护措施。在古迹维修与搬迁、扩建和重建的关系上，既要挽救文物，也要因势利导，不断创建新的人文旅游景观，做好经常性的维修和保护工作。例如，洛阳在古城遗址基础上，新建了一座古墓博物馆。

对于风景游览型的历史文化名城，由于自然风光资源突出、知名度较高、有的自然风光与名胜古迹已融为一体，因此在城市规划和建设中，一定要处理好风景区和城市布局的关系，规划应突出自然风光的特色；对名胜资源，要做到"严格保护，统一管理，合理开发，永续利用"；城市建设与自然风景要保持景观上的协调一致性，即建筑风格、造型与自然景观要相互协调和谐，城市居住区布置和建筑风格也要与风景区相互协调；此外，要注意突出城市园林特色，城市的园林建筑要对自然美起衬托和加强作用，不要在风景区内布局破坏景观、污染环境的工业，或修建妨碍游览的设施。

（二）正确处理发展与保护的关系

很多历史文化名城乍看上去古城风貌依旧，历史文化街区也还保留着原来的传统格局，但是用地性质、建筑功能和用途已变得与历史文脉传承格格不入。丽江古城曾因过度商业化屡遭抨击，引起了当地政府重视。然而尚未理清思路时，包括丽江在内的几座历史名城一度又出现了引进老虎机之争。平遥古城不经法定程序，随意复建早已损毁的文物,作为旅游资源进行经营;许多居民院落辟为民俗宾馆,为了增加床位和业主收入,竞相拆掉院内的一层住房,建成二层楼,不仅改变了原有的空间尺度,而且彻底毁了文化遗产;申遗时古城内保留比较完好的民居院落将近 400 多处,如今只剩 300 多处。

目前,我国大约有三分之二的历史文化名城已经找不到原汁原味、完整保存的历史文化街区。为了打造旅游名城,有的地方宁肯将成片的传统民居推倒重来,开发建设"历史文化街区"新景观。然而,对于有生命载体的历史文化名城来说,只有在保持古城形态特征和保障历史文脉传承的前提下,选择适当的利用方式,保护才能更有成效,遗产价值才能得以最佳体现。因此,在历史文化名城的保护与发展中,坚持可持续发展原则,加强科学规划,注重环境效益、经济效益、社会效益的协调是我们必须要做到的。

三、外国古都名城选粹

历史文化名城是中国的产物,国外没有与之完全对应的名词,但在历史文化的保护体系中有类似的概念。例如,前苏联的"历史城市":1949 年 10 月公布了包括莫斯科、列宁格勒等 20 座城市在内的前苏联历史城市名单;英国的"历史古城":英国在 1967 年颁布的《城市文明法》中首次将保护区的概念引入立法范围,如保护区中的巴斯、契切斯特、切斯特、约克四座城市因古建筑众多且集中成片,又是风景优美的旅游城市,被指定为国家重点保护的历史古城;日本的"古都":日本于 1966 年颁布《古都保存法》,"古都"指"作为国家过去的政治、文化等中心在历史上有重要地位的城市,如京都市、奈良市、镰仓市以及有政令指定的其它市町村"。下面介绍几个世界著名的国外古都名城。

1. 罗马

罗马,意大利的首都,位于台伯河下游平原,是意大利政治、历史、文化和交通中心,同时也是古罗马和世界灿烂文化的发祥地,已有 2 500 余年历史。它是一座艺术宝库、文化名城,也是罗马天主教廷所在地,是意大利占地面积最广、人口最多的城市,也是世界最著名的游览地之一。

科洛西姆大斗兽场(图片来源:国家地理杂志)

罗马城保留有大量珍稀古建筑,如科洛西姆大斗兽场、潘提翁神庙等。古城西北的梵蒂冈为罗马教廷所在地。罗马城中心很大部分是中世纪以后发展起来的,那时的意大利正是人才济济的文艺复兴时代,一批赫赫有名的大艺术家如达·芬奇、拉斐尔、米开朗琪罗、贝尼尼等都曾在这个城市留下不朽的作品。

科洛西姆大斗兽场位于今天的意大利罗马市中心,是古罗马时期最大的圆形角斗场,建于公元72—82年间,是迄今留存的古罗马建筑的典型代表。"科洛西姆"拉丁语意为"巨大的"。古罗马弗拉维王朝的创立者韦斯巴芗于公元72年开始建造,至公元80年由其子提图斯完成,故有"弗拉维露天剧场"之称。建筑略呈椭圆形,长径188米,短径156米,周长527米,外墙高48.5米,占地2万平方米,用淡黄色巨石砌成;共4层,下面3层每层有石柱80根,分别为多立克式、爱奥尼式、科林斯式,每两根柱子之间形成一座拱门。场内四周为看台,可容纳观众四五万人。特雷维喷泉是全球最大的巴洛克式喷泉,中间立着的是海神,两旁则是水神,海神宫的上方站着四位少女,分别代表着四季。罗马人有一个美丽的传说,只要背对喷泉从肩以上抛一枚硬币到水池里,就有机会再次访问罗马。

2. 雅典

雅典是希腊首都,也是希腊最大的城市。它位于巴尔干半岛南端,三面环山,一面傍海,西南距爱琴海法利龙湾8千米,属亚热带地中海气候,基菲索斯河和伊利索斯河穿城而过。雅典是世界上最古老的城市之一,有记载的历史就长达3 000多年,自古就有"西方文明摇篮"的美誉,也是奥运会起源的地方。雅典是驰名世界的文化古城,历史上曾创造了辉煌的古代文化,许多珍贵的文化遗产流传至今,构成世界文化宝库的一部分。雅典旅游业十分发达,已成为雅典重要的经济支柱之一。

雅典卫城是希腊最杰出的古建筑群,为宗教、政治的中心地。现存的主要建筑有山门、帕特农神庙、伊瑞克提翁神庙、埃雷赫修神庙等。这些古建筑都是人类遗产和建筑精品,在建筑学史上具有重要地位,其中帕特农神庙是西方文化的象征。从雅典各个方向都可以看到耸立于雅典卫城山上顶端的帕特农神庙,据说远古这里曾供奉着高达10米的雅典娜神像,是举世闻名的古代七大奇观之一。帕特农

雅典卫城

神庙建于公元前447年,是著名建筑师和雕刻家菲迪亚斯的杰作。伊瑞克提翁神庙位于帕特农神庙北面,建于公元前421年至405年,南面西端,用年轻女子雕像代替柱子,富有创意和美感。奥林匹亚宙斯神殿起建于公元前515年,但直到公元2世纪哈德良皇帝统治时期才完成。第一届现代奥林匹克运动会曾于1896年在这里举行。

3. 开罗

开罗是埃及首都,横跨尼罗河,气魄雄伟,风貌壮观,是整个中东地区政治、经济和商

业中心。开罗的形成,可追溯到公元前约3000年的古王国时期,作为首都,亦有千年以上的历史。古埃及人称开罗为"城市之母"。阿拉伯人把开罗叫做"卡海勒",意为"征服者或胜利者"。中世纪时曾为拜占庭帝国的一个军事要塞。后来在10世纪时期,伊斯兰势力将其建设为一座城市。往后这里才慢慢发展为埃及地区的一个中心城市。

尼罗河,这条世界上著名的大河,流贯市区后,分为两支继续北去,注入分隔欧非大陆的地中海,形成了广阔富饶的尼罗河三角洲。通都大邑开罗,就在这个三角洲的南部。开罗地处欧亚非三洲的交通枢纽,漫步街头,可见各种肤色的人。本地人宽袍大袖,俨然古风。这也许是旧开罗的缩影或古开罗的残迹,但无伤大雅,历史的车轮,仍带着这座名城向着更现代化的道路前进。全国主要公路和铁路在此交会,与国内各大城市往来方便,同时傍依尼罗河这一水运要道。它由开罗省、吉萨省和盖勒尤卜省组成,通称大开罗。大开罗是埃及和阿拉伯世界以及非洲最大的城市,人口1 000多万,也是世界上最古老的城市之一。在它西南约30千米处,是古都孟菲斯遗址。由孟菲斯遗址西行约20千米,即世界七大奇观之一的金字塔。

4. 东京

东京是日本的首都,世界著名的大都会。它位于本州关东平原南端,东南濒临东京湾,通连太平洋。东京创建于1457年,古称江户。1868年,日本明治维新后,天皇由京都迁居至此,改江户为东京,这里成为日本国的首都。目前,东京是亚洲金融、贸易等交流活动的中心,对内对外商务活动频繁。素有"东京心脏"之称的银座,是当地最繁华的商业区。同时,东京还是日本政治、经济、文化、教育中心和最大的工业城市,全国主要的公司都集中于此,工业产值居全国第一。东京同它南面的横滨和东面的千叶地区共同构成了闻名日本的京滨叶工业区,主要工业有钢铁、造船、机器制造、化工、电子、皮革、电机、纤维、石油、出版印刷和精密仪器等。东京作为日本的文化教育中心,各种文化机构密集,其中有全国80%的出版社和规模大、设备先进的国立博物馆、西洋美术馆、国立图书馆等。坐落在东京的大学占日本全国大学总数的1/3,在这些大学就读的学生则占全国大学生总数的一半以上。东京作为一个国际性的大都市,还经常举办各种国际文化交流活动,如东京音乐节和东京国际电影节等。东京著名的观光景点有东京铁塔、皇居、浅草寺、东京迪士尼乐园等。

◆ 本章小结

1. 本章结语

本章主要阐述了世界遗产的由来、标准和分类,介绍了中外著名的世界遗产和历史文化名城。世界遗产是人类社会一笔巨大的财富,需要人类共同保护和合理利用,而历史文化名城的保护与发展对旅游活动的开展也有着十分重要的意义。了解、保护、利用世界遗产和历史文化名城,是本章的重点。

2. 本章知识结构图

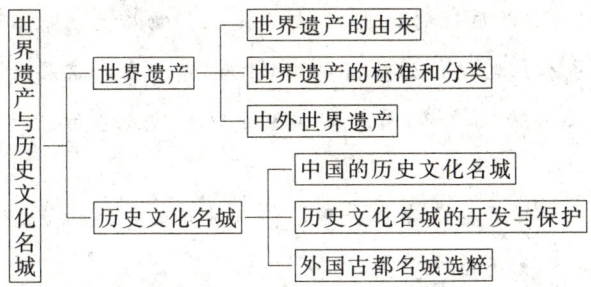

3. 本章核心概念

世界文化遗产　世界自然遗产　文化景观　历史文化名城

◆ 延伸阅读

其他形式的世界遗产

1. 线性遗产

线性遗产:是指在拥有特殊文化资源集合的线形或带状区域内的物质和非物质的文化遗产族群,运河、道路以及铁路线等都是重要表现形式。

(1)我国的线性遗产:

①京杭大运河

②丝绸之路

③徽商兴起路线

④长征

(2)国外的线性遗产:

①塞默林铁路(奥地利)

②大吉岭喜马拉雅铁路(印度)

2. 人类口述和非物质遗产

人类口述和非物质遗产(简称非物质文化遗产 Intangible Heritage)又称无形遗产,是相对于有形遗产,即可传承的物质遗产而言的概念,是指各族人民世代相承的、与群众生活密切相关的各种传统文化表现形式(如民俗活动、表演艺术、传统知识和技能,以及与之相关的器具、实物、手工制品等)和文化空间。严格地说,它并不包括在世界遗产

(World Heritage)的范畴内,它们是 UNESCO 的两项不同的计划。

2003年10月通过的《保护非物质文化遗产国际公约》指出,非物质文化遗产应涵盖5个方面的项目:①口头传说和表述,包括作为非物质文化遗产媒介的语言;②表演艺术;③社会风俗、礼仪、节庆;④有关自然界和宇宙的知识和实践;⑤传统的手工艺技能。《公约》还指出,非物质文化遗产概念中的非物质性的含义,是与满足人们物质生活基本需求的物质生产相对而言的,是指以满足人们的精神生活需求为目的的精神生产这层含义上的非物质性。所谓非物质性,并不是与物质绝缘,而是指偏重于以非物质形态存在的精神领域的创造活动及其结晶。

目前,我国被联合国教科文组织和世界遗产委员会确认的人类口述和非物质遗产代表作共有四项,分别是昆曲、古琴、维吾尔木卡姆艺术、蒙古长调。

3. 世界记忆遗产

世界记忆遗产(Memory of the World)又称世界记忆工程或世界档案遗产,是联合国教科文组织于1992年启动的一个文献保护项目,其目的是对世界范围内逐渐老化、损毁、消失的文献记录,通过国际合作与使用最佳技术手段进行抢救,从而使人类的记忆更加完整。世界记忆遗产是世界文化遗产项目的延伸,世界文化遗产关注的是具有历史、美术、考古、科学或人类学研究价值的建筑物或遗址,而世界记忆遗产关注的则是文献遗产。

目前,我国入选《世界记忆遗产名录》的有传统音乐录音档案(中国艺术研究院图书馆)、清朝内阁秘本档(中国第一历史档案馆)、清代大金榜(中国第一历史档案馆)、纳西东巴古籍文献(云南省社会科学院东巴文化研究所)四项。

《世界记忆遗产名录》收录具有世界意义的文献遗产,是世界遗产项目的延伸。

4. 世界农业遗产

从2002年起,联合国粮农组织、联合国开发计划署和全球环境基金开始启动设立全球重要农业文化遗产项目。

按照粮农组织的解释,世界农业遗产属于世界文化遗产的一部分,在概念上等同于世界文化遗产。世界农业遗产保护项目将对全球重要的受到威胁的传统农业文化与技术遗产进行保护。世界农业文化遗产不仅是杰出的景观,而且对于保存具有全球重要意义的农业生物多样性、维持可恢复生态系统和传承高价值传统知识和文化活动也具有重要作用。

5. 世界湿地遗产

国际湿地是世界遗产的一部分。2009年,湿地国际联盟组织正式开展了对国际湿地纳入世界遗产保护战略的范畴,目前已经在中国计划开展湿地世界遗产评估的项目有青海湖、洞庭湖、泸沽湖等湿地。

案例来源:百度百科　http://baike.baidu.com

◆ 本章推荐阅读

[1]李前光.世界遗产[M].北京:中国旅游出版社,2008.

[2]杨艺.岁月的痕迹[M].中国的世界遗产.北京:化学工业出版社,2007.

[3]王云平.100魅力城市[M].北京:文物出版社,2007.

◆ 讨论与思考

1. 结合个人理解,谈谈保护世界遗产的意义。
2. 世界遗产的评定标准有哪些?可分为哪几种类型?
3. 简述世界文化遗产和世界自然遗产的标准。
4. 中国的世界遗产有哪些?
5. 试述历史文化名城的类型并举例。
6. 谈谈在旅游业发展中应该怎样加强对世界遗产与历史文化名城的保护与利用。

第十五章

旅游资源调查与评价

学习目标

知识要点：了解中国旅游资源分区方案；熟悉旅游资源的评价方法；掌握旅游资源调查的原则、内容、程序、方法及旅游资源评价的内容。

技能训练：能运用所学理论对具体的旅游资源开展调查与评价，并能通过实训学会描述旅游资源性状和填写旅游资源详查及调查表。

能力拓展：以小组形式对某一地区旅游资源进行调查，并提交调查报告。在实地考察的基础上，依据"国标"进一步完成对所调查旅游资源的评价。

引 例

九寨沟

九寨沟位于四川省南坪县西南的万山峡谷中，纵横40余千米，因在树丫形的沟谷中有九个藏族村寨而得名。沟两侧高达4 000米终年积雪的雪峰，在蓝天的映衬下放射出耀眼的光辉，景色极其壮美。九寨沟植物资源丰富，生长着不同气候带的地带性植被类型，山坡上的原始森林中生活着大熊猫、金丝猴、白唇鹿、苏门羚、扭角羚、毛冠鹿、金猫等珍稀动物。沟内散布着五花海、五彩池等108个湖泊，包括五滩十二瀑，十流

秋山里的九寨沟

数十泉等水景，湖水湛蓝，水草丛生，保留着天然的原始美，被誉为"人间仙境"、"童话世界"。1992年，九寨沟以自然遗产被列入《世界遗产名录》。

案例引发的问题：九寨沟拥有哪些类型的旅游资源景观？

资料来源：百度百科　http://baike.baidu.com/

第一节　旅游资源调查

旅游资源调查是按照旅游资源的分类标准对调查区内的旅游资源进行的研究和记录。它是运用科学的方法和手段，有目的、有系统地收集、记录、整理、分析和总结旅游资源及其相关因素的信息与资料，以确定旅游资源的存量状况，并为旅游经营管理者提供客观决策依据的活动。旅游资源调查是服务于旅游资源评价、旅游资源开发规划、旅游资源合理利用和旅游资源有效保护的前期基础性工作。

一、旅游资源调查的原则

旅游资源调查要求调查者除了应当具备必要的专业知识外，还应具有历史、文学、美学、艺术、经济、社会等方面的文化素养。在调查过程中应遵循以下原则。

1. 真实性原则

旅游资源调查者必须亲临现场进行考察、测量、拍照、录像、分析、记录，即便那些经过搜集、整理而获得的有关旅游资源方面的文献、报告、图表等文字资料，也只能作为野外调查的参考，必须经现场核对，以确认其客观真实性，对原有的统计资料也要进行实地核对，以确保其真实可靠。

2. 全面性原则

旅游资源调查就是要全面掌握可供旅游开发利用的所有的旅游资源，既不要放过任何一种客观存在的资源，更要善于发现能满足旅游者个性化要求的新的可供利用的旅游资源和未来可供开发利用的旅游资源。对一些已经毁坏不复存在的文物古迹旅游资源、民族民俗风情旅游资源和历史传统文化旅游资源等，要通过反复召开座谈会、调查会全面收集资料。

3. 准确性原则

只有坚持旅游资源调查的准确性，才能确保旅游资源开发决策的科学性。在进行旅游资源调查的过程中，调查者既要站在开发者的角度去思考，又要站在旅游者的角度去认识。特别是在对旅游资源的性质、特点、级别、成因、价值、分类进行调查分析时，必须尊重客观事实，坚持科学分析，确保准确无误。

二、旅游资源调查的类型

(一)按旅游资源调查需解决的问题划分

1.旅游资源概查

旅游资源概查是指对旅游资源的概略性调查或探测性调查。这种调查是为了发现问题而进行的一种初步调查。它主要是寻找问题产生的原因及问题的症结所在,为进一步调查作准备。

2.旅游资源普查

这种调查类型是对一个旅游资源开发区或远景规划区内的各种旅游资源及其相关因素进行综合调查。其主要目的是要取得比较全面、系统的总量资料。

3.旅游资源详查

详查一般在概查和普查的基础上进行,将普查得到的结果,经过筛选确定一定数量高品位、高质量的旅游资源景观作为开发对象,针对这些开发对象进行更详细的实地勘查。

(二)按旅游资源调查的不同对象划分

1.典型调查

典型调查是根据旅游资源调查的目的和任务,在对被调查对象进行全面分析的基础上,有意识地选择一个或若干具有典型意义或有代表性的单位进行调查研究,借以认识同类现象总体情况的调查方式。

2.重点调查

重点调查是在调查对象中选择一部分对全局具有决定性作用的重点单位进行调查,以掌握总体基本情况的调查方式。

3.抽样调查

抽样调查属于非全面调查的范畴。它是按照科学的原理和计算,从若干单位组成的事物总体中抽取部分样本单位来进行调查、观察,用所得到的调查标志的数据以代表总体,推断总体。

三、旅游资源调查的内容

旅游资源调查的内容可以分为基本内容和重点内容。

(一)基本内容

旅游资源调查的基本内容主要包括以下几方面。

1.调查区旅游资源状况

根据美、特、新、奇、古、名、稀等旅游资源特点,确定调查区的旅游资源对象,并进一步调查其类型、数量、结构、规模、级别、成因，以及与旅游资源有关的重大历史事件、名人活动、文艺作品等基本情况，形成旅游资源的文字、照片、录像、专题地图等有关资料。

2. 调查区自然、社会、经济环境条件

根据旅游资源开发的要求，对与其相关的自然、社会、经济环境条件进行调查。自然条件包括地质地貌、气象气候、水文、动植物等；社会条件包括行政归属与区划、人口与居民、文化、医疗环卫、安全保卫、历史等；经济条件包括位置、距离、交通、电力、邮电通讯、供水、食宿、旅游服务等。调查时要附上一些要素地图。

3. 调查区环境质量状况

调查影响旅游资源利用的环境保护情况，包括由工矿企业、生活服务等人为因素造成的大气、水体、噪音等污染状况和治理程度。

4. 市场调查

根据资源的吸引力和当地的社会经济状况，初步分析客源形成的范围、大概数量以及居民消费水平、出游率，分析邻近地区及同类资源区对调查区客源产生的积极影响和消极影响。

(二) 重点内容

包括已知旅游区及外围调查、重点新景区调查、交通沿线及枢纽点调查。

1. 已知旅游区及外围调查

调查已开发景区的开发现状。为了充分挖掘已知旅游区的潜力、拓展多样的旅游产品、满足不同层次旅游者的不同要求，有必要重点在已知旅游区及外围地区进行调查，以发现新的旅游资源，加强原景区的功能配套，适应现代多种旅游需求，并分散原景区的客流，改善旅游环境。外围地区旅游资源的发现与开发，有利于扩大旅游区范围，增加旅游环境容量，与原景区一起形成规模大、内涵丰富的统一新景区。

2. 重点新景区的调查

为适应旅游者多层次的需求，把一些旅游资源极具特色或有可能发挥其特殊旅游功能的地区确定为重点新景区，并对其进行详细调查。具有特色的旅游资源应作为开发和保护的重点。对具有特殊功能的旅游资源，应注意调查其除观光以外的其他旅游功能，如登山、探险、滑雪、狩猎、垂钓、漂流等，以适应旅游业发展的需求。

3. 交通沿线及枢纽点调查

旅游资源开发的最大限制因素之一是交通，故摸清景区的交通现状与建设前景十分重要。交通沿线及枢纽点的旅游资源，只要有一定的特色，就能吸引游客，游客也较容易进入。若旅游资源特色强、规模大、结构好，就极易形成近期开发的重点新景区。另外，交通枢纽点往往是人口密集的城镇和城市,极易形成旅游接待地甚至旅游中心城镇(市)。

四、旅游资源调查的程序

旅游资源调查程序如下:

(一)室内准备工作

1. 成立调查评价考察队(组)

根据旅游资源调查区的情况,成立由专家或专业工作者与当地政府的领导和工作人员组成的旅游资源调查评价考察队(组),以保证旅游资源调查工作顺利进行。

2. 搜集整理资料,了解情况

首先要全面搜集、查阅已有的有关本区和邻区旅游资源方面的文献、报告和图表等资料,加以系统整理,作为野外调查的参考;还要搜集有关该区的航卫片,并进行初步判读;同时,要选用比例尺较大的地形图,以备在野外调查过程中进行旅游资源填图。

3. 制订计划

主要根据所承担的旅游资源调查的要求,结合资料搜集、整理所反映的具体情况,编写出计划任务书,包括所需完成的任务、目的要求、将采用的工作方法、技术要求、工作量、人员配备、工作部署安排、所需设备、器材和经费等,以及对成果的预期。

(二)野外调查

1. 初步普查

在调查开始时,要对调查区进行全面普查,以对旅游资源有个初步的了解,大致掌握哪些旅游资源具有开发价值或适合开展哪些旅游项目,旨在为旅游业发展前景提供背景状况。在这个阶段,可将有关旅游资源标绘在 1∶50 000 至 1∶200 000 的图上,并在图上划定远景区域,确定其分布情况和规律。由于此阶段涉及面广,应注意防止遗漏有价值的旅游资源,并尽量利用各有关部门的现有资料,以减少工作量。

2. 系统调查

对初查远景区或预测远景区进行系统调查,加密调查线、点,对其旅游资源进行规模、质量、美感、可能客源等的系统调查,将结果标在 1∶25 000 至 1∶50 000 图上,并进行同类初步类比。

3. 详细勘查

在以上两个步骤完成后,经筛选和初步拟定的有开发价值的小区和项目须详查。详查时须组织多学科力量对重点旅游资源展开实地详细勘察,以弄清旅游资源的成因、历史演变、现状、与相关因素的配伍等,比较其在同类旅游资源中的特色所在。同时,尚须对调查区的自然、经济、技术、物资、能源、水源、交通、生活供应能力、环境质量等进行调查分析,对投资、客源、收益及旅游业的发展给区域的经济、社会和生态等带来的影响作出预测,确定该区旅游发展的方向和重点项目,提出规划性建议。在此阶段,调查资料多标绘在1:5 000或1:10 000图件上,并注意数据的收集及对重点问题和地段进行专题研究与鉴定。

4. 专业调查

对具有极大的开展专业旅游意义的旅游资源须作专业性调查,提供详细的专业资料及图件。例如,昆明附近的梅树村层型界面(被誉为中华大地上的第一颗金钉——作为国际层型界面之一)、元谋人遗址和第四系剖面及其动物群等就须作专业调查。虽然专业考察旅游人数不多,但滞留时间长,花销大,是旅游活动的重要组成部分。

(三)整理总结

1. 资料、照片、录像片等的整理

将调查所得全部资料进行复核、综合分析和归纳整理,对所摄照片或录像带进行放大或剪接编辑,并加以简要的文字说明。

2. 图件的编制和清绘

对能反映旅游资源调查工作过程和工作成绩的各类填绘图件、手绘草图,进行复核、分析、整理,并与原有地图和资料互相对比,形成正式图件。要求做到内容真实准确、主题鲜明、重点突出、图画结构合理、线条色彩清晰柔和。

3. 编写旅游资源调查报告

其主要内容一般包括:

(1)绪言。包括调查工作任务来源、目的、要求、调查区位置、行政区划与归属、范围、面积、调查人员组成、工作期限、工作量和主要资料及成果。

(2)区域地理概况。包括地质地貌、水系水文、气象气候、植被土壤等的主要特征及交通、经济情况等,最好还有邻近地区的旅游点、区的情况资料。

(3)旅游资源状况。包括旅游资源状况、分布、成因、历史、现场调查评价、初步的分析比较等,要附有旅游资源分布图、旅游资源分区图、重要景观照片及与之密切相关的重大历史事件、名人活动、文化作品等类资料。

(4)旅游资源评价。包括评价的内容、采取的方法、所取得的结论等。

(5)调查区旅游资源开发利用的现有条件、现状、存在的问题及今后开发利用的指导思想、战略策略及应采取的相应措施等。如调查区较大,还应作出旅游资源利用区划,明确各分区的资源优势、开发利用的主导方向,因地制宜地开发旅游产品,形成特色互补的大旅游区。

五、旅游资源调查的方法

旅游资源调查涉及学科广泛,采用的方法较多。目前各国所采用的方法主要有:

(一)资料统计分析法

资料统计分析法指的是利用统计学的方法来对旅游资源进行分类、分组等方面的分析、处理。一个旅游资源调查区由多种景观类型和环境要素组成。在旅游资源的调查过程中,对自然和人文的各类旅游资源进行数量、规模、分布、聚集情况的统计、分析,为提炼旅游资源特色、确定其旅游价值提供依据。国内卢云亭先生将主要的景观要素分类为:

基本景观要素——如陆面、水域、山地、平原、丘陵、盆地、草原、林地、沙漠、滩地等;

景观地质地貌要素——如地质构造、地质剖面、化石、地震遗迹、峰林、洞穴、峡谷等;

景观天气、气候背景要素——如阳光、天空色彩、冷暖、风、云、雨、雪、日出、海市蜃楼等;

景观水要素——如河、湖、泉、瀑、海等;

景观动植物要素——如林木、古树、珍稀树种、观赏鱼类、鸟类、兽类、花卉、绿地等;

人文景观要素——如城市、村镇、田园、工厂、桥梁、碑碣、题记、楹联、壁画、雕塑、石窟、纪念地、名人故居、历史事件遗址等。

这些要素需要分别统计其面积、长度、宽度、深度、高度、湿度、透明度、直径、种数、个数、层数、含量等。这些基本的调查统计资料对确定一个调查区的旅游特色和旅游价值具有重大的意义,也是设计旅游环境和生态系统的基本依据。

◆ **案例驿站 15.1**

一呼百应

在资源调查中,有时连续发现在形象上或内容上相互关联的景点景物,若能及时将其组合归纳,并以此为基础做进一步深入调查,很可能出现"一呼百应"局面,寻找到成组成套的景点景物,从而使旅游价值大为提高。秦皇岛老岭旅游风景区的造型地貌不仅数量多,而且往往成组成群地出现,形成特有的群体美。初到老岭北天门一带,当地同志指给调查人员一个"猪八戒石",当时又在不远

秦皇岛老岭旅游风景区

处林中发现了"牛魔王",后来又发现弯身啃草的一匹白马造型。几处景物的发现,启发调查人员在这一带有意深入调查,结果在 500 米范围内发现了由"牛魔王拦路"、"唐僧盼徒"、"八戒寻兄"、"悟空戏八戒"、"白龙马吃草"、"晒经石"、"万卷经书"等组成的大型造型地貌《西游记》人物组群系统。沙僧造型始终未能找到,只好在导游词中说他出去化斋未归,从而使故事更为完整、更具含蓄性。

案例来源:赖良杰.旅游资源开发与规划[M].北京:高等教育出版社,2005.

(二)直接询问法

直接询问法是指通过走访当地居民或开座谈会的形式向有关人员了解旅游资源情况,以获取更多信息,为实地勘察提供线索的辅助调查方法。当地居民对旅游资源最为了解,因而在旅游资源的实地调查过程中常常需要问询当地的群众,以获取一般途径难以得到的关于旅游资源的详尽信息;询问时既可以口头询问,也可以分发调查问卷。

◆ 案例驿站 15.2

道听途说

在资源调查中,必须紧紧依靠当地群众和干部的指引和提供的线索。由于他们的旅游意识或文化素养所限,往往是身在宝地不识宝。他们说那么多石头没啥看头的地方,很可能是一片有趣的石林;他们说那里鸟儿叽叽喳喳的地方,很可能是一个鸟的世界。因此要多开座谈会,并形象地提出各种类型的资源标准、例子进行启发,要多走访地方干部、老农、牛倌、羊倌、药农、小学教师等等,从他们众多的议论中获取线索,并请他们为向导,一起进行考察,这样往往可找到很有价值的景点景物。

案例来源:赖良杰.旅游资源开发与规划[M].北京:高等教育出版社,2005.

(三)资源图表法

资源图表法指的是将调查到的资料描绘在图件上,形成旅游资源分布图、利用现状图,既便于人们直观辨别重点资源分布状况,又便于比较,区分哪些区域具有开发的可能。将旅游资源图与工、农、矿区、城市等图件重叠,进行综合平衡、评价、比较,可清晰地确定旅游资源开发的时序和重点。

(四)分类比较法

利用此方法,将调查区搜集到的资料进行特征归纳并进行不同地区间同类或不同类型资源的比较、评价,得出该地域内旅游资源的共性特征和个性特征,以便综合开发利用。

(五)遥感调查法

采用科学技术手段进行调查,尤其是遥感技术的应用,可为对人迹难至的旅游资源的调查提供极大的方便,如利用卫星遥感和航空照片进行地形地貌分析,利用遥感技术探测研究海洋旅游景观等。中国地质大学(北京)对北京十三陵地区、故宫博物院等地带进行调查时就采用了遥感技术,非常精确地反映了这些地带的资源现状特征。

遥感技术应用于旅游资源调查,具有覆盖面积广、信息量丰富、资料获取迅速、直观并能动态监测等特点(同时可利用光学和计算机图像处理,提取更为丰富的有用信息)。但是,也应认识到遥感调查的局限性,如许多景观的美奇感在侧面欣赏最佳,遥感只能从空中俯视,故应注意遥感调查与实地调查相结合。

◆ **案例驿站 15.3**

借光引路

利用地形图、卫片、航片等发现异常,借光引路,进行实地调查,是地学工作者最基本的考察方法,往往可以得到十分满意甚至是意外的收获。如河北嶂石崖回音谷的发现就是一例。调查者在嶂石崖航片上看到一个十分规正的圆筒,被人工切去一块,而形成谷深 100 多米的"Ω"形深谷,其直径为 90 米,延续弧长达 200 多米,更像一把洛阳铲。经实地反复调查,回音效果十分好,现已引起国内外游客的极大兴趣,被人称为"国内最大的天然回音壁"。

河北嶂石崖

案例来源:山东师范大学人口・资源与环境学院 http://www.pre.sdnu.edu.cn

第二节 旅游资源评价

旅游资源评价是在旅游资源调查的基础上,对一定区域的自然、人文和社会景观进行深入剖析和研究的过程。旅游资源评价能够为一定区域旅游资源的合理开发利用和规划建设提供理论依据,是区域旅游开发规划工作的重要基础和前提。通过对一定区域旅游资源的评价,可以对旅游资源的品位、特质、开发条件等有一个全面而客观的认识,从而明确该旅游资源在同类旅游资源或所处区域中的地位,确定不同旅游资源的开发序位,为制订旅游开发规划等提供科学的判断标准。

一、旅游资源评价的基本原则

旅游资源的评价是一项极为复杂的工作。旅游资源包罗万象,旅游资源评价涉及自然、历史、地理、气候、经济、科技、文学、艺术等各方面的知识。为了使旅游资源评价做到公正、客观,其结果准确、可靠,必须遵循以下基本原则。

(一) 系统性原则

在旅游资源评价时,不仅要注重对资源本身的成因、特色、质量、功能等方面进行系统评价,而且要把旅游资源所处区域的区位、环境、交通、客源、经济发展水平、基础设施现状等开发利用条件作为外部条件纳入评价的范畴,综合衡量,全面评价,准确地反映旅游资源的整体价值。

(二) 发展性原则

旅游资源的特征、开发利用价值及开发的社会经济条件都是不断变化和发展的,这就要求旅游资源评价工作不能只局限于现状,而应该用动态和变化的视角看待发展趋势,从而对旅游资源及其开发利用前景做出积极、全面、正确的评价。

(三) 客观性原则

旅游资源是客观存在的事物,其价值表现、特点、内涵、功能也是客观存在的。评价时,应从客观实际出发,对旅游资源的形成、本质、属性、价值、功能等核心内容做出实事求是的评价,既不任意夸大,也不无限缩小,要做到恰如其分,力求进行客观评价。

◆ **专题笔谈 15.1**

具有世界品位的自然保护区

广东省肇庆鼎湖山自然保护区被誉为北回归沙漠带上的"翡翠",也被联合国教科文组织列入世界自然保护区网。这主要因为它位于北半球北回归线附近,却并不是浩瀚的海洋或广袤的沙漠,而呈亚热带常绿林分布,因此具有世界级品位。此外,位于四川省阿坝藏族羌族自治州的卧龙自然保护区,从山脚的亚热带常绿阔叶林、落叶阔叶林,到温带针阔叶混交林,从寒温带针叶林到高山草甸,从高山荒漠到雪线,呈垂直分布,并有世界濒危珍稀动物大熊猫、小熊猫、金丝猴、羚羊、白唇鹿、白臀鹿等生长其中,成为世界动植物的宝库,具有世界品位。

具有世界品位的自然保护区

案例来源：赖良杰．旅游资源开发与规划［M］．北京：高等教育出版社：2005．

图片来源：鼎湖山官方网站 http：//www．dinghushan．net/dinghushan/ShowArticle．asp？ArticleID＝133

（四）效益性原则

在旅游资源开发利用效益评价时，要兼顾经济效益、环境效益和社会效益，既要保证增加经济收入、促进当地经济发展，又要做到美化环境、为人们提供一种有利身心健康的空间场所，为旅游地创造健康文明的生活环境和蓬勃发展的社会环境。

（五）定量性原则

在资源评价方法日臻完善的今天，为了避免主观色彩、个人感情色彩的出现，必须坚持定性与定量评价相结合、力求定量评价为主的原则，既从理论方面进行深入、全面的论证分析，又要根据一定的评价标准和评价模型将各种评价因素予以客观量化，进行定量分析比较，把定性描述用定量关系来表示，使之更具有可操作性。

二、旅游资源评价的内容

旅游资源评价是由几个不同的方面构成的有机统一体，主要包括对旅游资源单体和结构的评价和对其开发的外部条件的评价。其主要内容包括以下几个方面。

（一）旅游资源的数量、丰度和布局

旅游资源的数量是指旅游区内可供观赏的景物的多少，而其丰度是指这些景观资源的集中程度，它可以用单位面积内景观的数量去衡量。旅游资源的布局则指景观资源的分布和组合特征，它是资源优势和特色的重要表现。无疑，景观数量大、相对集中并布局巧妙合理的地区是理想的旅游开发区，景观少而稀疏且布局不合理（如景观虽距离近但因地形的阻隔而不容易到达）的旅游资源区对开发不利。因此，旅游资源的数量、丰度和布局是区域旅游资源开发规模、程度和可行性的决定因素。对旅游资源的数量、丰度和布局的评价应该有统一的标准，应按景观资源的类别、级别分别统计，以便对不同地区的旅游资源进行对比。

(二)旅游资源的特色

任何类型的旅游资源都有自己的独特地方,即使完全同类的旅游资源也各具特色。旅游资源的特色是衡量其对游客吸引力的重要因素,也是旅游资源开发的决定条件之一。它对旅游资源的利用功能、开发方向、开发程度和规模及其经济和社会效益起着决定性作用。因此,旅游资源的特色是旅游资源开发的生命线。

(三)旅游资源的价值和功能

旅游资源的价值包括旅游资源的艺术观赏价值、文化价值、科学价值、经济价值和美学价值,它是资源质量和水平的反映。旅游资源的功能是旅游资源供开发利用的特殊功能,它和旅游资源的价值相呼应。一般来说,艺术和美学价值高的资源,其功能表现在观光方面;文化和科学价值高的资源,其功能主要表现在科学考察、文化旅游方面。除此之外,还有具有娱乐、休憩、健身、疗养和商务等功能的旅游资源。旅游资源的这些价值和功能是决定其开发规模、程度和前景的重要因素。

(四)旅游资源的容量和承载力

旅游资源的容量是指在一定的时间内对旅游活动的容纳能力。旅游资源容量可从容人量和容时量两个方面来衡量。容人量是指单位面积容纳游客的数量,容时量是指景区内旅游所需的基本时间。容人量与景区的规模、场地的大小和丰度有关,也是景观用地、设施和投资规模的依据。容时量与景观的数量、特性和特色、布局、游程有关。旅游景观的数量越多、规模越大、场地越开阔,景点的布局越复杂、含蓄、深奥及游程越长,它的容人量和容时量就越大;反之,景观稀少、类型简单、一目了然,场地狭小,其容人量和容时量就小。

(五)环境因素

环境因素包括自然环境、生态环境、社会环境和政治环境等。政治安定、民族团结、社会治安良好、人民安居乐业是发展旅游业的必要条件。良好的自然和生态环境也有利于吸引游客和资源的开发利用,如气候、植被、大气、水、生物等条件的好坏都会直接影响到资源的开发利用。气候恶劣多变,不利于吸引游客;气候宜人,有利于各个年龄层次和健康状况的人旅游。植被覆盖、水土保持良好,给人以山清水秀、鸟语花香之美感;相反,无植被的裸露区不但容易造成滑坡、塌方、水土流失,而且会破坏环境、影响交通,从而给游客带来不便,不利于吸引游人。对于潮湿区,饮水不成问题,而干旱区的饮水则成为突出问题,饮水源、水量、水质等都要满足开发的需要。环境保护也是旅游资源开发的重要影响因素,大气污染、水污染、废渣废料污染、植被的破坏和山石的大量开采,不仅破坏资源的美感,也会危害游客的健康,都不利于吸引游客。因此,对旅游区的环境条件应有客观、科学的评价,并由此给环境保护、污染治理、旅游开发决策和旅游线路设计提供可靠的依据。

（六）资源影响力

资源影响力评价包括两部分：首先是知名度和影响力评价，主要评价旅游资源在本区、本省、全国乃至世界的知名度，以及对构成本区、本省、全国乃至世界承认的品牌的影响力如何；然后是对适游期或使用范围的评价。适游期是指旅游资源适合游览日期的长短。使用范围指的是适宜使用和参与的游客在全部游客中所占的比例。

（七）附加值评价

附加值评价是指对环境保护和环境安全的评价。环境保护评价是指对旅游区的气候、地质地貌、植被、水体、土壤和噪音污染及破坏程度进行的评价，只有清洁、舒适的环境才会吸引游客的到来。环境安全评价是指旅游区内有无地震、火山、泥石流、冰川活动，暴风雨、台风、海啸、洪水等自然灾害，以及危害性动植物等。旅游区域的环境安全评价是旅游资源开发的必要条件。根据环境安全评价采取合理的安全措施消灭安全隐患、杜绝旅游安全事故的发生，才能保证旅游事业的顺利发展。

（八）旅游资源区的地理和交通情况

地理位置和交通条件是旅游资源开发可行性、开发规模和程度以及开发效益的重要外部条件。一个旅游资源区再美，但交通闭塞、行程困难或地理条件不良，也难招来游客，从而影响客源市场。旅游资源的地理位置是它所处区位的吸引力。国内外许多旅游区都是由于它们所处的独特地理位置而增强了对游客的吸引效应。同时，旅游资源的区位效应还表现在它周围的环境及与中心城市的关系上，如濒临名山、大川、名湖、名海、名城、交通要道等都会对游客产生扩张引力的作用。但如果旅游资源数量少、质量低、开发不足，也会因为它们与这些著名风景区的巨大反差产生相反的效果。此外，旅游资源所处的位置和地理环境，如高寒区和温暖区、干旱区和潮湿区、多云雾区和阳光区、内地和滨海、平原和山区、城镇和乡村以及原始村寨等，都会对不同层次的游客选择旅游路线有很大的影响。

（九）地区经济发展水平

一个地区旅游资源的开发，必须有坚实的经济基础做后盾。因为旅游地的建设需要一定的资金、物资、人力和科技素质，这些条件均与该地区的经济发展水平密切相关。

资金主要是用于旅游地的娱乐、维护、美化、安全、餐饮、住宿、道路、场地、管理以及供水、供电、通讯等基础设施建设，其中相当的部分用于旅游资源的维护、护卫、装饰、美化等项目。上述资金的筹措，必须依赖于这一地区的经济发展水平。评价旅游资源的开发规模，不能单纯地依赖于外来投资，更重要的是调查本地区的经济发展现状，如居民总收入、总消费水平、居民平均收入发展状况、主要经济部门的收入渠道等。旅游地的建设需要一定的周期。根据总体的规划,在连续的几年内,当地所能提供的财力、物力均需要进一步落实。

物资提供能力是旅游地开发的重要条件。建设、维护旅游资源固然需要大量的器材如木材、钢材、石材、水泥等,旅游地开放以后需要的物资则更多,除需要丰富的食品、饮料供应外,还要有众多的土特产品等供游客消费和采购,这些都依赖于该地的物资总供给水平。

人力也是开发旅游资源必不可少的条件。一个旅游地必须有足够的经济实力适应当地的劳务市场、劳动力数量及收入水平,这些是旅游业劳务市场的基本衡量标志。对这方面的评价工作必须予以重视。旅游业从业人员的素质是旅游地开发和服务质量上乘的基本前提。但要培育具有一定素质的旅游业从业人员,就要求管理人员付出一定经济和时间的代价。如果旅游地文化素质较高,则可使这种培训的代价降低。

(十)客源环境

充足、稳定的客源是一个旅游区的生命所在,它直接关系到开发的效益与程度。旅游资源的客源环境评价,要求弄清客源结构、客源范围、客源地居民的收入水平与消费水平,以及客源市场变化规律等问题。旅游资源的规模、特点和等级不同,则其辐射的范围和吸引层次就不同,评价时应具体说明。对客源环境的评价要与资源的特点、区位条件、周边旅游业竞争的态势等一起进行综合研究。

三、旅游资源评价的方法

以往的旅游资源评价多以定性评价为主,而今已经逐渐发展为定性评价与定量评价相结合,建立了一套由多种评价因子和数学模型组成的评价体系,使旅游资源评价呈现数量化、公众化和科学化的趋势。

(一)定性评价法

定性评价是指在对旅游资源进行精准调查以后,评价者根据自己的知识、经验和直觉判断,对旅游资源做出的结论性描述。定性评价法的优点在于能从客观上把握旅游资源的特色,工作量较小;其缺点是不能量化,带有较强的主观性,缺乏科学性,不便于操作。

综观国内外研究成果,具有代表性的定性评价法主要有以下几种。

1. "三三六"评价法

北京师范大学卢云亭教授提出对旅游资源"三大价值"、"三大效益"、"六个条件"的评价体系。

"三大价值"指旅游资源的艺术观赏价值、历史文化价值和科学考察价值;

"三大效益"指旅游资源开发后带来的经济效益、社会效益和环境效益；

"六个条件"指旅游资源所在地的地理位置和交通条件、景物或景类的地域组合条件、旅游景区(点)旅游容量条件、投资条件、施工条件和旅游客源市场条件。

◆ **专题笔谈 15.2**

我国旅游资源评价集锦

古代四大名桥——河北赵州桥、潮州湘子桥、山西娘子桥、福建洛阳桥
四大佛教圣地——四川峨眉山、浙江普陀山、山西五台山、安徽九华山
江南三大名楼——湖北黄鹤楼、湖南岳阳楼、江西滕王阁
三大民间年画——潍县杨家埠木板年画、天津杨柳青年画、苏州桃花坞年画
三大古建筑群——北京故宫、沈阳故宫、山东曲阜孔府
泰山四奇观——旭日东升、晚霞夕照、黄河金带、云海玉盘
峨眉四奇景——日出、云海、佛光、圣灯
莫干山三胜——竹胜、云胜、泉胜
黄山四绝——云海、温泉、奇松、怪石
大理四绝——苍山雪、洱海月、上关花、下关风
衡山四绝——祝融峰之高、方广寺之深、藏经阁之秀、水帘洞之奇

案例来源：赖良杰．旅游资源开发与规划[M]．北京：高等教育出版社，2005．

2. 综合评价法

魏小安提出了对旅游资源的综合评价体系，该体系主要对以下六个方面进行评价：一是旅游地的旅游资源构成要素种类的多少；二是要素的单项评价；三是要素的组合评价；四是可能容纳的游客量；五是人文资源的比较；六是开发的难易程度。

3. 黄辉实定性评价法

上海社会科学院的黄辉实采用定性的评价方法，将评价体系分成两个方面，即旅游资源本身和旅游资源所处的环境。

旅游资源本身方面的评价可采用六个标准：

美，即旅游资源给人的美感；

古，即旅游资源具有的悠久历史；

名，即指具有名声的事物和与名人有关的事物；

特，即指特有的、稀缺的、有特色的；

奇，即指给人以新奇感；

用,即指具有的实际开发价值。

总之,是以旅游资源所处的环境利用季节性、环境质量、与其他旅游资源的联系性、可进入性、基础结构、社会经济和市场环境等七项标准进行旅游资源评价。

4. 一般体验性评价

一般体验性评价,或是采用民意测验的形式,由旅游者根据亲身体验在问卷上回答有关旅游资源或旅游地的整体质量的优劣顺序,或是统计旅游资源(地)在常见报纸、旅游指南或专业媒体上出现的频率,或是由各方面专家讨论评价,最后形成一个评价序列,从而确定一个国家或地区的最具代表性的旅游资源。评价的目的多着眼于推销和宣传,评价的结果可以使得某些旅游地的知名度得以提高,客观上会对旅游需求流向产生诱导作用。一般体验性评价的优点是程序简单、便于操作;缺点是评价的范围仅限于少数知名的旅游地,范围小,评价的项目较宽泛。

5. 美感质量评价

美感质量评价是一种专业性质的旅游资源美学价值评价,也是一种体验性评价。与前面的一般体验性评价相比,其评价的程度更加深入,评价的结果更具可比性的定性尺度或数量目标。这类评价一般是在对旅游者或有关专家体验深入分析的基础上,建立规范化的评价模型。其中,对于自然旅游资源的视觉美评价较为成熟。在这方面的评价,目前已经发展成为四个比较公认的学派:专家学派、心理物理学派、认知学派或心理学派及经验学派或现象学派。下面仅就专家学派加以介绍。

专家学派认为,凡是符合形式美原则的风景就具有较高的风景质量。对风景的分析基于其线条、形体、色彩和质地四个因素。应强调多样性、奇特性、协调性等形式美原则在风景质量评价中的作用。评价的方法突出地表现出一系列的分类分级过程。评价工作是由少数训练有素的专业人员来完成的。这一方法为许多官方机构所采用,如美国林务局的风景管理系统、美国土地管理局的风景资源管理系统、美国土壤保护局的景观资源管理系统等。

(二)定量评价方法

量化是当今世界科学发展的趋势。旅游资源的定量评价是根据一定的评价标准和评价模型,以全面、系统的方法将有关旅游资源的各评价因子予以量化,使其结果具有可比性。定量评价较定性评价,其结果更直观、准确,但是,却难以动态地反映旅游资源的变化,对一些无法量化的因素难以表达,且评价过程较为复杂。定量评价主要用到以下几种方法。

1. 技术性的单因子评价

技术性的单因子评价是评价者在进行旅游资源评价时,针对旅游资源的旅游功能,集中考虑某些起决定作用的典型因子,并对这些因子进行的适宜性评价或优劣评判。例如,登山运动,地形和海拔就是决定因子;一个海滨浴场要想成为旅游胜地,就必须具备海滩、细沙、平潮、浪小以及阳光充足、气候宜人等条件。大量技术性指标的运用是单因子评价的基本特点。这种方法一般只局限于自然资源的评价,对于开展专项旅游尤为适宜,如对风景湖泊的评价、对溶洞资源的评价、对滑雪旅游资源的评价、对地形或气候适宜性的评价等。以下是海水浴场(表15.1)和旅游滑雪场(表15.2)的单因子评价的举例。

表 15.1　　　　　　　　海水浴场评价标准(乔戈拉斯)

序号	资源项目	符合要求的条件	附 注
1	海滨宽度	30～60m	实际总利用宽度 50～100m
2	海底倾斜	1/10～1/60	倾斜度愈低愈好
3	海滩倾斜	1/10～1/50	倾斜度愈低愈好
4	流速	游泳对流速要求在 0.2～0.3m/s,极流速 0.5m/s	无离岸流之类局部性海流
5	波高	<0.6m	符合游泳要求之高为 0.3m 以下
6	水温	>23℃	不超过 30℃,但愈近 30℃愈好
7	气温	>23℃	—
8	风速	<5m/s 以下	—
9	水质	透明度 0.3m 以上,$COD2g/g$ 以下,大肠菌群数,100MPN/100mL 以下,油膜肉眼难以辨明	—
10	地质粒径	没有泥和岩石	愈细愈好
11	有害生物	不能辨认程度	—
12	藻类	在游泳区域中不接触身体	—
13	危险物	无	—
14	浮游物	无	—

表 15.2　　　　　　　　旅游滑雪场雪道质量等级评价

决定因子	评价标准		
	SSS 级	SS 级	S 级
雪道总长度	大于 5 000m(不含越野雪道)	大于 2 000m(不含越野雪道)	大于 500m
单道长度	至少一条大于 1 000m	至少一条大于 500m	—
平均宽度	大于 30m	大于 30m	大于 30m
平均坡度	10～20m	大于 8m	大于 6m
布局	雪道布局合理,形成网络	布局合理	—

资料来源:黑龙江省旅游局.旅游滑雪场质量等级划分条件,2003.

2. 综合性的多因子评价

综合性的多因子评价是着眼于旅游资源的整体价值,在考虑多个因子的基础上,用一定的数学模型对旅游资源进行的综合评价。目前这类方法很多,这里只选择了以下三种加以介绍。

(1)指数表示法。

旅游资源指数评价表示法可以分为三步进行:

第一步,调查分析旅游资源或旅游资源所在地的开发利用现状、吸引能力及外部区域环境,要求调查得来的是准确和量化资料,为旅游资源评价结果的数量化做好准备。

第二步,调查旅游需求,具体内容包括旅游的需求量、旅游者的构成、旅游者的平均逗留时间、旅游消费需求结构及节律性等旅游需求要素。

第三步,总评价的拟订,就是在前两步工作的基础上,建立表达旅游资源特质、旅游需求与旅游资源之间关系的量化模型。可采用如下公式:

$$E = \sum_{i=1}^{n} F_i W_i N_i$$

式中:E——旅游资源的评价指数;

F——第 i 项旅游资源在全体旅游资源中的权重;

W——第 i 项旅游资源的规模指数;

V——旅游者对第 i 项旅游资源的需求指数;

n——旅游资源的总项数。

最后,可以应用调查结果和评价指数确定旅游资源的旅游容量、密度、节律性和开发序位。

(2)综合性评价法。

综合性评价法吸收各种评价法的长处,将其综合使用。较早期的如魏小安提出的一个旅游资源评价体系,他运用综合的观点分别提出以下六条标准:

第一,旅游地的资源构成要素种类的多少;

第二,要素的单项评价问题;

第三,要素的组合情况;

第四,可能容纳的游客量;

第五,人文资源的比较;

第六,开发的难易程度。

以上各项评分按两种方式进行:

第一种方式是等分制评分法,把上述评价项目视为同等重要,每一项目所占分数比为 1/6,而把每一项分解为若干因素,据这些要素对该项目满足程度按 100、80、60、40、20

五等打分,然后把 6 个项目的得分相加。总分和平均分越高,资源价值越大。

第二种方式是差分制评分法,根据评价项目的重要性给出不同的占分比例(权重),评分时将各评价项目初始得分加权处理,求各项目最后得分,加合即得各地总分。总分越高,资源价值越大。

(3)旅游地综合评估模型。

旅游地综合评估的理论基础是旅游者的消费决策和行为规律。1956 年罗森伯格(M. Rosenberg)和 1963 年菲什拜因(M. Fishbein)分别建立了有客体或行为吸引力量的评估模型与态度量测的评估模型。两人的模型基本形式相同,其评估模型(即菲什拜因—罗森伯格模型)是基于消费者决策的旅游资源综合评价模型,今天被广泛应用于市场促销研究。其公式为:

$$E = \sum_{i=1}^{n} Q_i P_i$$

式中:E 为旅游地综合评估结果值;

Q_i 为第 i 个评价因子权重;

P_i 为第 i 个评价因子的评估值;

n 为评价因子数目。

各评价因子评估值的求取,亦可采用相同形式的模型。对应于旅游地综合评估,通常还有一定名量表,即可将定量的结果转化为确定的定性结论,使决策者能方便地利用评价结果。

迄今为止,世界上许多国家对旅游地进行综合评估时大多采用此模型。只是由于不同国家的社会经济发展水平不同,对于旅游地的综合评估各有不同的侧重点。发达国家因旅游开发的投资能力强、交通便捷,所以一般侧重于对旅游资源的综合性评价,有时将旅游资源与设施状况加在一起进行旅游地的吸引力评价;而发展中国家则主要对旅游地的旅游资源、区域条件、区位特性进行综合评价。

总之,运用此模型时,只要所取用的评价因子权重值和评估方法适当,其结果往往具有很高的应用价值。

第三节　我国旅游资源分区

一、我国旅游资源分区方案

一些专家、学者从教学、科研工作的实际需要出发,从不同的角度提出了不同的分区方案。据不完全统计有十几种,其中比较有代表性的如下:

1. 郭来喜方案(1985年)

郭来喜研究了我国旅游资源特征后,提出我国内地旅游区划方案,将我国内地划分为九大旅游带、29个旅游省、149个基本旅游区。九大旅游带为京华古今风貌旅游带,白山黑水北国风光旅游带,丝路寻踪民族风情旅游带,华夏文明访古旅游带,西南奇山秀水民族风情旅游带,荆楚文化湖山旅游带,吴越文化江南水乡风光旅游带,岭南文化南亚热带、热带风光旅游带,世界屋脊猎奇探险旅游带。

2. 濮静娟、朱晔等方案(1987年)

他们用舒适度指数和风效指数为指标,进行我国内地地区旅游季节气候区划研究,将我国内地地区划分为3个旅游气候大区、18个旅游气候区和22个旅游气候小区。区划指标:大区指标、气候区指标、气候亚区指标。

3. 阎守邕等方案(1989年)

他们收集到近8 000个旅游资源数据,分类、绘图、划分单元,对我国旅游资源区域特征和旅游环境的区域差异性进行定性和定量分析,并采取三级区划方案将我国内地划分为8个一级旅游资源区和41个二级旅游资源区。他们按县或市归并为一个三级区;根据自然、历史、社会因素将三级区归纳为二级区;根据中国自然地理的气候特征、地质地貌将二级区归纳为一级区;根据行政界线调整上述一、二级分区,使旅游资源区划和行政区划相协调。

4. 陈传康方案(1991年)

陈传康最早将文脉的概念引入到旅游开发中,指出旅游开发规划应当充分重视对文脉的发掘,景区开发规划既可以顺应当地的文脉,也可以突破文脉,从而达到出奇制胜的目的。他在考虑传统文化资源、现代文化资源、自然风光、旅游产品开发重点、旅游客源市场等因素的前提下,把我国内地划分为华北区、长江中下游流域区、华南区、西南区、东北区、内蒙古西北区、青藏高原区七个一级旅游文化区。

5. 宋德明等方案(1994年)

他们从旅游资源形成的地理基础和旅游资源区域特征的角度出发,将全国划分为10个旅游资源区(即一级区)和77个旅游资源亚区(即二级区)。10个旅游资源区分别为东北林海雪原旅游资源区、中原古文化旅游资源区、华东山水园林旅游资源区、华中名山峡谷旅游资源区、华南热带风光旅游资源区、西南奇山异水风土人情旅游资源区、西北"丝路"文化旅游资源区、内蒙古草原风情旅游资源区、青藏高原旅游资源区、我国台港澳旅游资源区。

二、我国旅游资源分区的评价

旅游资源分区应遵循一定的原则和方法,通过实地工作和综合分析找出比较合理的旅游区界线;确定各旅游区性质、特征和地位,指出今后发展的方向;分析确定旅游区内各级旅游经济中心,制订和实施区域一体化战略。旅游资源分区有利于全局性、宏观性旅游发展战略的制订;有助于形成统一而又多样的旅游形象;有助于各旅游区培育各自的旅游开发重点,避免同质竞争。但是,这种评价也可能出现抹杀地区的特色或难以在政策面上取得一致意见的弊端。因此,只有正确对待旅游资源分区评价,才能达到理论规划与实践运作的协调统一。

◆ 本章小结

1. 本章结语

调查与评价,是同一项工作中的两个步骤,在内容、方法和结论上各有侧重和差异。总的来说,调查,是评价的前期工作,注重对旅游资源单体的深入了解和基本信息的掌握;评价,是调查工作的进一步深化,即注重在单体分析的基础上相互比较、综合分析,从而得出对旅游资源整体的认识。旅游资源的调查和评价都要遵循一定的原则和方法。关于旅游资源的分区,人们从不同的角度提出了不同的分区方案。

2. 本章知识结构图

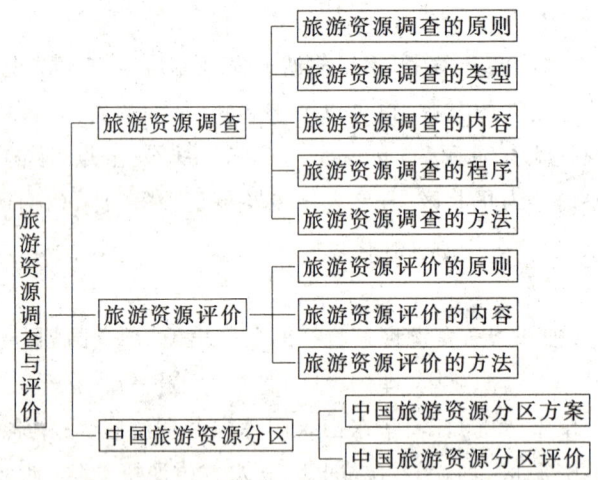

3. 本章核心概念

旅游资源调查　旅游资源评价　定性评价法　定量评价法　综合性的多因子评价　技术性的单因子评价

◆ 本章推荐阅读

[1] 温兴琦. 对《国标》中旅游评价赋分标准的思考. 旅游论坛, 2008(4).

[2] 何效祖. 对国家标准《旅游资源分类、调查与评价》的若干修订意见. 旅游科学, 2006(5).

[3] 尹泽生, 陈田, 牛亚菲, 李宝田. 旅游资源调查需要注意的若干问题. 旅游学刊, 2006(1).

◆ 讨论与思考

1. 简要说明旅游资源调查的基本步骤及其使用的方法。
2. 进行旅游资源调查要坚持哪些原则？
3. 试分析比较旅游资源定性评价方法和定量评价方法的优缺点。
4. 旅游资源评价包括哪些内容？
5. 自由组合3～5人为一小组，通过分工合作，按照旅游资源详查的要求和步骤完成1～2个旅游资源单体调查表的填写工作，并在实地考察的基础上，依据《国标》进一步完成对所调查旅游资源的评价。
6. 请对你家乡的自然景观旅游资源进行调查并分类：

山地景观＿＿＿＿＿＿＿＿＿＿＿＿＿＿＿＿＿＿＿＿＿＿＿＿＿＿＿＿＿＿＿＿

水体景观＿＿＿＿＿＿＿＿＿＿＿＿＿＿＿＿＿＿＿＿＿＿＿＿＿＿＿＿＿＿＿＿

气候景观＿＿＿＿＿＿＿＿＿＿＿＿＿＿＿＿＿＿＿＿＿＿＿＿＿＿＿＿＿＿＿＿

生物景观＿＿＿＿＿＿＿＿＿＿＿＿＿＿＿＿＿＿＿＿＿＿＿＿＿＿＿＿＿＿＿＿

第十六章

旅游资源开发与规划

学习目标

知识要点：了解旅游资源开发的概念、含义及基本步骤和程序；理解旅游资源开发的内容、基础理论与理念；掌握旅游资源开发的原则、方式、模式和核心思想。

技能训练：以某一景区（点）为例，掌握其旅游开发的特色、定位技巧、具体内容设计和功能分区布局原则；通过具体案例了解综合旅游资源开发的技术路线及方式方法。

能力拓展：结合所学理论，通过对某旅游资源的实地调查，做一份关于旅游资源开发规划基本程序和内容的研究报告。

引 例

西安仿古迎宾入城式：打出旅游精品

现存西安城墙为明代建筑。它原是古代军事防御体系，始建于公元582年，为隋、唐皇城遗址，公元1370年扩建并沿用至今。整个建筑高大宏伟，气势恢弘，是研究古代建筑工程、建筑艺术的重要依据，是古都西安的标志性建筑。

西安环城建设委员会本着保护与开发相结合的原则，参照古礼中的宾礼和盛唐时期的仪规并融合古代民间礼仪，策划出西安旅游精品——

西安仿古入城式

仿古迎宾入城式，使游客由单纯的选择性看景上升到应接不暇的全身心投入。仿古迎宾入城式，再现了千年古都喜迎嘉宾独特而又浓重的礼遇，使遥远的客人与遥远的时代在古城相遇，使贵宾们亲身领略到中华传统文化的风采。历史与现实在这里交融，使人生出无尽的思绪。

案例引发的问题：如何做好旅游资源的开发定位？

资料来源：旅游资源开发　http://210.87.144.54/jpkc/lyzy/

第一节　旅游资源开发的基本理论

旅游资源是发展旅游业的物质基础。充分发挥旅游资源的多种功能，适应旅游需求发展趋势，开发富有区域特色的旅游资源，形成特色旅游产品，满足旅游者的不同需求，已成为旅游业在激烈的市场竞争中立于不败之地的关键。

一、旅游资源开发的含义

(一) 概念

旅游资源开发，狭义是指单纯的旅游资源利用的技术；广义是指以发展旅游业为前提，以市场需求为导向，发挥、改善和提高旅游资源对游客的吸引力，有组织、有计划地把旅游资源改造成能为旅游业所利用的旅游吸引物的经济技术系统工程。

旅游资源开发的实质是以旅游资源为"原材料"，通过劳动加工使其成为具有旅游使用价值的旅游吸引物。它包括对各类旅游资源根据其观赏价值、文化价值、科学意义、经济效益、社会效果以及环境位置、交通条件等因素进行择优开发、合理布局，还包括旅游供给设施、市政工程、公用事业设施的兴建、管理和接待机构的建立以及人员的培训等一系列配套设施的建设。

(二) 原则

旅游资源开发的原则是指旅游资源开发过程中所遵循的指导思想和行为准则。尽管不同旅游资源在性质、价值、数量、空间分布等方面有差异，开发方式各不相同，但旅游资源的开发仍有一定的基本原则可循。因此，按照科学规律，遵循一定的开发行为规范，就显得非常必要。

1. 突出特色原则

鲜明的特色是旅游资源的生命力所在，是发展特色旅游的基础。只有有特色，才会有吸引力，因此特色是旅游之魂。发展旅游经济靠的就是旅游资源本身的吸引力，要注意旅游景点之间的差异性，体现出"人无我有，人有我优，人优我特"的特色。旅游资源开发利用的实质就是要寻找、揭示、发掘和利用其特色。旅游资源的特色通常包括民族特色、地方特色、文化特色等。当然，特色并不是单一性，在突出特色的基础上，还应围绕重点项目不断增添新项目,以丰富旅游活动内容,满足游客多样化的需求。

2. 资源保护原则

旅游资源是大自然的造化、人类历史的遗存和现代人文艺术的结晶。旅游资源是旅游业发展的根本,具有较强的脆弱性,开发中易受到损耗,许多旅游资源一旦毁坏难以复原。没有了旅游业赖以发展的资源,旅游业的可持续发展就无从谈起。因此,在旅游资源开发过程中,一定要确定"保护为先"的原则。首先要正确处理好开发与保护的关系,确保旅游资源开发中不受破坏;其次要控制开发后旅游区的游客接待量在环境承载力之内,以维持生态平衡,保证旅游者的旅游质量,使旅游资源能够永续利用、旅游业能够持续发展。

3. 适应市场原则

旅游资源开发本身就是一项经济活动,因此在开发时一定要进行市场调查和预测,准确掌握市场需求和竞争状况,结合资源特色积极寻求与其相匹配的客源市场,确定目标市场,确定旅游资源开发的主题、规模和层次,以市场需求变化为依据,最大限度地满足旅游者的需求。市场经济同时也是法制经济,旅游资源开发的市场导向原则并不意味着凡是旅游者需求的都可进行开发,开发必须在国家的各项法律法规所允许的范围之内进行。

4. 经济效益原则

旅游资源开发是一项经济活动,其目的是发展旅游业,进而赚取外汇、回笼货币、解决就业、发展区域经济,即实现一定的经济效益。因此,在开发时要进行投入产出分析,系统分析开发项目投资的规模、建设周期、旅游吸引力、回收期限及经济效益等,确保开发活动能带来丰厚的利润,特别是要注意让当地群众从旅游开发中获益。没有经济效益,或当地群众不能从中获益,任何旅游开发都是不能或难以进行的。

5. 综合开发原则

综合开发是指围绕重点项目挖掘潜力,逐步形成系列产品和配套服务。旅游资源开发应该围绕资源的文化脉络、时代特色等进行系列与综合的开发,形成文化脉络清晰、历史特色鲜明的综合体。以旅游资源开发为核心,逐步建立健全吃、住、行、购、娱等旅游服务和配套设施,形成完善的旅游服务体系,只有这样才能形成更大的旅游吸引力。西安以大雁塔为核心,由大雁塔周边文化广场、大唐芙蓉园、曲江遗址公园等构成的盛唐文化旅游区的开发就是很好的例子。

6. 多方参与原则

旅游产品是为了满足游客的需要,旅游资源开发过程要涉及地方居民的基本利益,让游客、地方参与开发过程,有利于充分照顾开发商、地方居民、游客的三方利益;广泛听取游客、地方居民各方面的意见,集思广益,可最大限度避免开发规划结果偏离实际的需求,使之趋于合理化、科学化。因此,各地景区、景点制定旅游资源开发规划方案时可通过各种媒体向游客、地方居民、当地政府发布信息,让游客、地方居民、地方政府参与讨论,并与各部门进行沟通,或召开会议讨论征集各方意见。

◆ **案例驿站 16.1**

深圳华侨城

深圳华侨城

华侨城位于深圳,毗邻香港、澳门,背靠经济发达的珠江三角洲,先后建设了"锦绣中华"、"中国民俗文化村"和"世界之窗",并提出了"一步跨进历史,一天畅游中国"、"您给我一天时间,我给您一个世界"等宣传口号。

华侨城把文化的民族性、延续性和区域性与旅游需求的观赏性、娱乐性有机地结合起来,并在各个景区确立了明确的宗旨、鲜明的主题和内容。在表现形式上,深刻发掘和准确把握了中国民族文化的底蕴,以朴实、原始和天然的美吸引着中外游客。在建设质量上,从总体布局到每一座建筑、雕塑、庭院、小径,以至指路牌、路灯柱、小商亭、休息椅、电话亭、垃圾箱、洗手间和花草树木,无不精心设计、精雕细琢。从竹木草石自然材料的选用到色彩造型,都力求同景区的主题相融合,同主体建筑互相衬托、浑然一体。

华侨城成功的因素是准确的旅游市场定位和常变常新的旅游产品定位。巨大的旅游客源市场是华侨城成功的重要保障。产品定位方面在抓好观光旅游、娱乐旅游、特种旅游和休闲旅游等四大旅游活动类型的基础上,不断开发与市场需求吻合的全新旅游产品,不断进行旅游与文化、旅游与节庆、旅游与科技、旅游与媒体结合的创新,为旅游者提供更加丰富、更具有吸引力、更多姿多彩的旅游体验的新产品。

案例来源:旅游资源开发 http://210.87.144.54/jpkc/lyzy/

二、旅游资源开发的内涵

(一)内容

旅游资源开发内容可参照 2003 年 5 月 1 日实施的中华人民共和国国家标准《旅游规划通则》(GB/T18971—2003)中的旅游区总体规划内容。结合旅游资源开发的具体特点和要求，可进一步将旅游资源开发的主要内容概括为五个方面。

1. 基础设施建设与完善

旅游基础设施是旅游者在旅游目的地停留期间必须依赖和利用的设施，是旅游者进行基本生活活动与获得安全的保障，主要包括银行、医院、交通（机场、车站、码头、停车场、内外交通等）、通信、供水、供电、供暖等。它们可以确保游客能够体验旅游的舒适、安全、卫生、便捷、经济等，提升区域旅游服务综合质量，强化旅游目的地的吸引力。

2. 旅游吸引物及旅游区建设

在充分考虑旅游区当地的供给能力、客源规模与结构、竞争状况以及旅游区性质与类型等基础上，依据区域旅游资源特色和开发理念与思想，开发旅游区的观光游览、休闲度假、娱乐康体等设施，塑造旅游区的功能分区、旅游核心吸引物、旅游产品谱系，其成败决定着旅游目的地吸引力的大小。

3. 旅游服务设施的建设

旅游服务设施主要包括宾馆饭店、商店超市、娱乐设施、餐饮场所等，主要解决游客在旅游区的居住、饮食、购物、娱乐等基本的活动，是延长旅游者游览滞留时间、增加区域旅游收入、展现旅游区当地风土人情、提升旅游区关联效应等的有效途径，也是塑造旅游区吸引力的重要支撑。

4. 人力资源的开发

旅游景区的竞争从一定角度讲是人才的竞争，是旅游景区从业人员整体素质的竞争。旅游资源开发规划过程中，通过良好的人力资源需求预测、人力资源聘用计划、人才培训计划，确保在任人唯贤、量才适用的原则下，明确旅游区雇用员工的人数和资格，并开展人才培训和职业生涯规划，进而有效提高旅游景区的吸引力和竞争力，推动区域旅游业的发展。

5. 旅游市场开发

旅游市场开发指根据旅游资源的特点、旅游项目创意和业内竞争状况，开展景区旅游市场预测与市场定位，明确核心市场、发展市场和边缘市场，预测诸如旅游者人数、年均增长量、停留天数和日消费水平等；同时通过产品、价格、渠道和促销策略的综合运用，开展旅游景区市场营销和推广，通过旅游景区形象推广、旅游活动推广及产品营业推广三个层次全面向市场推广旅游景区，实现全面销售。

（二）方式

旅游资源开发的基本类型主要有三类：一是对尚未被旅游业所利用的潜在旅游资源进行开发，使之产生效益；二是对现实的、正在被利用的旅游资源进行再生性开发，延长其生命周期，提高综合效益；三是凭借经济实力和技术条件，人为地创造旅游资源和创新旅游项目。因此,根据旅游资源的性质、开发目的和类型,旅游资源开发包括新建、利用、修复、改造和挖掘提高五种方式。

1. 新建

"新建"即凭借当地的旅游资源特点,建立新的旅游景区、景点或主题公园,建设一些必要的旅游服务基础设施,以增加区域旅游吸引力,满足旅游需求,推动地方旅游业发展。这种方式重在创新,贵在特色,必须创造出"人无我有,人有我优,人优我特"的具有鲜明个性和独特风格的景物。

2. 利用

"利用"是指利用原有的未被认识到的旅游资源,通过整理、组织和再开发,从而使之成为旅游吸引物的一种开发方式。随着社会的进步和人类生活水平的提高,人们的旅游需求及消费行为特征也呈现多样化趋势。所以,可以根据人们需求的新变化,开发利用那些以前未被认识到的旅游吸引物,使其成为新的旅游景点。例如,工业旅游、科技旅游的开展,使西安的卫星测控中心、陕西阎良的飞机制造公司成为新的旅游热点。

3. 修复

"修复"指由于自然或历史的原因而被损毁但又有很高艺术、历史文化或科学研究价值的旅游资源,经对其进行整修、修复或重建,使之重新成为可供旅游者参观游览的景点。

4. 改造

"改造"是指投入一定数量的人力、物力和财力,对现有的但利用率不高的旅游景观、旅游设施或非旅游设施进行局部或全部改造,使其符合旅游市场需求,成为受旅游者欢迎的旅游吸引物。

5. 挖掘提高

"挖掘提高"是指对已被开发但又不适应旅游业发展需要的旅游吸引物,需要深入挖掘,增加一些旅游设施和新的服务,提高其整体质量,再生出新的旅游吸引力的一种开发方式。

以上五种开发方式并无严格的明显界限,难以截然分开,通常是结合现状与需求,根据具体的旅游资源状况,确定具体的开发方式及其组合。

三、旅游资源开发的原理

旅游资源开发是一个多学科知识交互运用的创新过程,涉及面非常广泛,必须遵循一定的客观规律。人们对这些客观规律分析总结后,形成了一定的科学理论。只有在科学理论的指导下,才能达到旅游资源开发利用的最佳境界。

(一)旅游资源开发的基础理论

具体的旅游资源开发实践活动是建立在一定的理论基础之上的,并以其为指导。旅游资源开发的主要基础理论有区位论、地域分异规律、经济学与市场学、旅游者行为、景观生态学、系统论和可持续发展理论等。

1. 区位理论

区位论是关于人类活动的空间分布及其空间组织优化的理论,其研究的实质是生产的最佳布局问题,主要分为布局观和经营观两个基本层次。区位理论被引入旅游资源开发研究后,深刻地影响着旅游资源的开发层次、开发类型、开发等级和旅游交通线路布局、旅游设施空间布局等方面。在旅游资源开发实施中,应依据旅游区位因素,确定旅游资源开发的序位(如开发时间先后次序、开发建设规模和功能体系),明确旅游服务设施的选址工作,充分发挥资源开发与旅游业布局的集聚效应。

2. 地域分异规律

地域分异规律是指地理环境各组成部分及整个景观在地表按一定的层次发生分化,并按确定的方向分布的规律。旅游资源存在着明显的地域分异,导致了不同旅游地区之间的差异性,进而使旅游者产生了空间移动行为。地域分异规律是产生旅游的一个基本因素,在旅游资源开发过程中必须遵循地域分异规律。运用地域分异规律进行旅游资源开发与区划,应遵循突出本地特色、发挥本地优势的原则,根据不同性质、不同特色的区域旅游资源确定不同的开发方向、开发主题、开发方式、开发规模、市场形象、产品定位和管理对策。

3. 经济学理论

旅游经济学研究内容主要集中在经济现象、经济关系和经济发展规律等方面。旅游资源开发中涉及的经济理论主要包括旅游供求关系、旅游市场营销、旅游经济收入与分配、投入产出分析等。

旅游资源开发是一个经济活动,在其开发过程中,一方面要关注其关联带动作用,即乘数效应,注重旅游"吃、住、行、游、购、娱"六要素的综合布局;另一方面要加强旅游开发的投入产出分析,使旅游投入最小化、旅游效益最大化,把旅游资源开发变为最经济的开发行为。同时,从生态经济角度讲,旅游开发还要把旅游开发的社会效益、环境效益放在非常重要的位置上。

4. 市场学理论

市场学理论的核心是"4P",即产品(product)、价格(price)、营销渠道(place)、促销(promotion)。旅游资源开发中涉及的市场学理论主要包括旅游市场定位、旅游产品的功能定位、市场形象设计、旅游促销手段等。"以资源为基础,以市场为导向,以产品为核心,以项目为支撑"的旅游开发共识,强调了市场在资源开发中的重要作用。旅游市场学面向应用领域,把旅游者、旅游目的地和旅游企业及管理者紧密地联系在一起,寻求三者的平衡和协调关系,构成旅游资源开发不可或缺的理论基础。

5. 旅游者行为理论

社会心理学认为旅游活动是一种心理行为的外在表现,旅游本质上是一种精神需求。旅游者行为研究主要包括了两个方面:旅游者的内在心理和旅游者心理的外在表现形式。目前,较为成熟的研究成果主要集中在旅游需求的变化,不同旅游者的旅游选择偏好,大、中、小尺度的旅游空间行为模式等。旅游者行为对旅游资源开发中的旅游市场定位、旅游产品定位、旅游项目规划设计、旅游开发方向等,均具有直接和间接的指导价值与参考意义。

6. 景观生态学理论

景观生态学是生态学与地理学交叉融合而产生的一个新兴学科。景观生态学将景观空间结构分为斑、廊、基三种基本单元。景观生态学的景观结构、景观异质性、景观功能、时间等原理以及景观生态设计的异质性原则、整体优化原则、多样性原则、综合效益原则、个性与特性保护原则,对于旅游资源开发中的生态环境保护、景观多样性的设计、效益的综合考虑、资源特色的保存、生态型旅游区的建设、保存物种的种质库的规划设计等,均具有使用价值和参考意义。

7. 系统理论

系统论认为,系统是由相互联系的各个部分和要素组成的具有一定结构、关系和功能的有机整体。系统论特别注重各子系统、要素之间的有机联系以及系统与外部环境之间的相互联系和相互制约关系。通常认为,旅游资源系统包括自然旅游资源和人文旅游资源两个子系统,各旅游资源子系统又由低一级的子系统或要素组成。旅游业,旅游客源,资源地自然、社会经济状况等是旅游资源系统的环境因素。在系统论的指导下,旅游资源开发应遵循资源系统本身的各种性质和功能,做到合理配置资源,使旅游相关行业、部门有机结合及相互配合,产生最大的综合效益。

8. 可持续发展理论

可持续发展是指既能满足当代人的需求,又不对后代人满足其自身需求的能力产生威胁,其实质就是在经济发展过程中要兼顾局部利益和整体利益、眼前利益和长远利益,使环境与经济得以持续协调发展,资源得到可持续利用。

旅游资源开发要以可持续发展理论为指导思想,首先以保护作为开发的前提,在保护的基础上适度开发,在保护中开发,在开发中保护。其次,旅游资源开发应分期分批实施与展开,逐步开发新资源、设计新项目,保持旅游资源的永久吸引力。再次,应发展生态旅游,促进资源合理开发,促进保存野生动植物的多样性,保持旅游地的生命力和多样性,改善旅游地居民的生活质量。

(二)旅游资源开发的基本理念

旅游资源开发的理念决定了开发的主导思想原则。从学科基础上分析,不同学科多从学科自身特点出发从事旅游开发,逐渐形成了四种开发的理念:①以地理学科为主的资源区划开发理念;②以经济学科为主的效益管理开发理念;③以建筑学为主的园林景区开发理念;④从事文化研究为主的资源位移开发理念。

以上这四种开发的理念大体上可以归纳为两种主导思想原则:一是由资源区划开发理念决定的,是以区域潜在旅游资源为开发导向的区域旅游开发,即围绕资源建立旅游场所,可形成猎奇资源型旅游地;二是由资源位移开发理念决定的,是以旅游市场需求为导向的旅游区域开发,即在某个城市或旅游地,通过移植、创造旅游场所形成娱乐文化型旅游地。而对于园林类景区开发来讲,其开发理念往往是介于上述两者之间。

(三)旅游资源开发的核心思想

旅游资源开发的关键就是挖掘资源内涵,突出资源特色,彰显和突出景点、景区特色。特色是旅游资源开发的核心思想,是旅游产品吸引游客的灵魂和动力。旅游资源开发切忌模仿、抄袭,没有新意的旅游项目是没有旺盛的生命力的,应力求着眼于旅游资源的独特性、多样性、综合性、永续性和文化性。突出特色是为了适应旅游者求新、求奇、求美、求异的心理,是有意识地开发、创造一个有吸引力的形象。旅游资源开发应把挖掘当地有特色的旅游资源作为工作的出发点,做到"唯我独有"、"唯我独优",尤其要注意突出地方特色以满足游客猎奇的心理,通过特色主题确立旅游地的旅游形象,使其具有独特的风格和形象识别,增强旅游的吸引力。

◆ **案例驿站 16.2**

保住山水文化自然本色——武夷山走可持续发展之路

真山水、纯文化是武夷山旅游资源的最大特点。武夷山人清醒地认识到,应把"保护自然生态"自觉放在首位,把人为的破坏降低到最低限度。正是从"人类必须依赖于自然才能延续生存"这一正确认识出发,武夷山人制定了旅游资源开发利用的三项原则:一是旅游资源的开发必须以持续性为标准;二是旅游资源的生态系统和原始构架是武夷山旅游业赖以生存的基础,旅游资源开发应充分

福建武夷山

考虑到自然、文化和人三者之间的平衡协调;三是通过对旅游产品市场结构的调整,理顺现实旅游资源、人造旅游资源和潜在旅游资源三者之间的关系,且把这个关系统一定位在"绿色回归"这一原则之下,在开发资源时实行清洁生产、科学规划。

  武夷山人清楚地知道,应该把有限的资金、时间、精力放在如何构建"自然美、生态美"这样的品牌定位上。他们开发、投资、修复、兴建旅游景点时,恪守"天人合一"、人与自然协调平衡发展这一原则。他们共投资4亿元人民币疏导、拓展九曲溪近10千米,修葺历史文化景观28处,修复摩崖石刻600多处,开辟完善了景区所有环保卫生处理系统,出台了一系列地方性法规,将九曲溪列入二级保护地带。溪内严禁毒鱼、捕鱼、炸鱼,严禁扔垃圾;严禁在沿河两岸砍伐森林,开山取石。对野生动物的保护方面,市政府出台了《关于进一步规范野生动物保护管理的通告》,并斥巨资开发了莲花山北生态旅游公园等一大批新兴旅游项目,从而实现了从保护山水为主向山水文化保护并重的转变。实践证明,武夷山人所走的永续利用这一旅游业发展之路是正确的。

案例来源:旅游资源开发 http://210.87.144.54/jpkc/lyzy

第二节 旅游资源开发的模式与内容

  随着社会经济的不断发展,人们对旅游资源与旅游地的要求也在不断提高,旅游资源开发模式也会因旅游资源的数量和质量、有无一定规模的旅游接待设施和有无可进入性而发生变化。不同类型的旅游资源具有不同的内涵,表现在旅游功能形式、旅游资源与游客的互动作用、旅游资源可被利用的方式以及可开发的旅游活动等方面。

一、旅游资源开发的目标

  旅游资源开发的目标决定了其开发的模式,而旅游资源的观赏价值、科学价值、强身健体价值、休闲娱乐价值、历史文化价值、艺术观赏价值、宗教文化价值等是构成旅游资源开发目标的主要要素。由于旅游资源的状态和客源市场会随着时间的推移而发生变化,以旅游资源为核心的旅游产品都要经历初创期、成长期、成熟期和衰退期等不同阶段。所以,旅游资源的开发也是一个不断递进的过程,其目标也就是一个动态的概念。

  基于这样的原因,只有对已开发的旅游资源再进行深层次的挖掘创新,更新旅游产品,才能使旅游资源的开发周期得到延长;或开发旅游区内尚未被利用的旅游资源,或人为地创造旅游资源,或提升软性的服务旅游资源,使得不同形式的旅游资源得到充分开发,以满足人们观光、游览、度假、休养、陶冶情操等不同类型的需要,体现出旅游资源本身的价值,并发挥其功能和作用,借以实现其经济和社会文化效益,确保旅游业的不断发展。

二、旅游资源开发的模式类型

由于旅游资源性质、价值、区位条件、规模、组合、结构以及区域经济发达程度、文化背景、法律法规、社会制度、技术条件等方面因素的不同,加之旅游资源开发的深度和广度不同,使得旅游资源开发的模式也趋多元化。根据不同的影响因素和划分标准,旅游资源开发的模式可归纳为不同的类型。

(一)按资源类型划分的旅游资源开发模式

1. 自然类旅游资源开发模式

自然类旅游资源是指由地质、地貌、水体、气象气候和生物等自然地理要素所构成的,具有观赏、文化和科学考察价值,能够吸引人们前往进行旅游活动的自然景物和环境。自然类旅游资源各有其形成的过程、典型的特色,一般具有观光游览、休闲体验、度假享乐、康体健身、参与性游乐、科学考察及各种专题性旅游等功能。围绕自然旅游资源,可以开展各类观光游览旅游,亦可开展休憩、避暑、避寒、疗养、滑雪、登山、探险、考察、冲浪、海水浴以及其他娱乐活动。

自然类旅游资源的开发一般要尽量突出资源的本色特点,在保障旅游者可进入以及环境保护设施达到要求的前提下,尽量减少和避免人为的干扰性建设以及资源地的城市化倾向,使之源于自然、体现自然。

2. 文物古迹类旅游资源开发模式

文物古迹类旅游资源,是在不同的历史阶段、不同文化背景之下形成的产物。深度挖掘文物古迹类旅游资源的科学价值、历史文化内涵是开发的重点。这类资源适宜开展多种较高层次的专项旅游活动,如科学研究、历史考古、寻根拜祖、修学旅游等。对于城市内的文化旅游资源开发,还要与城市的总体发展规划结合起来,使历史文化名城既要适应现代社会的要求,又要保持其独特的历史性、文化性内涵。

文物古迹类旅游资源的魅力在于其历史性、民族性、文化性和科学艺术性,其开发也应从展现资源的历史价值、科学价值、艺术价值、民族文化价值、美学价值、稀缺性价值等方面入手,着重反映和展示资源所代表的历史时期的政治、经济、文化、社会、文学艺术等的发展水平及其历史意义,着力打造特色鲜明、主题突出的文物古迹类旅游产品。文物古迹类旅游资源是在漫长的历史长河中逐渐形成的,具有不可再生性,因而在开发中一定坚持"保护第一,可持续利用第一,在开发中保护,在保护中开发"的原则。

3. 社会风情类旅游资源开发模式

社会风情类旅游资源是在不同地域背景、文化背景和以此形成的独特民风民俗基础上发展起来的。因此,民族民俗文化、地域特色就是这类旅游资源的内涵。社会风情类旅游资源的开发利用强调参与性,要使游客对独特的社会生活有一个切身的体验,力求真实自然,使真实性、艺术性、科学性和参与性相结合。

社会风情类旅游资源具有观光游览、愉悦体验、文化交流、参与性游乐等旅游功能。与其他旅游资源的开发方式不同,社会风情类旅游资源的开发利用更强调参与性、动态性和体验性,要尽可能地使旅游者参与到旅游地的社会活动和民俗仪式中去,让他们对当地的社会风情、民族习惯有一个切身的体验。社会风情类旅游资源具体可以通过举办各种富有当地特色的旅游活动来吸引旅游者。

4. 宗教文化类旅游资源开发模式

宗教文化类旅游资源是在不同的宗教文化主导下产生的,宗教文化、宗教活动就是这类旅游资源开发的重点。宗教文化类旅游资源开发的内容主要是游览观赏、学习、考察和参与宗教活动等,所以应努力挖掘宗教文化的历史内涵和哲学理念,宜开展参观、学习、考古、文化交流、朝圣、庙会、敬拜、祈祷、占卜、修行等活动。

宗教文化类旅游资源具有观光游览、朝拜祭祀、猎奇探秘、参与性游乐等旅游功能。宗教文化类旅游资源往往由宗教组织来进行开发,开发者深谙宗教特色及其内涵。但从旅游角度讲,开发时要突出其参与性、动态表演性和神秘性,并构建强烈的宗教氛围,要重点展示宗教的活动特点、艺术特色、建筑物特征以及空间布局。开发设计时要留足进行宗教活动的空间场所。

5. 现代人工吸引物开发模式

随着经济的高速持续发展以及各种基础设施的不断完善,使得可用于开发旅游地的各种现代人工吸引物大量涌现,主要分为观光型(如我国上海东方明珠电视塔)和游乐型(如迪斯尼公园)两大类。建造人工吸引物对于旅游资源匮乏,但又具备较好的开展旅游活动的外部条件(如经济发达、交通便利、人口密集、客源丰富)的地区来说,是旅游资源开发的最好思路。它有利于增强旅游内容,延长游客停留时间,丰富当地居民的业余文化生活。

现代人工吸引物一般具有参与性娱乐、演艺体验、观光游览、休闲游乐等旅游功能。

建造人工吸引物投资大、周期长,且要和周围的环境、已有建筑物相互协调,是一种难度较大的旅游资源开发模式。它需要在地点选择、性质与格调确定、产品定位、市场定位、规模体量、整体设计等方面都进行认真细致的调研,并要特色突出、个性鲜明、在某一方面具有垄断性,还要注意大众化、娱乐性和参与性。

(二)按经济水平划分的旅游资源开发模式

1. 经济不发达地区的开发模式

由于经济不发达地区可进入性差,缺少资金,所以首先要解决旅游交通问题;其次,区域旅游资源结构不能够一步建设到位,只能逐步开发,逐渐完善旅游资源结构层次。区域旅游开发模式应抓住调查开发、规划实施、保障供给与滚动发展这几个关键环节。首先,用资源为导向的方法调查、确立该地区优势原始风貌旅游资源类型,规划建设以本地旅游资源为主体的旅游景区、景点,开发设计富有特色的旅游线路与旅游商品;第二,在此基础上,还要建立完善的旅游供给保障体系,制订科学有效的环境保护措施,实现旅游业的可持续发展。

2. 经济发达地区的开发模式

经济发达地区,旅游开发具有一定基础,也已形成相应的资源结构与层次,加之旅游饭店、交通等供给保障系统健全,旅游资源开发应向等级与层次高的方向发展,促使区域旅游资源结构健全。区域旅游开发模式应在调查开发、规划实施、保障供给与滚动发展的基础上,开发重点旅游区或中心城市,提升其质量;深度挖掘原有旅游资源与景点的文化脉络,突现原有主体资源,用不同手法综合旅游景观、深化景点的意境与环境;在新景区的开发方面,应在靠近城郊或旅游流的线路上规划、创造、移植并配置不同功能类型的景区与旅游路线,要有系统发展规划,景点、景区供给要有不同发展时期的建设目标,景区建设要一次到位;在旅游供给方面,要有综合保障体系,不仅在交通、饮食、住宿方面,还要在健康与政策方面有明确的发展目标。

第三节 旅游资源开发与规划

成功的旅游资源开发离不开科学的开发规划。掌握旅游资源开发的基本程序对有理有节、科学合理开发旅游资源具有重要意义。不同的旅游资源开发,由于其目标市场定位、旅游产品定位和游客的旅游方式不同,具体的开发过程也有所差异。但总的来说,旅游资源开发都要按照一定的程序来进行。旅游资源的开发一旦起步就是一个循环的、逐步提高的系统过程,一般可按五个步骤(图16.1)来实施开发与规划。

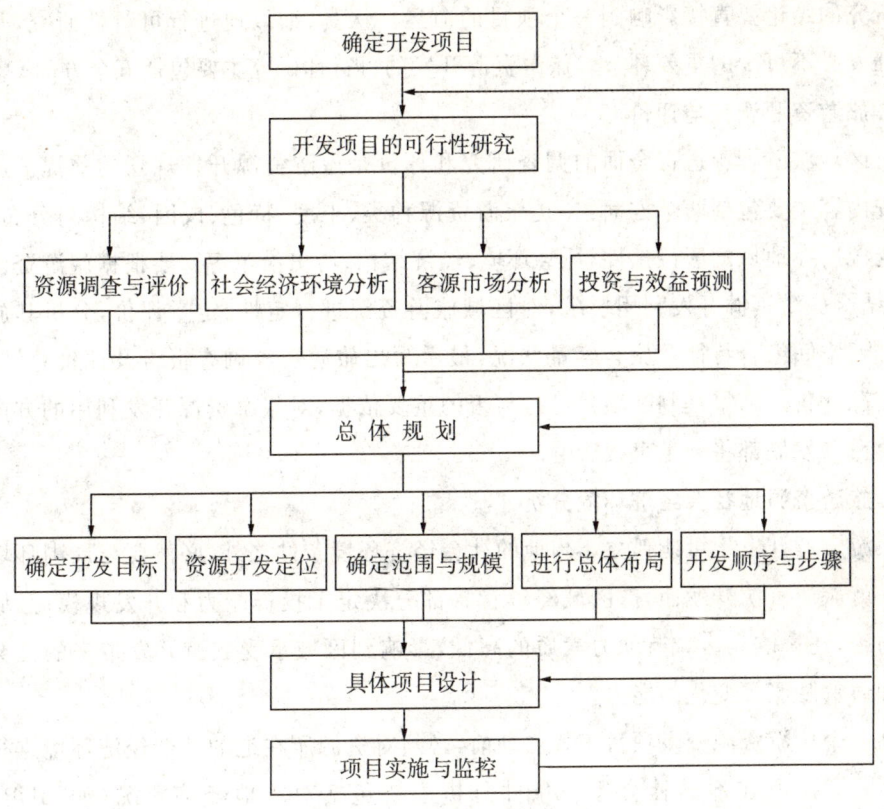

图 16.1 旅游资源开发流程图

一、确定开发项目

确定开发项目是指根据当地旅游资源特色、旅游市场需求特点和区域经发展水平，选定要开发的旅游资源项目，并对未来开发工作有一个初步的构想。这是旅游资源开发工作的起点。选定资源开发项目的基本依据是旅游市场需求趋势、区域旅游资源特色、地方经济发展水平、区域旅游业发展的主体形象等。

二、可行性研究

进行可行性研究就是要论证项目中所涉及的旅游资源或旅游项目是否具有开发前景，是否具有开发建设的必要性和可行性。分析论证是建立在广泛、深入的实地勘察调查以及科学的旅游资源分析评价和其他相关因素的客观测评基础上的。它不仅要研究现实的旅游资源质量、开发条件、开发的必要性、建设的可能性，而且还要对开发前景做出科学的分析与预测。如果项目可行，则进入下一步工作；否则，将重新确定新项目。可行性研究的结论要直接影响到一个项目的命运。认真、细致地进行可行性研究,是旅游资源开发必不可少的重要环节。旅游资源开发的可行性研究主要包括五个方面。

1. 旅游资源调查与评价

对区域旅游资源进行全面的调查研究和评价是旅游资源开发规划的前提。旅游资源调查内容主要包括两个方面:一是旅游资源种类、丰度、特色、成因、结构与分布;二是旅游资源所在地域的区位条件、社会环境、经济结构、历史沿革等。要根据旅游资源调查结果,结合旅游资源开发利用要求,对区域旅游资源进行定性、定量评价,分析其旅游价值、功能、空间组合特征及旅客容量状况,最后写出旅游资源调查报告及评价总结报告。旅游资源评价的结果是判断项目可行与否的重要依据,对旅游资源开发利用的方向和旅游地建设与发展都将产生直接影响。

2. 旅游资源地社会经济环境分析

旅游资源开发不可能孤立于当地的社会经济环境条件之外,必然要与周围环境发生联系。就旅游资源开发而言,区域经济背景部分决定了投资能力和开发规模;区域经济发达与否,还影响到区域劳动力素质的高低,影响到区域承受旅游开发带来的社会意识形态和通货膨胀等变化的能力。

在一个旅游资源开发项目正式启动前,必须对资源所在地的社会经济环境进行科学的分析。资源所在地的社会经济条件分析主要包括对当地经济状况(如 GDP、人均 GDP、人均可支配收入、物价指数、购买力、交通、通信、水电设施等)和发展潜力的分析,对资源开发的经济支持、保障能力的评价,以及对经济影响的评价和分析等。

3. 客源市场分析

旅游资源开发成功与否主要是看开发后目的地能否吸引一定数量的游客。因此,旅游资源开发可行性研究最关键的问题之一是对客源市场的分析。客源市场分析首先要求调查研究客源地的地理位置、与目的地的距离以及区域特征,客源地的社会与经济发展状况,每年居民的出游率、出游人数和人均消费,主要出游目的动机,风俗习惯、宗教信仰、民族特征和爱好,观众对旅游活动的态度与参与兴趣,客流量的季节性变化,旅游者的人口学特征(如年龄、性别、职业、受教育程度等)。这部分内容往往是通过实地调查才能获得的,既耗时又费钱,但却非常重要。其次是研究市场制约因素,如旅游产品空间竞争力、市场竞争态势等。最后是预测客源市场的游客数量、人均消费、消费总值等。

4. 环境影响分析

旅游资源开发必然会对资源地的周围环境带来两方面的影响:一是资源开发项目的实施要修建旅游交通设施(如道路、营运车辆、索道、观光电梯等),游乐设施,游憩设施,餐饮、住宿、购物设施,给水、排水设施,环保设施,通信设施等物化建筑物和构筑物,必然会对资源地环境产生不可避免的开发性影响;二是项目开发建成后旅游者群体性进入旅游区,其旅游活动也会对目的地的环境产生影响。所以,就要分析和评估这些影响的类别、大小、程度、范围以及可弥补的措施等。如果是对环境的影响太大或可能造成不可挽救的损失的项目,则应从可行性方面提出质疑,停止项目开发,或另选方案。一般而言,环境影响分析要从定性、定量两个方面提出明确意见。

5. 投资和效益分析预测

充足的资金投入是旅游资源开发的重要保证。吸引资金投入的主要因素是资源开发后可观的效益特别是经济效益。旅游投资消耗多、风险大,资金筹措往往比较困难,通常可行性研究看好的资源开发项目更容易获得足够的投资。

投资总额的估算一般要根据资源开发的具体项目如交通、游乐设施、基础设施、环保设施等,分类计算出投资额,再汇总出投资总额。进行估算时一定要准确核算当地原材料价格以及建设费用,使估算出的数据更具可信度。

进行投资效益评估时,要利用从客源市场分析中获得的年游客预测人次规模、人次消费金额、年人均消费水平等资料,根据预算投资额、资金流动周期,从中核算出旅游收入总额、投资回收期限、投资回收率和盈利水平等。

效益分析既指经济效益分析,又指社会效益、环境效益分析,内容主要涉及增加就业机会,促进基础设施建设和文物、环境保护工作、生态环境建设,促进国家或区域间的文化、科技和信息交流等。经济效益虽然是旅游资源开发项目可行性论证的重要标准,但不是唯一标准。只有具有明显的经济、社会和环境效益的旅游资源开发项目,才是可行的、具有开发前景的。

以上五个方面是一个有机的整体,相互联系,相互渗透,是综合判断旅游资源开发项目是否可行的具体标准。五个方面的分析研究构成了研究报告的总体框架结构。

三、旅游总体规划

旅游总体规划,就是在旅游资源调查与评价的基础上,根据市场需求,为实现旅游业发展目标而进行的项目计划的设计过程与实践过程,是从总体上指导旅游开发建设工作的计划和蓝图。旅游总体规划是可行性研究得到肯定的旅游资源开发项目在正式建设之前所要经历的一个计划、设计过程。其目的是为了增强资源开发工作的计划性、科学性,避免随意性和盲目性。制定总体规划,主要包括五个方面的工作。

1. 确定发展目标

旅游资源开发的目标可分为区域的经济发展目标、环境建设目标、社会发展目标、遗产保护目标、基础设施建设目标等。不同的开发项目,往往具有不同的目标,或几种目标兼而有之,各有侧重。在制定总体规划时可将不同的目标进行排序,并制订各个目标的实施计划,最终使每个目标都能够得以实现。但必须有一个总体目标且要求量化,如在某一时间段内资源开发区接待的游客人次总数、旅游总收入、开发建设程度、规划区的知名度等。此外,从时序上可把开发目标划分为总体战略目标和阶段目标(如近期、中期、远期),用来调控旅游资源开发进程,以便在开发中不断找出差距并加以修正,使开发工作能够顺利进行。

2. 旅游资源开发定位

定位实际上是理念的表达,是管理者管理、发展目标的策划和确认,是消费者的被感知。从市场营销学的角度讲,旅游开发定位是旅游资源开发者为适应旅游者行为而设计确定的旅游资源开发方案及市场营销组合。

进行定位的目的是将组织的营销策略与竞争者的区分开来,实质是制定一种能比竞争者更好的为目标市场服务的营销策略。旅游资源开发定位包括以下四个方面:

(1)形象定位。

形象定位指在旅游者心目中树立起一个鲜明的、独特的形象,以满足旅游者的某种需求和偏好。在旅游资源开发初期,旅游资源的形象主要是旅游者心目中的基础形象,故目标市场的选择和市场定位是形成形象的主要因素;开发后期则是形象的完善,依靠的是旅游资源的价值、声誉、市场份额及受游客青睐的程度等。

(2)功能定位。

功能定位指旅游资源适应于开展的旅游活动的总体功能。旅游活动行为由低级到高级分为基本层次、提高层次和专门层次。基本层次是游览观光,客源市场需求面最广。游乐和购物旅游是旅游活动的提高层次,客源市场需求次之。而专门层次的旅游活动包括多种多样的特种旅游,如休闲度假、疗养康体、科学考察、宗教朝拜、登山探险、会展商务等旅游活动,其市场面相对较窄,但非常专一。

(3)市场定位。

市场定位即确定目标市场。旅游区的目标市场一般分为三层。①一级市场即核心市场,一般为区位条件好、经济发展水平高、与接待地现实和历史的经济及文化联系及交流密切、被资源地旅游资源和产品强烈吸引的地区。一级市场是接待地旅游业发展的基础和市场开发的首要目标。②二级市场即发展市场,是应根据旅游产品成熟状况,不断进行市场开拓的旅游市场。③三级市场在资源地所占的市场份额较小,又称为"机会市场"或"边缘市场",是资源地旅游产品发展到一定水平后,在中远期可大力开发的市场。

对于多数旅游区来说,目标市场的三层机构经常是相互重叠的,所以在进行旅游资源开发市场定位时,要兼顾三种客源市场,但也不能面面俱到,要重点考虑一种主要目标市场。

(4) 模式定位。

根据不同的标准,旅游资源开发可以分为若干模式。如何确定合适的开发模式,在本章第二节已有详细阐述,此处不再赘述。

3. 确定规划区范围、规模和性质

确定旅游资源开发规划区的范围和规模,就是确定旅游区的空间尺度。任何景点或景区都必须有一定的范围界限,这既是开发的要求,又是保护的范围界定。只有明确了范围之后,才能进行具体的、全面的开发、管理和保护。范围界定和开发规模确定,要从有利于开发和保护的角度出发,注意保持景观的完整性、连续性,方便于开展旅游活动且不应受到行政区划的限制。自然类规划区常以山脊线、山顶、沟谷边界线、河流、道路、资源地域轮廓线等来作为边界划分标志。人文类旅游区常以人文资源的客观分布范围作为规划区范围。规划区的规模常受旅游资源分布体量的制约。规划区的性质主要根据旅游资源的性质、旅游产品的定位来确定。

4. 进行项目总体布局

总体布局是总体规划的关键一步,主要是确定各种规划要素的分布位置以及功能区的布局等。它不仅是对景点、景物的定位,而且包括交通线路的规划和服务设施的安排布局;同时,还要设计规划区的旅游线路,并为未来的旅游区扩展计划留有余地,以上几个方面相互平衡和协调,才能形成一个统一、完善的布局。总体规划要遵循综合协调、集中紧凑、方便游客、利于环境保护的原则。

5. 决定开发顺序和步骤

由于人力、物力、财力的限制,旅游资源开发项目一般不能同时全面进行开发,而应有选择、有重点、有时序地分期建设。在保证重点项目开发的基础上,不断增添新项目、新产品;以旅游资源开发为核心,逐步建立健全行、住、吃、游、购、娱等旅游服务和配套设施,逐渐形成完善的旅游服务配套体系。

以上五个方面构成了总体规划的主要内容,最终形成总体规划方案。总体规划方案可参照国标《旅游规划通则》来进行编制,并可根据具体情况做出相应的调整。有些重大、重点规划项目,可面向社会公开招标,形成两套或两套以上的总体规划方案,最终择优选取一种,或以较优方案为主,吸取其他方案的优点综合成一个更完美的方案。重大、重点项目的开发往往需要充足的资金支持。

◆ **案例驿站 16.3**

印度尼西亚巴厘奴萨杜阿旅游度假区总体规划

印尼巴厘岛(Bali)奴萨杜阿旅游度假区以海滩旅游资源为特色。巴厘岛旅游区域开发规划中将其定位为即将开发的新兴旅游食宿地,由印尼政府和世界银行联合开发。

印尼巴厘奴萨杜阿旅游度假区

(1)设施总体由饭店群、商业文化设施、体育娱乐设施及服务和水电设施构成。

(2)饭店面对海滩,与海岸线保持一定距离,保留足够的海岸开敞空间让旅游者和大众进行海滩休憩。

(3)"旅游者之家"或度假中心规划在饭店区和其他旅游度假设施较为快捷便利的位置。度假中心包括商亭、饭店、航空公司、旅行社办事处、旅游者信息中心、邮局、银行、保险公司和其他办事机构,其功能在于成为旅游度假的社会活动中心。

(4)"假日公园"或文化中心规划目标是建成一个露天剧场,以供巴厘岛土风舞、民乐以及土著戏剧进行演出,其选址一方面要靠近"旅游者之家",另一方面要靠近水上观光点。

(5)两个触角形岛屿及其主岛相连的通道和观景区构成一个完整的绿化公园和开阔区域的主体。延伸开阔区域是由通道的环全岛沿岸的太阳棚构成,并且与主岛公园相连,海岸公园群又由岛内绿地和海滩高速公路走廊连为一体。

(6)饭店群与海滩之间建一条高速公路,是为当地居民、渔民泊岸和旅游者而建。

(7)会议中心和社会服务设施规划在度假区中心和其他设施群以西,保证其独立发挥功效,其选址与饭店区和度假中心之间应有便利的交通条件。

(8)网球和其他项目的体育中心设在中心地带,但不占主要地点。

(9)饭店与旅游培训中心地处度假区一边,不占主要地位,但必须与旅游设施区便利相连,以便学员和附近村庄的其他雇工进行专门培训。

(10)苗圃位于交通便利的中心地带,稍靠西部,可以充当植物园,度假客人可在此观赏他们感兴趣的当地蔬菜瓜果。

(11)度假区西南角山光海色异常迷人之处,设置一处大型高尔夫球场。

(12) 保留了一处原有的印度教寺庙,此计划是基于宗教重要性和雇工心理接受能力而制定的。

(13) 淡水处理厂、污水处理厂等基础设施选在度假区边缘,从技术服务的角度看,其厂址应接近旅游区设施群。

(14) 完整的环岛公路系统包括一条主干公路、多条度假区内部公路、一个交通中转站、一个岛内短程公共汽车网络及其单用车道和人行道网络。停车区稍靠近公路,并与各饭店和其他设施区域相连。

奴萨杜阿文化节表演

(15) 有次序开发。首先建成度假中心和其他独立中央设施。住宿用地方面,要建12家宾馆,共计2 500间客房。

(16) 在不同地点选择水源,在离度假村几千米处打置多种新井,开发新的供水系统,延伸全岛供电系统、污水收集处理系统、电讯网络、排水系统,为奴萨杜阿地区服务。

案例来源:旅游资源开发　http://210.87.144.54/jpkc/lyzy

四、具体项目规划设计

总体规划只是从总体上对旅游资源开发项目进行宏观规划,不可能对具体项目进行微观设计。具体项目规划设计即所谓的旅游详细规划和旅游修建规划等。与总体规划相比,具体项目规划设计更加复杂、更加精细,任务也更加繁重。

从设计对象上看,具体项目规划设计可分为景点景物设计和旅游设施的设计,如酒店、餐饮设施、娱乐设施、交通设施、环保设施等的规划设计。具体项目规划设计的内容包括每个具体项目的选址、建设规模、等级、样式、完成期限以及所需的投资额等。具体项目设计主要是指建筑和土木工程的设计以及一些旅游活动项目的策划设计,设计要满足功能需求及美学需求,要保持经济价值观与艺术价值观的平衡,将规律性与变化性合理组合,使环境充满生气且各个具体项目相互和谐,确保管理科学、游客方便、技术可行、经济划算。

五、项目实施与监控

有了总体规划和具体项目的规划设计方案,在按照法定程序由上级相关部门审批之后,旅游资源开发方案就可以付诸实施了。在实施过程中,需要解决的是资金筹措和部门分工的问题。筹措资金的方式多种多样,可以采取政府融资、集体融资、私企融资或国际融资等方式。融资形式可以有自筹资金、银行贷款和证券融资(股票、债券)等。为了保证开发项目的顺利进行,必须成立一个专门的组织机构,负责整个项目的领导、指挥、协调和监管,以保证各部门能合理分工、劳动力资源能有效配置。

实施过程中应随时对开发的工程质量、经济支出进行统计监管,将统计结果与预定目标和财政预算进行比较,找出偏差及其原因,从而合理地调整实施方案或预定目标,但前提是基本按总体规划执行,保证旅游资源开发过程中的动态平衡。

◆ 本章小结

1. 本章结语

本章系统地阐述了旅游资源开发的概念及含义、原则、内容和方式方法,明晰了旅游资源开发的内容、基础理论和基本理念、基本模式、核心思想和基本步骤与程序,并介绍了旅游资源规划的基本步骤。

2. 本章知识结构图

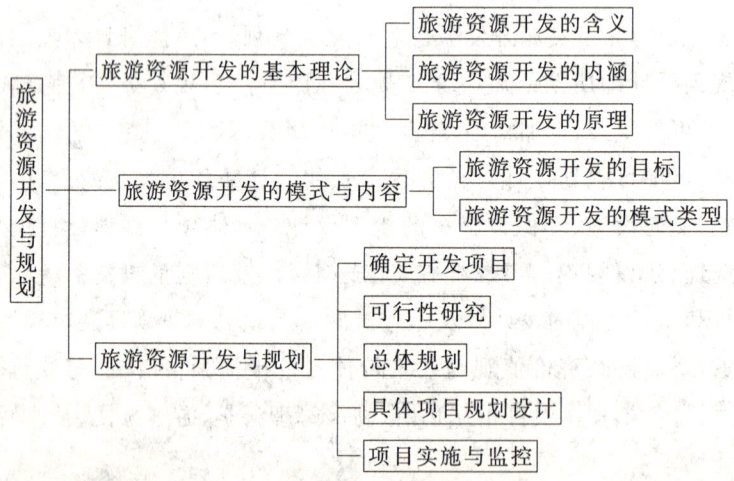

3. 本章核心概念

旅游资源开发　旅游总体规划

本章推荐阅读

[1] 魏兴华. 烟台市海岛旅游资源开发对策[J]. 特区经济, 2006, (5): 359—361.

[2] 彭远新. 枣庄红色旅游资源开发探讨[J]. 商场现代化, 2006, (464): 111—112.

[3] 李胜利, 顾韬. 基于游客体验的民俗旅游资源开发模式研究——以陕西关中地区为例[J]. 干旱区资源与环境, 2009, 23(11): 139—144.

[4] 许汝贞. 山东沂南县人文旅游资源的存量与开发[J]. 商业研究, 2006, (11): 174—176.

[5] 李胜利, 顾韬. 陕北民俗旅游资源开发模式研究[J]. 商业研究, 2009, (11): 170—173.

讨论与思考

1. 旅游资源开发的基本原则有哪些？
2. 旅游资源开发应准备哪些条件？
3. 谈谈你对旅游资源开发核心思想和基本理念的理解。
4. 简述旅游资源开发可行性研究的主要内容。
5. 简述旅游资源开发的主要方式和主要内容。

第十七章

旅游资源保护与旅游可持续发展

学习目标

知识要点：了解旅游资源保护的意义、旅游资源衰败及破坏的原因；理解旅游资源保护的重要性和对策，旅游可持续发展概念和生态旅游的含义；掌握旅游资源开发的可持续发展途径。

技能训练：就某一具体的旅游资源分析其破坏的原因、保护的现状及存在的问题，并提出开发与保护的可行性建议。

能力拓展：以历史文物类旅游资源为代表，选取具有保护价值的景区景点，进行景区景点参观实习，分析该类旅游资源的破坏原因和保护现状，提出可供参考的保护措施。

引 例

旅游业是无烟工业吗

厦门的黄金海滩，由于不合理开发，已有 16 公顷宝贵的沙滩永远失去；驰名中外的庐山风景区内，由于汉阳峰一带水源林植被的减少，使"飞流直下三千尺，疑是银河落九天"的著名庐山瀑布竟然一度断流；在国家级风景名胜区湖北道教圣地武当山，商品摊点林立，车水马龙，人声喧哗，山坡上垃圾成堆，严重污染了景区的环境；黄山由于不适当开发导致植被破坏，加剧了水土流失，据抽样调查，逍遥溪在暴雨时溪水中含沙量达 5‰～15‰，最高竟达 20‰，使石门电站一座高 2.5 米的拦沙坝已经填平。由此可见，旅游业并不是什么"无烟工业"。作为一种产业，它也在生产并排放废弃物，污染着环境，破坏着旅游资源和生态平衡。若认识不到这一点，仍盲目乐观，不注意旅游资源及环境保护，将导致旅游资源的消亡和旅游区的毁灭，严重影响旅游业的持续发展。

案例引发的问题:如何理解"旅游业并非无烟工业"这一论点？

资料来源:http://221.204.254.28/resource/Book/Edu/JXCKS/TS016027/0064_ts016027.htm

第一节 旅游资源保护

旅游资源的保护是相对于旅游资源开发提出来的。它不仅包括旅游资源本身的保护，使之不受损伤、破坏，特色不被削弱，而且还涉及周围环境的保护问题。目前世界各国在大力开发旅游资源的同时，都十分重视旅游资源的保护问题，并把其视为旅游业能否持续兴旺发达的根本保证。

一、旅游资源保护的意义

(一)保护旅游资源就是保护旅游业

旅游资源是旅游开发的必备条件之一，是构成旅游产品的重要组成部分。没有旅游资源，就没有旅游业的生存和发展。然而，旅游资源在经过开发成为旅游产品后，会受到不同程度的影响和破坏，从而降低或失去自然旅游资源的美学特征及观赏性，使人文旅游资源丧失历史文物价值及文化内蕴，最终减弱旅游资源对旅游市场的吸引力，严重者甚至会缩短旅游资源"重复使用性"的时限，严重地影响旅游业的发展。因此，从这一角度上讲，保护旅游资源就是保护旅游业。

(二)保护旅游资源就是保护生态环境，保护旅游地文化

旅游资源是指自然界和人类社会凡能对旅游者产生吸引力，可以为旅游业开发利用并产生经济效益、社会效益和环境效益的各种事物和因素。从概念可知，旅游资源的涵盖面十分广泛，它既包括自然界赋存的山川、河流、湖泊、动物、植被等自然旅游资源，也包括人类活动所创造的宏伟建筑、文物古迹、历史文化等人文旅游资源。前者是生态环境的重要组成要素，后者是重要的文化遗产。保护旅游资源就是保护以上诸要素，从而实现对生态环境及旅游地文化的保护。

二、旅游资源保护的原则

(一)永续利用的原则

现代意义上的旅游开发，应该以旅游资源的永续利用为前提。目前，旅游观念正在发生变革，人们开始追求一种回归大自然、自我参与式的旅游活动，渴望与大自然融为一

体,体验"天人合一"的高雅享受,即所谓生态旅游。生态旅游的兴起恰好为旅游资源的永续利用提供了一条新的途径。第一,避免超过承载力的过度旅游活动。人类过度的旅游活动会造成地面踩实、植被退化、废物垃圾成堆、野生生物生存与繁衍受影响等一系列生态问题。因此,旅游生态容量应作为旅游业发展规模的量化依据。生态旅游的常规容量不应超过环境最大承载力的30%~50%,才能达到保护和发展的双重目的。第二,基础设施和其他设施的建设以不引起环境质量退化和诱发自然灾害为度,生态旅游应坚决杜绝大肆营造大型娱乐设施的现象。第三,以自然原始风貌吸引游人并推出有特色的旅游商品,如当地名特产品、特有物种样本等,以增强游人的环境意识。第四,用旅游收入的一定部分支持生态环境管理,逐步走上以旅游养环保的良性循环道路。

(二)与环境不可分离的原则

旅游资源在特定的自然生态环境和社会环境中存在,从保护角度看,旅游资源与其所处环境之间存在多重的关系。

其一,环境与旅游资源是一个统一的整体。许多著名旅游资源,同其依靠的环境是相辅相成、相得益彰的,环境甚至是其赖以存在所不可缺少的。蜿蜒的长城与起伏的群山是无法分割的。北岳悬空寺如果没有"面对恒峰,背储翠屏,上载危岩,下临深谷"的环境,又如何能显示"楼阁悬空,结构惊险"?大理三塔,如无苍山作背景,放到昆明民俗村中,纵然复制得再逼真,也无法造就其风韵。至于园林,无论山石、水池、树木花草、建筑等均为造园的构件,只有在形成一体后才具有完全的艺术价值。

其二,环境是旅游资源赖以存在和延续的必要条件。许多珍贵动植物物种是由于生态环境改变而消失的。许多自然文化遗产对所处的自然生态环境有着很强的依存性。所以关心旅游资源保护,必须与其所处的生态环境保护同时考虑,否则一些严重事态的出现将是不可避免的。

(三)以科技进步促进保护的原则

保护旅游资源及其所处环境,不是简单地保持原始和传统,而应采用现代科学新理论、新技术进行分析、研究、考察、监测,采取科学有效的方法进行保存、养护、修缮和管理,并同其他产业、休闲事业相互促进,同时代的进步趋同,以取得更大的成效,将旅游资源保护管理变成为国家和地区发展、进步的推进因素。

科学研究工作应该成为国家风景名胜区、自然保护区、历史文化名胜、森林公园等各种旅游资源景区建设的灵魂。风景名胜区、自然保护区、森林公园建设前的考察论证,历史文化名城改善与保护总体规划的制定与建筑风格的确定都需要科学研究作先行。即使是园建成以后,科学研究工作依然是其最重要的基础工作。例如,怎样保护好景区内的珍稀生物物种,如何合理利用区内自然资源,如何处理好自然保护区与旅游活动之间的关系,以及怎样进行科学管理等,都需要通过科学研究来解决。中美合作进行的珠穆朗玛峰自然保护区的建设项目,一直重视以科研工作为基础的方针。1989年项目开展初期,包括自然科学、社会科学在内的专家学者开展了四年之久的综合科学考察。在此基础上,由专家组主持制定了保护区总体发展战略及十年规划,包括保护区的性质、级别、界线,主要保护对象以及今后保护区管理体制、发展目标,如何提高当地群众生活水平等诸多问题都得到了科学的解决。在保护区建设阶段,专家组又安排了二期基础科研项目,重点放在研究区内珍稀野生动植物的保护措施和保护区科学管理信息系统的研制两个项目上。

旅游资源保护理论的研究,要紧密结合以持续发展与保护为目的的景区实际。例如,风景区生态规划理论应吸收植物群落学、景观生态学和环境规划学等新学科基础理论。其中,生态伦理观,就是要承认非人类的自然界有存在的权利,限制人类对自然的伤害行为。如景观规划要保持沃土,不得在侵蚀的山坡、有价值的沼泽或淹没区布局建筑,不能建对地下水有污染的设施等。

三、旅游资源衰败及破坏的原因

旅游资源的保护要能对症下药,就需要寻求其衰败及破坏的原因。总结起来,其原因可以归纳为自然衰败和人为破坏两个方面。

(一)旅游资源与旅游环境的自然衰败

1.地质灾害

地震、滑坡、崩塌、沉降、泥石流、火山喷发等都属于地质灾害。其中地震、火山喷发的影响范围较大,山地旅游区发生地质灾害的概率较大。

2.自然风化

太阳辐射、大气、水及生物的作用会缓慢改变旅游资源的形态和性质,这就是自然风化。自然风化主要有机械风化和化学风化两种形式,对旅游资源产生破坏作用。

3.大气污染

大气中含有大量粉尘和降雨中酸性物质过量,会使旅游资源遭受严重的污染和侵蚀。

4.气象灾害

台风、暴雨、冰雹、大雾、洪涝、沙尘暴等气象灾害都会对旅游资源和旅游环境造成破坏。

5.生物危害

一些动植物也会对旅游资源产生一定的破坏作用,如白蚁危害房屋、文物、堤坝及人类的安全。

(二)旅游资源与旅游环境的人为破坏

1. 战争破坏

战争对文物古迹的破坏是毁灭性的。北京被英法联军焚毁的圆明园,曾被称为"万园之园",历经清雍正、乾隆、嘉庆三朝100多年建成。它是世界园林艺术的瑰宝,可惜在1860年珍宝被洗劫一空后一把火烧尽,如今只留几处残垣断壁。

2. 经济与城市建设性破坏

在经济发展和城市建设中,建造了许多与文物古迹不协调的建筑物,破坏了旅游景观与氛围,有时甚至是直接拆毁、破坏了旅游资源。

3. 旅游开发与规划不当造成的破坏

在旅游开发的经济活动中,规划不当也会破坏生态平衡,影响旅游景观,失去旅游资源特色。例如,云南大理是我国保存较为完整的古城,系国家首批公布的历史文化名城,但在其旅游开发过程中曾一度由于片面考虑古城石板地面不利旅游车行驶,将石板路改为柏油路,结果与古城风貌格格不入,破坏了古城的特色。有的风景名山已经明显地出现了"城市化"倾向,如庐山建筑已遍地覆盖,俨然一座"山城"。有的溶洞内被设置大量的人工景观,破坏了自然氛围。

4. 游客本身的破坏

由于大量游客的到来,特别在旅游旺季,他们带进的尘土、呼出的气体及脚踩、手摸、照相机闪光灯等都会对旅游资源造成危害。例如,敦煌莫高窟内的壁画颜色逐渐变淡甚至剥落,有的壁画已模糊不清。

5. 管理不善带来的破坏

在风景区修建房屋、道路、敷设草坪时都会使自然景观受到破坏,导致水土流失加剧,生物群落减少,形成简单脆弱的人工生态系统。旅游景区由于管理不严,保护不善,也会造成文物古迹的人为破坏。

6. 旅游目的地在人文、社会环境方面受到消极影响

旅游活动实质上是一种社会文化现象,旅游者与当地居民之间在言谈举止、穿着打扮、宗教信仰、生活观念等方面存在较大差异,两者间的相互影响有积极的也有消极的。大量游客涌入会破坏当地居民宁静的社会生活环境,造成交通拥挤、物价上涨、日常生活规律被打乱,加之旅游者的优越感会引起当地居民的不满和对旅游业的厌恶。由于旅游者带来的文化渗透,当地的民俗风情会改变,甚至被外来文化所同化,吸引旅游者涉足的神秘感也逐渐消失;有的甚至生活习惯被改变,淳朴的民风变成浓郁的商业气息,民族文化艺术逐渐失去特点。

◆ 案例驿站 17.1

巴米扬山谷文化景观和考古遗址

阿富汗巴米扬山谷文化景观和考古遗址是1世纪到13世纪古代巴克特里亚(Bakhtria)文化和宗教发展的杰出代表,在这片保护区内,汇集了大量佛教寺院、庙宇、圣地以及防御建筑。雕刻在一片绝壁之上的两尊巨大的巴米扬大佛已在2001年3月被阿富汗塔利班武装动用大炮、炸药以及火箭筒等武器摧毁,变成一片废墟,酿成人类文明的悲剧。由于经历了战事及2001年那次震惊世

炸毁后的阿富汗巴米扬大佛

人的故意爆破的摧毁,现在的所有遗迹都处于极其易碎的状态。主要的危险来自佛像剩余部分的随时坍塌,更进一步的危险来自洞穴内的壁画剥落以及非法挖掘与盗抢文物行为。目前,遗产地缺乏有效管理,监测系统不到位。

案例来源:http://www.what.org.tw/db/detail.asp?hid=2

第二节 旅游资源保护的对策与措施

长期以来,人们总在争执"保"与"用"的问题。新颁布的《中华人民共和国文物保护法》及相关法律是完善我国保护文化遗产制度和旅游资源的重大举措,也为我们利用旅游资源、发展旅游业指明了方向。"保护为主,抢救第一,合理利用,加强管理",是贯穿《中华人民共和国文物保护法》的基本思想。依据旅游业可持续发展理论和人与自然和谐共处的理论,对旅游资源应当坚持"保护是利用的前提,利用是保护的目的"。虽然自然灾难造成的改变无法避免,但可以采取保护措施,延缓其进程;对于人为的破坏,可以通过法律法规、政策宣传、加强管理的途径予以制止;对已遭破坏的旅游资源,根据破坏程度,可以采取一定的修缮和重建措施,尽量维持其原有的风貌,保持"修旧如旧";对于无法恢复的,可在原址建遗址公园。

(一)减缓旅游资源自然风化的措施

旅游资源受到自然风化是自然界中温度、湿度环境的变化引起的,容易被自然风化的主要是历史文物古迹。露于地表的文物古迹要完全杜绝自然风化是不可能的,但在一定范围内改变环境条件来减缓风化的进程是完全可以的。例如,将裸露的旅游资源加盖人工建筑,避免风吹日晒来达到保护的目的。

(二)提高旅游资源的保护意识,加强宣传管理工作

旅游资源人为破坏严重的根源主要是广大群众保护旅游资源的意识不够,不少人意识不到旅游资源的价值。所以,保护旅游资源,首先要提高广大群众的旅游资源保护意识,让群众了解旅游资源的历史文化价值和科学考察价值。应加强宣传与教育,加强科普工作,提高旅游者、旅游管理者的可持续发展意识,逐步形成文明旅游、科学旅游、健康旅游的社会氛围。

(三)健全旅游资源的法制管理体系,使旅游资源的保护工作有法可依

国家采取了立法、建立保护管理系统、设立管理机构等一系列措施来加强旅游资源的保护和管理。我国自1949年以来已由全国人民代表大会和和国务院颁发了《中华人民共和国文物保护法》、《风景名胜区管理暂行条例》、《中华人民共和国自然保护区条例》、《森林公园管理办法》等一系列相关的法律法规,将保护旅游资源这一问题提高到了法律的高度,对旅游资源的保护起了极为重要的作用。但是,就是在这些法律实施之后,旅游资源仍然受到人为的破坏,这主要是因为对这些法律法规的宣传普及不深入,许多人根本就不知道这些法律法规或者不知道自己做的事违反了法律法规。还有一些执法者执法不严,只顾眼前经济利益而牺牲长远利益,置法律于不顾。因此,既要制定法律,更要严格执法、广为宣传,真正做到建立健全旅游资源法制管理体系。

◆ **专题笔谈 17.1**

国外的旅游资源保护法规

一些旅游业较为发达的国家,都制定了一系列的旅游资源保护法规,详尽地规定了保护各种旅游资源的具体条款。如瑞士《森林法》规定:每年种树数量要多于砍伐数量,不论是谁,即使是自己私有的树木也不能随便砍伐。埃及《旅游法》规定:除非旅游部长许可,任何人不得以任何方式利用、开发、占有或处置任何旅游区或其中一部分。

资料来源:http://221.204.254.28/resource/Book/Edu/JXCKS

(四)在旅游资源开发中,坚持保护与开发并重、合理开发、优化利用的方针

良好的生态环境资源的永续利用是旅游业可持续发展的主要标志和基本目标。为达到这一目标,在旅游开发建设中,对旅游资源应注意在保护的前提下开发利用。保护和利用,两者兼顾,并努力争取做到两者的相互促进与良性循环。对少数生态环境非常脆弱、敏感的地区要实行封闭式的保护管理,加强旅游生态环境敏感区的管理与科学利用,重视生物多样性保护,科学有序地引导生态旅游,将生物多样性保护作为旅游开发利用的重要前提;建立旅游项目立项的生态与景观环境影响的评估制度和相应的保护与修复资金的补偿机制;开展旅游资源普查和评价,对高品质的、稀缺的、脆弱的旅游资源实行严格的保护性开发;对多数旅游资源富集且具备发展条件的地区,应通过积极发展旅游来促进资源的保护。

◆ **案例驿站 17.2**

乌镇的开发与保护

乌镇是个水乡古镇,位于浙江省桐乡市。镇上有修真观、昭明太子读书处、唐代古银杏、转船魔、双桥等景点,西栅老街是我国保存最完好的明清建筑群之一。乌镇虽历经2 000多年沧桑,却仍完整地保存着原有的水乡古镇的风貌和格局。全镇以河成街,桥街相连,依河筑屋,深宅大院,重脊高檐,河埠廊坊,过街骑楼,穿竹石栏,临河水阁,古色古香,水镇一体,呈现出一派古朴、明洁的幽静,

乌镇

是江南典型的"小桥、流水、人家"景观。古旧木屋,还有清清河水的气息,仿佛都在提示着一种情致,一种氛围。乌镇1991年被命名为省级历史文化名镇。2001年初,桐乡市先后投资8 000多万元进行大规模的古镇保护与开发,确立了100余年前清末民初的时空定位和挖掘民俗民间文化特色的个性定位。

在开发古镇全过程中,乌镇人始终把"领先一步"和"开拓性地创新"贯穿其中。以生态保护、环境第一和现代化为原则,很好地处理了开发与保护的关系,使景区一直保持着水乡古镇的风貌和格局。

资料来源:王昆欣.旅游景区管理.大连:东北财经大学出版社,2003.

(五）必须加强旅游资源的可持续发展

旅游业的发展如何与生态环境的保护、传统文化的发扬光大相促进和协调，是中国政府日益重视的课题。保护环境与旅游事业的可持续发展是相辅相成的，是可以相互支持、相互促进的。良好的环境、丰富多样的自然资源和文化遗产，可为旅游事业提供广阔的天地。反过来讲，旅游业的发展有助于推动经济和社会事业的全面发展。旅游业经营者和旅游者本身，在开发和利用旅游资源的过程中，都有责任和义务自觉遵守环境保护的有关法律法规，妥善处理好发展旅游和保护环境、保护生态的关系，实现旅游、环境和经济的协调发展。

第三节　旅游资源保护与旅游可持续发展

我国是一个旅游资源十分丰富的国家。改革开放 30 年来，我国旅游业从小到大，产业贡献率逐年增长，产业地位明显提高，目前已成为国民经济中发展速度最快的产业之一。在我国不少地方，旅游业已成为带动区域经济发展的支柱产业、优势产业或先导产业。但从总体上讲，我国旅游业还处于一种高速度、低质量的粗放型发展阶段，发展后劲令人担忧。特别值得警惕的是，作为旅游业赖以存在和发展基础的旅游资源被大量浪费、破坏、毁损，慢慢失去旅游价值。未来十几年，我国要实现从世界旅游大国向世界旅游强国的跨越，就必须以科学发展观为指导，实施可持续的旅游发展战略，保护好作为旅游业赖以存在和发展基础的旅游资源。

一、可持续发展思想的历史渊源

可持续发展思想的历史源远流长，在中国古代就有莫"竭泽而渔，焚林而猎"的说法；在民间也有"劝君莫打三春鸟，子在巢中盼母归"之说，可见中国古代人们就已开始重视人与自然的关系，并认识到自然资源的开发不能过度，否则后续开发难以为继。但一般认为，人类对经济及其对环境影响问题的研究始于 20 世纪 60 年代。美国海洋学专家 Carson 女士的《寂静的春天》一书在 1962 年的问世，标志着人类关心生态环境的开始，其中包含着可持续发展的思想萌芽。1972 年，罗马俱乐部出版的《增长的极限》罗列了经济增长所导致的种种环境危机；同年，人类环境污染会议在斯德哥尔摩召开，第一次提出了"环境与发展"这一主题。

对可持续发展问题的正式探讨始于 20 世纪 80 年代初。1980 年，国际野生动物与自然资源保护同盟在制定的《世界自然保护大纲》中首次提出了可持续发展的概念；1987

年,世界环境与发展委员会出版了《我们共同的未来》一书,掀起了可持续发展的浪潮;1992年,联合国环发大会上全球100多个国家的首脑共同签署了《21世纪议程》,即著名的《地球宣言》,宣言号召全世界人民遵循可持续发展原则,并采取一致行动使可持续发展上升为国家间的准则。

我国1994年国务院第十五次常务会议通过了《中国21世纪议程——中国21世纪人口、环境与发展白皮书》,这是中国的"可持续发展纲领"。1996年,国务院办公厅转发了关于进一步推动实施中国21世纪议程意见的通知,表达了中国走可持续发展道路的决心。

按世界环境与发展委员会(WCED)的定义,可持续发展是指"既满足当代人的需要,又不损害后代人满足其需要的能力的发展"(WCED,1987)。可持续发展是生态、社会和经济全方位的发展问题。因此,它必须遵循三个主要原则:

(1)生态的可持续性。即生物的多样性和对生物资源的维护协调一致。

(2)社会和文化的可持续性。发展要提高人们对其生活的控制能力,生活水平的提高要与人们的文化和价值观相协调。

(3)经济的可持续性。即发展能取得经济效益,资源能得到有效管理。

二、旅游可持续发展

(一)概念的提出

旅游是经济、社会、文化等现象的综合反映,这一特性决定了旅游业的发展必然会对旅游地区的社会、经济、文化与自然生态环境带来一定程度的影响。旅游业发展的初期,特别是大众旅游盛行的时期,人们只注意到旅游带来的经济效益,而没有进行综合效益的评估,其后果是旅游业被列为优先发展项目快速发展,对旅游资源过度甚至掠夺式开发,对景点粗放式管理,旅游项目大量上马、病态扩张,这一切都损害了旅游业赖以存在和发展的环境,威胁着旅游业发展的长期利益。

20世纪七八十年代后,可持续发展的思潮在世界范围内兴起。旅游业人士认识到如果旅游与环境不能和谐共存,旅游业将成为短命产业。"旅游业的发展对人类和自然遗产的依赖,对生态系统稳定性和持续性的影响,旅游需求对现代人尤其是对未来人类基本需求的重要性,旅游开发过程本身所涉及的界面之广泛和复杂,以及目前世界旅游业迅速膨胀的事实以至业已形成的生态效应"(谢彦君1994),都说明旅游业应该成为可持续发展的产业。在此背景下,旅游可持续发展的思想孕育而生。目前对旅游可持续发展的概念还没有统一的表述,将各位学者的定义进行比较、综合可以认为,旅游可持续发展就是在充分考虑旅游与自然资源、社会文化和生态环境相互作用和影响的前提下，把旅游开发建立在生态环境可以承受的前提下，努力谋求旅游业与自然、文化和人类生存环境的协调发展，并能造福于子孙后代的一种旅游经济发展模式；其目的在于为旅游者提供高质量的感受和体验，提高旅游目的地人民的生活质量，并切实维护旅游者和旅游地人民共同依赖的环境质量。

(二) 旅游可持续发展实现的途径

旅游可持续发展是全球旅游业发展的总目标。保护旅游资源与环境，走可持续发展之路，是当今世界各国旅游业面临的共同任务。因为旅游业比任何行业都更依赖自然、人文环境的质量，保护好生态环境就是保护好旅游业自身。在旅游可持续发展思想的实际推广过程中，应根据各地的具体情况，至少通过以下几个途径的综合，达到可持续发展的目的。

1. 以旅游环境容量为依据，判断旅游资源开发与规划是否有利于旅游业的可持续发展

旅游可持续发展的实质是谋求旅游与自然、文化和人类社会环境融合为一个和谐的整体，因此对资源和环境的保护就成为可持续旅游发展的基本出发点。这就要求旅游业的发展必须建立在生态环境的容量范围之内，避免对自然资源、生物多样性和生态环境造成负面影响；旅游环境容量是旅游环境系统本身具有的自我调节功能的量度，只有把旅游活动控制在这一范围内才能保证旅游资源的可持续利用，才会使旅游资源开发地的旅游业实现可持续发展。

2. 对旅游资源进行合理的规划和开发是实施旅游经济可持续发展的基础

为了消除长期以来缺乏规划或规划不合理的旅游发展给我们带来的种种危害，各级政府、企业及有关单位必须高度重视旅游规划和开发问题；要充分认识合理规划对旅游经济可持续发展的重要意义，从而在旅游业发展中认真、科学地制定好旅游业总体发展规划和旅游资源开发规划，尽可能使规划与可持续发展的目标一致；要通过合理的旅游开发，切实保护旅游资源和环境，使旅游资源可以永续利用，不仅为当代人的生存和发展提供机会和条件，也能为后代人留下持续发展的可能性；要认真评价和鼓励那些有利于环境和文化的旅游需求的发展，合理地开发和提供各种旅游产品，促进旅游供给多样化，提高旅游供给的质量。

3. 加强旅游管理的力度，是实现旅游可持续发展的保障

加强对旅游业的管理，与旅游的规划和开发同等重要，从旅游经济可持续发展的角度看，甚至比旅游规划和开发更为重要。因为许多旅游目的地不经规划就进行开发，或者在旅游开发中不按规划进行，其根本问题就在于旅游业的管理薄弱。加强对旅游业的管理不仅能直接推进到旅游业的发展,更是旅游业可持续发展的重要保障。加强对旅游业的管理,要求建立一个高效有力的旅游管理机构来行使政府的职能,通过政府的主导作用和各种行业协会的配合来提高旅游者和旅游企业对环境保护重要性的认识;要求建立一个旅游信息系统来为旅游市场营销、旅游资源开发和旅游业运行监督提供信息,及时开展科学研究、传播可持续发展的知识和环境方面的技术等;要通过对旅游业发展政策、旅游规划和旅游开发是否符合可持续发展要求的评价和检查,加强对旅游经济运行的监督与管理,及时进行引导或调整,以保证旅游的可持续发展。

◆ **专题笔谈 17.2**

环境影响评估

环境影响评估,原是美国进行成本—收益分析的一部分,后来逐渐应用到各行业中。环境是旅游产品的载体,旅游环境质量的优劣直接关系着旅游产品的质量。将环境评估引入到旅游资源开发中,能够对旅游业发展对自然环境、社会文化等的冲击和影响做出准确的评价和估计。以评估结果作为理论依据,可以帮助旅游投资商、旅游开发商、旅游地的旅游管理部门减少或取消对一些将严重破坏环境且发展潜力小的项目的投资,避免资金的浪费。环境影响评估,是环境管理的有效工具,是一套对环境问题进行识别、分析和评估的综合系统,是实现旅游业可持续发展的必要途径。

资料来源:赖良杰.旅游资源开发与规划.北京:高等教育出版社,2005.

4. 加强宣传教育

旅游是一种以"人"为中心的综合性活动,旅游业对环境的破坏主要是由于人的活动而引起的。因此,要实现旅游业可持续发展必须对包括旅游者、旅游业从业人员和旅游地居民在内的"人"进行旅游业可持续发展及环境保护重要性的教育,使他们在涉及旅游的各种活动中,都能自觉地恪守旅游业可持续发展的准则。对旅游者进行教育,除传统的教育方式如利用幻灯片、录像等外,更行之有效的是通过潜移默化的方式将旅游业可持续发展的观念渗透到旅游者的头脑之中,培养他们自觉保护环境的意识。对旅游从业人员进行教育,是旅游地成功开发和未来发展的关键。通常做法是对从业人员进行岗位培训或在职教育,使员工不仅具有环保意识,而且能够自觉地通过各种方式对旅游者及旅游地居民进行宣传教育。对旅游地居民进行教育,是实现旅游业可持续发展不可或缺的环节,同时也是一个长期的、持续的过程。对旅游地居民进行教育,可以通过当地电视、报刊、制作宣传册、出版旅游期刊等方式进行,力求最大限度地帮助旅游地居民树立环保意识，用长远眼光看待问题。此外，还要帮助旅游地政府提高对旅游业可持续发展重要性和迫切性的认识，以获得当地政府的最大支持。不可否认，无论宣传教育做得怎样到位，总有一些人不惜以破坏环境、毁坏资源为代价来获得个人私利。因此，必须出台关于旅游业可持续发展的法律法规，运用法律手段制止不法分子的破坏行为。

5. 大力提倡和发展生态旅游

生态旅游是一种新兴的旅游方式，这种方式既能保护环境，又能为旅游者提供难忘的旅游经历，还能最大限度地造福于旅游地。因此，生态旅游是目前和未来促进旅游业可持续发展的最佳选择之一。

(1) 生态旅游的概念。"生态旅游"的概念源于绿色旅游或自然旅游，最初指的是以自然环境为基础的旅游。而目前，生态旅游的概念一直是国外学术界争论较多的一个问题。迄今为止，国外已有20多个关于生态旅游的定义。关于生态旅游的概念与内涵虽然还处于百家争鸣阶段，尚未最终达成一致的看法，但在以下几个方面已达成共识：

①旅游地主要为受人类干扰破坏很小、较为原始古朴的地区，特别是生态环境有重要意义的自然保护区；

②旅游者、当地居民、旅游经营管理者等的环境意识很强；

③旅游对环境的负面影响很小；

④旅游能为环境保护提供资金；

⑤当地居民能参与旅游开发与管理并分享其经济利益，因而为环境保护提供支持；

⑥生态旅游对旅游者和当地社区等能起到环境教育作用；

⑦生态旅游是一种新型的、可持续的旅游活动。

(2) 生态旅游的内涵。生态旅游的内涵主要包括以下几个方面：

第一，生态旅游是一种依赖当地资源的旅游，旅游对象是原生、和谐的生态系统。这里的生态系统不仅包括自然生态，也包括文化生态。自然保护区或较少受人类影响的自然环境可以开展生态旅游，历史文化浓厚的旅游地同样可开展生态旅游。自然生态旅游资源能够使人类感悟大自然魅力所在，人文生态旅游资源则能够实现人类灵魂的升华。

第二，生态旅游是一种带责任感的旅游。这些责任包括对旅游资源的保护责任，尊重旅游目的地经济、社会、文化并促进旅游目的地可持续发展的责任等。生态旅游不仅是一种单纯的生态性、自然性的旅游活动，更是一种通过旅游来加强自然资源保护责任的旅游活动。所以，生态保护一直作为生态旅游的一大特点，也是生态旅游开展的前提，并且还是生态旅游区别于自然旅游的最本质特点。

第三,生态旅游是一种高品位的旅游活动。旅游本身是一种高层次的精神享受,生态旅游则更具有高品位的特性。它以回归大自然、追求原汁原味的自然情调和文化享受为目的,只有旅游者置身于生态旅游中才能真正体味到"人地合一"的旅游美。另外,生态旅游的参与者一般具有较高的教育背景或文化素养,生态意识水平较高,能自觉地维护旅游地生态环境。他们多是为大自然美景和奥秘所吸引,以观赏自然美景、获取自然生态知识和人文历史知识为目的而开展旅游活动。

由以上论述可以看出,生态旅游是以自然风光以及具有地方特色的风土民情为基础,以生态思想为指导,集环境教育、解释和管理于一体的可持续发展的旅游体系,即生态旅游不仅要满足旅游者的回归自然的需求,更应使旅游者在旅游中获得环保教育和环保意识的提高;不仅要使旅游地获得经济发展,同时更能使旅游地获得生态效益。所以说,生态旅游是以生态环境为依托,以保护生态环境和旅游资源为前提,以欣赏和研究自然景观、野生生物及其相关文化特征为目标,以对公众提供环境教育、普及自然文化知识为核心内容的较高层次的旅游活动。简而言之,它是立足于自然、人文环境,实现生态效益、社会效益和经济效益相统一的旅游体系,而这正是旅游景区可持续发展的终极目标。

一般来说,常见的生态旅游形式有文化型生态旅游、科普型生态旅游、生活型生态旅游和自然保护型生态旅游。

◆ **案例驿站 17.3**

各种各样的生态旅游

南太平洋中的岛国斐济别出心裁地设立了一处古朴典雅而又新颖别致的生态游览胜地——古代文化中心。这里有古代斐济人抵御外来侵略者时修建的堡垒和作战用的矛枪;游客可以在模仿 18 世纪以前古代斐济人的茅舍里参观当地人用古老的方式制作各种手工艺品、编织草篮和草席、在木器上雕刻花纹和图案以及制造独木舟。入夜,在古堡旁举办的土著艺术家传统的歌舞表演把人们带入了古代斐济浓郁的异国风情之中。有一种称为"走火"的民间艺技,土著人赤足在被烧得滚烫的卵石上神态自若地行走,体现了古代土著人的特色文化。

在新西兰毛利人的营地,生态旅游者们与土著人一起跳充满野性的、狂放的舞蹈。在靠近极地的、至今仍过着原始生活的爱斯基摩人居住地区,生态旅游者与当地人围坐在帐篷里的火炉旁通过交谈来了解当地人的习俗,还可以买到其他地方绝不会有的爱斯基摩人手工雕刻的兽骨工艺品。

美国新开发了一种地震旅游,引起许多生态旅游者的极大兴趣,游客在经历了一场逼真的"地震"以后,不仅能够完整地了解一次地震的全部过程,而且还学会了在紧急状态下保护自己的方法。与众不同的美国夏威夷火山群在火山喷发时以其宁静的喷出高度、流动性的玄武熔岩而不是爆炸式的火山发作而成为著名的生态旅游胜地。美国政府将该火山群设立为夏威夷国家火山公园。美国国家地质调查局还专门在该国家公园内建有一座火山观测台,一方面用于研究人员研究和监测火山活动的情况,另一方面则为生态旅游者提供了解火山活动的场所。

巴西政府更是提出了"生态旅游——为了认识大自然,尊重大自然"的口号。巴西有着闻名于世的亚马逊大森林、令人神往的马托格罗索沼泽地的野生动物天堂、美丽而独特的伊瓜苏大瀑布等著名生态旅游场所。利用这些得天独厚的自然财富发展"无烟工业",使得巴西人受益匪浅。在巴西的高原地区有一些已不再耕种的庄园,政府组织农场主们将庄园内闲置的房舍改造为博物馆、手工艺品作坊和旅店,办起了庄园旅游。

当前,风行日本的生活型生态旅游是务农旅游。每年春天插秧和秋天收割的季节,很多旅游者奔赴农村去体验农民的生活。生态旅游者与农民一道,黎明时分下田,披星戴月而归,除了挥镰割稻外,他们还挖红薯、收蔬菜。去沿海地区的生态旅游团还可以参加捕捞虹鳟和采集、加工海带等劳动。岩手县的一个渔村已经成为生态旅游专业渔村。日本水果之乡音森县的川世牧场则以草场放牧、牛棚挤奶和果园摘果作为其特色生态旅游活动。

地处中欧喀尔巴阡盆地的匈牙利是个内陆国家,没有蜚声世界的名山大川,但其80%的国土蕴藏着地下热水,被称为"浮在温泉上的国家"。匈牙利将其欧洲最大的温泉湖、世界上唯一被开发的水中混有瓦斯气体的温泉池及水温高达96℃的温泉井视为发展旅游业的法宝,让其独树一帜的温泉保健旅游以更大的魅力吸引更多的海外游客。

非洲的马达加斯加利用当地特有的"世界奇树"——猴面包树开展生态旅游,并取得了良好的效果。马达加斯加岛上生长的猴面包树是植物王国的寿星,树龄达4 000～6 000年,其树杈千奇百怪,酷似树根,远看就像是树根长在了"脑袋"上,树干像一个大肚子啤酒桶,高10多米,周长达20多米。这种树的果实巨大,甘甜汁多,是猴子、猩猩最喜欢的美味食品,"猴面包树"的美称因此而得名。"猴面包"也是当地居民的天然粮食。猴面包树的树干中松软的木质常被当地居民挖空成洞,成为避雨乘凉的好地方。树洞非常宽大,大的可藏五六十人或成群的牛羊。猴面包树"神仙洞"成为生态旅游者必到的旅游点,而"猴面包"也是生态旅游者必要品尝的食物。

哥斯达黎加的国土面积只有 5 万平方千米,但是森林和草地占国土面积的 71%,保护了世界 5% 的动植物物种。该国利用这些自然资源,在全国建立了 20 多个"生态保护区"、"自然保护区"和"国家公园",其总面积占国土面积的 1/4,成为世界著名的"生态保护国"。哥斯达黎加旅游部门推出的"热带雨林游览"、"乌龟探秘"、"海底观赏"、"蝴蝶之家"等许多生态旅游项目吸引了大量国内外游客。

斐济古代文化生态旅游

案例来源:邹统钎.旅游景区开发与管理[M].北京:清华大学旅游出版社,2004.

◆ 本章小结

1. 本章结语

旅游资源的保护是相对于旅游资源开发提出来的。它不仅包括旅游资源本身的保护,也涉及周围环境的保护。目前世界各国在大力开发旅游资源的同时,都十分重视旅游资源的保护问题,并把其视为旅游业能否持续兴旺发达的根本保证。旅游资源的保护对策主要从规划、法制、宣传、管理等几个方面着手构建,并要坚持可持续发展思想,树立生态、社会和经济全方位的发展观,走生态旅游之路,通过合理规划、有限开发、科学管理、全民教育等途径来最终实现旅游业的可持续发展。

2. 本章知识结构图

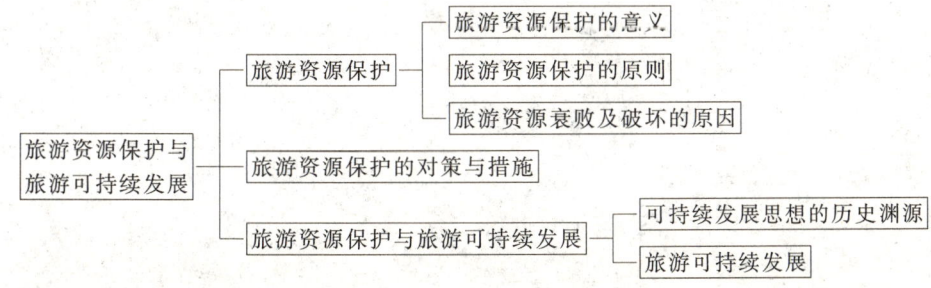

3. **本章核心概念**

旅游资源保护　旅游可持续发展　生态旅游

◆ 本章推荐阅读

[1] 王文华.旅游资源保护与旅游业的可持续发展.求是,2008(10).

[2] 曹颖,孙居文,李敏,唐亮,凌文革.泰山生态旅游资源及可持续发展对策.山东林业科技,2005(2).

◆ 讨论与思考

1. 为什么要对旅游资源进行保护？
2. 简述旅游资源衰败及破坏的原因。
3. 如何实现旅游可持续发展？
4. 请对熟悉的某旅游资源进行调查,分析其现状并对今后的可持续发展提出建议。
5. 分析旅游发展对你家乡的环境有哪些影响,并提出相应对策。

主要参考文献

[1] 叶骁军. 中国旅游资源基础[M]. 天津:南开大学出版社,2008.

[2] 董观志,张巧玲. 旅游学基础教程[M]. 北京:清华大学出版社,2008.

[3] 马洪元. 旅游学导论[M]. 天津:南开大学出版社,2008.

[4] 喻学才. 旅游资源学[M]. 北京:化学工业出版社,2008.

[5] 王国新,唐代剑. 旅游资源开发及管理[M]. 大连:东北财经大学出版社,2007.

[6] 高峻. 旅游资源规划与开发[M]. 北京:清华大学出版社,2007.

[7] 王兆明. 旅游学基础[M]. 北京:人民教育出版社,2007.

[8] 全华. 旅游资源开发及管理[M]. 北京:旅游教育出版社,2006.

[9] 马耀峰,宋保平,赵振斌[M]. 旅游资源开发. 北京:科学出版社,2005.

[10] 马勇,周霄. 旅游学概论[M]. 北京:旅游教育出版社,2004.

[11] 陈福义,范保宁. 中国旅游资源学[M]. 北京:中国旅游出版社,2003.

[12] 鄢志武,柴海燕,李志飞. 旅游资源学[M]. 武汉:武汉大学出版社,2003.

[13] 杨振之. 旅游资源开发与规划[M]. 成都:四川大学出版社,2002.

[14] 苏勤. 旅游学概论[M]. 北京:高等教育出版社,2001.

[15] 肖星,严江平. 旅游资源与开发[M]. 北京:中国旅游出版社,2000.

[16] 肖星. 中国旅游资源概论[M]. 北京:清华大学出版社,2006.

[17] 甘枝茂,马耀峰. 旅游资源与开发[M]. 天津:南开大学出版社,2000.

[18] 邓爱民,刘代泉. 旅游资源开发与规划[M]. 北京:旅游教育出版社,2000.

[19] 李天元,王连义. 旅游学概论[M]. 天津:南开大学出版社,1993.

[20] 保继刚,楚义芳,彭华. 旅游地理学[M]. 北京:高等教育出版社,1993.

[21] 陈传康,刘振礼. 旅游资源鉴赏[M]. 上海:同济大学出版社,1990.

[22] 孙文昌,陈元泰. 应用旅游地学[M]. 长春:东北师范大学出版社,1989.

[23] 张凌云. 市场评价:旅游资源新的价值观——兼论旅游资源研究的几个理论问题[J]. 旅游学刊,1999(12):47-52.

[24] 周玉翠. 湖南品牌旅游资源与旅游业协调性研究[J]. 经济地理,2009,29(12):

2118—2122.

[25] 罗越富. 旅游资源概念新视角[J]. 产业与科技论坛, 2009, 8(4): 59—60.

[26] 李丰生. 旅游资源经济价值的理论探讨[J]. 经济地理, 2005, 25(4): 577—580.

[27] 喻小航. 论旅游资源的内涵与特性[J]. 西南师范大学学报, 2004, 30(3): 105—109.

[28] 万绪才, 丁敏, 宋平. 旅游资源价值及其货币化评估[J]. 经济体制改革, 2003(6): 155—158.

[29] 王湘. 旅游科学研究中的若干问题质疑[J]. 北京联合大学学报, 1997, 11(4): 81—86.

[30] 李燕琴, 张茵, 彭建. 旅游资源学[M]. 北京: 清华大学出版社, 北京交通大学出版社, 2007.

[31] 黄远水. 旅游资源学[M]. 大连: 东北财经大学出版社, 2007.

[32] 梁朝信. 旅游资源开发[M]. 郑州: 郑州大学出版社, 2006.

[33] 陈国生, 王勇. 中国旅游资源学教程[M]. 北京: 对外经济贸易大学出版社, 2006.

[34] 王莉霞, 张蕾. 中国旅游资源教程[M]. 西安: 陕西人民出版社, 2006.

[35] 陈福义, 范保宁. 中国旅游资源学[M]. 北京: 中国旅游出版社, 2002.

[36] 苏文才, 孙文昌. 旅游资源学[M]. 北京: 高等教育出版社, 1998.

[37] 冯天驷. 中国地质旅游资源[M]. 北京: 北京出版社, 1998.

[38] 夏邦栋, 刘寿和. 地质学概论[M]. 北京: 高等教育出版社, 1992.

[39] (德)维尔内尔·布吉斯, 克里斯蒂安·布吉斯(文). 王勋华译. 古生物化石[M]. 武汉: 湖北教育出版社, 2009.

[40] 关继东. 森林景观与动植物观赏[M]. 北京: 中国旅游出版社, 2009.

[41] 孙兆才. 泰山生物多样性及保护探讨[M]. 江苏环境科技, 1999.

[42] 田家怡, 潘怀剑, 张宽. 青岛崂山动物多样性及其保护建议[J]. 山东环境, 2000, (5): 17—18.

[43] 杨学峰. 旅游资源学[M]. 北京: 中国发展出版社, 2009.

[44] 喻衡. 菏泽牡丹[M]. 济南: 山东科技出版社, 1982.

[45] Mbaiwa, J. Enclave tourism and its socio-economic impacts in the Okavango Delta, Botswana[J]. *Tourism Management*, 2005, 26(5): 157—172.

[46] Shackley, M. Community impact of the camel safari industry in Jaisalmar,

Rajasthan[J]. *Tourism Management*, 1996, 17(3): 213-218.

[47]鲁峰. 中国旅游地理[M]. 海口:南海出版公司, 2001.

[48]罗兹柏,张述林. 中国旅游地理[M]. 天津:南开大学出版社, 2000.

[49]金海龙等. 中国旅游地理[M]. 北京:高等教育出版社, 2002.

[50]郑耀星. 旅游资源学[M]. 北京:中国林业出版社, 2009.

[51]吴国清. 旅游资源学[M]. 北京:清华大学出版社, 2009.

[52]高曾伟,卢晓. 旅游资源学[M]. 上海:上海交通大学出版社, 2007.

[53]陈兴中,方海川,汪明林. 旅游资源开发与规划[M]. 北京:科学出版社, 2005.

[54]董建辉,何叶,董媛. 旅游资源开发[M]. 北京:电子工业出版社, 2009.

[55]梁文生,周晓明,刘镁. 旅游政策法规[M]. 济南:山东科学技术出版社, 2009.

[56]郑昕. 自然保护区绩效评价研究[D]. 东北林业大学, 2008, 4-10.

[57]贺加贝. 自然保护区环境法律制度研究[D]. 中央民族大学, 2009, 4-6.

[58]王正祎. 黑龙江省森林公园规划研究[D]. 东北林业大学, 2009, 1.

[59]李柏青,吴楚材,吴章文. 中国森林公园的发展方向[J]. 生态学报, 2009, 29(5): 2749-2756.

[60]陈丽军. 国家级森林公园质量等级评价研究[D]. 东北林业大学, 2007, 3-9.

[61]李瑞,王义民. 旅游资源规划与开发[M]. 郑州:郑州大学出版社, 2002.

[62]陈文光. 地质公园生态旅游开发模式及可持续发展探讨[J]. 今日国土, 2009, (6):44-45.

[63]董静. 地质公园的生态旅游开发——以满城县地质公园为例[D]. 河北师范大学, 2007, 8-16.

[64]高媛. 国家地质公园评价与保护研究[D]. 长安大学, 2007, 4-20.

[65]赵汀,赵逊. 世界地质公园的发展近况和东南亚地质遗迹的保护现状[J]. 地质通报, 2008, 27(3):414-425.

[66]何勋. 我国地质公园运营管理模式探析[D]. 广西师范大学, 2008, 1-4.

[67]赵逊,赵汀. 世界地质公园发展与管理[J]. 地球学报, 2009, 30(3):301-308.

[68]孙祚民. 山东通史[M]. 济南:山东人民出版社, 1992.

[69]王松毅. 山东旅游文化[M]. 济南:山东科学技术出版社, 2009.

[70]苏秉琦. 中国文明起源探源[M]. 北京:三联书店, 1999.

[71]谢彦君. 基础旅游学[M]. 北京:中国旅游出版社, 2004.

[72]李天元. 旅游学[M]. 北京:高等教育出版社, 2006.

[73]丁季华.旅游资源学[M].上海:上海三联书店,1999.

[74]孙中家,林黎明.中国帝王陵寝[M].哈尔滨:黑龙江人民出版社,1987.

[75]丘富科.中国文物旅游图册[M].北京:文物出版社,2003.

[76]罗哲文.中国古代建筑[M].上海:上海古籍出版社,1990.

[77]王文泉.中国近现代史[M].北京:高等教育出版社,2001.

[78]栾丰实.山东地区龙山文化城址的发现和研究[J].人文与自然,1998(1).

[79]赵秋丽.山东高青考古发现西周城址[N].光明日报.2009-11-25.

[80]刘凤君.山东昌乐石祖林:远古人类文化奇迹[N].齐鲁晚报.2009-03-04.

[81]匡国良.北京名人故居困境调查[J].中国文化遗产,2006(2).

[82]张志立.安阳发现大规模商代道路[N].大河报,2000-1-18.

[83]李同宗等.阙的传说[N].达州日报,2010-02-03.

[84]李征.园林设计[M].北京:气象出版社,1999.

[85]王德刚,何佳梅.旅游资源开发与利用[M].山东:山东大学出版社,2005.

[86]肖自心.旅游资源与开发[M].湖南:中南大学出版社,2005.

[87]杨亮,张纪群.民间艺术的旅游美学价值[J].山东社会科学,2007(7):66-68.

[88]梁颖,胡美术.从文化调适的角度看民间艺术文化的保护对策[J].湖北民族学院学报,2009(2):51-53.

[89]郑亚章.饮食文化的旅游资源价值与开发——以三峡地区为例[J].改革与战略,2009(5).

[90]周宵.民俗旅游的人类学探析[J].湖北民族学院学报,2002(5):10-13.

[91]石美玉.旅游购物研究[M].北京:中国旅游出版社,2006.

[92]张伟强.旅游资源开发与管理[M].广州:华南理工大学出版社,2005.

[93]罗峰.发展购物旅游典型城市经验及其对海宁市的启示——兼论海宁市皮革城购物旅游建设路径[J].产业与科技论,2008(11):114-116.

[94]钟志平,王秀娟.购物类旅游资源的分类及开发探讨[J].湖南财经高等专科学校校报,2007,(2):96-100.

[95]肖玲.购物旅游——广东省旅游购物发展的新亮点[J].华南师范大学学报,2002(8):74-77.

[96]胡林.购物旅游的需求与行为特征研究——以大陆赴香港购物旅游者为例[J].江西社会科学,2008(7):89-92.

[97]郑岩,崔广彬.旅游资源概论[M].哈尔滨:黑龙江人民出版社,2007.

[98]吴宜进.旅游资源学[M].武汉:华中科技大学出版社,2009.
[99]吴宜进.旅游地理学[M].北京:科学出版社,2005.
[100]贾鸿雁.历史文化名城[M].北京:化学工业出版社,2008.
[101]马洪元.世界旅游资源基础[M].天津:南开大学出版社,2008.
[102]阳建强.基于城市发展机制的历史文化名城保护[J].历史文化名城,2009,16(11):141.
[103]边宝莲,曹昌智.历史文化名城的形态保护与文脉传承[J].历史文化名城,2009,16(11):135.
[104]李慕寒,鲍洪明.试论我国历史文化名城的类型及其特征[J].地理研究,1996,15(1):101-102.
[105]赖良杰.旅游资源开发与规划[M].北京:高等教育出版社,2005.
[106]徐进.旅游开发规划及景点景区管理实务全书[M].北京:燕山出版社,2000.
[107]陈富义,范保宁.湖南旅游业可持续发展研究[M].长沙:湖南地图出版社,2001.

附录一 旅游资源分类、调查与评价（GB/T18972—2003）

中华人民共和国国家标准

GB/T 18972—2003

旅游资源分类、调查与评价

Classification, investigation and evaluation of tourism resources

2003-02-24 发布　2003-05-01 实施

中华人民共和国国家质量监督检验检疫总局发布

前　言

本标准文本包括三个核心内容：旅游资源分类、旅游资源调查、旅游资源评价。

本标准的附录 A、附录 B、附录 C 为规范性附录。

本标准由国家旅游局提出。

本标准由全国旅游标准化技术委员会归口并解释。

本标准起草单位：中国科学院地理科学与资源研究所、国家旅游局规划发展与财务司。

本标准主要起草人员：尹泽生、魏小安、张吉林、汪黎明、陈田、牛亚菲、李宝田、潘肖澎、周梅、石建国。

引　言

旅游资源是构成旅游业发展的基础，我国旅游资源非常丰富，具有广阔的开发前景，在旅游研究、区域开发、资源保护等各方面受到广泛的应用，越来越受到重视。

旅游界对旅游资源的含义、价值、应用等许多理论和实用问题进行了多方面的研究，本标准在充分考虑了前人研究成果，特别是 1992 年出版的《中国旅游资源普查规范（试行稿）》的学术研究和广泛实践的基础上，对旅游资源的类型划分、调查、评价的实用技术和方法，进行了较深层次的探讨，目的是为了更加适用于旅游资源开发与保护、旅游规划与项目建设、旅游行业管理与旅游法规建设、旅游资源信息管理与开发利用等方面的工作。

本标准是一部应用性质的技术标准，主要适用于旅游界，对其他行业和部门的资源开发也有一定的参考意义。

旅游规划通则

1 范围

本标准规定了旅游资源类型体系，以及旅游资源调查、等级评价的技术与方法。

本标准适用于各类型旅游区（点）的旅游资源开发与保护、旅游规划与项目建设、旅游行业管理与旅游法规建设、旅游资源信息管理与开发利用等方面。

2 规范性引用文件

下列文件中的条款通过本标准的引用而成为本标准的条款。凡是注日期的引用文件，其随后所有的修改单（不包括勘误的内容）或修订版均不适用于本标准，然而，鼓励根据本标准达成协议的各方研究是否可使用这些文件的最新版本。凡是不注日期的引用文件，其最新版本适用于本标准。

GB/T 2260 中华人民共和国行政区代码

3 术语和定义

下列术语和定义适用于本标准。

3.1 旅游资源 tourism resources

自然界和人类社会凡能对旅游者产生吸引力，可以为旅游业开发利用，并可产生经济效益、社会效益和环境效益的各种事物和因素。

3.2 旅游资源基本类型 fundamental type of tourism resources

按照旅游资源分类标准所划分出的基本单位。

3.3 旅游资源单体 object of tourism resources

可作为独立观赏或利用的旅游资源基本类型的单独个体，包括"独立型旅游资源单体"和由同一类型的独立单体结合在一起的"集合型旅游资源单体"。

3.4 旅游资源调查 investigation of tourism resources

按照旅游资源分类标准，对旅游资源单体进行的研究和记录。

3.5 旅游资源共有因子评价 community factor evaluation of tourist resources

按照旅游资源基本类型所共同拥有的因子对旅游资源单体进行的价值和程度评价。

4 旅游资源分类

4.1 分类原则

依据旅游资源的性状,即现存状况、形态、特性、特征划分。

4.2 分类对象

稳定的、客观存在的实体旅游资源。

不稳定的、客观存在的事物和现象。

4.3 分类结构

分为"主类"、"亚类"、"基本类型"3个层次。

每个层次的旅游资源类型有相应的汉语拼音代号,见表1。

表1　　　　　　　　　　　旅游资源分类表

主类	亚类	基本类型
A 地文景观	AA 综合自然旅游地	AAA 山丘型旅游地 AAB 谷地型旅游地 AAC 沙砾石地型旅游地 AAD 滩地型旅游地 AAE 奇异自然现象 AAF 自然标志地 AAG 垂直自然地带
	AB 沉积与构造	ABA 断层景观 ABB 褶曲景观 ABC 节理景观 ABD 地层剖面 ABE 钙华与泉华 ABF 矿点矿脉与矿石积聚地 ABG 生物化石点
	AC 地质地貌过程形迹	ACA 凸峰 ACB 独峰 ACC 峰丛 ACD 石(土)林 ACE 奇特与象形山石 ACF 岩壁与峡谷 ACG 峡谷段落 ACH 沟壑地 ACI 丹霞 ACJ 雅丹 ACK 堆石洞 ACL 岩石洞与岩穴 ACM 沙丘地 ACN 岸滩
	AD 自然变动遗迹	ADA 重力堆积体 ADB 泥石流堆积 ADC 地震遗迹 ADD 陷落地 ADE 火山与熔岩 ADF 冰川堆积体 ADG 冰川侵蚀遗迹
	AE 岛礁	AEA 岛区 AEB 岩礁
B 水域风光	BA 河段	BAA 观光游憩河段 BAB 暗河河段 BAC 古河道段落
	BB 天然湖泊与池沼	BBA 观光游憩湖区 BBB 沼泽与湿地 BBC 潭池
	BC 瀑布	BCA 悬瀑 BCB 跌水
	BD 泉	BDA 冷泉 BDB 地热与温泉
	BE 河口与海面	BEA 观光游憩海域 BEB 涌潮现象 BEC 击浪现象
	BF 冰雪地	BFA 冰川观光地 BFB 常年积雪地
C 生物景观	CA 树木	CAA 林地 CAB 丛树 CAC 独树
	CB 草原与草地	CBA 草地 CBB 疏林草地
	CC 花卉地	CCA 草场花卉地 CCB 林间花卉地
	CD 野生动物栖息地	CDA 水生动物栖息地 CDB 陆地动物栖息地 CDC 鸟类栖息地 CDE 蝶类栖息地

续表

主类	亚类	基本类型
D 天象与气候景观	DA 光现象	DAA 日月星辰观察地 DAB 光环现象观察地 DAC 海市蜃楼现象多发地
	DB 天气与气候现象	DBA 云雾多发区 DBB 避暑气候地 DBC 避寒气候地 DBD 极端与特殊气候显示地 DBE 物候景观
E 遗址遗迹	EA 史前人类活动场所	EAA 人类活动遗址 EAB 文化层 EAC 文物散落地 EAD 原始聚落
	EB 社会经济文化活动遗址遗迹	EBA 历史事件发生地 EBB 军事遗址与古战场 EBC 废弃寺庙 EBD 废弃生产地 EBE 交通遗迹 EBF 废城与聚落遗迹 EBG 长城遗迹 EBH 烽燧
F 建筑与设施	FA 综合人文旅游地	FAA 教学科研实验场所 FAB 康体游乐休闲度假地 FAC 宗教与祭祀活动场所 FAD 园林游憩区域 FAE 文化活动场所 FAF 建设工程与生产地 FAG 社会与商贸活动场所 FAH 动物与植物展示地 FAI 军事观光地 FAJ 边境口岸 FAK 景物观赏点
	FB 单体活动场馆	FBA 聚会接待厅堂(室) FBB 祭拜场馆 FBC 展示演示场馆 FBD 体育健身馆场 FBE 歌舞游乐场馆
	FC 景观建筑与附属型建筑	FCA 佛塔 FCB 塔形建筑物 FCC 楼阁 FCD 石窟 FCE 长城段落 FCF 城(堡) FCG 摩崖字画 FCH 碑碣(林) FCI 广场 FCJ 人工洞穴 FCK 建筑小品
	FD 居住地与社区	FDA 传统与乡土建筑 FDB 特色街巷 FDC 特色社区 FDD 名人故居与历史纪念建筑 FDE 书院 FDF 会馆 FDG 特色店铺 FDH 特色市场
	FE 归葬地	FEA 陵区陵园 FEB 墓(群) FEC 悬棺
	FF 交通建筑	FFA 桥 FFB 车站 FFC 港口渡口与码头 FFD 航空港 FFE 栈道
	FG 水工建筑	FGA 水库观光游憩区段 FGB 水井 FGC 运河与渠道段落 FGD 堤坝段落 FGE 灌区 FGF 提水设施
G 旅游商品	GA 地方旅游商品	GAA 菜品饮食 GAB 农林畜产品与制品 GAC 水产品与制品 GAD 中草药材及制品 GAE 传统手工产品与工艺品 GAF 日用工业品 GAG 其他物品
H 人文活动	HA 人事记录	HAA 人物 HAB 事件
	HB 艺术	HBA 文艺团体 HBB 文学艺术作品
	HC 民间习俗	HCA 地方风俗与民间礼仪 HCB 民间节庆 HCC 民间演艺 HCD 民间健身活动与赛事 HCE 宗教活动 HCF 庙会与民间集会 HCG 饮食习俗 HGH 特色服饰
	HD 现代节庆	HDA 旅游节 HDB 文化节 HDC 商贸农事节 HDD 体育节
数量统计		
8 主类	31 亚类	155 基本类型

[注]如果发现本分类没有包括的基本类型时,使用者可自行增加。增加的基本类型可归入相应亚类,置于最后,最多可增加2个。编号方式为:增加第1个基本类型时,该亚类2位汉语拼音字母+Z,增加第2个基本类型时,该亚类2位汉语拼音字母+Y。

5 旅游资源调查

5.1 基本要求

5.1.1 按照本标准规定的内容和方法进行调查。

5.1.2 保证成果质量,强调整个运作过程的科学性、客观性、准确性,并尽量做到内容简洁和量化。

5.1.3 充分利用与旅游资源有关的各种资料和研究成果,完成统计、填表和编写调查文件等项工作。调查方式以收集、分析、转化、利用这些资料和研究成果为主,并逐个对旅游资源单体进行现场调查核实,包括访问、实地观察、测试、记录、绘图、摄影,必要时进行采样和室内分析。

5.1.4 旅游资源调查分为"旅游资源详查"和"旅游资源概查"二个档次,其调查方式和精度要求不同。

5.2 旅游资源详查

5.2.1 适用范围和要求

5.2.1.1 适用于了解和掌握整个区域旅游资源全面情况的旅游资源调查。

5.2.1.2 完成全部旅游资源调查程序,包括调查准备、实地调查。

5.2.1.3 要求对全部旅游资源单体进行调查,提交全部"旅游资源单体调查表"。

5.2.2 调查准备

5.2.2.1 调查组

5.2.2.1.1 调查组成员应具备与该调查区旅游环境、旅游资源、旅游开发有关的专业知识,一般应吸收旅游、环境保护、地学、生物学、建筑园林、历史文化、旅游管理等方面的专业人员参与。

5.2.2.1.2 根据本标准的要求,进行技术培训。

5.2.2.1.3 准备实地调查所需的设备如定位仪器、简易测量仪器、影像设备等。

5.2.2.1.4 准备多份"旅游资源单体调查表"。

5.2.2.2 资料收集范围

5.2.2.2.1 与旅游资源单体及其赋存环境有关的各类文字描述资料,包括地方志书、乡土教材、旅游区与旅游点介绍、规划与专题报告等。

5.2.2.2.2 与旅游资源调查区有关的各类图形资料,重点是反映旅游环境与旅游资源的专题地图。

5.2.2.2.3 与旅游资源调查区和旅游资源单体有关的各种照片、影像资料。

5.2.3 实地调查

5.2.3.1 程序与方法

5.2.3.1.1 确定调查区内的调查小区和调查线路

为便于运作和此后旅游资源评价、旅游资源统计、区域旅游资源开发的需要,将整个调查区分为"调查小区"。调查小区一般按行政区划分(如省级一级的调查区,可将地区一级的行政区划分为调查小区;地区一级的调查区,可将县级一级的行政区划分为调查小区;县级一级的调查区,可将乡镇一级的行政区划分为调查小区),也可按现有或规划中的旅游区域划分。

调查线路按实际要求设置,一般要求贯穿调查区内所有调查小区和主要旅游资源单体所在的地点。

5.2.3.1.2 选定调查对象

选定下述单体进行重点调查:具有旅游开发前景,有明显经济、社会、文化价值的旅游资源单体;集合型旅游资源单体中具有代表性的部分;代表调查区形象的旅游资源单体。

对下列旅游资源单体暂时不进行调查:明显品位较低,不具有开发利用价值的;与国家现行法律、法规相违背的;开发后有损于社会形象的或可能造成环境问题的;影响国计民生的;某些位于特定区域内的。

5.2.3.1.3 填写《旅游资源单体调查表》

对每一调查单体分别填写一份"旅游资源单体调查表"(见本标准附录B)。调查表各项内容填写要求如下:

①单体序号:由调查组确定的旅游资源单体顺序号码。

②单体名称:旅游资源单体的常用名称。

③"代号"项:代号用汉语拼音字母和阿拉伯数字表示,即"表示单体所处位置的汉语拼音字母—表示单体所属类型的汉语拼音字母—表示单体在调查区内次序的阿拉伯数字"。

如果单体所处的调查区是县级和县级以上行政区,则单体代号按"国家标准行政代码(省代号2位—地区代号3位—县代号3位,参见GB/T 2260—1999中华人民共和国行政区代码)—旅游资源基本类型代号3位—旅游资源单体序号2位"的方式设置,共5组13位数,每组之间用短线"—"连接。

如果单体所处的调查区是县级以下的行政区,则旅游资源单体代号按"国家标准行政代码(省代号2位—地区代号3位—县代号3位,参见GB/T 2260—1999中华人民共和和国行政区代码)—乡镇代号(由调查组自定2位)—旅游资源基本类型代号3位—旅游资源单体序号2位"的方式设置,共6组15位数,每组之间用短线"—"连接。

如果遇到同一单体可归入不同基本类型的情况,在确定其为某一类型的同时,可在"其他代号"后按另外的类型填写。

填表时,一般可省略本行政区及本行政区以上的行政代码。

④"行政位置"项:填写单体所在地的行政归属,从高到低填写政区单位名称。

⑤"地理位置"项:填写旅游资源单体主体部分的经纬度(精度到秒)。

⑥"性质与特征"项:填写旅游资源单体本身个性,包括单体性质、形态、结构、组成成分的外在表现和内在因素,以及单体生成过程、演化历史、人事影响等主要环境因素,提示如下:

1)外观形态与结构类:旅游资源单体的整体状况、形态和突出(醒目)点;代表形象部分的细节变化;整体色彩和色彩变化、奇异华美现象、装饰艺术特色等;组成单体整体各部分的搭配关系和安排情况,构成单体主体部分的构造细节、构景要素等。

2)内在性质类:旅游资源单体的特质,如功能特性、历史文化内涵与格调、科学价值、艺术价值、经济背景、实际用途等。

3)组成成分类:构成旅游资源单体的组成物质、建筑材料、原料等。

4)成因机制与演化过程类:表现旅游资源单体发生、演化过程、演变的时序数值;生成和运行方式,如形成机制、形成年龄和初建时代、废弃时代、发现或制造时间、盛衰变化、历史演变、现代运动过程、生长情况、存在方式、展示演示及活动内容、开放时间等。

5)规模与体量类:表现旅游资源单体的空间数值如占地面积、建筑面积、体积、容积等;个性数值如长度、宽度、高度、深度、直径、周长、进深、面宽、海拔、高差、产值、数量、生长期等;比率关系数值如矿化度、曲度、比降、覆盖度、圆度等。

6)环境背景类:旅游资源单体周围的境况,包括所处具体位置及外部环境如目前与其共存并成为单体不可分离的自然要素和人文要素,如气候、水文、生物、文物、民族等;影响单体存在与发展的外在条件,如特殊功能、雪线高度、重要战事、主要矿物质等;单体的旅游价值和社会地位、级别、知名度等。

7)关联事物类:与旅游资源单体形成、演化、存在有密切关系的典型的历史人物与事件等。

⑦"旅游区域及进出条件"项:包括旅游资源单体所在地区的具体部位、进出交通、与周边旅游集散地和主要旅游区(点)之间的关系等。

⑧"保护与开发现状"项:旅游资源单体保存现状、保护措施、开发情况等。

⑨"共有因子评价问答"项:旅游资源单体的观赏游憩价值、历史文化科学艺术价值、珍稀或奇特程度、规模丰度与几率、完整性、知名度和影响力、适游期和使用范围、污染状况与环境安全。

5.3 旅游资源概查

5.3.1 适用范围和要求

5.3.1.1 适用于了解和掌握特定区域或专门类型的旅游资源调查。

5.3.1.2 要求对涉及到的旅游资源单体进行调查。

5.3.2 调查技术要点

5.3.2.1 参照"旅游资源详查"中的各项技术要求。

5.3.2.2 简化工作程序,如不需要成立调查组,调查人员由其参与的项目组织协调委派;资料收集限定在与专门目的所需要的范围;可以不填写或择要填写"旅游资源单体调查表"等。

6 旅游资源评价

6.1 总体要求

6.1.1 按照本标准的旅游资源分类体系对旅游资源单体进行评价。

6.1.2 本标准采用打分评价方法。

6.1.3 评价主要由调查组完成。

6.2 评价体系

本标准依据"旅游资源共有因子综合评价系统"赋分。

本系统设"评价项目"和"评价因子"两个档次。

评价项目为"资源要素价值"、"资源影响力"、"附加值"。

其中:

"资源要素价值"项目中含"观赏游憩使用价值"、"历史文化科学艺术价值"、"珍稀奇特程度"、"规模、丰度与几率"、"完整性"等5项评价因子。

"资源影响力"项目中含"知名度和影响力"、"适游期或使用范围"等2项评价因子。

"附加值"含"环境保护与环境安全"1项评价因子。

6.3 计分方法

6.3.1 基本分值

6.3.1.1 评价项目和评价因子用量值表示。资源要素价值和资源影响力总分值为

100分,其中:

"资源要素价值"为85分,分配如下:"观赏游憩使用价值"30分、"历史科学文化艺术价值"25分、"珍稀或奇特程度"15分、"规模、丰度与几率"10分、"完整性"5分。

"资源影响力"为15分,其中:"知名度和影响力"10分、"适游期或使用范围"5分。

6.3.1.2 "附加值"中"环境保护与环境安全",分正分和负分。

6.3.1.3 每一评价因子分为4个档次,其因子分值相应分为4档。

旅游资源评价赋分标准见表2。

表2 旅游资源评价赋分标准

评价项目	评价因子	评价依据	赋值
资源要素价值(85分)	观赏游憩使用价值(30分)	全部或其中一项具有极高的观赏价值、游憩价值、使用价值。	30—22
		全部或其中一项具有很高的观赏价值、游憩价值、使用价值。	21—13
		全部或其中一项具有较高的观赏价值、游憩价值、使用价值。	12—6
		全部或其中一项具有一般观赏价值、游憩价值、使用价值。	5—1
	历史文化科学艺术价值(25分)	同时或其中一项具有世界意义的历史价值、文化价值、科学价值、艺术价值。	25—20
		同时或其中一项具有全国意义的历史价值、文化价值、科学价值、艺术价值。	19—13
		同时或其中一项具有省级意义的历史价值、文化价值、科学价值、艺术价值。	12—6
		历史价值、文化价值、科学价值或艺术价值具有地区意义。	5—1
	珍稀奇特程度(15分)	有大量珍稀物种,或景观异常奇特,或此类现象在其他地区罕见。	15—13
		有较多珍稀物种,或景观奇特,或此类现象在其他地区很少见。	12—9
		有少量珍稀物种,或景观突出,或此类现象在其他地区少见。	8—4
		有个别珍稀物种,或景观比较突出,或此类现象在其他地区较多见。	3—1
	规模、丰度与几率(10分)	独立型旅游资源单体规模、体量巨大;集合型旅游资源单体结构完美、疏密度优良级;自然景象和人文活动周期性发生或频率极高。	10—8
		独立型旅游资源单体规模、体量较大;集合型旅游资源单体结构很和谐、疏密度良好;自然景象和人文活动周期性发生或频率很高。	7—5
		独立型旅游资源单体规模、体量中等;集合型旅游资源单体结构和谐、疏密度较好;自然景象和人文活动周期性发生或频率较高。	4—3
		独立型旅游资源单体规模、体量较小;集合型旅游资源单体结构较和谐、疏密度一般;自然景象和人文活动周期性发生或频率较小。	2—1
	完整性(5分)	形态与结构保持完整。	5—4
		形态与结构有少量变化,但不明显。	3
		形态与结构有明显变化。	2
		形态与结构有重大变化。	1

续表

评价项目	评价因子	评价依据	赋值
资源影响力(15分)	知名度和影响力(10分)	在世界范围内知名,或构成世界承认的名牌。	10—8
		在全国范围内知名,或构成全国性的名牌。	7—5
		在本省范围内知名,或构成省内的名牌。	4—3
		在本地区范围内知名,或构成本地区名牌。	2—1
	适游期或使用范围(5分)	适宜游览的日期每年超过300天,或适宜于所有游客使用和参与。	5—4
		适宜游览的日期每年超过250天,或适宜于80%左右游客使用和参与。	3
		适宜游览的日期超过150天,或适宜于60%左右游客使用和参与。	2
		适宜游览的日期每年超过100天,或适宜于40%左右游客使用和参与。	1
附加值	环境保护与环境安全	已受到严重污染,或存在严重安全隐患。	—5
		已受到中度污染,或存在明显安全隐患。	—4
		已受到轻度污染,或存在一定安全隐患。	—3
		已有工程保护措施,环境安全得到保证。	3

6.3.2 计分与等级划分

6.3.2.1 计分

根据对旅游资源单体的评价,得出该单体旅游资源共有综合因子评价赋分值。

6.3.2.2 旅游资源评价等级指标

依据旅游资源单体评价总分,将其分为五级,从高级到低级为:

五级旅游资源,得分值域≥90分。

四级旅游资源,得分值域≥75—89分。

三级旅游资源,得分值域≥60—74分。

二级旅游资源,得分值域≥45—59分。

一级旅游资源,得分值域≥30—44分。

此外还有:

未获等级旅游资源,得分≤29分。

其中:

五级旅游资源称为"特品级旅游资源";

五级、四级、三级旅游资源被通称为"优良级旅游资源";

二级、一级旅游资源被通称为"普通级旅游资源"。

7 提交文(图)件

7.1 文(图)件内容和编写要求

7.1.1 全部文(图)件包括《旅游资源调查区实际资料表》、《旅游资源图》、《旅游资源调查报告》。

7.1.2 旅游资源详查和旅游资源概查的文(图)件类型和精度不同,旅游资源详查需要完成全部文(图)件,包括填写旅游资源调查区实际资料表,编绘旅游资源图,编写旅游资源调查报告。旅游资源概查要求编绘旅游资源地图,其他文件可根据需要选择编写。

7.2 文(图)件产生方式

7.2.1 旅游资源调查区实际资料表的填写

7.2.1.1 调查区旅游资源调查、评价结束后,由调查组填写。

7.2.1.2 按照本标准附录 C 规定的栏目填写,栏目内容包括:调查区基本资料、各层次旅游资源数量统计、各主类、亚类旅游资源基本类型数量统计、各级旅游资源单体数量统计、优良级旅游资源单体名录、调查组主要成员、主要技术存档材料。

7.2.1.3 本表同样适用于调查小区实际资料的填写。

7.2.2 旅游资源图的编绘

7.2.2.1 类型

——旅游资源图,表现五级、四级、三级、二级、一级旅游资源单体。

——优良级旅游资源图,表现五级、四级、三级旅游资源单体。

7.2.2.2 编绘程序与方法

7.2.2.2.1 准备工作底图

①等高线地形图:比例尺视调查区的面积大小而定,较大面积的调查区为 1∶50 000～1∶200 000,较小面积的调查区为 1∶5 000～1∶25 000,特殊情况下为更大比例尺。

②调查区政区地图

7.2.2.2.2 在工作底图的实际位置上标注旅游资源单体(部分集合型单体可将范围绘出)。各级旅游资源使用下列图例(表3)。

表 3 旅游资源图图例

旅游资源等级	图例	使用说明
五级旅游资源	■	1.图例大小根据图面大小而定,形状不变。2.自然旅游资源(旅游资源分类表中主类 A、B、C、D)使用蓝色图例;人文旅游资源(旅游资源分类表中主类 E、F、G、H)使用红色图例。
四级旅游资源	●	
三级旅游资源	◆	
二级旅游资源	□	
一级旅游资源	○	

7.2.2.2.3　单体符号一侧加注旅游资源单体代号或单体序号。

7.2.3　旅游资源调查报告的编写

各调查区编写的旅游资源调查报告,基本篇目如下:

前言

第一章　调查区旅游环境

第二章　旅游资源开发历史和现状

第三章　旅游资源基本类型

第四章　旅游资源评价

第五章　旅游资源保护与开发建议

主要参考文献

附图:旅游资源图或优良级旅游资源图

附录二　旅游规划通则

中华人民共和国国家标准
GB/T 18971—2003
旅游规划通则
General specification for tourism planning
2003—02—24 发布　2003—05—01 实施
中华人民共和国国家质量监督检验检疫总局发布

前　言

本标准的附录 A 为资料性附录。
本标准由国家旅游局提出。
本标准由全国旅游标准化技术委员会归口并解释。
本标准主要起草单位：国家旅游局规划发展与财务司、清华大学建筑学院。
本标准主要起草人：魏小安、张吉林、郑光中、杨锐、邓卫、汪黎明、彭德成、潘肖澎、周梅。

引　言

为规范旅游规划编制工作，提高我国旅游规划工作总体水平，达到旅游规划的科学性、前瞻性和可操作性，促进旅游业可持续性发展，特制定本标准。

本标准是编制各级旅游发展规划及各类旅游区规划的规范。

本标准的制定，总结了国内并借鉴了国外旅游规划编制工作的经验和教训，在体现中国旅游规划特色的同时，在技术和方法上努力实现与国际接轨。

旅游规划通则

1　范围

本标准规定了旅游规划(包括旅游发展规划和旅游区规划)的编制的原则、程序和内容以及评审的方式,提出了旅游规划编制人员和评审人员的组成与素质要求。

本标准适用于编制各级旅游发展规划及各类旅游区规划。

2　规范性引用文件

下列标准的条款通过本标准的引用而成为本标准的条款。凡是注日期的引用文件,其随后所有的修改单(不包括勘误的内容)或修订版均不适用于本标准,然而,鼓励根据本标准达成协议的各方研究是否可使用这些文件的最新版本。凡是不注日期的引用文件,其最新版本适用于本标准。

GB3095—1996　环境空气质量标准

GB3096—1993　城市区域环境噪声标准

GB3838　地面水环境质量标准

GB5749　生活饮用水卫生标准

GB9663　旅游业卫生标准

GB9664　文化娱乐场所卫生标准

GB9665　公共浴室卫生标准

GB9666　理发店、美容店卫生标准

GB9667　游泳场所卫生标准

GB9668　体育馆卫生标准

GB9669　图书馆、博物馆、美术馆、展览馆卫生标准

GB9670　商场(店)、书店卫生标准

GB9671　医院候诊室卫生标准

GB9672　公共交通等候室卫生标准

GB9673　公共交通工具卫生标准

GB12941—1991　景观娱乐用水水质标准

GB16153　饭馆(餐厅)卫生标准

GB/T 18972—2003　旅游资源分类、调查与评价

3　术语和定义

下列术语和定义适用于本标准。

3.1　旅游发展规划 tourism development plan

旅游发展规划是根据旅游业的历史、现状和市场要素的变化所制定的目标体系，以及为实现目标体系在特定的发展条件下对旅游发展的要素所做的安排。

3.2　旅游区 tourism area

旅游区是以旅游及其相关活动为主要功能或主要功能之一的空间或地域。

3.3　旅游区规划 tourism area plan

旅游区规划是指为了保护、开发、利用和经营管理旅游区，使其发挥多种功能和作用而进行的各项旅游要素的统筹部署和具体安排。

3.4　旅游客源市场 tourist source market

旅游者是旅游活动的主体，旅游客源市场是指旅游区内某一特定旅游产品的现实购买者与潜在购买者。

3.5　旅游资源 tourism resources

自然界和人类社会凡能对旅游者产生吸引力，可以为旅游业开发利用，并可产生经济效益、社会效益和环境效益的各种事物和因素，均称为旅游资源。

3.6　旅游产品 tourism product

旅游资源经过规划、开发建设形成旅游产品。旅游产品是旅游活动的客体与对象，可分为自然、人文和综合三大类。

3.7　旅游容量 tourism carrying capacity

旅游容量是指在可持续发展前提下，旅游区在某一时间段内，其自然环境、人工环境和社会经济环境所能承受的旅游及其相关活动在规模和强度上极限值的最小值。

4　旅游规划编制的要求

4.1　旅游规划编制要以国家和地区社会经济发展战略为依据，以旅游业发展方针、政策及法规为基础，与城市总体规划、土地利用规划相适应，与其他相关规划相协调；根据国民经济形势，对上述规划提出改进的要求。

4.2　旅游规划编制要坚持以旅游市场为导向，以旅游资源为基础，以旅游产品为主体，经济、社会和环境效益可持续发展的指导方针。

4.3 旅游规划编制要突出地方特色，注重区域协同，强调空间一体化发展，避免近距离不合理重复建设，加强对旅游资源的保护，减少对旅游资源的浪费。

4.4 旅游规划编制鼓励采用先进方法和技术。编制过程中应当进行多方案的比较，并征求各有关行政管理部门的意见，尤其是当地居民的意见。

4.5 旅游规划编制工作所采用的勘察、测量方法与图件、资料，要符合相关国家标准和技术规范。

4.6 旅游规划技术指标，应当适应旅游业发展的长远需要，具有适度超前性。技术指标参照本标准的附录A(资料性附录)选择和确立。

4.7 旅游规划编制人员应有比较广泛的专业构成，如旅游、经济、资源、环境、城市规划、建筑等方面。

5 旅游规划的编制程序

5.1 任务确定阶段

5.1.1 委托方确定编制单位

委托方应根据国家旅游行政主管部门对旅游规划设计单位资质认定的有关规定确定旅游规划编制单位。通常有公开招标、邀请招标、直接委托等形式。

公开招标：委托方以招标公告的方式邀请不特定的旅游规划设计单位投标。

邀请招标：委托方以投标邀请书的方式邀请特定的旅游规划设计单位投标。

直接委托：委托方直接委托某一特定规划设计单位进行旅游规划的编制工作。

5.1.2 制订项目计划书并签订旅游规划编制合同

委托方应制订项目计划书并与规划编制单位签订旅游规划编制合同。

5.2 前期准备阶段

5.2.1 政策法规研究

对国家和本地区旅游及相关政策、法规进行系统研究，全面评估规划所需要的社会、经济、文化、环境及政府行为等方面的影响。

5.2.2 旅游资源调查

对规划区内旅游资源的类别、品位进行全面调查，编制规划区内旅游资源分类明细表，绘制旅游资源分析图，具备条件时可根据需要建立旅游资源数据库，确定其旅游容量，调查方法可参照《旅游资源分类、调查与评价》(GB/T 18972—2003)。

5.2.3 旅游客源市场分析

在对规划区的旅游者数量和结构、地理和季节性分布、旅游方式、旅游目的、旅游偏好、停留时间、消费水平进行全面调查分析的基础上,研究并提出规划区旅游客源市场未来的总量、结构和水平。

5.2.4 对规划区旅游业发展进行竞争性分析,确立规划区在交通可进入性、基础设施、景点现状、服务设施、广告宣传等各方面的区域比较优势,综合分析和评价各种制约因素及机遇。

5.3 规划编制阶段

5.3.1 规划区主题确定

在前期准备工作的基础上,确立规划区旅游主题,包括主要功能、主打产品和主题形象。

5.3.2 确立规划分期及各分期目标。

5.3.3 提出旅游产品及设施的开发思路和空间布局。

5.3.4 确立重点旅游开发项目,确定投资规模,进行经济、社会和环境评价。

5.3.5 形成规划区的旅游发展战略,提出规划实施的措施、方案和步骤,包括政策支持、经营管理体制、宣传促销、融资方式、教育培训等。

5.3.6 撰写规划文本、说明和附件的草案。

5.4 征求意见阶段

规划草案形成后,原则上应广泛征求各方意见,并在此基础上,对规划草案进行修改、充实和完善。

6 旅游发展规划

6.1 旅游发展规划按规划的范围和政府管理层次分为全国旅游业发展规划区域旅游业发展规划和地方旅游业发展规划。地方旅游业发展规划又可分为省级旅游业发展规划、地市级旅游业发展规划和县级旅游业发展规划等。

地方各级旅游业发展规划均依据上一级旅游业发展规划、并结合本地区的实际情况进行编制。

6.2 旅游发展规划包括近期发展规划(3~5年)、中期发展规划(5~10年)或远期发展规划(10~20年)。

6.3 旅游发展规划的主要任务是明确旅游业在国民经济和社会发展中的地位与作用,提出旅游业发展目标,优化旅游业发展的要素结构与空间布局,安排旅游业发展优先项目,促进旅游业持续、健康、稳定发展。

6.4 旅游发展规划的主要内容

6.4.1 全面分析规划区旅游业发展历史与现状、优势与制约因素,及与相关规划的衔接。

6.4.2 分析规划区的客源市场需求总量、地域结构、消费结构及其他结构,预测规划期内客源市场需求总量、地域结构、消费结构及其他结构。

6.4.3 提出规划区的旅游主题形象和发展战略。

6.4.4 提出旅游业发展目标及其依据。

6.4.5 明确旅游产品开发的方向、特色与主要内容。

6.4.6 提出旅游发展重点项目,对其空间及时序作出安排。

6.4.7 提出要素结构、空间布局及供给要素的原则和办法。

6.4.8 按照可持续发展原则,注重保护开发利用的关系,提出合理的措施。

6.4.9 提出规划实施的保障措施。

6.4.10 对规划实施的总体投资分析,主要包括旅游设施建设、配套基础设施建设、旅游市场开发、人力资源开发等方面的投入与产出方面的分析。

6.5 旅游发展规划成果包括规划文本、规划图表及附件。规划图表包括区位分析图、旅游资源分析图、旅游客源市场分析图、旅游业发展目标图表、旅游产业发展规划图等。附件包括规划说明和基础资料等。

7 旅游区规划

7.1 旅游区规划按规划层次分总体规划、控制性详细规划、修建性详细规划等。

7.2 旅游区总体规划

7.2.1 旅游区在开发、建设之前,原则上应当编制总体规划。小型旅游区可直接编制控制性详细规划。

7.2.2 旅游区总体规划的期限一般为 10 至 20 年,同时可根据需要对旅游区的远景发展作出轮廓性的规划安排。对于旅游区近期的发展布局和主要建设项目,亦应作出近期规划,期限一般为 3 至 5 年。

7.2.3 旅游区总体规划的任务,是分析旅游区客源市场,确定旅游区的主题形象,划定旅游区的用地范围及空间布局,安排旅游区基础设施建设内容,提出开发措施。

7.2.4 旅游区总体规划内容

7.2.4.1 对旅游区的客源市场的需求总量、地域结构、消费结构等进行全面分析与预测。

7.2.4.2 界定旅游区范围,进行现状调查和分析,对旅游资源进行科学评价。

7.2.4.3 确定旅游区的性质和主题形象。

7.2.4.4 确定规划旅游区的功能分区和土地利用,提出规划期内的旅游容量。

7.2.4.5 规划旅游区的对外交通系统的布局和主要交通设施的规模、位置;规划旅游区内部的其他道路系统的走向、断面和交叉形式。

7.2.4.6 规划旅游区的景观系统和绿地系统的总体布局。

7.2.4.7 规划旅游区其他基础设施、服务设施和附属设施的总体布局。

7.2.4.8 规划旅游区的防灾系统和安全系统的总体布局。

7.2.4.9 研究并确定旅游区资源的保护范围和保护措施。

7.2.4.10 规划旅游区的环境卫生系统布局,提出防止和治理污染的措施。

7.2.4.11 提出旅游区近期建设规划,进行重点项目策划。

7.2.4.12 提出总体规划的实施步骤、措施和方法,以及规划、建设、运营中的管理意见。

7.2.4.13 对旅游区开发建设进行总体投资分析。

7.2.5 旅游区总体规划的成果要求

7.2.5.1 规划文本。

7.2.5.2 图件,包括旅游区区位图、综合现状图、旅游市场分析图、旅游资源评价图、总体规划图、道路交通规划图、功能分区图等其他专业规划图、近期建设规划图等。

7.2.5.3 附件,包括规划说明和其他基础资料等。

7.2.5.4 图纸比例,可根据功能需要与可能确定。

7.3 旅游区控制性详细规划

7.3.1 在旅游区总体规划的指导下,为了近期建设的需要,可编制旅游区控制性详细规划。

7.3.2 旅游区控制性详细规划的任务是,以总体规划为依据,详细规定区内建设用地的各项控制指标和其它规划管理要求,为区内一切开发建设活动提供指导。

7.3.3 旅游区控制性详细规划的主要内容:

7.3.3.1 详细划定所规划范围内各类不同性质用地的界线。规定各类用地内适建、不适建或者有条件地允许建设的建筑类型。

7.3.3.2 规划分地块,规定建筑高度、建筑密度、容积率、绿地率等控制指标,并根据各类用地的性质增加其它必要的控制指标。

7.3.3.3 规定交通出入口方位、停车泊位、建筑后退红线、建筑间距等要求。

7.3.3.4 提出对各地块的建筑体量、尺度、色彩、风格等要求。

7.3.3.5 确定各级道路的红线位置、控制点坐标和标高。

7.3.4 旅游区控制性详细规划的成果要求：

7.3.4.1 规划文本。

7.3.4.2 图件，包括旅游区综合现状图、各地块的控制性详细规划图、各项工程管线规划图等。

7.3.4.3 附件，包括规划说明及基础资料。

7.3.4.4 图纸比例一般为 1/1000/～1/2000。

7.4 旅游区修建性详细规划

7.4.1 对于旅游区当前要建设的地段，应编制修建性详细规划。

7.4.2 旅游区修建性详细规划的任务是，在总体规划或控制性详细规划的基础上，进一步深化和细化，用以指导各项建筑和工程设施的设计和施工。

7.4.3 旅游区修建性详细规划的主要内容：

7.4.3.1 综合现状与建设条件分析。

7.4.3.2 用地布局。

7.4.3.3 景观系统规划设计。

7.4.3.4 道路交通系统规划设计。

7.4.3.5 绿地系统规划设计。

7.4.3.6 旅游服务设施及附属设施系统规划设计。

7.4.3.7 工程管线系统规划设计。

7.4.3.8 竖向规划设计。

7.4.3.9 环境保护和环境卫生系统规划设计。

7.4.4 旅游区修建性详细规划的成果要求：

7.4.4.1 规划设计说明书。

7.4.4.2 图件，包括综合现状图、修建性详细规划总图、道路及绿地系统规划设计图、工程管网综合规划设计图、竖向规划设计图、鸟瞰或透视等效果图等。图纸比例一般为 1/500～1/2000。

7.5 旅游区可根据实际需要，编制项目开发规划、旅游线路规划和旅游地建设规划、旅游营销规划、旅游区保护规划等功能性专项规划。

8 旅游规划的评审、报批与修编

8.1 旅游规划的评审

8.1.1 评审方式

8.1.1.1 旅游规划文本、图件及附件的草案完成后,由规划委托方提出申请,上一级旅游行政主管部门组织评审。

8.1.1.2 旅游规划的评审采用会议审查方式。规划成果应在会议召开五日前送达评审人员审阅。

8.1.1.3 旅游规划的评审,需经全体评审人员讨论、表决,并有 3/4 以上评审人员同意,方为通过。评审意见应形成文字性结论,并经评审小组全体成员签字,评定意见方为有效。

8.1.2 规划评审人员的组成

8.1.2.1 旅游发展规划的评审人员由规划委托方与上一级旅游行政主管部门商定;旅游区规划的评审人员由规划委托方与当地旅游行政主管部门确定。旅游规划评审组由 7 人以上组成。其中行政管理部门代表不超过 1/3,本地专家不少于 1/3。规划评审小组设组长 1 人,根据需要可设副组长 1~2 人。组长、副组长人选由委托方与规划评审小组协商产生。

8.1.2.2 旅游规划评审人员应由经济分析专家、市场开发专家、旅游资源专家、环境保护专家、城市规划专家、工程建筑专家、旅游规划管理官员、相关部门管理官员等组成。

8.1.3 规划评审重点

旅游规划评审应围绕规划的目标、定位、内容、结构和深度等方面进行重点审议,包括:①旅游产业定位和形象定位的科学性、准确性和客观性;②规划目标体系的科学性、前瞻性和可行性;③旅游产业开发、项目策划的可行性和创新性;④旅游产业要素结构与空间布局的科学性、可行性;⑤旅游设施、交通线路空间布局的科学合理性;⑥旅游开发项目投资的经济合理性;⑦规划项目对环境影响评价的客观可靠性;⑧各项技术指标的合理性;⑨规划文本、附件和图件的规范性;⑩规划实施的操作性和充分性。

8.2 规划的报批

旅游规划文本、图件及附件,经规划评审会议讨论通过并根据评审意见修改后,由委托方按有关规定程序报批实施。

8.3 规划的修编

在规划执行过程中,要根据市场环境等各个方面的变化对规划进行进一步的修订和完善。

附录三　中国国家级风景名胜区

中国国家级风景名胜区，原称国家重点风景名胜区，由国务院批准公布。根据中华人民共和国国务院于2006年9月19日公布并自2006年12月1日起施行的《风景名胜区条例》，风景名胜区是指具有观赏、文化或者科学价值，自然景观、人文景观比较集中，环境优美，可供人们游览或者进行科学、文化活动的区域。风景名胜区划分为国家级风景名胜区和省级风景名胜区，其中自然景观和人文景观能够反映重要自然变化过程和重大历史文化发展过程，基本处于自然状态或者保持历史原貌，具有国家代表性的，可以申请设立国家级风景名胜区，报国务院批准公布。

中国国家级风景名胜区徽志

自1982年起，国务院总共公布了7批、208处，分别是：

第一批：1982年11月8日公布，共44处

第二批：1988年8月1日公布，共40处

第三批：1994年1月10日公布，共35处

第四批：2002年5月17日公布，共32处

第五批：2004年1月13日公布，共26处

第六批：2005年12月31日公布，共10处

第七批：2009年12月28日公布，共21处

国家级风景名胜区名录

北京(2处)

八达岭—十三陵风景名胜区(1)(注：此处"1"代表被批准的批次，下同)

石花洞风景名胜区(4)

天津(1 处)

盘山风景名胜区(3)

河北(7 处)

承德避暑山庄外八庙风景名胜区(1)

秦皇岛北戴河风景名胜区(1)

野三坡风景名胜区(2)

苍岩山风景名胜区(2)

嶂石岩风景名胜区(3)

西柏坡—天桂山风景名胜区(4)

崆山白云洞风景名胜区(4)

山西(5 处)

五台山风景名胜区(1)

恒山风景名胜区(1)

黄河壶口瀑布风景名胜区(2)

北武当山风景名胜区(3)

五老峰风景名胜区(3)

内蒙古(1 处)

扎兰屯风景名胜区(4)

辽宁(9 处)

千山风景名胜区(1)

鸭绿江风景名胜区(2)

金石滩风景名胜区(2)

兴城海滨风景名胜区(2)

大连海滨—旅顺口风景名胜区(2)

凤凰山风景名胜区(3)

本溪水洞风景名胜区(3)

青山沟风景名胜区(4)

医巫闾山风景名胜区(4)

吉林(4 处)

松花湖风景名胜区(2)

八大部—净月潭风景名胜区(2)

仙景台风景名胜区(4)

防川风景名胜区(4)

黑龙江(3处)

镜泊湖风景名胜区(1)

五大连池风景名胜区(1)

太阳岛风景名胜区(7)

上海(0处)

江苏(5处)

太湖风景名胜区(1)

南京钟山风景名胜区(1)

云台山风景名胜区(2)

蜀岗瘦西湖风景名胜区(2)

镇江三山风景名胜区(5)

浙江(18处)

杭州西湖风景名胜区(1)

富春江—新安江风景名胜区(1)

雁荡山风景名胜区(1)

普陀山风景名胜区(1)

天台山风景名胜区(2)

嵊泗列岛风景名胜区(2)

楠溪江风景名胜区(2)

莫干山风景名胜区(3)

雪窦山风景名胜区(3)

双龙风景名胜区(3)

仙都风景名胜区(3)

江郎山风景名胜区(4)

仙居风景名胜区(4)

浣江—五泄风景名胜区(4)

方岩风景名胜区(5)

百丈漈—飞云湖风景名胜区(5)

方山—长屿硐天风景名胜区(6)

天姥山风景名胜区(7)

安徽(10处)

黄山风景名胜区(1)

九华山风景名胜区(1)

天柱山风景名胜区(1)

琅琊山风景名胜区(2)

齐云山风景名胜区(3)

采石风景名胜区(4)

巢湖风景名胜区(4)

花山谜窟—渐江风景名胜区(4)

太极洞风景名胜区(5)

花亭湖风景名胜区(6)

福建(16处)

武夷山风景名胜区(1)

清源山风景名胜区(2)

鼓浪屿—万石山风景名胜区(2)

太姥山风景名胜区(2)

桃源洞—鳞隐石林风景名胜区(3)

金湖风景名胜区(3)

鸳鸯溪风景名胜区(3)

海坛风景名胜区(3)

冠豸山风景名胜区(3)

鼓山风景名胜区(4)

玉华洞风景名胜区(4)

十八重溪风景名胜区(5)

青云山风景名胜区(5)

佛子山风景名胜区(7)

宝山风景名胜区(7)

福安白云山风景名胜区(7)

江西(12处)

庐山风景名胜区(1)

井冈山风景名胜区(1)

三清山风景名胜区(2)

龙虎山风景名胜区(2)

仙女湖风景名胜区(4)

三百山风景名胜区(4)

梅岭—滕王阁风景名胜区(5)

龟峰风景名胜区(5)

高岭—瑶里风景名胜区(6)

武功山风景名胜区(6)

云居山—柘林湖风景名胜区(6)

灵山风景名胜区(7)

山东(5处)

泰山风景名胜区(1)

青岛崂山风景名胜区(1)

胶东半岛海滨风景名胜区(2)

博山风景名胜区(4)

青州风景名胜区(4)

河南(10处)

鸡公山风景名胜区(1)

洛阳龙门风景名胜区(1)

嵩山风景名胜区(1)

王屋山—云台山风景名胜区(3)

石人山风景名胜区(4)

林虑山风景名胜区(5)

青天河风景名胜区(6)

神农山风景名胜区(6)

桐柏山—淮源风景名胜区(7)

郑州黄河风景名胜区(7)

湖北(5处)

武汉东湖风景名胜区(1)

武当山风景名胜区(1)

大洪山风景名胜区(2)

隆中风景名胜区(3)

九宫山风景名胜区(3)

陆水风景名胜区(4)

湖南(15处)

衡山风景名胜区(1)

武陵源(张家界)风景名胜区(2)

岳阳楼—洞庭湖风景名胜区(2)

韶山风景名胜区(3)

岳麓风景名胜区(4)

崀山风景名胜区(4)

猛洞河风景名胜区(5)

桃花源风景名胜区(5)

紫鹊界梯田—梅山龙宫风景名胜区(6)

德夯风景名胜区(6)

苏仙岭—万华岩风景名胜区(7)

南山风景名胜区(7)

万佛山—侗寨风景名胜区(7)

虎形山—花瑶风景名胜区(7)

东江湖风景名胜区(7)

广东(8处)

肇庆星湖风景名胜区(1)

西樵山风景名胜区(2)

丹霞山风景名胜区(2)

白云山风景名胜区(4)

惠州西湖风景名胜区(4)

罗浮山风景名胜区(5)

湖光岩风景名胜区(5)

梧桐山风景名胜区(7)

广西(3处)

桂林漓江风景名胜区(1)

桂平西山风景名胜区(2)

花山风景名胜区(2)

海南(1处)

三亚热带海滨风景名胜区(3)

重庆(6处)

长江三峡风景名胜区(1)

缙云山风景名胜区(1)

金佛山风景名胜区(2)

四面山风景名胜区(3)

芙蓉江风景名胜区(4)

天坑地缝风景名胜区(5)

四川(14处)

峨眉山风景名胜区(1)

九寨沟—黄龙寺风景名胜区(1)

青城山—都江堰风景名胜区(1)

剑门蜀道风景名胜区(1)

贡嘎山风景名胜区(2)

蜀南竹海风景名胜区(2)

西岭雪山风景名胜区(3)

四姑娘山风景名胜区(3)

石海洞乡风景名胜区(4)

邛海—螺髻山风景名胜区(4)

白龙湖风景名胜区(5)

光雾山—诺水河风景名胜区(5)

天台山风景名胜区(5)

龙门山风景名胜区(5)

贵州(18处)

黄果树风景名胜区(1)

织金洞风景名胜区(2)

潕阳河风景名胜区(2)

红枫湖风景名胜区(2)

龙宫风景名胜区(2)
荔波樟江风景名胜区(3)
赤水风景名胜区(3)
马岭河风景名胜区(3)
都匀斗篷山—剑江风景名胜区(5)
九洞天风景名胜区(5)
九龙洞风景名胜区(5)
黎平侗乡风景名胜区(5)
紫云格凸河穿洞风景名胜区(6)
平塘风景名胜区(7)
榕江苗山侗水风景名胜区(7)
石阡温泉群风景名胜区(7)
沿河乌江山峡风景名胜区(7)
瓮安江界河风景名胜区(7)

云南(12处)

路南石林风景名胜区(1)
大理风景名胜区(1)
西双版纳风景名胜区(1)
三江并流风景名胜区(2)
昆明滇池风景名胜区(2)
玉龙雪山风景名胜区(2)
腾冲地热火山风景名胜区(3)
瑞丽江—大盈江风景名胜区(3)
九乡风景名胜区(3)
建水风景名胜区(3)
普者黑风景名胜区(5)
阿庐风景名胜区(5)

陕西(5处)

华山风景名胜区(1)
临潼骊山—秦兵马俑风景名胜区(1)
宝鸡天台山风景名胜区(3)

黄帝陵风景名胜区(4)
合阳洽川风景名胜区(5)
甘肃(3处)
麦积山风景名胜区(1)
崆峒山风景名胜区(3)
鸣沙山—月牙泉风景名胜区(3)
宁夏(1处)
西夏王陵风景名胜区(2)
青海(1处)
青海湖风景名胜区(3)
新疆(4处)
天山天池风景名胜区(1)
库木塔格沙漠风景名胜区(4)
博斯腾湖风景名胜区(4)
赛里木湖风景名胜区(5)
西藏(3处)
雅砻河风景名胜区(2)
纳木错—念青唐古拉山风景名胜区(7)
唐古拉山—怒江源风景名胜区(7)

附录四 国家 5A 级旅游景区(点)

中国的国家 5A 级旅游景区,是中华人民共和国国家旅游局组织设立的全国旅游景区质量等级评定委员会从 4A 级旅游景区中组织评定,而后产生的旅游景区质量等级。首批 66 家国家 5A 级旅游景区经于 2007 年 5 月 8 日被批准,并通过《关于批准发布北京市故宫博物院等 66 家景区为国家 5A 级旅游景区公告的决定》予以公告。

首批国家 5A 级旅游景区(点)名录

北京(4 家)

故宫博物院、天坛公园、颐和园、八达岭长城

天津(2 家)

天津古文化街旅游区(津门故里)、天津盘山风景名胜区

河北(3 家)

秦皇岛市山海关景区、保定市安新白洋淀景区、承德避暑山庄及周围寺庙景区

山西(2 家)

大同市云冈石窟、忻州市五台山风景名胜区

辽宁(2 家)

沈阳市植物园、大连老虎滩海洋公园、老虎滩极地馆

吉林省(2 家)

长春市伪满皇宫博物院、长白山景区

黑龙江(1 家)

哈尔滨市太阳岛公园

上海(2 家)

上海东方明珠广播电视塔、上海野生动物园

江苏(4 家)

南京市钟山风景名胜区—中山陵园风景区、中央电视台无锡影视基地三国水浒景

区、苏州市拙政园、苏州市周庄古镇景区

浙江(3家)

杭州市西湖风景名胜区、温州市雁荡山风景名胜区、舟山市普陀山风景名胜区

安徽(2家)

黄山市黄山风景区、池州市九华山风景区

福建(2家)

厦门市鼓浪屿风景名胜区、南平市武夷山风景名胜区

江西(2家)

九江市庐山风景旅游区、吉安市井冈山风景旅游区

山东(3家)

烟台市蓬莱阁旅游区、济宁市曲阜明故城(三孔)旅游区、泰安市泰山景区

河南(3家)

登封市嵩山少林寺景区、洛阳市龙门石窟景区、焦作市云台山风景名胜区

湖南(2家)

衡阳市南岳衡山旅游区、张家界武陵源旅游区

湖北(2家)

武汉市黄鹤楼公园、宜昌市三峡大坝旅游区

广东(2家)

广州市长隆旅游度假区、深圳华侨城旅游度假区

广西(2家)

桂林市漓江景区、桂林市乐满地度假世界

海南(2家)

三亚市南山文化旅游区、三亚市南山大小洞天旅游区

重庆(2家)

重庆大足石刻景区、重庆巫山小三峡—小小三峡

四川(3家)

成都市青城山—都江堰旅游景区、乐山市峨眉山景区、阿坝藏族羌族自治州九寨沟旅游景区

贵州(2家)

安顺市黄果树瀑布景区、安顺龙宫景区

云南(2家)

昆明市石林风景区、丽江市玉龙雪山景区

陕西(3家)

西安市秦始皇陵兵马俑博物馆、西安市华清池景区、延安市黄帝陵景区

甘肃(2家)

嘉峪关市嘉峪关文物景区、平凉市崆峒山风景名胜区

宁夏(2家)

石嘴山市沙湖旅游景区、中卫市沙坡头旅游景区

新疆(3家)

乌鲁木齐市天山天池风景名胜区、吐鲁番市葡萄沟风景区、阿勒泰地区喀纳斯湖景区